国家社科基金重点项目成果

电子政府

构建和运行的保障体系研究

张锐昕 杨国栋 于跃 等／著

人民出版社

责任编辑:陈寒节

封面设计:石笑梦

图书在版编目(CIP)数据

电子政府构建和运行的保障体系研究/张锐昕 等著.—北京:人民
出版社,2024.11

ISBN 978-7-01-025790-7

Ⅰ.①电… Ⅱ.①张… Ⅲ.①电子政务-研究-中国 Ⅳ.
①D63-39

中国国家版本馆 CIP 数据核字(2023)第 119283 号

电子政府构建和运行的保障体系研究

DIANZI ZHENGFU GOUJIAN HE YUNXING DE BAOZHANG TIXI YANJIU

张锐昕 杨国栋 于跃 等 著

人民出版社 出版发行

(100706 北京市东城区隆福寺街 99 号)

中煤(北京)印务有限公司印刷 新华书店经销

2024 年 11 月第 1 版 2024 年 11 月北京第 1 次印刷

开本:710 毫米×1000 毫米 1/16 印张:28.75

字数:406 千字

ISBN 978-7-01-025790-7 定价:108.00 元

邮购地址:100706 北京市东城区隆福寺街 99 号

人民东方图书销售中心 电话:(010)65250042 65289539

目　　录

序 ………… 001

绪　论 ………… 001

上篇｜电子政府概念的演进轨迹：从虚拟政府到智慧政府

第一章　从虚拟政府、信息政府到一站式政府 ………… 114
第一节　虚拟政府 ………… 114
第二节　信息政府 ………… 116
第三节　一站式政府 ………… 118

第二章　从电视政府、移动政府到智慧政府 ………… 122
第一节　电视政府 ………… 122
第二节　移动政府 ………… 124
第三节　智慧政府 ………… 128

第三章　理解电子政务中国化的意涵 ………… 134

第一节　研究电子政务中国化意涵的起因 …………………………… 134
第二节　电子政务中国化的意涵 ………………………………………… 136

中篇 | 电子政务实践的发展状况：从村务公开到电子治理

第四章　电子村务:X镇村务公开现状问题分析 ………………… 147
第一节　X镇电子村务建设的背景及缘由 …………………………… 149
第二节　X镇电子村务建设的探索及价值 …………………………… 151
第三节　X镇电子村务建设的问题及成因 …………………………… 154
第四节　推进中国电子村务建设发展的路径和对策 ……………… 157

第五章　电子治理的发展逻辑、趋向与策略分析 ………………… 164
第一节　电子治理的发展逻辑 ……………………………………… 164
第二节　电子治理的发展趋向 ……………………………………… 175
第三节　电子治理的实施策略 ……………………………………… 185

下篇 | 电子政府构建和运行的保障体系：从愿景目标到战略战术

第六章　电子政府构建和运行的理想愿景 ……………………… 206
第一节　电子政府构建的理想愿景 ………………………………… 207
第二节　电子政务运行的理想愿景 ………………………………… 219

第七章　电子政府构建和运行的保障体系的基本涵义和构成要件
……………………………………………………………………… 230
第一节　电子政府构建和运行的保障体系的基本涵义 ………… 230
第二节　电子政府构建和运行的保障体系的构成要件 ………… 236

第八章　从电子政府顶层设计到电子政务基础建设 …………… 247
第一节　电子政府顶层设计 …………………………………… 248
第二节　电子政务基础建设 …………………………………… 268
第三节　电子政府的政府基础建构 ……………………………… 284

第九章　从电子政务信息资源共享体系建设到电子政府信用体系构建 ………………………………………………………… 324
第一节　电子政务信息资源共享体系建设 ………………………… 325
第二节　电子政府信用体系构建 ………………………………… 343

第十章　从基本公共服务质量评价到电子政务绩效评估问责 ………………………………………………………………… 362
第一节　基本公共服务质量评价 ………………………………… 363
第二节　电子政务绩效评估问责 ………………………………… 384

结　　论 ……………………………………………………………… 404
参考文献 ……………………………………………………………… 420
后　　记 ……………………………………………………………… 448

序

近年来，随着信息技术的持续创新及其与政府治理的日益广泛而深入的结合，电子政府不断焕发出新的生机与活力，这正印证了2006年英国学者帕特里克·邓利维（Patrick Dunleavy）所说的“数字化时代的治理将基业常青”的预言。在当今中国追求国家治理体系和治理能力现代化的背景下，梳理和总结既有的理论和实践成果非常必要，探讨具有中国特色的电子政府的话语体系和保障体系建构，以回应国家治理体系和治理能力现代化的现实需求和安全要求更是非常重要。大连理工大学张锐昕教授这部著作就是在这一领域努力探索的研究成果，既有助于推动国内电子政府理论进步和实践进展，也是在为全球电子政府理论和实践发展贡献智慧。

该著利用多学科理论、视角、知识和方法，对电子政府的构建和运行展开了一个宏大的叙事，主要有三个方面的贡献：首先，系统梳理了电子政府概念的演进轨迹。对电子政府及其相关概念产生和发展的缘由、过程、角色、功用及相互之间的关联与互动做了历史性的研究和具有纵深度的考察，张锐昕教授在电子政府概念体系方面的研究有诸多建树，她所发表的相关研究成果为“将人们对电子政府概念自身的认知推进到更高层面和更深层次”做出了贡献，能够启发我们透过这些词语表达的“现象”，更好地理解电子政府及其派生概念的属性及其与社会发展的关联。其次，对电子政府的一些亟待开发的重点和热点领域进行了探索。例如，对电子政务由城市向农村的拓展——电子村务进行了调研，所提出的问题对国家“信息惠民”战略实施具有现实价值；对电子政务由管理、服务向治理领域发展——电子治理进行的研究，涉及了电子政务与电子治理的分歧与趋同，所阐明的两者“界限渐趋模糊、趋同日益明显的态势”及其趋同的策略和条件，对于阐释电子政府实践热点从电子政务向围绕治理的应用过渡具有启发意义，有助于达成“促进两者相向而行”的目的。最后，也是最重要的，是对电子政府构建和运行的保障体系的系统性建构。该著不仅勾勒了这一保障体系的理想愿景和基本含义，也从电子政府顶层设计与电子政府的政府基础、电子政务信息资源共享体系与电子政府信用体系，以及基本公共服务质量评价与电子政务绩效评估的建构态势和相互关系等维度，提供了一个“全景图”，这无疑对我们如何从战略和战术上理解我国电子政府构建需要提供和创造怎样的基础条件及如何将其付诸实践具有启发和借鉴意义。

该著也体现出一些鲜明的特点：第一，理论建构与实证分析的结合。在经历 20 余年的学科发展之后，中国的电子政务研究已经到了形成理论的阶段，著者在这方面做出了努力。值得肯定的是，书中的部分章节也体现了著者对现实中的一些潜在“热点”的发掘，从而显示出了很强的学术敏锐性与洞察力。第二，具有很强的连贯性和内在逻辑性。该著所涉猎的领域十分广泛，这增加了写作的难度，但在如此多的议题和内容的切换之间，它以“概念-实务-保障”为主线展开叙事，使得各章节间具有了内在的逻辑与外在的联结，显得框架体系“大”而不散，显示出了著者深厚的研究功底。第三，做出了很多有益的理论创新。比如电子政府概念的演进，电子政务中国化的意涵，电子村务、电子治理与电子政务的关联、互动与趋同，电子政府构建和运行的保障体系的构成要件，电子政府信用体系及其构建，基本公共服务质量评价，电子政务绩效评估问责，等等，对电子政府的理论体系的丰富和完善具有重要价值。

1986 年，时任吉林大学政治学系主任的王惠岩先生倡导建立了国内高校文科院系第一个办公自动化实验室和教研室。王惠岩先生的敏锐眼光和非凡韬略令人钦佩。他提出科学决策必须利用科学的手段和工具，并身体力行，招揽人才，首倡以办公自动化为特点的行政管理专业建设，在国内独树一帜。张锐昕教授于 1987 年进入吉林大学办公自动化教研室任教，开始从事办公自动化研究，经历了从办公自动化专业到电子政务专业建设的全过程。2001 年张锐昕教授获得政治学理论专业博士学位，成为我国最早以电子政务论题获得该专业博士学位的学者之一。由于她兼具计算机软件专业、行政管理专业和政治学理论专业的学科背景，使得她拥有文理交叉的知识结构，成为电子政务研究领域中为数不多的既懂管理又懂技术的学者。早在 1999 年中国行政管理学会年会上，她宣读了国内行政管理学界第一篇以《政府上网对实现"三转变一提高"的作用和影响》为题的电子政务研究论文，被收入人民出版社出版的《中国行政管理学会，99 年会论文集：行政改革的新探索》，由此得到她学术生涯的第一个部级奖。她指导的 2000 级研究生的毕业论文《政府管理现代化析论》就已在探讨电子政府在我国的发展。2006 年电子政务系培养的第一届本科生毕业，率先走向国内电子政务研究和实践领域。作为首倡者和先行者的吉林大学电子政务系在电子政务研究领域的重要作用毋庸置疑。多年以来，她领导的电子政务教研团队为学界和实践界培养了众多的有用人才。我对她的团队取得的新的成果表示祝贺，并期待他们能取得更好的成绩。

希望能有更多的学者和实践工作者关注他们的研究，大家共同努力，为中国电子政府理论和电子政务实践发展做出贡献。

徐晓林

2020 年 4 月于湖北武汉

绪　论

一、研究背景与意义

为适应科技进步、时代发展带来的新的行政环境，尤其是网络行政环境的建设，中国政府于1999年走上互联网，2002年开始推行电子政务，2015年适时推出“互联网+”行动计划。相应地，伴随着电子政府构建和电子政务建设的实践发展的步伐，电子政府的概念逐渐地从虚拟政府、信息政府、一站式政府向电视政府、移动政府、智慧政府演进，得益于国家“互联网+”、大数据行动计划等一系列战略规划的指引推动以及大数据、云计算、物联网等新一代信息技术的有力支撑，电子政务建设范围也从各级政府机关逐渐拓展至各级政务机关，并向电子村务、电子医疗等更多、更广的领域范畴延展，“互联网+政府”和“互联网+政务服务”已经走向前台，并将逐渐惠及城市和乡村。

在电子政府构建和运行成果不断累积、政府电子公共服务成果喜人的形势下，虽然国家网络安全防护能力在不断增强，但数据开放、信息公开和信息安全方面的风险问题也日益凸显，电子政府构建和运行的质量、绩效和信用等问题亟待解决。在这种情况下，习近平总书记在2014年4月主持召开中央国家安全委员会第一次全体会议时首次提出“总体国家安全观”理念，强调从系统、全面、整体视角认识和把握国家安全问题，为电子政府构建和运行的保障体系建设和全民信息素养的培育敲响战鼓，使我们更加明确了必须清楚了解“互联网+”给政府治理带来的挑战、科学把握新一代信息技术广泛应用为各行各业带来的安全和信用风险的重要性和必要性。政府只有在辨明这些挑战、契机和风险的前提下，才能真正认清形势，创新思维，转变观念，统一认识，摸清家底，排查问题，寻求策略，这关系到政府能否适应“互联网+”生态环境，在新一轮的竞合中占据主动和优势地位，也关系到电子政府构建和电子政务建设能否适应科技发展、时代变迁和人民需要，健康、有序、协调、可持续地发展下去。

（一）研究背景

从“+互联网”、互联网化到“互联网+”，表明中国对利用互联网的认知度和行动力发生了根本性变化。从“政府+互联网”到“互联网+政府”以及从“政务服务+互联网”到“互联网+政务服务”，标志着政府利用互联网的模式亦发生了颠覆性变革，既对政府治理提出了严峻挑战，也为政府治理带来了新的发展机遇。

1.“互联网+”使政府治理面临挑战[*]

2012 年 11 月中国技术专家首次提出了“互联网+”理念。为使这一理念付诸实践，2015 年 3 月时任国务院总理李克强在第十二届全国人大三次会议上提出要“制定‘互联网+’行动计划”，2015 年 3 月 16 日国家发改办发布《关于做好制定“互联网+”行动计划有关工作的通知》提出“以互联网增强公共服务能力，着力提升社会管理和民生保障水平”，2015 年 7 月国务院印发《关于积极推进“互联网+”行动的指导意见》予以战略推动，2015 年 11 月工信部发布《关于印发贯彻落实<国务院关于积极推进“互联网+”行动的指导意见>行动计划（2015-2018 年）的通知》。中国从电子政府构建

* 该部分成果已发表，见张锐昕、阎宇、谢微、李汝鹏：《“互联网+”对政府治理的挑战》，《电子政务》2016 年第 3 期。

和电子政务建设开始至今不足 20 年，“互联网+”由新的理念上升至国家战略历时不到 3 年，期间国家政策密集出台，各地规划迅速跟进，凸显出各级政府对“互联网+”的重视程度以及“互联网+”作为国民经济发展的新引擎和新形态的重要性。2016 年 4 月之后适时出台的《国务院办公厅关于转发国家发展改革委等部门推进“互联网+政务服务”开展信息惠民试点实施方案的通知》、《国务院关于加快推进“互联网+政务服务”工作的指导意见》、《国务院办公厅关于印发“互联网+政务服务”技术体系建设指南的通知》更是对“互联网+各行各业”做出了具体部署，将崭新的政务服务模式推至前台，展现出中央政府推进“互联网+”的使命感和勇于担当的责任意识。

（1）对政府思维观念的挑战

适应“互联网+”这一新的生态环境，政府必须更新公共治理的思维观念。科学思维观念的形成，取决于政府对“互联网+”的深刻认知。政府必须清醒地认识到，国家之所以把“互联网+”置于前所未有的战略高度，提出制定“互联网+”行动计划，是因为它已经成为驱动中国经济转型升级（包括传统产业的换代升级和新兴产业的地位升级）的内在引擎，“是促进产业升级、推进市场化改革的一个关键举措”①。

第一，对政府精准思维的挑战。在小数据时代，政府主要依据全面、准确、及时的信息进行管理和决策。而在大数据时代，数据收集渠道的增多和处理成本的下降，以及社会分工的细化，都为政府拥有更多数据和掌握更全面的社会发展动态提供了现实可能和可行。政府在享用大数据带来的更加全面、及时的信息的同时，不得不面对真假信息大量混杂存在、不准确性信息时时混淆视听、信息爆炸式迅速增长的状况，“也正在面对着比以往任何一个时代都更加纷繁复杂的公共事物。”② 无论如何，依靠全面、系统的信息毕竟比依赖局部数据、抽样数据、片面数据更为客观、科学。只是政府拥有

① 李克强：《催生新的动能 实现发展升级》，《求是》2015 年第 20 期。

② ［加］加里斯·摩根：《驾御变革的浪潮：开发动荡时代的管理潜能》，孙晓莉译，中国人民大学出版社 2002 年版，第 2 页。

的数据日益庞大，如何才能做到从大量混杂信息和诸多干扰数据中挖掘出有价值的数据，过滤出真实的数据并分析出准确的数据，是对政府的数据挖掘、过滤、分析和利用能力的极大考验，也是对政府以往秉持的精准思维定势的严峻挑战，这些都决定着大数据时代政府管理和决策的质量和效益。

此外，数据真实性要依靠人和人为设定的标准、规则来选择和判断，无法摆脱人为因素影响及主观因素局限，在此方面需要政府合理引导，有所作为。所幸的是，大数据的迭代、众包等技术特性使得数据分析处理对单体数据精确性的要求下降，部分含有无效信息的数据在巨量真实数据面前能得到最大限度的纠偏，这些能在极大地保证政府所利用数据的精准性的同时，又能提高其所利用数据的体量、品种和价值，使决策能够兼顾多方权益和更多因素，从而有利于保证政府的管理和决策更符合社会整体权益。

第二，对政府行为观念的挑战。传统政府认知事务的过程，主要遵循调查分析，提出议题，然后上升为议程，进行广泛的民主讨论和意见表达，最后再进行决策的行为路线。由于政府是社会活动中最大的行为者，是社会事务中最高层级的管理者，同时也是社会组织中最高权威的享有者，决定着政府是社会发展过程中首当其冲的责任和使命承担者。互联网思维、模式和应用虽然对政府在社会治理中追求谨慎、周全地考虑经济社会中的各方面因素以及综合权衡社会各方利益有帮助，但不可否认的是，在大数据时代，互联网的应用无疑加重了政府对社会事务的发展脉络与成长逻辑的掌控的难度。在“互联网+”时代的社会生活多元化、社会需求多样化和社会事务动态化的趋势下，以往政府在管理和决策中对社会事务因果关系的强调和倚重已难以维继，因为政府对因果关系的追溯要受到时间、空间、精力、人力和效率等因素的多方掣肘，为此，不得不将对相关关系的探究反转成为决策的得力工具。当然，对相关性的强调，并不是赋予其绝对的地位，只是因为如何在思辨维度的因果逻辑与机械维度的相关性统计两者之间作出选择，对政府而言是一个更为艰难且必须攻克的挑战。

还有，类似“互联网+专车”一类新的互联网应用具有创新性，以往政府采取的出租行业管理观念和措施不再奏效，需要政府转变行为观念以做出合法、有效的应对，这将从根本上改变政府以往的行为观念，使行政主体学会借助机器和大数据技术，以互联网思维方式去发现问题、认识问题、分析问题和解决问题，并借助他方力量，将自身所掌握的碎片化的数据和知识转变为整体性、结构化的信息和知识，由此，政府主导的、其他组织有序参与的技术性竞争与合作会渐成主流。

第三，对政府服务意识的挑战。在传统的公共服务提供中，政府主要充当社会公平正义的维护者，其服务对象主要侧重群体，且特别关注弱势群体，应对需求的解决方案往往是单一的，政府所提供的服务主要以某种资金、机会或项目的形式表现，体现出救助性和部门性的特征。此外，政府提供的服务主要体现为被动式和控制式，也就是说，政府要提供某种服务，必然会提供一些相应的附加条件，借助这些附加条件，政府在服务中实现管理并在管理中提供服务，从而将控制、管理和服务紧密交织在一起，难以分开。囿于这些条件，政府的服务提供必然要通过部门的层层审批和道道把关。

“互联网+”的实现，便利政府快速获取公众需求，从而有望改变政府以往被动的服务意识和服务模式，表现出以下服务特点：首先，政府的服务不再以特定群体为指向，而是以个体为服务对象，通过大规模个性化定制来满足每个个体的个性化需求。由于“互联网+”为每个公民获得服务创设了直接对接的零距离平台，政府服务的实力（包括范围、形式和程度）将大大超过以往。当然，公民参与程度和政民交互程度使得公共服务难度会有不同，也许管理难度会大大增加。其次，政府要借助信息技术和互联网思维向公众主动推送服务，且在努力追求一体化、精准化、智能化地提供定制化的、一条龙的公共服务，这就要求政府彻底摒弃以往服务与管理不分的工作意识，建立起以每个公民为中心的现代服务意识。最后，政府的具体服务模式应以事项为中心，以用户体验为核心，建立起系统性、整体性和全流程式、参与式的服务价值链条，透过更加紧密的用户关系以及部门间的资源协同，实现公共产品价值的提升，改进公共服务的质量，提高公共服务的效率。要在“互联网+”这一新的生态环境下争取在经济、科技、人才等方面的优势地位，各级政府和部门必须承担起重要使命赋予的重大责任。

（2）“互联网+”对政府体制机制的挑战

我国电子政府构建在整体上尚处于初级发展阶段，所期望的成果——行政成本下降、机构规模精简、繁文缛节减少、业务流程优化等实现有限，究其原因，主要缘于许多根本性的障碍因素，尤其是来自体制内部的障碍因素未得有效突破，严重制约了电子政府的潜力发掘和绩效发挥。在“互联网+”环境下，这些矛盾问题日益突显，对政府体制机制提出了严峻挑战。

第一，对政府职能建构的挑战。政府职能不是一成不变的，而是要根据经济社会环境和经济社会活动发展情况进行适时的界定和建构。鉴于现在政府职能主要集中在经济调节、市场监管、社会管理、公共服务和生态文明建设方面，而在“互联网+”行动计划强力推动各行各业将发展主战场转移到互联网空间的情境中，在互联网上的经济社会各领域的融合逐步深化的发展趋势下，相应的经济基础的变化必然导致包括政府职能建构在内的上层建筑做出适应性的调整和改变，现实的政府职能的网上迁移也成为必需，即对政府而言，要适应“互联网+”环境变迁做出创新性职能建构，并将现实物理空间中保存下来的政府职能迁移到网络虚拟空间（包括互联网，也包括电子政务网络）中去履行，以保证政府在网络虚拟空间中同样能实现提供优质高效的管理和服务，并且在保障网络社会秩序和运行环境安全方面同样担负起重要的责任和使命。为此，需要政府清楚界定自身在网络虚拟空间中履行职能的内容和边界，明确自身新的角色和定位。

第二，对政府职能履行的挑战。在“互联网+”生态环境中，各行各业试图通过互联网实现更多参与和相互融合，网上经济社会活动愈加频繁，彼此竞争和合作日益增多，使得“互联网+”的价值和作用日益凸显。而“互联网+”价值和作用的发挥，既有赖于政府更好地进行国家信息基础设施建设，为保障网络社会价值创造创设便利条件，也有赖于政府在网上更多地履职尽责，为保护网络环境和行业秩序提供安全监管，为各行各业创新创业和健康发展提供良好服务，这就对政府职能履行的践约守信提出了新的挑战。然而，“电子政府信用中涉及的众多信息行为主体相互作用形成的信用关系必然使电子政府信用受累于目前缺乏制度建设和规则约束的政府信用、企业信用和个人信用。”①。当此境况，政府职能履行面对新的难题。

第三，对政府机构组成的挑战。政府机构的结构要适应社会生产生活，顺应时代发展变化。前“互联网+”时期，社会分工细化、协作生产，相应的政府组织架构也相应细化，依靠部门分工合作来满足社会各行业所需的政府管理与服务，这种政府组织结构促进了大生产时代的社会发展。在“互联网+”时代，流程化的工作方式成为主流，网状化的组织结构成为主要形态，且通过兴趣部落联合吸引“志同道合”者的新型组织如雨后春笋般发展，个体成员转而在多个组织间出力献策，贡献自身才华。对政府而言，其自身的组织结构要适应“互联网+”时代要求，满足“互联网+”与社会各行各业相互融合的服务需求，需要打破地域、职能和部门的桎梏，形成网状化的组织结构，实现部门之间合作分工，使政府组织中的每一个人充分独立的同时，保障公务人员能够在社会问题与公民需求面前按规章制度自由组织协作，快速解决与回应社会问题与公民需求。此外，政府还要树立开放的观念，打破政府与社会的组织壁垒，利用政府外部的人力与信息资源解决自身或社会的问题，形成政府与社会的合作治理，保障社会的良性有序发展。

第四，对深化电子政务建设的挑战。“利用信息时代机遇推进公共行政改革，首要任务是电子政府构建，不容回避的就是电子政务与政府职能转变的逻辑关联及其实现问题”②。自 2002 年以来，中国电子政务建设一直处于寻求改变传统政府低效落后的机构设置与办事流程的探索之中。虽然时至今

① 张锐昕、杨国栋：《电子政务与政府职能转变的逻辑关联》，《甘肃社会科学》2012 年第 2 期。

② 张锐昕、杨国栋：《电子政务与政府职能转变的逻辑关联》，《甘肃社会科学》2012 年第 2 期。

日我国电子政府的构建和发展还未进入世界先进行列，但不能否认的是，所取得的建设成果是令人瞩目的，表现在：在实践中，“在国家与社会互动的层面，政府网站、政务微博、政务微信、政务 APP 以及各类监控系统和监测网络形成了政府治理的网络‘方阵’；在国家系统内部运转的层面，内外网加上各个领域的业务管理系统已经成为大多数政府部门的基本配置，基于计算机的数据分析也已开始进入各级决策体系”①。此外，为了推进电子政务建设步伐，中共中央、国务院和各部委先后出台了一系列政策文件予以配套推动，如《关于加强信息资源开发利用工作的若干意见》（中办发〔2004〕34 号）、《关于加强国际通信网络架构保护的若干规定》（工信部电管〔2010〕469 号）、《关于深化政务公开加强政务服务的意见》（中办发〔2011〕22 号）、《关于大力推进信息化发展和切实保障信息安全的若干意见》（国发〔2012〕23 号）、《关于加快推进“三证合一”登记制度改革的意见》（国办发〔2015〕50 号）、《关于印发三网融合推广方案的通知》（国办发〔2015〕65 号）、《关于批转发展改革委等部门法人和其他组织统一社会信用代码制度建设总体方案的通知》（国发〔2015〕33 号）、《关于贯彻落实<国务院办公厅关于加快推进“三证合一”登记制度改革的意见>的通知》（工商企注字〔2015〕121 号）、《关于印发贯彻落实<国务院关于积极推进“互联网+”行动的指导意见>行动计划（2015-2018 年）的通知》（工信部信软〔2015〕440 号）》，等等，当然，这些政策执行还有待落实，以发挥其应有效用。还有，因为公众接触电子政府的渠道还相对单一，地区间电子政务建设和服务水平还有较大差距，政民之间的双向良性互动亟需加强，这些问题造成的信息不对称和“数字鸿沟”等社会问题在“互联网+”趋势下有继续加剧的可能，也亟需“使政府明确科学、合理、渐进地规划和安排电子政务的内容，会促进政府职能转变；使政府理解到积极、主动、自觉地转变政府职能，是为电子政务提供适宜环境和基础条件，从而实现通过采取强

① 黄璜：《互联网+、国家治理与公共政策》，《电子政务》2015 年第 7 期。

有力的政治推动和行政措施，打破传统官僚体制和管理模式的束缚，来寻求政务流程的优化、相关业务的整合、组织结构的调整，进而实现机构和人员的精简，逐渐地实现政府管理的适应性变革的目的，达成柔性化、渐进性变革的效果”①。政府只有彻底解决政府基础问题，才能真正通过电子政务建设达到弥合不平等的“数字鸿沟”，使公众共享信息化成果和享用应得的信息权利的目的。

（3）“互联网+”对政府治理方式、方法的挑战

“互联网+政府”，从治理的工具手段层面上看，标志着以移动互联网、大数据、云计算、物联网等为核心的现代信息技术及其产品在政府领域的广泛采用和深度应用，显示出传统的治理模式已不能适应信息社会的复杂性，需要建立一种更为弹性、灵活的治理模式；从治理的方式方法层面上看，意味着对传统政府治理方式方法的创新性改变；从治理的模式层面上看，意味着行政权力分权化，治理主体多元化、多中心化，治理模式转向网络化治理模式，形成网络化的治理结构；从治理的能力层面上看，意味着对政府决策能力、执行能力、行政能力等要求的革命性变化，尤其是在技术能力要求方面，意味着对政府采集、挖掘、分析、清洗、整合、利用数据的技术能力的革命性要求。而先进工具手段的利用、方式方法的改变和模式能力要求的变化，都需要信息技术及网络等信息基础设施提供支持，以支撑起适应“互联网+”生态环境的现代化政府治理体系②。可见，政府只能迎接并拥抱“互联网+”，没有回避和拒绝它的可能，因为中国已经建成了全球最大的4G网络。

第一，对治理工具手段的挑战。现代化的治理体系必然要求使用现代化的治理工具和手段。没有先进的信息技术及其设施的支撑以及相关产品的应用，信息资源建设和信息管理平台及其功能建设的数量和质量根本无法保

---

① 张锐昕、杨国栋：《电子政务与政府职能转变的逻辑关联》，《甘肃社会科学》2012年第2期。

② 李克强：《催生新的动能 实现发展升级》，《求是》2015年第20期。

证，信息共享和业务协同更无法达成，何谈向社会公众提供更好的信息服务和为公民参与民主政治提供更为便利的条件？还有，政府赖以进行社会治理和提供公共服务的核心资源——信息或数据的质量不高也不行，因为其全面性、真实性、时效性、可靠性中的任何一条欠缺，都会给政府信用和公共权威带来致命打击，一旦质量有缺陷的信息或数据被大量集成和利用，对政府乃至整个社会的负面影响都将是灾难性的，由此导致的管理无序和决策失误、引发的服务成本趋高甚至社会动荡等都可能给国家带来无法估量的损失。尤其是在"互联网+"背景下，各行各业的深度融合导致各类组织对政府逐步公开信息和开放数据的质与量的需求更高，选择利用何种工具手段用于政府信息或数据的采集、挖掘、分析、清洗、整合和应用，才有利于实现社会管理和公共服务的目标并有助于把相应目标转换为具体行动，是政府必须深入研究和认真解决的问题。这就需要政府不断学习新知识，掌握新技术，并善于利用竞合以采他人之长补己之短，在建设好电子管理、电子民主、电子服务和电子商务的同时，实现在互联网上为社会公众提供更加优质、高效和令公众满意的信息和服务的目标，为建构有回应力、有效率、负责任、具有更高服务品质的政府奠定坚实基础。

第二，对治理方式方法的挑战。现代化政府治理体系必然要求采用现代化的治理方式和方法。社会公众与政府融合互动和合作共治的方式方法，是社会公众体验政府权威、信用和质量的重要来源，也是政府在公共治理中塑造形象和展现绩效的重要途径。对政府而言，目前的主要目标是建设服务型政府，而服务型政府建设的必要条件是它必须具备有限政府、信用政府、责任政府、透明政府、法治政府、民主政府、效能型政府、无缝隙政府、合作型政府、回应型政府的特性。这些特性是服务型政府遵循的基本理念和行为操守，映射到"互联网+"环境中，就是政府要实现公共服务使命，要在为全社会营造开放融合、自由竞合和共享共治的新生态的基础上，为公民和公民组织对公共事务进行独立管理或与政府开展合作管理创造条件，为构建和谐、稳定、安全的网络新秩序投入努力。政府在这方面所面临的严峻挑战包括：其一，开放融合的生态环境要求各类组织和公民在去中心化的环境中协作协同，这使得政府保障各类组织和公民的知情权、监督权、信息自由权、基本公共服务权利和交易安全等成为关键职责，也使得政府信息公开直至开放各类数据以及开发利用各类管理和服务应用成为必需基础。这些关键职责和必需基础既是政府精准感知和主动适应全社会公民意识的觉醒、公共服务需求的攀升、网上交易行为的增加，以及民主诉求的增多等诸多变化的必然选择，也是社会公众进行网上办事和政民互动的避险要求。其二，理想中的纵向、横向互动和多元化治理方式与现实中的科层式行政管理组织固守照章办事规则的运行方式之间存在巨大落差。科层式行政管理权力运行是自上而下的，它运用行政主体的政治权威，通过发布行政命令，制定和实施政策，对公共事务实行单向管理①。服务型政府建设是要以公共利益为出发点和落脚点，克服包括行政主体之间纵向和横向的壁垒、程序优先于组织目标在内的内部障碍，也解决包括行政主体和公众之间的信息不对称，寻求多方共享共治、竞争合作的方式方法等外部难题，要求政府在剔除管制型治理模式的基础上，建立起开放性的多元化治理平台，打造扁平化、平等化的治理组织，采取多元化、去中心化的治理方式和方法，来取代单一化的行政管理方式和方法，打破行政主体对信息的垄断地位，抑制行政权力运行的强制性，促进政府与社会的频繁、紧密的良性互动，为最终实现多元化治理奠定基础。

第三，对治理模式能力的挑战。政府治理模式和能力决定着政府治理的质量和绩效，也反映着政府对社会公众需求的反应速度和响应程度。

在工业化大生产时代，政府信息传播渠道有限、传播范围受限、治理模式属于一元化管制型治理模式，政府与社会公众之间通常是以面对面或通信的方式进行沟通交流，公民很少参与行政权力运行过程，治理中的政民互动

---

① 熊宇：《电子政务：多元化治理视角下行政管理的新模式》，《四川师范大学学报（社会科学版）》2013 年第 5 期。

受到地域与时空的严格限制。适应当时行政环境，政府作为唯一的管理主体，为了更有效率地实现组织目标，利用优势地位占据社会资源和信息资源，从顶端的决策层到低端的执行层都有着严格明确的部门与人员分工，造成了社会活动和资源的人为割裂，使得政府利用整合资源整体性地响应社会需求并做出快速准确的应对变得阻碍重重，部门之间的信息分割导致的信息垄断亦严重制约了信息的价值创造。在“互联网+政府”趋势下，信息需求更趋复杂多样，信息组织深度融合，信息活动可以跨越组织和时空界限进行，其所追求和依靠的信息共享和互联互通与强权和集中控制为敌，必然要求政府和各行各业以及社会公众共享信息资源和分享公共权力，从而使传统层级式的治理模式不能适应以电子政务为中心的多中心主体协调、共治的需要，而转向一种全新的治理模式——网络化治理模式，即人与人之间、组织与组织之间以及个人与组织之间互相依赖形成“点对点”的网状结构，这些合作伙伴相互之间的联系、交流、沟通都依靠网状结构来进行①。“网络化治理象征着世界上改变公共部门形态的四种有影响的发展趋势正在合流。其一是第三方政府：逐渐出现利用私人公司和非营利机构从事政府工作的模式。其二是协调政府：从顾客—公民的角度考虑，采取横向“协同 ”政府，纵向减少程序的做法 。其三是数字化革命：技术上的突破大大减少了伙伴之间的合作成本 。其四是消费者需求：公民希望增加公共服务选择权的要求在不断提高”②。

国务院2015年9月5日发布的《促进大数据发展的行动纲要》明确提出“加快政府数据开放共享，推动资源整合，提升治理能力”③，这缘于从网络互联互通，到数据资源开放共享，到众包众筹整合应用，再到跨界融合

① 孙健：《网络化治理：公共事务管理的新模式》，《学术界》2011年第2期。

② ［美］斯蒂芬·戈德史密斯、威廉·D·埃格斯：《网络化治理：公共部门的新形态》，孙迎春译，北京大学出版社2008年版，第21页。

③ 《国务院关于印发促进大数据发展行动纲要的通知（国发〔2015〕50号）》，2015年8月31日。

互赖这一系列治理模式的革命性改变对政府治理能力提出的挑战，要求政府具有保障网络安全、稳定网络秩序的安全管理能力，掌握采集、挖掘、分析、清洗、整合、统筹、利用、调度数据的信息管理能力，拥有监控公共服务平台上所有参与方、所有系统、所有功能、所有信息的信用、质量和绩效的监控能力，因为“组织的实力如何直接影响到竞争的效果，而组织的管理能力又直接影响到组织的实力。”① 由此，新的数据经济体系建设和数据经济转型要求，必然导致对数据开放共享和资源整合的要求的攀升，从而催生对政府治理能力的更高要求。但是，由于政府现有技术人员的技术能力不足，而政府活动却日益受到高技术及其产品的渗透与控制，导致政府部门的政治欺骗行为很难避免，很有可能使有缺陷的技术官僚统治得到进一步强化。如果这种状况不加遏制，任其泛滥，其后果将是十分严重的，不仅会带来对政府权威、信用、形象的伤害，也会使国家的民主和法治受到损害，必须采取制度化的措施加以解决。

“互联网+政府”的“深化发展势必涉及一些利益格局和管理模式的深度调整。一方面，它可以打破既有的利益分配格局，产生‘总体有利，局部阵痛’的再分配效应。另一方面，又因为其生产方式的创新性，也往往会产生新的管理问题”②。对地方政府来说，要抓住“互联网+”给予的种种机遇并战胜“互联网+”带来的各种挑战，就必须从思想上端正认识，在努力学习先进知识的基础上，认清形势，创新思维，转变观念，统一认识，同时从摸清自身底数和排查现实问题入手，在研析问题成因的基础上，针对问题，寻求对策，主动出击，改革创新，与时俱进，以适应“互联网+”这一新的生态环境，在新一轮的竞争和合作中占据主动和优势地位。

正如加里斯·摩根所说，“在我们身处其中的这个世界里，动荡和变迁

---

① ［加］加里斯·摩根：《驾御变革的浪潮：开发动荡时代的管理潜能》，孙晓莉译，中国人民大学出版社 2002 年版，第 2 页。

② 孟庆国、李晓方：《“互联网+”地方政府治理》，《中国党政干部论坛》2015 年第 6 期。

将成为常态。在向信息经济转型的过程中，各种组织都将面临由巨大的变革与环境的不确定性而带来的挑战”①。伴随中国“互联网+”行动计划开启对整个国家的经济发展、社会进步和政府治理产生的影响日渐显现，应将互联网的创新性成果与经济社会各领域深度融合以谋求创新性发展的呼声已赢得热烈响应，如何利用互联网的优势争取发展先机也已作为本届政府的重要战略议题。在“互联网+”被中央政府认知为“经济发展新形态”，正处于被引向构建经济社会发展新生态的衍变过程的关口，亟需政府合理定位角色，站立潮头，引领方向，创造条件，营造氛围，提供资源，推动发展。为做到习近平总书记倡导的“因势而谋、应势而动、顺势而为”，“互联网+各行各业”亟待“互联网+政府”做好示范和做出表率。为此，政府应清醒地认识到“互联网+”对政府治理的挑战，不仅反映在人员素质、办事能力和工作流程等方面，更为严峻的是对思维观念、体制机制、方式方法的全方位的冲击，以此为电子政府构建和电子政务运行的保障体系建设提供思想和认识基础。

2. 需要政府正确理解和理性看待“互联网+”*

中国在利用互联网方面相继走过“+互联网”、互联网化阶段，现正在向“互联网+”迈进，政府也因应形势和需求由推动政府上网、推行电子政务进展到了推进“互联网+政务服务”时期。纵观各级政府和部门在各个时期对互联网的认知及为之付出的行动，是渐次展开工具层次应用到模式层面探索，并根据国家政策要求正在朝向生态构体建设努力。为了实现“互联网+”宏伟蓝图，需要政府正确地理解“互联网+”的内涵，理性地看待其本质特色，并通过电子政府构建和电子政务建设推进“互联网+政府”构建，励精图治，达成使命，这既是“互联网+各行业”持续发展的必然要求，也

① ［加］加里斯·摩根：《驾御变革的浪潮：开发动荡时代的管理潜能》，孙晓莉译，中国人民大学出版社 2002 年版，译校者序。

* 该部分成果已发表，见：张锐昕、张昊、李荣峰：《“互联网+”与政府的应对》，《吉林大学社会科学学报》2018 年第 4 期。

是“互联网+政府”有序实施的必要条件，攸关“互联网+”行动战略能否顺利实施。

（1）如何正确理解“互联网+”

考察从“+互联网”到“互联网+”过程中企业和政府已经发生、正在发生和即将发生的变化，已有相当规模的商务和政务活动实现了电子化和网络化，形成了互有所需、互为倚重之势，且在一定程度上达到了“你中有我，我中有你”般境界。同时，两者互为外部观察者，总是可以透过审慎观察与相互比较，找到对彼此有价值的部分，对理解“互联网+”很有助益。

第一，从“+互联网”到“互联网+”：企业和政府知与行的变化。

互联网概念于1969年由美国军方首次提出。从技术本身来讲，它泛指“由广域网、局域网及单机按照一定的通信协议组成的跨时空国际计算机网络”①。从实际应用而言，它“主要指以互联网为工具和手段来满足人类生产生活需求的各种服务及应用”②。无论是作为技术设施还是承载应用服务，互联网最初大多以工具和手段、软件和硬件设施的形式出现（相对于“互联网+”谓之“+互联网”）。随着技术专家持续地将更多的甚至超大规模的计算、设备和空间部署在互联网上，互联网上的两个主角——电子政务和电子商务令互联网的价值凸显，愈来愈成为不可忽视之存在。鉴于这一阶段的政府或企业“对于互联网的应用大体上是在既有的运作逻辑的基础之上，把互联网作为延伸传媒影响力、价值和功能的一种延伸型的工具，认为互联网只是在固有的发展逻辑和社会运动逻辑的基础之上的一种按照惯性延伸性的因素和手段”③，即仅仅把互联网作为一种传播方式和手段，目的是发布信息、传播观点、宣传价值、推介优势以及提高知名度和影响力。因此，该阶段的

① 上海社会科学院信息所：《信息安全辞典》，上海辞书出版社2013年版，第23-24页。

② 杜娟、王峰：《互联网的内涵、服务体系及对制造业的作用路径》，《电信科学》2016年第1期。

③ 喻国明：《用“互联网+”新常态构造传播新景观——兼论内容产品从“两要素模式”向“四要素模式”的转型升级》，《新闻与写作》2015年第6期。

创新仅限于技术层面的创新，从事相关活动的人们的思维观念、业务模式等并未发生实质性改变，也因如此，“+互联网”并未引起除业内人士和相关研究者之外其他人的过多关注。

互联网化主要指企业或政府以互联网思维为指导，借助信息化手段和网络化设施，对自身业务模式进行革新，从而将自己塑造为互联网企业或互联网政府的过程。阿里巴巴、腾迅、百度等互联网企业在该阶段成为突破传统思维模式和行为方式桎梏进而对市场、用户、产品、企业价值链乃至商业生态系统进行改造的成功者。互联网化的根本性变化在于模式创新，只是企业的商业模式仍未突破以“卖”为主的思维，政府的管理和服务模式仍未超越以政务公开、政民互动为主的目标，即：企业的业务应用仍局限于消费领域，发展目标囿于拓宽业务范围、延伸业务链条和增加业务提供方式等方面；政府的具体应用仍只限于依申请公开信息、相对集中审批、公共服务供给等领域，信息与服务供给的不包容、不彻底、不透明、不可及等问题一直未能有效解决，说明处于该阶段层次的互联网政府不可避免地会面临落后的思维观念、体制机制与模式方式的羁绊。

“互联网+”是继“+互联网”的技术创新、互联网化的模式创新之后提出的新的理念，旨在追求生态创新。它更强调以用户为核心、以产品（包括公共产品）质量为目标的互联网思维被普遍接受，强调以大数据、云计算、物联网为主体的新一代互联网技术得到广泛应用，强调社会公众对“互联网+”的接纳度与参与度获得全面提高，强调各行各业通过合作分工共建共享互联网环境和资源。它对企业乃至产业发展的效用表现在：推进互联网由消费领域向生产领域拓展，使“互联网广泛融入生产制造全过程、全产业链和产品全生命周期，催生一批新技术、新业态和新模式，成为引领产业转型升级的重要驱动力。”① 它对政府改革的明确需求是：政府必须对自身的思维

① 《工业和信息化部关于印发贯彻落实〈国务院关于积极推进“互联网+”行动的指导意见〉行动计划（2015-2018 年）的通知（工信部信软〔2015〕440 号）》，2015 年 12 月 14 日。

观念、体制机制和模式方式进行彻底的变革，在保证自身能够适应时代发展和科技进步带来的多变全新的行政环境的前提下，为“互联网+各行各业”营造良好的生存发展环境。

“互联网+”与“+互联网”、互联网化的区别主要表现在四个方面：第一，在对互联网的认知方面，前者把互联网视为基础环境，视其为构造整个社会生态环境的重要构体，后两者主要以互联网为工具手段或业务载体，视其为电子政务或电子商务的系统平台，因而未在改变原有的社会生态和利益格局方面有更多思考；第二，在采取行动的能动性和追求方面，前者是各行各业主动追求与互联网连接和融合，旨在构建一种新的生态，后两者相对被动地利用互联网改造工具手段和业务模式，主要目的是增加产品数量和提高产品质量；第三，在为适应互联网环境所做的变革方面，前者按照互联网的逻辑和法则进行适应性的脱胎换骨式的变革，后两者主要利用互联网平台推销产品和服务，改革力度和程度都相当有限；第四，在发展模式方面，前者采取“互联网+传统某行业/领域=互联网某行业/领域”模式，被认为是“对于互联网从肤浅到深刻的一种应用范式的重大转型”①，后两者只是采取了“传统行业/领域+互联网=传统行业/领域”模式。故而，如若将“+互联网”看作互联网1.0、互联网化看作互联网2.0的话，“互联网+”就该是互联网3.0了。

从“+互联网”的技术创新、互联网化的模式创新到“互联网+”的生态创新，是互联网由浅层至深层、从局部到全面改变人们的思维模式和行为方式的过程，是各行各业不断创新业务手段、改良业务模式和改善产品供给生态的过程，也应成为政府与各行各业由分工合作进展到合作分工之后共商发展、共谋未来的探索过程。鉴于人们有关“互联网+”的思维观念、认知水平等直接影响他们对待“互联网+”的态度和行动（热情拥抱、消极观望

① 喻国明：《用“互联网+”新常态构造传播新景观——兼论内容产品从“两要素模式”向“四要素模式”的转型升级》，《新闻与写作》2015年第6期。

抑或怀疑拖延），也严重影响实施“互联网+”战略的范围、程度和进展，为更好地引导人们积极、主动地参与到“互联网+”行动中来，对“互联网+”的内涵予以正确理解并达成广泛共识是非常必要的。

第二，从“互联网+”到“互联网+政府”：多维视角的多重解读。

既有研究成果对“互联网+”内涵的理解多有分歧，描述不尽相同，按照认知程度递进的顺序可将之依次归纳为技术说、商业说、形态说、生态说。

技术说将“互联网+”视为一种技术扩散过程，即“是指以互联网为主的一整套信息技术（包括移动互联网、云计算、大数据、物联网等配套技术）在经济、社会生活各部门的扩散、应用，并不断释放出数据流动性的过程。”① 所强调的是技术特点和技术实现，是技术“主动”向各行各业扩散，而不是各行各业主动与互联网连接融合。实现“互联网+”需要具备两个重要前提，“一是信息基础设施的广泛安装，二是为适应信息广泛流动、分享、使用的组织和制度创新”②，这两个前提皆为必要条件，不可或缺，且都需要政府持续投入和引导推动，否则，信息技术的扩散、应用以及数据的流动、释放根本无从保障，这也由此成为“互联网+政府”必要性、合理性之缘由。认识到这些，有助于政府在“互联网+”中主动扮演和积极承担引导者、支撑者与推动者的角色和职责，并在其中发挥重要作用。

商业说将“互联网+”理解为一种商务活动和商业模式，即“是构建互联网化组织、创造性地使用互联网工具，以推动企业和产业更有效率的商务活动”③，或“互联网发展的新形态，是集移动通信网络与技术、大数据、物联网、云计算、智能化等一系列创新信息技术于一体的新商业模式和体系”④。其中，“构建互联网化组织”是首要条件，“创造性地使用互联网工

---

① 阿里研究院：《互联网+：从 IT 到 DT》，机械工业出版社 2015 年版，第 2 页。
② 阿里研究院：《互联网+：从 IT 到 DT》，机械工业出版社 2015 年版，第 6 页。
③ 曹磊：《互联网+：跨界与融合》，机械工业出版社 2015 年版，第 14 页。
④ 王娟：《“互联网+”的多维模式研究与分析》，《无线互联科技》2015 年第 8 期。

具”是方法手段，“推动企业和产业更有效率的商务活动”是主要目的。虽然这两种解读综合起来能比较完整地阐释“互联网+商业”，但因其视角限于局部，连接与融合领域相对狭窄，仅从商业层面上解读“互联网+”显然有失全面。

形态说认为“互联网+”是一种新的经济形态，即“是互联网广泛应用于生产和服务各领域，实现智能化生产和服务、泛在化互联，提供个性化产品，最终表现为虚拟化企业的新的经济发展形态”①，或“就是要充分发挥互联网在生产要素配置中的优化和集成作用，把互联网的创新成果与经济社会各领域深度融合，产生化学反应、放大效应，大力提升实体经济的创新力和生产力，形成更广泛的以互联网为基础设施和实现工具的经济发展新形态。”② 其中，“深度融合”是关键要素，指的是打破明显的行业界限，从专业化分工走向合作分工，实现跨界融合；“产生化学反应”是核心内容，强调由应用主体（而不是工具）创造出新的发展模式和产品业态；“互联网+经济社会各领域”即“互联网+各行各业”，就是互联网与各行各业连接和融合，各行各业借助互联网实现连接与整合。“互联网+经济社会各领域”产生化学反应和深度融合，才能“充分发挥我国互联网的规模优势和应用优势，推动互联网由消费领域向生产领域拓展，加速提升产业发展水平，增强各行业创新能力，构筑经济社会发展新优势和新动能”③，进而实现从消费互联走向产业互联以及形成经济发展新形态的目的。这种理解是站在国家层面和社会高度看待和理解“互联网+”，偏重其带来的创新动力、发展机遇、经济成果。稍有缺憾的是它对“互联网+”如何改变人们的行为方式、思维过程，能带给各行各业怎样的蜕变以及构建怎样的生态构体未有相应阐释。

---

① 徐赟：《“互联网+”：新融合、新机遇、新引擎》，《电信技术》2015年第4期。

② 《关于做好制定”互联网+”行动计划有关工作的通知（发改办高技〔2015〕610号）》，2015年3月16日。

③ 《国务院关于积极推进“互联网+”行动的指导意见（国发〔2015〕40号）》，2015年7月4日。

生态说认为“‘互联网+’是以互联网平台为基础，利用信息通信技术与各行业的跨界融合，推动产业转型升级，并不断创造出新产品、新业务与新模式，构建连接一切的新生态。”① 其中，“信息通信技术”是工具手段，凭之各行各业有了跨界融合的可能；“互联网平台”是关键要素，借此跨界融合有了可行空间；“新产品”“新业务”“新模式”是核心内容，借此谋求共同利益的各方得以创新合作；“+”即“跨界融合”，旨在“构建连接一切的新生态”。这一新生态将是智能性的、实在性的生态，“将使我们从信息空间虚拟世界（netherworld）移动到智能空间的物理世界”②，因此也能为各行各业谋求更好的生存发展以及为“大众创业、万众创新”提供“一个无所不在的、总是运行的、总是可用的”③ 有益生态，应将之作为社会生态环境的重要构体来建设。

基于既有研究成果，虽然人们的理解有别，各有侧重，但不可否认，对“互联网+”的理解已日渐多元并日趋深刻。政府一方面可从技术说、形态说和生态说多层面理解“互联网+”的内涵，另一方面也可从多个角度多方面把握“互联网+”的内涵。如：从社会角度，将“互联网+社会”看作一种生命体、一个自由动态的网络场域，通过利用互联网思维和互联网技术重新整合社会的各种资源，使互联网社会中的一切虚拟的人与人、人与物、物与物之间的互动关系与交往行为及其过程和结果借此悉数承载和依规呈现，以改善社会关系和社会交往方式，妥善解决社会矛盾。从企业角度，将“互联网+企业”视为企业主体以互联网平台为载体，利用信息技术手段有效组织并利用其各个要素（包括人、财、物、数据和信息等），与企业的生产、经营、管理的过程紧密融合，实现企业的持续发展和融合创新。从政府角

---

① 马化腾：《关于以“互联网+”为驱动推进我国经济社会创新发展的建议》，《中国科技产业》2016 年第 3 期。

② ［美］库罗斯：《计算机网络：自顶向下方法》，陈鸣译，机械工业出版社 2014 年版，第 54 页。

③ ［美］库罗斯：《计算机网络：自顶向下方法》，陈鸣译，机械工业出版社 2014 年版，第 54 页。

度，将“互联网+政府”理解为政府为适应各行各业利用互联网进行跨界融合的趋势和满足各行各业协同发展的需求，主动进行内驱式改革，为更好地引导、支撑和推动“互联网+各行各业”提供基础条件。

从行政管理视角看“互联网+”，在内容上，先是技术上的连接和融合，继而是思维、观念、政策、人才、服务上的连接和融合；在主体上，先是互联网组织与互联网的连接和融合，继而是各传统行业与互联网的连接和融合以及各传统行业相互之间的连接和融合（上述主体更多地指向经济领域），现在是政府与互联网的连接和融合以及政府与各行各业之间的连接和融合（说明主体正在转向社会领域）；在趋势上，先是融合产品和服务，继而是融合思想、政策、人才等，未来将会有更多部分被囊括其中。由此，“互联网+”既是传统组织创新的切入点，也是传统行业发展的突破口，未来更会成为有益各行各业共生共荣的良好生态。

从中外经验和实践轨迹看“互联网+政府”，需要从“互联网+政务”起步，对现有政务活动进行“互联网+”式的革新完善，既包括对其目标、范围、内容和过程的梳理和厘定，也包括对其数据资源、业务流程、组织结构和运行机制的重组和优化，从而使得政府能更好地适应“互联网+”新生态并满足依托其生存和发展的各行各业的新需求，惟有如此，才有可能真真正正促成“政府+各行各业”。进一步地，“政府+各行各业”意味着政府借助互联网实现与各行各业的无缝对接、实时互动和紧密合作，即实现互联互通前提下的高度融合和合作分工基础上的自主互赖。基于此，“互联网+政府”应指政府全面应用“互联网+”发展成果，在政府内部实现互联互通、资源共享、跨部门合作和进行思维观念、体制机制、方式方法革新的基础上，将政府面向各行各业和社会公众履行的职能及其所需的资源整合在互联网上，以更好地提供成本更低、效用更佳的管理和服务。由此，“互联网+政府”本质上仍属于电子政府范畴，是电子政府构建在新的发展阶段的目标追求，既包括政府与互联网的融合，也包括政府与各行各业的融合。其中，“互联网+”是基础设施，是融合环境，是创新要素；“政府”是上层建筑，是引航舵手，是支撑主体，是改革重点。正因为各地为“互联网+政府”准备的技术基础条件不足和管理基础条件滞后的现实境况一时难以扭转，为了给政府工作人员和社会公众增加信心和动力，引领各行各业合作共建可持续的、和谐的互联网生态，政府需要担负起互联网时代赋予的责任和使命。中央政府及时启动“互联网+”，力推各行各业从技术创新、模式创新向生态创新挺进，就是其勇于承担使命和责任的体现，其底气和勇气在于中国是全世界最大的互联网应用国家，具有最强的制造能力，拥有最强的电子消费能力，与他国相比具备较强的比较优势、很好的跨界环境和较小的融合阻力，其信念与信心源于政府与各行各业基于互联网的广泛合作和合理分工能够创造全新的公共产品体验和公共服务价值。

（2）如何理性看待“互联网+”

在“互联网+”阶段，互联网日渐成为人类社会生态环境的重要构体，承载着与万事万物相连、为各行各业服务的重大使命，正在用连接一切、超越传统组织界限的优势改造传统行业，并且通过聚合的方式提高行业的运行绩效和质量。虽然我们不能准确把握互联网每时每刻发生的变化和“互联网+”带给我们的精确改变，但是抓住它最主要的本质特色还是有可能并切实可行的。

第一，互联互通互赖。“‘互联网+’生态将构建在万物互联的基础之上。”① 借助网络协议、传感器、数据等将万事万物互联的范围有层次之分，如：“互联网+人”“互联网+新行业”“互联网+其他行业”促使传统行业为维持生存发展不得不进行“互联网+”革新；“互联网+∞（人与人、人与物、物与物等）”“互联网+x+y”“x+互联网+y”等多种、多重递进连接，旨在使所有现实世界的实体都连接在一起。受制于现实环境和发展条件，互联的实施范围只能循序渐进，“互联”之上的“互通”的程度也有分别，分

① 马化腾、张晓峰、杜军：《“互联网+”国家战略行动路线图》，中信出版社 2015 年版，第 2 页。

属连通、交互、关系三个层次。“+互联网”实现了最基础的层次，互联网化实现了第二个层次，“互联网+”要实现第三个层次。通过互联互通，使各方得以增进了解，加强合作，缔结互赖，共谋发展。“互赖是最高级的合作与博弈”①，互赖的“充分必要条件是：互相依赖，互相信任，互相制约”②，藉此建立有价值的、稳定的生态构体。

第二，开放共享大同。互联网的诞生使数据有了实质性意义，而其发展使得更多数据变为资产和财富。在“+互联网”阶段，使用者只可浏览、复制、粘贴信息，提供者与使用者有明确权限界定。在互联网化阶段，不仅可以满足使用者的上述使用需求，而且还允许他们修改、添加更多种类的资源，使用者与提供者的身份区分不再明显，“只有不想要的而没有找不到的”成为常态，数据/信息得以实现一定程度上的“开放共享”。进入“互联网+”阶段，数据/信息开放上升到一个新高度，看似没有联系的数据/信息经过技术整合后建立起强弱关联和相关关系，由此多方得以进行多层次、多领域的信息交互，共建共享有价值的数据资源，使开放共享走向大同——知识、信息、科技、网络、通信、语言、文化、经济、政治、军事、法律的大同，即全球范围的政治、经济、科技、文化的融合大同、全人类高度相依互助共荣的社会大同成为可能。

第三，协同创新发展。跨界融合、互联互通、开放共享使不同行业紧密连接，众创、众筹、众包、众扶因此成为常见的创新模式。新产品、新技术、新模式、新业态的应用都需要通过“互联网+”进行协同创新，不同行业和组织都需要凭借“互联网+”实现跨界融合。由此，行业之间既能自谋生路又可共商发展，而组织之间既能彼此合作又可相互竞争，使通过协同创新缔造的组织生态链、行业产业链成为未来国家经济发展的命脉和希望。

第四，跨界融合共生。“跨界”意指突破传统行业界限，“融合”意指

① 仲昭川：《互联网哲学》，电子工业出版社2015年版，第26页。
② 仲昭川：《互联网哲学》，电子工业出版社2015年版，第26页。

各行各业与互联网融合发展、各行各业借助互联网实现融合发展，也包括原本界限分明的传统行业通过互联网平台跨界融合形成新的产业。互联互通互赖、开放共享大同、协同创新发展为各行各业共存、共生、共荣提供了基础环境和前提条件，使原本泾渭分明的行业可以共同合作探索新的发展模式，使原来不相关的组织可以一起研发新产品和开拓新业务，由此，跨界融合的过程成为各行各业保持原有优势、依托他方优势的优化过程；跨界融合的最后结果——共存共生共荣使互联网成为融合各方能量的核心场域，形成以互联网为基础设施和生存要素的社会发展新生态。

第五，平等理性民主。从社会整体性视角来看，“互联网+”促进了社会中公民之间、组织之间的平等。因为互联互通使不同主体之间联系紧密、信息传递及时，不平等行为及事件的解决会因快速传播形成强大舆论压力进而更快进入政策议程，政府或法院等国家公权力代表会尽快出台解决方案并依靠互联网通告社会公众。从公民自身来看，“互联网+”为公民更加理性地看待问题提供了条件。如：在前“互联网+”时期，公民或组织由于受到获取信息的渠道的限制而无法对网上实施的网络诈骗、网络谣言等进行有力鉴别，常常会因此做出错误的判断而导致人云亦云的加速传播，以致扩大影响范围，造成严重后果；在“互联网+”时期，公民或组织可以通过信息源——官网以及权威传播机构刊发的新闻、专家学者的理性评论等多种方式交叉验证热点信息是否可靠可信、是否真实无误，从而有效避免上述现象发生。更加平等的社会、更加理性的公民，其结果必然是更加民主的制度、更加民主的国家，“互联网+”建设的透明社会生态的意义尽显于此。

“互联网+”生态纷繁复杂难以详述，带给各行各业、政府、社会公众等主体的冲击亦难以预测。政府应借助“互联网+”技术、模式与生态，在政府内部、政府与各行各业、政府与社会公众之间谋求数据互联互通互赖、信息开放共享大同、行业协同创新发展，政府与各行各业、社会公众跨界融合共生，进而构建民主、平等、理性的社会，这些愿景构成“互联网+”生态的本质特色。

3. 大数据等新一代信息技术带来安全和信用风险*

对电子政府和电子政务来说，两者都是“电子”和“政府”“政务”的结合体。虽然作为手段的“电子”放前，作为目的的“政府”“政务”置后，但将“电子”放前并非为了特殊强调它的技术特征，而只是为了诠释它的特殊之处，说明电子政府构建和电子政务建设都离不开信息技术、网络设施及其他数字设备的支持。在构建电子政府和推行电子政务过程中，行政管理界和信息科学界的专家学者们基于各自的视角、立场和观点对“电子”在其中的重要性比例应是“三七开”“二八开”，抑或各占一半比重，一直莫衷一是，难有定论。虽然如今大多数人转而赞同核心是“政府”或“政务”——价值理性而非“电子”——工具理性，也基本认同工具手段应该为价值目的服务，但这并不妨碍政府在从事管理和决策活动中越来越依赖信息技术，也不排斥技术专家对先进技术研发和应用的热衷追求，因为重视政府、政务与依赖技术原本可以并存，彼此并不矛盾。但不可否认的是，以大数据为首的新一代信息技术的广泛应用在给各行各业发展带来机遇和动力的同时，也带来了安全和信用风险。我们仅以大数据的特质及其安全和信用风险为例进行阐释。

随着大数据时代的开启，大数据（Big Data）话题被广泛传播，大数据思维被大肆渲染，大数据技术被一再推介，加之大数据已成为国家基础性战略资源，大数据挖掘和利用能力也被认为是大数据时代一国竞争力的重要来源和关键内容，使得研究大数据渐成学界和业界热点，随后大数据也被政府纳入国家行动计划。其实，大数据之“大”，不只限于专家们早已解说的“4V”或“5V”，它还体现在本文所阐释的“5S”上，即拥有大体量（Volumes）、大品种（Variety）、大速度（Velocity）、大真实（Veracity）、大价值（Value）、大范围（Scope）、大结构（Structure）、大存储（Storage）、大策略

* 该部分成果已发表，见：于跃、王庆华：《大数据的特质及其安全和信用风险》，《行政论坛》2016 年第 1 期。

（Strategy）、大灵魂（Spirit）等特质。但大的并不等于好的。虽然“5V”体现的主要是优势和机遇，“5S”展现的更多是难题和挑战，但不可否认的严峻现实是，无论哪一种特质，都潜藏着安全风险，都可能引发信用危机。为此，在很多人为大数据唱赞歌的时候，也是需要有人敲警钟的时候。鉴于在问题开始显现而具体解决思路和方法还不很明朗的情况下，提出问题、分析问题比解决问题更重要，揭示大数据的特质及其中潜藏的或可能引发的安全和信用问题并提请政府加以警惕，不仅对政府引领大数据健康有序发展十分重要，对电子政府构建和运行的保障体系建构亦价值重大。

（1）大体量带来的安全和信用风险

大数据的特质首先表现在其体量或容量大，大到在可承受的时间范围内使用常规的软件工具无法捕捉、管理和处理的程度。以中国为例，2013年产生的数据问题超过0. 8ZB，是2012年的两倍，相当于2009年全球数据总量。预计到2020年，产生的数据总量将超过8. 5ZB，相当于2013年的10倍①。中国网民现已超过6. 68亿，手机网购用户已达2. 7亿，如此大规模的网民和网购用户，每天上网和交易产生的数据也足够庞大。这些数字提醒我们，无论是在现在还是未来，政府都须面对海量数据所带来的汹涌浪潮，要么驾驭它，要么被它淹没，不可能置身事外。

大数据因其体量大而更趋全面，其自身优势是十分明显的。

首先，谁掌握了大数据，谁就可以弥补以往只能依靠抽样数据、局部数据、片面数据、理论假设和实践经验进行管理和决策的缺陷，且可依此预测趋势和赢得先机，此为其优势和机遇所在。但是，利用优势和赢得机遇靠的主要是大数据技术实力，鉴于缺乏高素质专业技术人才且现有人员培训严重不足的政府是不可能具备这样的技术实力的，因此，政府寻找专业化的合作伙伴实行服务外包成为必然选择，由此，合作伙伴在与政府的长期合作中自

---

① 涂之沛：《数据之巅：大数据革命、历史、现实与未来》，中信出版社2015年版，第XXI页。

然“合理”地拥有了政府的大数据，再加上其日积月累沉淀的商业数据，其数据资产拥有量将远胜同行业对手，甚至会超过政府，政府在向其购买数据服务，依靠其资源和能力挖掘、分析数据的过程中，其信用亦会成为政府大数据安全风险的关键掣肘因素。

其次，因为大数据的全面，包容了来自各种正规的、非正规的渠道的各类数据，这些来源广泛、渠道众多、日积月累形成的大数据本是出于不同目的、立场、能力沉淀的结果，其中也有相当多的数据是企业出于商业目的以隐密搜集、近零成本、漠视所有者权利的方式得到的，这些获取渠道和取用方式注定了大数据中真实与虚假混杂、历史与现实大同，即质量不一、时效参差。包容、超脱的结果，是在原有社会隐私权规则体系不再奏效而数据安全保护方面的法律法规又不健全的大数据时代，数据占有者极易操控和利用其所拥有的大数据，为谋求私利而泄露数据贡献者的隐私，侵害其信息权利，甚至危及社会安全和政府信用。如超过6. 68亿的网民利用各类搜索引擎查找某类信息或利用电子邮件等通讯工具联系某人之后，虽可利用安全工具软件清除自己电脑上的上网痕迹及相关信息，但却无从消除甚至知晓搜索引擎或网络运营商是否有意无意中存下了这些记录。而实际上，搜索引擎所有者和网络运营商正是凭借这些记录采集大数据，成为大数据实际的占有者。待大数据累积达成一定规模之后，大数据占有者就可以籍此累积庞大的数据资产，并从中获利，而其中蕴含的泄露网民个人隐私和侵犯网民信息权利的风险远超想象，需要政府采取严格的管理措施来保护数据质量和数据安全，对违法违规者造成的影响进行风险控制和严格管制。如果政府做不到，违法违规者会进一步侵害国家安全和社会权益，安全风险将更难掌控。

需要警惕的是，大数据的全面是相对的，真正全面、相对全面和以为全面毕竟不同，何况还有大量的干扰性数据混杂其间，所以政府在利用大数据进行管理和决策时不仅需要依赖机器和技术，也需要人的深刻的洞察能力和合作沟通能力。此外，究竟数据量级达到何种规模才算完整，至今也没有定论，在这种情况下，政府在利用大数据进行社会管理、公共服务和科学决策时就必须同时考虑传统数据的利用，以规避数据不完整可能带来的风险，维护政府信息信用。

（2）大品种带来的安全和信用风险

大数据之大品种，既体现在大数据可以聚集采集自以往难以企及的领域、层次和深度的数据，创造前所未有的量化维度，增强其多样性、系统性和相关性；体现在大数据的贡献者们来自于不同社会阶层、不同地域，代表不同利益群体或利益集团的数据贡献者们主动传播、分享、交换的各类数据，赋予大数据以代表性、倾向性和复杂性；也体现在呈现文字、图片、音频、视频、互动、三维等多种不同形态的数据多样性。更多的数据采集与贡献成就了大数据的多样性类别特质，即增多了数据获取的渠道，放大了数据内容的范围，增加了数据理解的深度，呈现出数据的不同类别。当然，在渠道、范围、深度、类别的扩展的同时，新的安全和信用风险也不期而至。

以手机用户数据为例，如今，用户个人成为数据产生的主要来源，移动运营商或服务提供商能够全面、准确、及时地获取其所有移动用户每时每刻的方位、联系号码和短信内容等用户信息，并可通过大数据分析推断出每个用户的行动轨迹、行为规律、兴趣偏好以及关系网络，而用户在将其位置、行为、文字、视频、图片信息在内的真实数据提供给移动运营商和服务提供商以获取更有针对性的、更好的信息化服务的同时，也极大地增加了暴露手机用户的个人隐私的风险，给其带来不同程度的安全隐患，也给移动运营商和服务提供商自身带来了信用风险。

再以贡献者们为例，由于他们受教育程度不同，代表利益不同，认知水平不同，判断能力不同，所提供的数据虽种类多样但客观性、真实性、准确性参差不齐，所以，要获得可靠数据，最大的挑战在于数据整合，提高数据质量的关键在于在整合数据中融入更多的民主、参与、理性和合作，否则大品种就会成为大杂烩，弱能力极易导致大危机。当然，大品种蕴藏的安全和信用风险，是可以通过进一步扩大大数据的规模，增加大数据的流动性和分享性，推动进一步的数据开放，以及施以评估手段等方式来解决的，这些需要政府做出实质性努力，加以行政性推动。

（3）大速度带来的安全和信用风险

如果按现在存储容量每年以 40%的增长速度计算，到 2017 年需要存储的数据量会大于存储设备的总容量，且预计到 2020 年全球数据总量将超过 40ZB①，这说明大数据产量增长的高速度。此外，大数据之大体量和大品种的优势发挥，以及大数据的价值利用，取决于大数据技术的大速度，如今大数据技术的能量已达到几秒钟能处理上亿次数据的速度，这是在数据爆炸式增长和新数据不断涌现的情势下快速获取有价值信息的必备条件。在传统的决策模式下，更多的决策依赖于内部数据，互联网的出现使得数据流动了起来，数据在流动的过程中得以增值，而大数据应用的需求，又对数据的流动速度提出了新的要求，割裂的、孤立的、静态的数据只会让决策者陷落到自己设置的“信息孤岛”中去。惟赖大速度，方能使大数据实现实时处理并得到有效利用，进而容忍其大真实，去冗降噪，实现其大价值。否则，大体量和大品种的数据不但不能成就大数据的优势，反而会变成大数据的拖累。

此外，促进大数据突破性发展的关键在于解决数据的获取性和流动性问题。而对于这两个问题的解决，首先需要解决数据的获取速度和流动速度问题，因为它们决定着数据的价值、意义、时效性、响应性，关系到用户的体验感、成就感和满意度。可见，如果数据获取和流动速度低下，大数据的效用将大打折扣，人类处理更多数据的机会、条件和能力将受到限制。同时，对于政府来说，大规模的、高速流动的数据很难被完全清洗或拦截，数据的高速流动带来了更多数据的跨境迁移，未来有可能会有越来越多的涉及安全的数据将被存储在世界各地的云数据中心，这些是对政府应对大数据的能力的考验，美国的“棱镜事件”已经为我们敲响了警钟。所以对政府来说，如何促进自身以及全社会的数据的流动，在获取更大价值的同时保证秘密数据

① 周文：《2020 年全球数据总量将超 40ZB 大数据落地成焦点》，2013 年 8 月 29 日，见 http：//net. chinabyte. com/139/12703139. shtml。

的安全性，管理好数据的跨境流动，是大数据时代赋予政府的重要使命。

（4）大真实带来的安全和信用风险

大真实（Veracity）是由美国快捷药方公司（Express Scripts）的首席数据官（CDO）林德帕尔·班达尔（Inderpal Bhandar）在波士顿大数据创新高峰会（Big Data Innovation Summit）上首次提出的。大数据的大真实指的并不是数据本身的真实性，而是在数据分析中应注意分析并过滤数据中有偏差、伪造、异常的部分，防止这些差异数据破坏数据系统的准确性，进而影响决策。

大数据对于数据真实性的宽容度远高于传统数据，这使得人们得以摆脱过度依赖数据精确性的羁绊，大真实的数据观念由此确立。依赖这种“要效率不要绝对精确，要相关不要因果”① 的大真实，一方面，降低了数据真实性的门槛，导致数据形态的改变，即既允许数据以不完美、不真实、大混杂的形态进入数据系统；另一方面，即时数据如此之多，累积起海量数据，建构起相关关系，如辅以适当的数学算法模型，完全能够利用数据挖掘算法识别出数据的真实性，帮助用户掌握事物的大体状况和预测其可能的发展方向。如此一来，大数据得以强大，相关关系更近真相。但无奈的是，“在广泛流行的技术的帮助下，遗忘已经变成了例外，而记忆却成了常态”②。丧失遗忘能力导致的后果是，有关数据贡献者的隐私和信用等数据所有者不情愿保留的大真实数据被长久地保存下来，甚至保存时间比我们的寿命还要长，这类记忆后果需要数据贡献者余生来承受。例如，加拿大心理咨询师费尔德玛就因为他在2001年为一本交叉学科杂志所写的文章中提到自己在20世纪60年代曾服用过致幻剂，就在穿过美国与加拿大边境时被扣留了4个小时，被告知不准再进入美国境内。他从来没预料到，他在那样一本晦涩杂

① ［英］维克托·迈尔-舍恩伯格、肯尼思·库克耶：《大数据时代：生活、工作与思维的大变革》，浙江人民出版社2013年版，第Ⅷ页。

② ［英］维克托·迈尔-舍恩伯格、肯尼思·库克耶：《大数据时代：生活、工作与思维的大变革》，浙江人民出版社2013年版，第6页。

志上发表的文章，居然能在全球化的网络上如此容易地被找到，使自己成为数字化记忆的受害者，不得不为过去快40年了的错事买单①。由此，大数据的适时清洗、遗忘机制以及共同存储期限的设定，亦应成为政府履行保护公民隐私和信用安全职责的一部分，因为学会遗忘和懂得宽恕毕竟是人类所需要的。

还以移动运营商为例，他们有出于商业利益出卖手机用户隐私信息的主观性可能和客观性可行。目前中国拥有超过12. 29亿部手机，其每天新增的数据量可谓庞大，鉴于这些大数据包含大量牵涉行为主体隐私、相关关系、安全和信用的信息，只要大数据占有者利用数据分析系统对相关数据进行综合分析并建立关联，即可依据用户手机号码、联系号码、短信线索等尽数掌握数据贡献者的一举一动，分析出其行为习惯、兴趣偏好，并对其进行定位。而利用哪些数据，使用其中哪些成分，用于何种用途，输送给何类组织或个人，以及采取怎样的数据模型加以运用等都是由大数据占有者决定的，相关约束机制几近阙如。可见，在信息安全体系还不健全、国家信用体系尚未建立，大数据占有者的行为难以规范的现实条件下，出于自身利益需求和商业竞争目的而泄露数据贡献者隐私的风险难以避免，安全和信用问题可能时时发生，如果政府不能制定有力政策保护公民免受监视与记忆的伤害，不能采取有效措施打击侵权行为和控制安全风险，不仅手机用户利益和财产受损，政府权威和国家形象也必定深受影响。因此，政府需要教育公民在网上谨慎言行，注意自我保护。

此外，大真实毕竟不是真真实，倘若真实数据不被认同，错误数据擅加利用，无论是对公民隐私和权利，还是对政府管理和决策，其负面影响都将是致命性的打击，由此可能引致的社会政治和经济秩序的混乱也是需要警惕的。

---

① ［英］维克托·迈尔-舍恩伯格、肯尼思·库克耶：《大数据时代：生活、工作与思维的大变革》，浙江人民出版社2013年版，第8页。

（5）大价值带来的安全和信用风险

在大数据时代，数据已经具备商品或资产属性，可以像其他商品或资产一样进行买卖与交换，只是“从对数据的交易、记录到对数据的分析、比较、提炼、再分析”① 等一系列证析过程的转化成就了大数据之大价值。

大价值的优势具体体现为其大用途，缘其“有用”。据已有研究成果，大数据的有用性体现在以下方面：它作为巨大的经济商品或资产，不会因为共享而缺损，却可通过复用而增值，产生效益；它作为得力的数据资源，可以提供更多数据和相关关系，助力人们高效获取有用数据，辅助管理和决策；它作为有力的思维工具，能扩展人的数据分析能力，使精英人士和普通公众平等共享数据，并从中获取利益和创造价值。

无疑地，作为全球人口、市场和计算设备保有量的大国，中国是数据大国，也理应成为数据强国，以依赖所拥有的巨大的数据资产创造巨大的商业机会。然而，尽管技术专家们保证大数据能帮助组织在适当的时机做出正确决策，但由于大数据分析处理中存在着诸多不可知因素，如数据价值密度低的问题，以及大数据的价值会随着时间推移发生变化等，其决策风险仍是难以预料的。何况，数据贡献者要维护自身权益，保护自身安全；数据占有者要深挖数据价值，争取更大利益；而数据使用者则希望高质高效地共享数据，谋求最大价值。诸如此类的利益诉求和目标追求，使得必须保证大数据应用的公正公开以及维护数据所有者的隐私安全成为利益相关方的普适规则和共同选择，而这些都需要政府的努力。当然，利益相关方技术上的不平等，蕴藏着技术强势方产生数据独裁的风险；而利益相关方经济上的不平等，意味着其享用带宽和使用数据频率必有差距，数字鸿沟会带来信用风险。为公平、公正地发挥大数据的大价值，大数据建设和运维过程中的民主与法治、分权与制衡、自由与约束、资费与效益等也亟需政府勤勉运筹。

① 郑毅：《证析——大数据与基于证据的决策》，华夏出版社 2012 年版，第 2 页。

（6）大范围带来的安全和信用风险

我们知道，大数据的数据量是空前巨大的，但随着大数据应用的深入，大数据的准入门槛在逐步降低，大数据的大范围打破了原有数据间不同类型、不同来源的边界，让一个个“信息孤岛”之间的数据合纵连横，所以大范围无疑是重要的，因为大范围必然涉及更多数据，可以惠及更多用户。但大范围同时又是困难的，因为大范围和大用户必然要求大服务，而大服务也可能带来大麻烦。面对现在日益庞大的数据量，我们可以不考虑数据的边界有多大，但不能不限定数据的应用边界在哪里。大范围导致的大服务，必然反映在数据手段的大规模应用上。

以中国为例，规模超6.68亿的网民每天使用电脑上网产生的数据可谓大规模。当网民利用各类搜索引擎查找某类信息或利用电子邮件等通讯工具联系某人之后，虽可利用安全工具软件清除掉电脑上的上网痕迹及相关信息，但却无法避免搜索引擎所有者或网络运营商存下这些信息，藉此建立起网民间的相关关系，也无从知晓甚至获取搜索引擎所有者或网络运营商所存储的大量隐私记录，这些记录极有可能涉及网民的宗教信仰、兴趣爱好、行为习惯、家庭关系等隐私信息，成为利益相关者利用和攻击用户的“枪械”。不受限制的大数据应用将会带来无法估量的隐私侵害，大数据的应用边界就是大数据服务的隐私底线。搜索引擎所有者和网络运营商藉此采集加工成大数据，成为大数据占有者，进而操控这些“枪械”谋取利益。如通过分析用户心理状况和从众心理等对网络用户日常购物行为进行引导就可进行有效的商品营销。但搜索引擎所有者或网络运营商是否对其中的隐私数据擅自利用，可否对网民人身安全造成损害，以及由此导致的安全和信用风险，是网民依靠一己力量所无法规避的，需要政府清洁网络环境和构建信用体系加以规范。

以塔吉特百货为例：在美国，公民的出生记录是公开数据，所以如何吸引新生儿家庭消费成为每一家零售商的重要项目。塔吉特百货（Target）的顾客数据分析部（Guest Data & Analytical Services）为抢占消费潜力巨大的客户群体建立了一个数据模型，可以及早地将孕期客户从客户群体中分离出来，抢占客户资源，进行针对性产品推送。而一位美国的父亲也正是因为这种类型的产品推送意外地得知自己 16 岁的女儿怀孕的消息。从商家的角度来看，这是一次利用大数据精准营销的典型案例，而从用户角度来看，这可以看作是一次大数据应用越界而造成的隐私侵害。所以，从这样一个商业化的大数据应用也可以衍生出一种基于隐私保护的大数据服务。

（7）大结构带来的安全和信用风险

大数据的大结构指的是大数据涵盖结构复杂、种类多样、规模很大的结构化数据、半结构化数据和非结构化数据。

以往计算机处理的数据通常是事先定义好的、以表格形式保存的结构化数据，而如今互联网上流动的和遍及各个角落的传感器产生的大多是半结构化、非结构化数据。大数据应用的出现，使得原本埋藏在邮件、文档、网页、社交媒体、感知数据之中的文本、音频、图片、视频、模拟信号等非结构化数据可以得到更有效的利用，非结构化数据已逐渐成为大数据的代名词①。信息技术的不断发展，使得以往难以企及的数据，变得便于采集和存储。“大数据区别于传统数据处理最大的不同就是重点关注非结构化信息，大数据关注包含大量细节信息的非结构化数据”②。这种混杂性的数据结构既显示出大数据之搜集范围大、加工程度不一、表现形式不规则，还表现为其来源广泛、性质复杂、变量众多、变化经常。这种情形下，既然精确性已不能够获得，索性降低精确度门槛，包容并承认其混杂性；既然因果关系太过复杂，暂且放弃因果追究，转而发现相关关系。至于承认与发现是否可

---

① IDC 在 2010 年的一份研究报告中就曾显示：从数据总量来看，当前的企业数据，其中有超过 80%的数据是非结构化数据，并预计在 2012 年，非结构化数据将占整个互联网数据的 75%以上；从数据增量来看，2010 年全球结构化数据增长速度约为 32%，而非结构化数据增速则高达 63%，且非结构化数据中 50%－75%的数据都来自于人际交互。见 John Gantz & David Reinsel，“Extracting value from chaos，IDC IView”，2011，https：//www. emc. com/collateral/analyst-reports/idc-extracting-value-from-chaos-ar. pdf.

② 马建光、姜巍：《大数据的概念、特征及其应用》，《国防科技》2013 年第 2 期。

靠，能否安全，有否信用，也不予追究查证，惟信庞大数据足以覆盖一切真实，这对整体全局叙事而言也许适合，但对个体局部求证而言，显然有失公允，凸显出对个人安全和信用的损害。

（8）大存储带来的安全和信用风险

爆炸式增长的数据，对数据的采集速度和采集能力提出了新的挑战，采集的海量数据又使得数据存储系统需要具备更强大的数据存储空间、付出更大的存储成本。大存储是大数据带来的大挑战。大数据需要低成本、高效率的大存储，云计算因具此优势的数据存储、分享和挖掘手段而被选用。一般地，云计算环境搭建有三条路径：公用云、专有云和混合云。其中，公用云一般由第三方运行，在信息安全方面需要承担相对较大的风险；专有云由自身拥有，降低了安全风险，但信用风险升高了；混合云虽可规避两者短处，但极有可能出现两者长处无法施展而短处却共同存在的情况。可见，无论采取哪种路径，安全和信用风险都相伴而行。

目前“互联网+各行各业”仰赖的新基础设施就包括”云、网、端”①，这使得各行各业运作涉及的网络、设备和人更多，安全和信用风险增大。而当人类越来越需要依赖云计算，就得时时处处与云服务商打交道，包括用户要调用和处理自己存储于云中的大数据都得向云服务商申请、付费并接受应用裁决。伴随着云计算的迅速普及和各行各业数据资产保存和利用意识的持续增强，数据所有权和占有权分离导致的问题将更加雪上加霜，如数据所有者不能自己对自己的数据做主，数据占有者却可以任意侵入数据所有者的隐私领地等，会促使安全与信用风险进一步升级。当然，这些风险更多的是人为造成的。为此，政府可以借助预测告诫数据强者（即数据占有者）权衡利弊，促发自省，通过制定规则约束数据强者，保护数据弱者（即数据所有者）。须知，数据所有者贡献越大，数据占有者的成本越低，诚实守信才能合作共赢。

---

① 阿里研究院：《互联网+未来空间无限》，人民出版社 2015 年版，第 21 页。

（9）大策略带来的安全和信用风险

要赢得大竞争，必拥有大策略。大策略涉及大战略，也包括行动方案。已知的涉及大数据的大策略尤其是行动方案，更多的是基于技术及其应用的，市场经济制度和法治体系的保障支撑力度不够，加之社会主体、制度因素、非制度因素等社会风险加大①，使得大数据极有可能演变为数据占有者掌控网络和攻击网民的利器，这样的风险不同程度地存在于网络世界的各个角落，危害数据安全、网络安全甚至国家安全的事件也时有发生。尽管各国政府对大数据应用及发展给予了高度重视，如 2012 年 3 月美国政府拨款 2 亿美元启动《大数据研究和发展倡议（Big Data Research and Development Initiative）》计划，将对大数据的研究上升为国家意志；2015 年 9 月中国《促进大数据发展行动纲要》出台，国务院系统部署大数据发展工作，但受各国信息基础环境和技术发展条件制约，大数据所引发的不同层面的安全和信用风险亟待各国采取有效策略分而治之。

目前，在加强大数据技术策略之外，更多地寻求制定国家大数据产业发展战略和法律法规作保障是明智之举。为此，相关研究和联合攻关亟待开展，以指导其发展。现实情况下的政府责任包括：不仅要保护企业商业秘密和公民个人隐私，还要保障国家安全和政府信用。鉴于网络安全执法中查处群体易，追究个体难，政府可从政策制定、资源投入、人才培养等方面入手，通过逐渐建立和完善政府信用体系、企业信用体系、个人信用体系等来规避大数据可能引发的各种安全和信用风险，鼓励全社会厉行保护信息自由又善待彼此隐私的行动。

（10）大灵魂带来的安全和信用风险

大数据之大灵魂，首先体现在它是人类广泛参与和集体智慧贡献的成果——泛在化；其次体现在它通过降低技术准入门槛，使更多企业能够从事大

① 张毅、陈友福、徐晓林：《我国智慧城市建设的社会风险因素分析》，《行政论坛》2015 年第 4 期。

数据的组织与管理、分析与发现、应用与服务等活动，更多公民具备了数据挖掘和利用能力——平等化；再次体现在它成为现代社会信息基础设施，不断融合与改变着各领域各行业各类人群的生产与生活方式——变革性；最后体现在它是与物质、能量、人力一样重要的战略资源，影响着国家经济发展和社会进步——战略性。泛在化、平等化、变革性、战略性铸就的大灵魂，是人与人合作的成果，它最终契入数据乃至人的灵魂，引导与驾驭的威力不可谓不强大，但人与人在其中做出的诚信与不诚信的选择，极易因其便利且缺乏有效监管而演变成数据安全和信用灾难。为此，迎接大数据挑战，政府必须承担的责任至少应该包括：建立大数据环境，为之营造良好生态；统筹大数据规划，鼓励各行业携手参与；再次，推动大数据建设，制定数据保护规则；推广大数据应用，赢得竞争优势和价值财富。这些重大责任的承担，使政府面临重大的风险挑战。比如，数据真实性门槛的降低势必影响数据质量，监管数据清洗以维护其绩效成为政府必须承担的职责；数据资源属于战略资源，决定国运命脉，其合理开发、利用、储备、分配和消费事关社会公正以及公民权益保障，需要政府主导筹划。难题事关政府的信用和能力，亟需政府联合社会力量共同解决。只因政府自身也存在信用缺失甚至信任危机以及技术能力有限等问题，令其在克服难题时力量不够强大，需要自我革命。

“科学征服人心靠的是方便、实用、安全、高效，但实际效果往往相反”①。“5V” + “5S” 在体现大数据诸多优势的同时也展现了大数据带来的各种挑战。但无论是大数据的优势还是挑战，透露出的安全和信用风险是毋庸置疑的，政府绝不能熟视无睹，必须认识到：一方面，良好的安全和信用体系是大数据健康发展的有效保障，面对各种安全和信用问题，必须树立大安全、大信用观念以及大民主、大开放和大理性意识，掌握深入研析和预判应对大数据挖掘和利用中的各种安全与信用问题的良策的能力，为应对潜在

① 仲昭川：《互联网哲学》，电子工业出版社 2015 年版，第 11 页。

危机和规避更大风险提供法律、管理和技术等多维安全和信用预案，以将大数据可能产生的危机和风险控制在可接受的范围之内。这也是保证大数据时代国家数据秩序和信息安全的应有举措。另一方面，要认识到中国是信息弱国，在技术上，尤其是在安全技术上，还处于被动依附他国的地位，因此要立足于现实技术国情，鼓励基础研发和自主创新，寻求安全技术产品的突破之路。而在科学、合理、可行的安全策略还没有设计完善的情况下，小心谨慎地筹谋大数据开发利用的范围、方式和方法，把数据公开至数据开放、“+互联网”至“互联网+”的路选好，做对，是非常关键的。

（二）研究价值和意义

面对信息技术的快速发展以及互联网的广泛应用对政府、企业、社会公众乃至整个国家的冲击，各国将电子政府构建和电子政务建设提高到国家战略高度，举全国之力为之，不仅使政府和其他政务部门的工作质量和绩效得以提升，也使得政府内外部的关系得到改善，不仅为社会转型与多方合作提供了平台和动力，而且在“创新社会管理、推动社会进步、改进公民参与、保障公民权利”方面作用显著。近年来，国内外学者从理论逻辑和实践需要出发，对电子政府需求的各项基础条件也给予了足够的关注，为促进电子政府发展模式由技术主导向“技术—行政”协同转变贡献了聪明智慧，使“技术—行政”协同发展成为各国电子政府构建实践的重要任务，也成为电子政府理论研究的主要议题。

鉴于电子政府构建本身是一项新的行政管理实践，又是涉及各级政府和全社会的一项复杂的系统工程，对其进行整体性顶层设计、系统性基础建设以及安全、信用、评估、问责等方面的周密安排是尤为必要的。待其投入全面应用之后，政府管理决策运行势必更加依赖电子政务，对电子政务运行进行有效的理论指导、质量和绩效方面的标准规范以及前瞻性的理想愿景研讨也是极为必要的。只是电子政府相关的理论成果还不成熟，实践中欠缺有效指导和标准规范的状况一直在持续，已成为各国政府必须面对的严峻现实，在这种情况下，研究其构建和运行的保障体系就成为一项实践需求和一种必然选择。正是为了保障我国电子政府构建和运行的健康、有序和协调发展，同时保证电子政府及其电子政务的信用、安全和可靠，本课题得以立题并投入研究。

1. 学术价值

首先，有关电子政府与电子政务的研究，目前大多从政治学、行政学、制度主义、组织学、公共管理、信息科学、情报科学与工程学和法学等视角切入，各学科专家基于各自的学科知识和方法进行研究，研究视域相对单一，研究范围比较宏观，产出成果的针对性与普适性显得匮乏。为更好地应对日益复杂的、充满各种安全和信用风险的网络环境和日益扁平化、动态化的组织结构趋向，帮助政府保障电子政府构建和运行的质量和绩效，我们多方面引入政治学、公共管理、法学、计算机科学与技术、图书馆、情报与档案管理等学科力量，充分整合优质人力资源，在完成从安全视角（视域狭窄）到总体安全观视野（视域宽广）的思维方式转换的前提下，全面融合多学科知识和方法进行多维度、全方位的跨学科研究，使本著成为运用多学科理论、知识和方法联合攻关的创新成果，丰富了电子政府理论体系。

其次，有关电子政府与电子政务的研究，以往主要从相关学科吸取理论资源和营养成分。虽然电子政府是现实政府的虚拟化和异化，电子政务是政务活动的程序化、简化、量化、电子化及网络化的结果（或产物），但“电子政务早已不仅是一个技术问题，甚至也不再是系统管理和信息管理的问题，将其放置在公共管理的大背景下，才能发现更有价值的研究问题，得出更具实践指导意义的研究结论”①。为此，我们既重视借鉴各学科资源和养分，也不回避技术化过程中出现的各种异化问题和不和谐因素，力争做到足

① 张楠、孟庆国、郭迅华：《电子政务研究回顾 1999－2009：基于 SSCI 文件的分析》，《公共管理评论》2010 年第 1 期。

够理解、适度包容和审慎对待。限于社会科学学者不懂技术，难于发现、较少或很少考虑技术实现过程或环节中的异化问题和方向偏离，故对异化问题和不和谐因素或不知不觉或无奈接受，从而可能会给电子政府构建和电子政务运行遗留下更多的安全风险和不确定性因素，拉低电子政府和电子政务的安全性和信用度，为避免这类问题，我们在进入研究状态后给来自社会科学学科、缺乏交叉学科背景知识的课题成员以更多的学习信息技术和培育信息素养的机会，并在建立社会科学学者和理工科学者之间的必要的交流平台和共同的话语体系上做出了努力，因为只有研究者掌握了信息技术、提高了信息素养，才能真正做到时时处处利用总体国家安全观考量电子政府和电子政务存在的各种安全风险和安全问题，这是跨学科研究学术共同体的必修课，不仅借此得以增进多学科知识交融、人才彼此沟通理解和相互学习合作，而且为今后进行跨学科研究团队合作提供了项目经验，这对于利用多学科资源优势联合攻关和实现跨学科人才实质性合作都是极为关键的基础条件。

再次，在研究电子政府构建和运行的保障体系的过程中，更多借鉴了网络治理的理念理论和知识方法。我们认为，网络治理既有对网络进行治理之意，也有利用网络实现治理之意，两者中，无论是将网络作为治理的对象还是将网络作为治理的载体或工具，要达到治理的效果，前提都是要保证治理安全，尤其是在总体国家安全观视野下，治理安全集合更多的安全领域、安全种类和安全内容，已上升到国家安全甚至国际安全层面，既要顾及各种主观的安全诉求，又要满足各种实践的安全要求，达成内外统一、主客观统一、传统与非传统统一，成就“一种完整、全面、系统的非传统国家安全观”。在这样一种视野下从事电子政府构建和运行的保障体系研究，就是要全面、系统、立体地建构总体安全保障体系，这对以往单纯研究某一领域、某一种类、某一内容安全的我们无疑是一大挑战和考验。需知在全球化时代世界政治经济不确定因素业已急剧增多，局部动荡也在频繁发生，各种非传统安全问题日益严重，这一切都给电子政府构建和运行带来了更多安全风险，其中很多安全风险的解决需要付出成本或代价，为此，我们努力在安全与经济之间求得平衡规则，设置容忍底线，同时，因为安全技术手段并不总是那么可靠，还需要提供必要的管理资源、设计有效的约束条件、赋予可行的操作权限，以最大程度地保证电子政府构建和运行的总体安全，这使得本课题研究的电子化政府绩效评估系统、电子政府信用体系等成为填补国内绩效管理和电子政府学科研究空白的创新性成果。

再其次，课题研究所采取的搜集资料的来源和方式，主要是从各类学科体系中寻找理论资源以汲取必备养分，运用的知识方法也来源于多个学科。只因考虑到电子政务在“五化（”① 中已然历经异化，所以我们并不是拿现实世界的政务活动来简单套用和施以模拟，而是在借鉴和吸收以往的理论资源和营养成分的同时充分关注各学科面对的共性问题以及本课题研究的特殊之处，这样我们就基本做到了针对特殊之处选择合适的构件并构造合理的结构。我们的研究中基于这样的认知基础：认为“电子政务早已不仅是一个技术问题，甚至也不再是系统管理和信息管理的问题，必须将其放置在公共管理的大背景下，才能发现更有价值的研究问题，得出更具实践指导意义的研究结论”②；认为虚拟政府、信息政府、一站式政府、电视政府、移动政府、智慧政府等都是电子政府的派生概念，建设它们是电子政府在不同发展阶段的主要工作和重点任务，相应的保障体系需要随之动态性改变。当然，智慧政府之于虚拟政府等、智慧治理之于网络治理等，主要是智慧和智能的差别——以往的大多是追求智能，而现今的更加重视人性化，转而追求智慧。况且它们要实现的内容、合作的方式及至参与的主体等都面向同样的用户，需遵守共同的法律和规则，故而有太多的共性，特性可以忽略不计。在理论研究中，我们尽量追求集各学科知识方法之大成，以尽力实现建构电子政府构建和运行的保障体系的目的。

最后，建构电子政府构建和运行保障的体系，不仅要保障电子政府的基

① 五化，即前面提到的程序化、简化、量化、电子化及网络化。

② 张楠、孟庆国、郭迅华：《电子政务研究回顾 1999－2009：基于 SSCI 文献的分析》，《公共管理评论》2010 年第 1 期。

本构件——信息基础设施、信息平台、信息系统、信息和信息人的安全、可靠、优质、高效、信用，还要保障电子政务的业务、流程、环节、节点、结果的优质、高效和信用。以往的保障体系通常偏重依靠技术，强调技术方案，虽然也有主张辅以管理元素，但在实际应用中管理（或行政）与技术结合、融合或协同得并不好，“重绩效、轻保障”的观念一直未予有效转变且仍在施加影响。面对具体实践中的“多头管理、职责分散、协调困难”窘境，团队核心成员一直在强调政府基础提供的重要性并长期从事相关研究工作，因为目前理论界和实践界少有强调政府所应准备的基础条件和关键成功要素内容的危害性和影响力实在难以估量。比如，在大多数情况下，各地电子政务工程建设未对必须克服部门利益藩篱以实现跨部门、跨组织合作提出明确主张，虽然总能强调信息共享与业务协同，但实际效果非常有限。我们曾在处于改革前沿的现代化都市——深圳市做过大量调研，发现他们虽拥有超前的改革意识和先进的思维理念，但在信息共享与业务协同方面仍有很多障碍，需有很长的路要走，诸多掣肘、难于推进令行政管理者和决策者们大伤脑筋。必须强调的是，业务协同是提高电子政府及其电子政务绩效和质量的关键成功要素之一，只有业务协同问题真正解决了，电子政务乃至网络治理的绩效和质量才有可能得到实质性提高。而据大量国内外实践经验和教训来看，业务协同的主要障碍本来就是由政府机构条块分割导致彼此之间权力和利益博弈引致的，技术手段运用只能提供物理和程序（硬件和软件）方面的基础条件，虽然技术规制可解决一部分绩效和质量问题，也的确为攻克组织障碍和挣脱利益困局带来契机，但它毕竟只是克服障碍和脱离困局的一个必要条件而非充分条件。业务协同的真正达成，有赖于业务信息的整合共享和业务流程整体的优化再造，有赖于信息采集、加工处理、传输方式的变革创新，有赖于信息人操作行为的全程监控和追溯问责，以及组织结构的扁平化调整，等等，只有这些政府基础条件真正满足了，才有可能使资源共享、流程整合达成理想结果，进而为工作协同、治理主体合作创设有利条件。为此，在前期取得了电子政府的政府基础研究的一系列成果的基础上，我们继续对政府基础问题作延展性、纵深性研究。由于有关保障体系综合性研究成果十分有限，之前的研究更多地关注技术层面的保障元素和结构框架，虽然也涉及到管理机制和制度安排、法律法规探讨、政策规划建设等，但如何利用信用和责任等机制与先进元素和创新理念进行融合需要在宏大战略和具体方案间予以研究和取舍。这些方面也是本课题研究的主要贡献。

2. 应用价值

首先，从转变政府观念认识维度考察应用价值。“电子政务研究过去10年的发展与信息技术不断进步、信息技术在政务环境中发挥越来越重要的作用相生相伴”①。正是大数据、云计算、物联网等新一代信息技术带给人们改变这个世界的诸多能量，也带给人们对工具理性和价值理性整合和创新的更多思考。正如孙宇所说，“面向公共服务的电子政务，超越了工具论和技术论的范畴，恰好为行政管理体制改革提供了外部动力，奠定了服务型政府建设的技术基础和社会基础”②，美国实施国家绩效评估也曾“希望应用先进的信息网络技术克服美国政府在管理和服务方面所存在的弊端”③。这些研究与实践给予我们的启示是，既要反对“技术决定论”，也应秉持先进技术是科技发展和社会进步的引擎的观念，要明确电子政府构建和电子政务建设对政府改革有促发作用，电子政府构建和电子政务建设自身成功的关键取决于行政管理变革而非信息技术应用，还要清楚明了在智慧政府、智慧国家乃至智慧地球建设的探索过程中，如果政府所拥有的技术落后、发展模式滞后，那么本应作为发展动力的技术就会演变成制约前行的阻力。当然，电子政府一定“会需要更少的基层人员，需要更强能力的低层工作人员和较少的

① 张楠、孟庆国、郭迅华：《电子政务研究回顾1999-2009：基于SSCI文献的分析》，《公共管理评论》2010年第1期。

② 孙宇：《构建面向公共服务的电子政务体系：理论逻辑和实践指向》，《中国行政管理》2010年第11期。

③ Moon M. J, “The Evolution of E-Government among Municipalities: Rheroric or Reality?”, Public Administration Review, Vol. 62, No. 4 (2001), pp. 424-433.

中层管理者，还需要眼界更为开阔的高层工作人员”①，这对政府工作人员的信息素养和信息智慧提出了更高要求。为此，课题研究在努力增进人们对先进技术的最大价值在于应用的理解上下功夫，并研究对策措施以促动政府和其他政务部门工作人员提高对电子政府及电子政务的观念认识和信息素养，使之把保持应用最先进的技术和充分利用先进技术的工具价值并使之承载更多的公共价值作为目标追求，从而朝向理想愿景，采取更加积极、稳健的措施促进和保障各种先进技术的广泛、深入应用，面向不同用户的个性化需求开发出更加多元化的应用服务产品，以更大程度地发挥信用技术的功用。

其次，从提升政府行政效能维度考察应用价值。在大数据时代背景下，电子政府及电子政务借助极速发展的信息化手段，将诸多公共事务、公共权利固化于信息平台之信息系统中，在实现政府公共服务均等化、提高政府公共服务绩效、构建完善的政府公共服务模式方面成效显著，尤其是做到了使自身运作过程和行为相对透明、公平、可跟踪、可追溯、能问责，较之以往繁复冗长的官民交流，不仅节约了时间、空间方面的人力物力资本消耗，在有效限定政务部门权力边界的同时一定程度上限制了公共权力的滥用泛用，而且通过挖掘需求、内嵌目标、畅通渠道、共享信息、重视服务体验等大大提升了政府工作效能，既能促进政府内部组织机构调整，也能激励公民、公务人员之间平等交流，多向互动，将公众与政府的实际距离大大缩短，心理距离不断拉近，关系得以密切，电子政府构建及电子政务运行由此成为行政效能建设的创新实践以及有机统一社会治理主体的能力、效率、效果、效益的重要载体。

再次，从转变政府治理模式维度考察应用价值。“每一次科学的探索和发现，总能够让我们对这个世界有更加深入的认识，都能够让我们获得更好

① ［澳］欧文·E. 休斯：《公共管理导论（第三版）》，张成福、王学栋译，中国人民大学出版社2007年版，第224页。

更快捷的方式去改变这个世界”①。随着网络治理的进展，公民与政府之间的关系也发生着微妙而又不容忽视的变化，这种变化不仅仅是权力的博弈，角色的转变，更是民主意识的觉醒和治理模式的深化升级，电子政府构建和电子政务运行为这种转变提供了一个必要的契机和途径，同时也为人们之间的契约关系和社会结构的转变提供了运作平台和动力。

最后，从完善公共治理机制维度考察应用价值。对全球治理而言，国家治理需要发挥重要作用和贡献，而政府治理在国家区域合作和公共治理领域有重要作用价值，对区域间合作和跨域治理也有着积极深远的影响和实际泛在的效用。随着各国电子政府发展层次的逐渐提升、技术条件的日益成熟和管理边界的渐趋消弥，既有的政府的组织结构和管理制度已然成为电子政府发展的掣肘因素，制约着电子政府构建的脚步，在此窘境中，政府治理实践就成为电子政府构建的首选内容。治理机制主要分为参与机制，网络机制，合作机制和责任机制，是主体之间角逐平衡的关系状态，电子治理的出现对这四大机制进行了整合重组，将治理机制与信息化背景融合起来，推动了治理机制的组合发展，使之重新达到了一个近于平衡的高度，不仅明确了各个机制在治理中的位置和作用，更形成了一个多中心的公共行动体系。电子政府构建和电子政务建设在电子治理建设之前，电子政府构建与运行保障体系的建构也理应走在前面，为电子治理保障体系建设提供示范样板，此外，电子政府构建和电子政务运行中依靠的多主体合作、跨部门合作也对完善政府治理机制甚至对完善公共治理机制具有重要价值。

3. 社会意义

首先，在信息化和网络化时代，网络安全和信息化已成为国家发展“一体之双翼、趋动之双轮”，本研究涉及的基于总体国家安全观的顶层设计和信用体系构建等就是为了助力于保障政府之间、政府与其他政务部门之间以及政府与社会公众之间的合作的健康、有序和协调发展。而本研究的另一目

① 魏长宽：《物联网：后互联网时代的信息革命》，中国经济出版社 2011 年版，第 1 页。

标——妥善解决好保障体系的关键、必要性支撑要素的安全性、信用性、责任性问题，也旨在为保障体系注入可靠、可信、负责的元素，意在使其对全社会信用体系建设等具有较好的示范意义和一定的普适价值。

其次，随着经济和社会环境的日益复杂，各类突发公共事件发生的风险性与危害性日益凸显，仅凭传统的治理模式已经无法有效应对经济与社会环境的复杂性和时代的挑战。电子政务在为政府治理创新和应对当前所面临的挑战提供新技术、新手段、新方法和新渠道的同时，在“增进政务透明、强化政府责任、增强政府回应、提升政府效能”方面意义显著，在提升公共服务和改善政府运作方面效益明显，因此，电子政务在规范政府治理行为、提高治理效率、优化治理能力、增强治理透明度、约束治理权力、遏制治理腐败方面具有重要作用和价值。

最后，习近平总书记多次强调，“没有信息安全，就没有国家安全”，信息安全问题已经成为决定国家发展建设的战略问题。总体来讲，电子政府构建和运行的保障体系是国家信息安全保障体系的关键要素，其最薄弱的环节是人，包括安全体系的决策者、管理者，包括安全技术与产品的研究和开发者，也包括安全体系的运行维护人员。由于人自身天然不可避免的多样性、复杂性和脆弱性，如人的动机、心态、责任心、能力等方面的差异和不稳定性，决定了信息安全保障体系本身的脆弱性不可避免，因此，在整个信息安全体系中，任何一个环节、任何一个要素的失效，都可能会对整个体系带来威胁或损失。如何从总体国家安全的视角来综合研究、分析和解决信息安全保障体系中的管理和技术问题，尤其是如何提高全民的信息安全素养，认识并提升整体信息安全意识和水平，构建电子政府乃至全社会信用体系，也是我们重点关注的问题。为此，我们基于总体国家安全观，针对整体信息安全保障体系构建中的各要素，结合信息安全保障体系建设现状，对现实工作中显现的和潜在的问题尤其是共性问题进行分析，提出建设性的意见和建议，以求为电子政府构建及电子政务实践提供信用、可靠的环境。

二、国内外研究现状

通过中国知网（CNKI）对“总体国家安全观”“电子政府”“电子政务”三个主题词进行检索，查询到2008年1月1日~2019年12月31日期间以“总体国家安全观”“电子政府”“电子政务”为主题发表的文献分别为842、10549、28655篇。除“总体国家安全观”发文量继续呈现上扬趋势之外，“电子政府”“电子政务”的发文量均有所下降。自习近平总书记在2014年4月15日首次提出“总体国家安全观”之后，学术界对“总体国家安全观”的关注度骤然升温，且自2015年后对该主题研究的文章量与关注度已超过了“电子政府”。此外，随着信息技术的不断创新发展，“电子政务的演进趋势从追求‘善政’的传统电子政务发展成为追求‘善治’的现代电子治理”①，由此成为国内学术界特别是电子政务领域学者新一轮的研究热点。

在电子政府视野下单独探讨“电子政府构建的保障体系”这一问题时，从主题词为“电子政府”+“保障体系”的关键词共现网络图（见图0.1）可以看出，“电子政府”与“电子政务”二者在“保障体系”研究方面关系紧密，既有共同点，即均关注“信息化”与“信息安全”；又各有侧重，具体来说，前者侧重从“社会保障”“政府门户网站”“绩效评估”等方面切入，后者则从“电子行政审批系统”“保障机制”“管理体制”“信息化规划”“风险”等方面着手。

① 孟庆国：《政府2.0——电子政务服务创新的趋势》，《电子政务》2012年第11期。

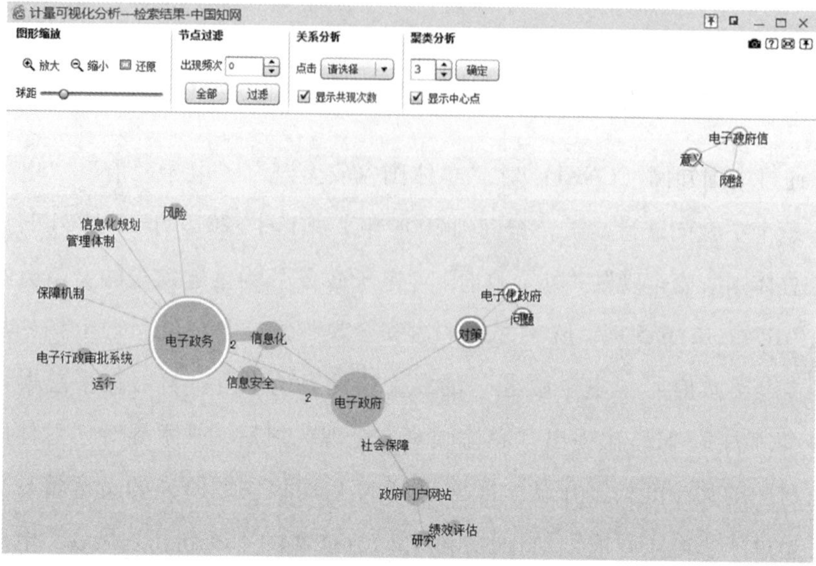

图 0.1　主题词为“电子政府”+“保障体系”的关键词共现网络

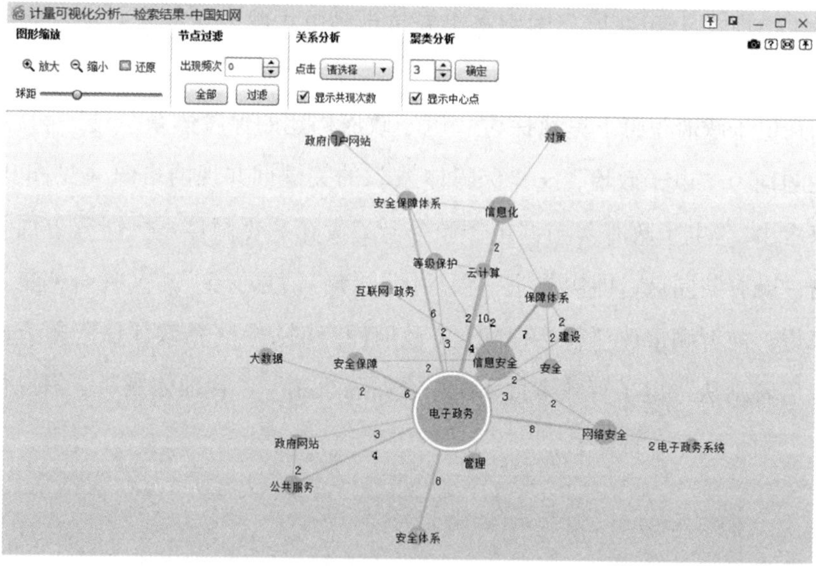

图 0.2　主题词为“电子政务”+“保障体系”的关键词共现网络

具体到“电子政务运行的保障体系”这一问题，从主题词为“电子政务”+“保障体系”的关键词共现网络图（见图 0.2）可以看出，“信息安全”是“电子政务运行的保障体系”关注的重点，涉及到“网络安全”“电子政务系统”“安全保障体系”建设等多项内容，且通过关注“大数据”“云计算”“等级保护”及“管理”等内容，强调从技术及管理等多视角寻求“电子政务运行的保障体系”建设的解决方案。

截至目前，与电子政府构建的保障体系相关的研究成果主要有总体国家安全观，电子政府的概念特点、目标价值、基础条件、阶段模型、战略策略等；关涉电子政务运行的保障体系的研究成果，除了更多关注系统开发和技术实现之外，主要限于质量管理和绩效评估，有关其构成要件、构建策略、自动化绩效评估系统等方面的研究成果非常少，直接涉及政府应提供的基础条件和基于业务流程探讨问责机制的成果更少。

（一）总体国家安全观相关研究*

1. 涵义理解

总体国家安全观是由习近平总书记（2014）在主持召开中央国家安全委员会第一次会议时首次提出的，他强调“要准确把握国家安全形势变化新特点新趋势，坚持总体国家安全观，走出一条中国特色国家安全道路”，并首次系统提出“11 种安全”，即“构建集政治安全、国土安全、军事安全、经济安全、文化安全、社会安全、科技安全、信息安全、生态安全、资源安全、核安全等于一体的国家安全体系”①。学者们基于此开展了深入研究。刘跃进（2014）认为“总体国家安全观不仅是一种非传统国家安全观，而且是一种完整、全面、系统的高级非传统国家安全观。”②“总体国家安全观既讲外部安全问题又讲内部安全问题，而且特别强调内部安全的重要性，从而实现了国家安全领域的内外两方面的统一。总体国家安全观既讲安全的主观

* 该部分内容由张锐昕和张乔合作完成。

① 习近平：《坚持总体国家安全观，走中国特色国家安全道路》（2014 年 4 月 15 日），见习近平：《习近平谈治国理政》，外文出版社 2014 年版，第 200-201 页。

② 刘跃进：《非传统的总体国家安全观》，《国际安全研究》2014 年第 6 期。

诉求又讲安全的客观形势，是在对国家安全现实形势判断的基础上提出的国家安全主观诉求和实践要求，因而实现了主观与客观的统一。总体国家安全观既讲非传统国家安全问题又讲传统国家安全问题，因而在国家安全构成要素及安全威胁因素和安全保障上实现了传统与非传统的统一”①。林宏宇（2014）认为习近平总书记主张的中国特色国家安全观之内核，可概括为内外兼顾、以内保外，包容共赢、命运共同，经济优先、核心不让，义利并举、有所作为四大内核②。高祖贵（2015）认为总体国家安全观主要包括人民安全、政治安全、经济安全、军事文化社会安全以及国际安全五个方面③，孟辽阔、张然等学者均支持此种观点。还有一种观点是基于习近平总书记提出的11种安全，认为总体国家安全观由政治安全、国土安全、军事安全、经济安全、文化安全、社会安全、科技安全、信息安全、生态安全、资源安全、核安全共11类国家安全要素构成。王巍（2015）则基本囊括了前述三种观点，认为“总体国家安全观可概括为‘一个总体创新设计’、‘一大核心宗旨’、‘五大兼顾’、‘十二大安全领域’”即以中国国家安全的新思路为中心的总体创新设计，以人民安全为核心宗旨，内部与外部安全并重、国土与国民安全并重、传统与非传统安全并重、发展与安全问题并重、自身与共同安全并重，包括信息、国土、社会、生态、核、科技、资源、经济、军事、国民、政治、文化十二大安全领域④。高飞（2015）审视国际国内形式，提出研究我国国家总体安全观的重要意义，认为“从世界层面来看，世界多极化、经济全球化深入发展，文化多样化、社会信息化持续推进，国家间的相互依存不断加深。首先，全球发展不平衡加剧，国际体系和国际秩序

① 刘跃进：《非传统的总体国家安全观》，《国际安全研究》2014年第6期。

② 林宏宇：《新国家安全观四大内核》，2014年6月3日，见http：//theory. rmlt. com. cn/2014/0603/274923. shtml。

③ 高祖贵：《以总体国家安全观指引中国特色国家安全道路》，《当代中国史研究》2015年第4期。

④ 王巍：《习近平总体国家安全观分析》，硕士学位论文，辽宁大学国际关系系，2016年，第20-21页。

深度调整，传统安全问题没有根本解决。进入新世纪，世界力量的对比发生了巨大变化。第二，世界政治经济不确定因素增多，局部动荡频繁发生，粮食安全、能源资源安全、网络安全等非传统安全问题更加突出。第三，国家间的相互依存不断加深，世界各国互动的模式发生改变。”“从中国自身来看，中国日益崛起为全球性大国，与世界的政治经济联系更加紧密，统筹国际与国内两个大局成为中国实现长期稳定发展的关键。”“首先，中国的能源资源保障压力增大。第二，贸易摩擦增多，领土保护压力上升。第三，国内与国外安全问题交织。近年来，中国与世界其他国家一样日益面临着新恐怖主义的威胁与挑战”①。

2. 特征表现

从变革性和动态性角度看，王义桅（2014）认为，总体国家安全观实现了对西方国家安全理念的三重超越：一是从起点上超越了“不是你安全，就是我安全”的二元对立观点，规避了落入“修昔底德陷阱”的风险，突破了所谓的“安全困局”；二是从内涵上超越了“世界和平”意义上的安全，提出了“集和平与发展于一体”意义上的安全；三是从原则上超越了“自力更生”“单打独斗”的旧原则，确立了一条“分享—包容—可持续”的安全文明新原则②。黎宏（2015）认为总体国家安全观“内涵深邃，思想深刻，比较传统国家安全观，从思想方法、价值理念、框架模式、方法路径四个维度彰显了独特的变革性特征”③。

从唯物辩证角度看，徐光裕、王瑾（2014）认为，一方面，总体国家安全观的视域十分宽广，涉及到影响国家安全的各个领域，既包括政治、经济、社会、资源、军事等传统领域的安全，也包括文化、科技、生态、核安全等非传统领域的安全，体现出事物整体性的特点，即坚持两点论、统筹兼

① 高飞：《中国的总体国家安全观浅析》，《科学社会主义》2015 年第 2 期。

② 王义桅：《全球化时代的大国安全观——中国的安全文明及其对西方的超越》，《人民论坛》2014 年第 11 期。

③ 黎宏：《论总体国家安全观的变革性特征》，《重庆大学学报》2015 年第 3 期。

顾。另一方面，总体国家安全观倡导各国同心协力，构建人类命运共同体，主张“共同、普遍、公平与包容式的安全”，着重强调安全的内外部相关性，体现出普遍联系的特点。

从可持续性角度看，“2014 年 5 月，在中国上海召开的亚洲相互协作与信任措施会议第四次峰会上，习近平主席第一次完整地提出了共同、综合、合作、可持续的亚洲安全观。他指出，形势在发展，时代在进步，要跟上时代前进步伐，就不能身体已经进入 21 世纪，而脑袋还停留在冷战思维、零和博弈的旧时代。应该积极倡导共同、综合、合作、可持续的亚洲安全观，创新安全理念，搭建地区安全和合作新架构，努力走出一条共建、共享、共赢的亚洲安全之路”①。国家安全观并非一朝一夕架构起来，也绝非仅由上层领导组织起来的，而是由历史的发展一点一点累积起来，由人民群众一点一点坚持下来的。我们绝不可以只要求短暂利益，要将眼光放长远，用可持续的思维深入了解国家总体安全观，努力架构起持续性高、灵活性好、权威性强的优质国家安全格局。

3. 实现路径

欧洲信息安全专家、英国剑桥大学教授罗斯·安德森（Ross Anderson，2013）曾提出信息安全工程框架模型，将其抽象为策略、机制、保证和动机等四个要素②。马占魁、孙存良（2014）认为，坚持和贯彻总体国家安全观，要树立系统辩证、统筹兼顾的国家安全理念，不断深化与时代发展相适应的安全意识和安全自觉，只有将总体国家安全观的思维“内化于心”，才能在处理实际安全问题时“外化于行”③。邹身城、邹小芃（2015）则从地方政府层面着眼，认为“在坚决支持‘贯彻总体国家安全观’的同时，地

① 徐光裕、王瑾：《热话题与冷思考——关于总体国家安全观与中国特色国家安全道路的对话》，《当代世界与社会主义》2014 年第 6 期。

② Ross Anderson, *Security Engineering: A Guide to Building Dependable Distributed Systems*, Hoboken: Wiley Publishing, 2008, pp. 4-5.

③ 马占魁、孙存良：《坚持总体国家安全观》，《解放军报》2014 年 7 月 30 日。

方还应该结合自身特点提升应急应战的防范能力，包括广泛的应急教育制度化，应急行动的组织化，应急设施的规范化，应急演习的常态化"①；徐守盛（2016）则在《牢固树立和贯彻落实总体国家安全观——写在首个全民国家安全教育日》中指出，"贯彻落实总体国家安全观，根本在坚持党的绝对领导、重点在落实国家安全体系、基础在加强国家安全教育、关键在强化全民安全责任"②。谢卓芝、谢撼澜（2016）认为"学术界主要从宏观层面、中观层面、微观层面三个不同维度出发，对贯彻落实总体国家安全观的路径选择进行了探讨"，包括宏观层面通过增强忧患意识来树立和塑造总体国家安全观念，中观层面通过发挥国家安全委员会的领导作用，加快建立健全集中统一、高效权威的国家安全体制来发展总体国家安全观，微观层面通过提高综合治理、有效应对的国家安全能力来落实总体国家安全观③。门洪华（2016）对当前我国国家安全实现途径提出了相关建议，其中包括，创设中央国家安全委员会，完善顶层设计；完善中国国家安全战略，奉行底线思维等，并提出了国家安全战略应秉持的原则，把握重点与全面铺展并重，以把握重点为首要；正式的安全制度建设与灵活的结伴关系并重，更加重视国际盟友的作用；国际防范与国际合作并重，更加重视国际合作的议程设置能力；关注传统安全威胁与非传统安全威胁并重，更加注重应对非传统安全手段的多元化和目标的延展性；陆疆防卫与海疆防卫并重，更加重视海疆经营；外交与军事手段并重，进一步强化外交能力及对外斗争的部门配合④。

谈到总体国家安全观，必须既重视外部安全，又重视内部安全，对内求发展、求变革、求稳定、建设平安中国，对外求和平、求合作、求共赢、建设和谐世界；既重视国土安全，又重视国民安全，坚持以民为本、以人为

① 邹身城、邹小芃：《"总体安全观"是城市治理现代化的重要指针》，《周刊》2015年第7期。

② 徐守盛：《牢固树立和贯彻落实总体国家安全观——写在首个全民国家安全教育日》，《湖南日报》2016年4月15日。

③ 谢卓芝、谢撼澜：《"总体国家安全观"研究综述》，《理论视野》2016年第5期。

④ 门洪华：《总体国家安全观与中国特色国家安全道路》，《攀登》2016第1期。

本，坚持国家安全一切为了人民、一切依靠人民，真正夯实国家安全的群众基础；既重视传统安全，又重视非传统安全，构建集政治安全、国土安全、军事安全、经济安全、文化安全、社会安全、科技安全、信息安全、生态安全、资源安全、核安全等于一体的国家安全体系；既重视发展问题，又重视安全问题，发展是安全的基础，安全是发展的条件，富国才能强兵，强兵才能卫国；既重视自身安全，又重视共同安全，打造命运共同体，推动各方朝着互利互惠、共同安全的目标相向而行。人类进入信息社会，信息技术与传统领域、行业的深度融合，彻底改造、创新了传统业态，任何行业的发展、进步都离不开信息技术的支撑作用，信息技术已经从辅助转变为社会发展真正的主角，正是基于此，纵观总体国家安全观的 11 种安全，信息安全处于极其特殊的位置，如果没有信息安全的保障和支撑，任何领域的发展，任何一种安全都难以达到预期效果。

（二）电子政府构建的保障体系相关研究*

随着公共行政改革的逐渐深入和管理科学的不断进步，近年来国内外关于电子政府的理论研究取得重要进展，具体表现在：随着政治和管理问题逐渐取代信息技术成为电子政府理论建构的逻辑起点，关于电子政府的概念特点、目标价值、基础条件、阶段模型和战略策略的研究也在不断深入，这一方面对电子政府的理论体系建构注入了新的内容，另一方面也催生了许多助益于电子政府构建的实践类成果，既为电子政府理论体系建构做出了贡献，也为电子政府构建的保障体系的建设提供了有力支撑。

1. 电子政府的概念特点

（1）电子政府的概念

国内外关于电子政府的内涵界定有着比较相似的结构，即是技术手段、服务内容与目标定位的有机结合。克伦·雷恩和李正雨（Karen Layne 和

---

* 该部分内容由于跃、杨国栋和张锐昕合作完成。

Jungwoo Lee，2001）将电子政府界定为“政府利用相关技术特别是基于 web 的网络应用程序，为市民、合作伙伴、员工、政府实体及其他机构提供信息访问和服务交付”①。他们指出借助电子政府建立起与公民的顺畅互动，将有助于改善政府与公众的关系。兰德公司（RAND Corporation，2002）强调电子政府是一种政府向以公民为中心的转型，而技术是电子政府实现的工具②。世界银行（International Bank for Reconstruction and Development，2003）认为电子政府是“政府机构利用广域网、互联网和移动技术等信息技术改变与公民、企业和其他政府部门的关系”③ 而且世界银行认为这些技术的应用可以达到更好地向公民提供政府服务、改善政府与商业、工业的互动、实现更有效地政府管理的目的，并且对政府来说对减少腐败、增加透明度、增加便利、收入增长、降低成本也大有裨益。欧盟委员会（2003）强调电子政府是信息和通信技术（ICT）、政府组织变革、个人新技能相结合的产物，正确运用这三种推动力有助电子政府三大目标的实现，即改善公共服务、民主进程、推动公共政策实现④。何塞·罗德里格斯（José Rodríguez，2006）认为电子政务或电子政府（Electronic Administration or e-Government）是“密集使用信息和通信技术（ICT）尤其利用互联网，来执行公共管理活动”⑤。其强调电子政府的目的在于改善或改变政府与公民、政府机构间关系，改善或改变公共服务供给及内部效率与参与。高德纳咨询公司（Gartner Group，2007）将电子政府定义为“通过互联网运营，信息和通信技术不断转变公共

① Information Technology Services Division & Department of Administration of the Montana State，“Examination of the Delivery of E - Government Services”，June 2006.

② Nina Hachigian，“Roadmap for E-Government in the Developing World-10 Question E-Government Leaders Should Ask Themselves”，December 31，2001，http：//unpan1. un. org/intradoc/groups/public/documents/apcity/unpan005030. pdf.

③ The World Bank Group，“A Definition of E - government”，2003，http：//www1. worldbank. org/publicsector/egov/definition. htm.

④ European Commission，“The Role of eGovernment for Europe's Future”，*The Journal of E-Government Policy and Regulation*，Vol. 25，No. 1（2005），pp. 59-68.

⑤ Rodríguez J R，Council B C，“The ‘Barcelona Model’ of e-Government”，2006，http：//www. bcn. cat/orom/pdf/Penteo_ ModeloBarcelona_ eng. pdf.

部门的内外部关系，优化服务提供，参与群众和公共治理”①。埃拉·玛兰尼（Eyla Alivia Maranny，2011）认为电子政府是用来改善政府与公众或公民间沟通与服务的渠道，可以通过传统、电子等多种渠道提供服务②。艾尔·卡尔森（Al Carlson，2010）将电子政府定义为“是利用技术（通常是网络）使公民与当地、州或联邦政府联系起来，使政府更高效，更透明和更有回应力的努力。”③ 张锐昕（2011）将电子政府定义为“政府机构全面应用信息技术以及网络等信息服务设施，在进行组织变革和内外部关系转变的基础上，将其信息和管理服务职能移到网络中去运行，以改革行政体制，构建更好的政府。”④

（2）电子政府与电子政务的关系

关于电子政府与电子政务的关系，主要有三种差异化表述，即认为它们一致、从属或不同。第一，认为电子政府和电子政务一致的人们会将两者不加区别地对待或将两者混用，这种情况不在少数。中国的典型做法是直接把“e-government”译成“电子政务”，如国家行政学院将联合国经济和社会事务部发布的《联合国电子政府调查报告（United Nations E-Government Survey）》译作《联合国电子政务调查报告》。第二，认为电子政府和电子政务是从属或包含关系的人们有截然相反的结论。一方认为，“电子政府”中的“政府”是狭义的，只包括中央人民政府——国务院和地方各级人民政府；“电子政务”中的“政务”是广义的，指向一切国家政权机关（如立法、司法机关，行政机关及一切公共机关的政务活动）。由于后者比前者所辖范围

---

① Wesam Abdallat, “Evaluation of E-government Services Quality: A Business Perspective”, February 7, 2017, https://bura.brunel.ac.uk/handle/2438/13988.

② Eyla Alivia Maranny. “Stage Maturity Model of m-Government (SMM m-Gov): Improving e-Government Performance by Utilizing m-Government features”, 2011, https://essay.utwente.nl/62691/.

③ Al Carlson, “‘Sharing My Bias’: We’re From the Government, and We’re Here to Help”, *Journal of Interlibrary Loan, Document Delivery & Electronic Reserve*, Vol. 20, No. 4 (2020), pp. 61-64.

④ 张锐昕：《电子政府内涵的演进及其界定》，《社会科学辑刊》2011年第5期。

广，故电子政务应该包含电子政府。另一方认为，各国电子政府建设主要涵盖电子服务、电子民主、电子商务和电子政务（或电子管理）领域已达共识，据此推断电子政府包含电子政务。第三，认为电子政府和电子政务不同的人们主张将两者区别对待。如黄璜提出，“电子政务是电子政府的活动方式，而电子政府是电子政务的行动的‘虚拟’主体。”① 其涵义是，政府电子政务是电子政府的活动方式，电子政府是政府电子政务的行动的“虚拟”主体。鉴于电子政务不限于政府的电子政务，至少还涉及其他政务部门的电子政务，电子政府和电子政务两个概念明显存在重合部分②。

（3）电子政府的本质特点

电子政府的本质是电子政府本身所固有的根本属性，关于电子政府本质的研究是电子政府发展理论的基础和前提。学术界对电子政府本质的讨论，主要存在于将电子政府作为政府改革的一项内容、一个工具，或是传统政府管理模式的代替性范式的分歧之上。信息专家倾向于对电子政府作技术化的解释，道格拉斯·霍姆斯（Douglas Holmes，2001）认为“电子政府，作为一个术语可以指使用信息技术——尤其是互联网技术——以更加便利、顾客导向、成本——效益等这样不同而又更好的方式为公众提供服务”③。传统的公共行政学者认为，电子政府是一个应用信息技术促使政府管理更为民主、开放、服务的工具或手段，类似于电子化管理的范畴。公共管理学者贝里斯汀·贝拉米和约翰·泰勒（Bellamy Christine 和 John A Taylor，1998）相信，“通常与信息时代相关的组织变化模式明显地与现今公共行政领域内管理主义形式相关的组织变化模式相一致”④，电子政府能够融入始于 20 世纪

① 黄璜：《电子治理：超越电子政务的新范式》，《江苏社会科学》2006 年第 2 期。

② 李健、张锐昕：《从电子政务到电子治理：分歧与趋同》，《上海行政学院学报》2018 年第 6 期。

③ Holmes D，*E-Gov：E-Business Strategies for Government*，London：Nicholas Brealey Publishing，2001，p. 2

④ Bellamy Christine，John A. Taylor，*Governing In The Information Age*，Buckingham：Open University Press，1998，p. 37.

80年代的管理主义的公共管理改革之中。

达雷尔·M. 韦斯特（Darrell M. West，2005）认为，“随着信息技术和设备在政府管理领域的普及应用以及政府管理与服务提供等对信息技术和设备的依赖日深，理论界和实践界对电子政府内涵的认识仍在不断拓展和加深中，理解也渐趋全面和客观，表现出理论界定的焦点已由以往的主要关注技术应用逐渐转到了更为关注如何利用技术应用使政府管理和公共治理变革”①，主流的观点开始将电子政府视为信息时代的政府管理模式，张锐昕（2002）将其综述为是“将工业化模型的集中管理、分层结构、在物理经济中运行的大政府，通过互联网转变为新型的管理体系，以适应虚拟的、全球性的、以知识为基础的数字经济，同时也适应社会运行的根本转变”②。经济合作与发展组织（OECD）指出，电子政府的本质“并不是单纯地把信息技术应用于政府和公共事务的处理上，也不是如何应用信息技术来提供信息和电子服务以提高行政效率的问题，而是政府面对信息技术所带来的新的社会范式的挑战，如何进行政府的再造，促进政府的转型，建立适应信息社会需要的新的政府治理范式，促进善治，实现善政的问题。”杜治洲（2006）指出，“电子政府是全面实现了电子政务后的政府，是现有政府机构在开展电子政务的过程中，对现有的政府组织结构和工作流程进行优化重组之后构建的新的政府形态”③。

李忠（2003）将电子政府的发展特点概括为以互联网为基础设施建构电子政府，并注重政府服务功能的发挥和完善④；安德鲁·查德威克和克里斯托弗·梅（Andrew Chadwick 和 Christopher May，2003）认为，“电子政务的起源和主要特征，揭示了电子政府曾被相当狭隘地定位为一项行政管理改革

① Darrell M. West, *Digital Government: Technology and Public Sector Performance.* New Jersey: Princeton University Press, 2005, p. 13.

② 张锐昕、王郅强等:《电子政务研究》，吉林人民出版社2006年版，第48页。

③ 杜治洲:《电子政务与政府管理模式的互动》，中国经济出版社2006年版，第4页。

④ 李忠:《电子政府发展透视与现状分析》，《潍坊学院学报》2003年第6期。

计划，而不是一种复兴民主和公民权利的行动途径。加强协商、参与和公民对政策的影响似乎是后来才添加的东西，排在政府内部机构提高效率和消减开支之后”①；王冀明（2004）对电子政府进行属性解析，认为电子政府体现了真实性与虚拟性的统一、历史与未来的统一、全球与本土的统一以及民主与法治的统一②；达雷尔·M. 韦斯特（Darrell M. West，2005）认为“电子政府的特殊之处，在于公共部门使用互联网和其他数字设备来提供服务、信息和民主”③；傅兵（2005）通过分析澳大利亚电子政府建设情况，将其电子政府特点归结为以政府为主导、以民众为中心、以公共服务综合化为主线、以标准化为技术支撑等几个方面④；道格拉斯·诺斯（Donald F. Norris，2007）认为电子政府有别于传统线下政府，突出特点是公民在使用政府服务的时间与地点选择上的灵活与可控，即不受时空限制⑤。

尽管在认识上仍存有分歧，但可以确定的是，电子政府与传统公共行政有着明显差别。电子政府理想中的政务处理的“电子化”和“网络化”，决不能是简单的仿真或直接的平移，而是一连串的政治行为和行政干预促成的彻底的行政体系要素转变之后形成的结果，而这种结果到底怎样，取决于政府能否为电子政府发展创造必备的条件并进而使其合法化地发挥作用。完全有理由相信，如果电子政府被正确的实施，并有适宜的行政体系与之配合，将可能出现令人振奋的景象，新的管理模式既能增强政府的能力，又能实现更好的民主。

---

① Andrew Chadwick, Christopher May, “Interaction between States and Citizens in the Age of the Internet: E-government in the United States, Britain and the European Union”, *Governance*, Vol. 16, No. 2 (2003), pp. 271-300.

② 王冀明：《电子政府属性简析》，《河南教育学院学报（哲学社会科学版）》2004 年第 3 期。

③ Darrell M. West, *Digital Government: Technology and Public Sector Performance*, New Jersey: Princeton University Press, 2005, p. 1

④ 傅兵：《澳大利亚电子政府的特点》，《江苏农村经济》2005 年第 1 期。

⑤ Donald F. Norris, “Current issues and trends in e-government research”, January 2006, https://www.researchgate.net/publication/294742384_Current_issues_and_trends_in_e-government_research.

2. 电子政府的目标价值

学术界的主流观点已经将电子政府视为信息时代的政府管理模式。OECD（2003）指出，电子政府“并不是单纯地把信息技术应用于政府和公共事务的处理上，也不是如何应用信息技术来提供信息和电子服务以提高行政效率的问题，而是政府面对信息技术所带来的新的社会范式的挑战，如何进行政府的再造，促进政府的转型，建立适应信息社会需要的新的政府治理范式，促进善治，实现善政的问题”①。杜治洲（2006）认为“电子政府是全面实现了电子政务后的政府，是现有政府机构在开展电子政务的过程中，对现有的政府组织结构和工作流程进行优化重组之后构建的新的政府形态”②。

对于电子政府发展的终极目标，学者间存在分歧。利昂·奥斯特维尔等（Leon. J. Osterweil et al.，2007）认为，未来的电子政府趋向于政府管理的所有内容过程，是各级政府被信息技术应用的全面改变，那时的电子政府将有可能被重新称为“政府”，虽然它已经是“转变”的政府或“网络”的政府，抑或是现实与虚拟相结合的政府③。其他大多数的描述是模糊的，代表性的说法是电子政府意味着更好的治理，如萨拜娜·卡斯泰尔弗兰科（Sabina Castelfranco，2002）指出，电子政府绩效可以用它对于“善治”的贡献进行测量④；苏哈什·巴特纳格尔（Subhash Bhatnagar，2004）认为电子政府是利用ICT来实现更有效率和效益的政府，提供更加便利的政府服

---

① Organization for Economic Cooperation and Development，*The E-Government Imperative*. Paris：OECD Publishing，2003，p. 203.

② 杜治洲：《电子政务与政府管理模式的互动》，中国经济出版社2006年版，第4页。

③ L. J. Osterweil，L. I. Millett，J. D. Winston，*Social Security Administration Electronic Services Provision：A Strategic Assessment*，*Washington*，D. C：The National Academies Press，2007，p. 121.

④ Enrico Nardelli，Sabina Posadziejewski，Maurizio Talamo，“Certification and security in E-services：from E－government to E－business”，2002，https：//link. springer. com/chapter/10.1007/978-0-387-35696-9_ 19.

务，给予更多的公共信息通路，使政府对公众更负责任①；2008 年联合国电子政务调查报告《从电子政务到互联治理》中强调了“连接性治理”（Connected Governance）的概念（来源于整体性政府理念，技术日益作为一种战略性工作或者公共服务创新和生产率增长的推动者），连接性治理将提供更好的组织、协调和通常整合的信息流、新的事务处理能力、反馈和协商的新机制、更多的民主参与形式，并将其视作电子政府的发展趋势。一些政治学学者的认识更进一步，如凯利·特伦斯（Kelly Terrence，2004）认为建立完全开放的电子政府，目的就是让公民能够更全面地参与日常政策的制定和行政过程，电子政府的未来将是数字化民主的实现，它“不仅反映出互联网兴起以来网络化取得的成就，而且反映出政策制定中协商模式在更大范围中的转变”②。

伴随现有政府组织结构和制度对电子政府发展制约性的不断增强，电子政府本身的价值意义受到了挑战。电子政府该向何处去，应以怎样的路径发展，如何融入并支撑政府管理的宏观战略，渐次成为国内外理论界和实践界共同关注的焦点问题。国内外学者的相关研究体现了对这些焦点问题的关注、思考和回应，他们建立在对电子政府目标和实质认识的基础上的一些观点对中国电子政府构建有着重要的指导价值和启发意义。实际上，大多数公共行政学者对电子政府的发展前景是持乐观态度的，认为电子政府“已经成为政府结构的一个新的组成部分”③，它超越了新公共管理，未来将出现一个以电子政府为基础的新的公共管理范式，改变公共服务的提供方式和政府与公民之间的基本关系。在与新公共管理运动的相关性上，帕特里克·邓利维（Patrick Dunleavy，2006）认为，公共管理运动已经死亡，而电子政府倡

① Subhash Bhatnagar, *E-Government: From Vision to Implementation-A Practical Guide with Case Studies*, New Delhi: SAGE Publications, 2004, p. 19.

② Kelly T, “Unlocking the Iron Cage: Public Administration in the Deliberative Democratic Theory of Jurgen Habermas”, *Administration and Society*, Vol. 36, No. 1 (2004), pp. 38-61.

③ Norris, Donald. F, *Current issues and trends in e-government research*, Hershey, PA: Idea Group Pub, 2007, p. 6.

导的数字化时代的治理将基业常青①。也有不少学者对电子政府的发展持慎重态度，如弗朗西斯·福山（Francis Fukuyama，2002）认为，电子政府对于传统的官僚制只具有挑战与变革的意义，还不具备完全替代的意义；那种认为正式的等级制组织随时都会消亡的说法，是很值得怀疑的；即使网络将来变得越来越重要，它们也会与正式的等级制组织并存②。也有人认为电子政府的变革有可能不会发生，并存在不可逾越的障碍，或许会出现来自政府内部的强烈抵制。此外，埃德加多·巴奇（Eduardo Budge，2002）认为，善治的信念对于电子政府信念是重要的，善治被定义为民主、回应、高效、参与、包容和透明。杨国栋（2010）认为，在政府治理理念日益向服务、法治、责任、透明、公众参与、有限、诚信、有效、市场化、无缝隙等方向转变的时代背景下，电子政府的价值取向逐渐突出公共服务，以法制行政为原则，关注对民负责，运行由封闭转向开放，运行过程重视公民意志，运行中信守承诺，管理服务范围由无限扩张转向理性限定，运行目标追求治理效果，运作方式趋于多样化，组织管理形式由层级节制向整体管理转变③。

3. 电子政府的基础条件

行政的本质是“为追求有意识的目标从而决定要采取行动”④，“行政发展强调行政系统，主要是政府这一主体达到的一种高级状态。在为达到这种状态而进行的行为中，无论是外力所致，还是政府自身产生动力，政府都是作为一个接受改变的角色出现的”⑤。由于电子政府是以有效应用信息技术

---

① Patrick Dunleavy, Helen Margetts, Simon Bastow, Jane Tinkler, “New Public Management Is Dead Long Live Digital-Era Governance”, *Journal of Public Administration Research and Theory*, Vol. 16, No. 3 (2006), pp. 467-494.

② ［美］弗朗西斯·福山：《大分裂：人类本性与社会秩序的重建》，刘榜离、王胜利译，中国社会科学出版社 2002 年版，第 258 页。

③ 杨国栋：《论网络时代政府职能转变的十大取向》，《新疆社会科学》2010 年第 6 期。

④ Fritz Morstein Marx, *Elements of Public Administration*, *Englewood Cliffs*, NJ: Prentice-Hall, 1963, p. 4.

⑤ 黄晓军：《行政发展相关概念辨析新视角：行政生态学分析法》，《福建行政学院福建经济管理干部学院学报》2003 年第 4 期。

并适应于信息时代的行政生态环境需求为生存基础和发展前提，其目标是实现更好的治理，这就必然涉及到接纳技术、迎接变革和进行技术与行政结合的问题，需要政府自身为两者结合提供基础条件，包括政府基础。

电子政府构建的障碍因素主要涉及政府内部体制、软硬件技术、人员工作技能与知识、安全与隐私、财政保障等多个方面。谈及世界各国发展电子政府面临的障碍，美国前副总统艾伯特·戈尔（Albert Arnold Gore Jr）曾将世界各国电子政府发展面临文化障碍、政府的保密制度、官员腐败及公务员缺乏培训等四种障碍因素，其危害表现在：引发官僚主义文化与电子政务之间的冲突、限制公众与政府分享信息资源与政府权力、腐败官员受私利驱使阻碍电子政府发展、应用与服务技能的缺失影响服务效果①。在美国前副总统看来，这四种障碍均缘于政府体制内部，是政府在提供政府电子公共服务过程中需着力克服的因素，而解决问题的关键"不仅需要理念上的革新，更需要政府组织形式的再造"②。简·E. 芳汀（Jane E. Fountain，2002）指出，"电子政府正在快速地构建，在没有充足的民主理论、公共行政和管理，以及政治和政策科学的基础的支撑下，知识基础的缺乏给社会和政策科学家带来了挑战。但对于学者们，特别是那些从事公共事务研究的学者们，有着理解和影响信息技术带来的政府的基本的和长远的一系列改变的义务和责任"③。杜钢建（2004）在研究电子商务的法律法规的基础上对电子政务的法律法规进行了深入研究④。杨雅辉（2004）认为电子政府的技术基础包括计算机技术、网络技术、应用技术、服务技术、集成技术、智能管理技术和

---

① 叶国标、吕惠敏：《美国前副总统戈尔：电子政务面临四大障碍》，2002 年 6 月 14 日，见 http：//www. china. com. cn/economic/txt/2002-06/14/content_ 5159846. htm。

② 叶国标、吕惠敏：《美国前副总统戈尔：电子政务面临四大障碍》，2002 年 6 月 14 日，见 http：//www. china. com. cn/economic/txt/2002-06/14/content_ 5159846. htm。

③ Jane E. Fountain，"Building a Deeper Understanding of E-government，The Future of e-Governance Workshop"，September 10，2002，https：//www. belfercenter. org/sites/default/files/legacy/files/Building%20a%20Deeper%20Understanding. pdf.

④ 张锐昕主编：《电子政府概论》，中国人民大学出版社 2010 年版，第 263-294 页。

安全技术[①]。欧文·E. 休斯（Dwen E. Hughes，2007）认为，电子政府是与新公共管理改革相互关联的改革运动，“技术的存在本身并不能决定所希望的结果，并不存在什么自动的组织变革”，“很显然，技术变革对公共管理变革产生了影响；但这些技术并不是导致新公共管理的技术决定因素。事实是，电子政府只是强化了向业已发生的新管理形式的变革”[②]。苏哈什·巴特纳格尔（Subhash Bhatnagar，2009）指出，“缺少资源和技术能力意味着电子政府应用不易成规模”，他进一步解释说，“电子政府项目成本依赖于初始条件——是否是白手起家来替代人工系统，或者是既有计算系统的延伸。主要成本要素是后端的硬件、软件、数据转换、培训和维护，以及把公共接入点连到后端的通讯信息基础设施”[③]，当然，“电子政府应用建设的成本也取决于软件是开发的还是使用既有的打包的解决方案”[④]。这些初始条件和成本要素也直接指向资源和技术能力。唐纳德·诺里斯和杰·穆恩（Donald F Norris 和 M Jae Moon，2010）认为电子政府建设中的障碍因素除涉及（PC、网络）技术升级、技术或网络工作人员缺乏、缺少技术或网络知识，还涉及财政资金不足、安全问题、隐私问题、上级领导支持等多个方面[⑤]。孟庆国（2011）认为电子政府的理论基础包括新公共管理、新公共服务、协同政府、管理信息系统[⑥]。陈德权（2011）认为电子政务法规政策是电子政务发展的基本保障和动力源泉[⑦]。李健、王紫薇等（2012）认为电子政务所依赖的技

---

① 张锐昕主编：《电子政府概论》，中国人民大学出版社 2010 年版，第 73-198 页。

② ［澳］欧文·E. 休斯：《公共管理导论（第三版）》，张成福、王学栋译，中国人民大学出版社 2007 年版，第 211 页。

③ Subhash Bhatnagar, *Unlocking E-Government Potential: Concept, Cases and Practical Insights*, New Delhi: SAGE Publications India Pvt Ltd, 2009, p. 25.

④ Subhash Bhatnagar, *Unlocking E-Government Potential: Concept, Cases and Practical Insights*, New Delhi: SAGE Publications India Pvt Ltd, 2009, p. 25.

⑤ Norris D F, Moon M. J, “Advancing E-Government at the Grassroots: Tortoise or Hare?”, *Public Administration Review*, Vol. 65, No. 1 (2005), pp. 64-75.

⑥ 张锐昕主编：《电子政府与电子政务》，中国人民大学出版社 2011 年版，第 37-55 页。

⑦ 张锐昕主编：《电子政府与电子政务》，中国人民大学出版社 2011 年版，第 220-249 页。

术基础包括国家电子政务网络、政务信息资源目录体系与交换体系、信息安全基础设施等①。王朝晖、谭华等（2013）提出智慧城市构建中应具备的信息基础设施包括物联网（传感网）、通信网（宽带、移动、无线）和以 IDC 为代表的智慧的 IT 承载平台②。

4. 电子政府的阶段模型

各国电子政府构建正在进行当中，有关其实施模型的探讨也在不断深入，诸多成果显示出学术界的持续关注。科尔索姆·沙库希和阿里·阿卜杜拉赫（K. A. Shahkoo 和 A. Abdollahi，2009）认为电子政府的实施模型分为描述性模型、成熟度模型、过程模型、电子政府框架③。娄成武、于东山（2009）认为西方国家电子政府进一步发展的模式以巴里·菲欧曼（Barry Feldman）的基于网络的公民参与模式和辰恩（Yu-Che Chen，2008）的政府网上服务模式为代表④。从结构和功能的角度分析，可把电子政府的实施模型归于以下两类。

（1）描述性理论和线式模型

这类模型以成熟理论和“阶段”模型为代表。埃森哲（Accenture）咨询公司早在 2000 年就提出了电子政府的服务成熟度模型，将电子政府服务成熟度区分为发布、互动和处理三种形式。后来，该模型扩展到纳入政府转型的概念——以公民为中心的流程再造，涉及政府内部的结构转变和文化变迁。在 2003 年，该模型进一步修改成五个阶段：在线业务；基本功能；服务有效性；成熟交付；服务转型。对于各阶段之间的转变，埃森哲评论：我

① 李健、王紫薇、张锐昕：《政府电子公共服务供给的实践技术基础解析》，《电子政务》2012 年第 12 期。

② 王朝晖、谭华、李颖：《智慧城市——信息基础设施上的智慧大集成》，《广东通信技术》2013 年第 2 期。

③ Kolsoom Abbasi Shahkooh, Ali Abdollahi, Mehdi Fasanghari, Mohammad Azadnia, “A Foresight based Framework for E-government Strategic Planning”, *Journal of Software*, Vol. 4, No. 6 (2009), pp. 544-548.

④ 娄成武、于东山：《西方国家电子政府发展理论研究综述》，《国家行政学院学报》2009 年第 3 期。

们发现在每一个阶段的开始，国家通常进步很大，发展很快。当接近发展后的稳定状态时，进一步发展的障碍变得明显，速度逐渐变慢。辰恩（Y. N. Chen，2008）阐述了一个类似的阶段模型，主张电子政府通过交互水平的四个连续发展层次实现它的内容和服务：使公民通过互联网获取信息；通过一些简单的组件功能发展为双向服务的提供者，如网页形式、电子邮件和电子公告板；促进与企业和公民的交易服务；转换的实践与服务——从政府到代理机构和社区（如电子投票和民意测验）。英国德勤（Deloitte）咨询公司提出了电子政府发展的六阶段模式：信息发布与传播；“正式的”双向业务；多功能门户网站；门户个性化；公共服务的集中；完全整合和政府再造①。

唐纳德·诺里斯（Donald F Norris）认为21世纪初电子政府发展阶段研究共有五个代表性模型。这五个代表性模型分别为：鲍姆（Baum）模型、黑勒（Hiller）模型、罗那恩（Roaghan）模型、莱恩（Layne）模型和维斯卡特（Wescott）模型。鲍姆模型把电子政府的发展分为政府网站的建立、互动、交易、政府完成再造四个阶段。黑勒模型建构前两个阶段与其他模型相似，第三阶段为政府部门内部和部门之间的信息和数据的共享，第四阶段是交易阶段，最后阶段是参与式民主。罗那恩模型所设计的电子政府发展阶段：第一阶段为政府网站的建立；第二阶段为政府网站的信息量激增；第三、四阶段分别为互动与交易阶段；最后阶段为无缝隙政府。莱恩模型的电子政府的发展阶段为：第一阶段是提供基本的静态信息；第二阶段是交易阶段；第三阶段为政府纵向层级的一体化，政府的上下级间共享信息；最后阶段是政府横向层面的一体化，政府各部门之间共享信息。维斯卡特模型是将电子政府的发展划分为提供信息、互动、交易、数字化民主和参与式政府五个阶段②。联合国经济和社会事务部预测全球电子政府的发展焦点是服务的

① ［英］安德鲁·查德威克：《互联网政治学：国家、公民和新传播技术》，任孟山译，华夏出版社2010年版，第255-256页。

② 娄成武、于东山：《西方国家电子政府发展理论研究综述》，《国家行政学院学报》2009年第3期。

可用性和增进公共决策中的公共参与，并将电子政府的在线服务区分为四个阶段：信息服务出现；增强的信息服务；事务处理；连通的服务①。

中国学者大多接受的观点是欧文·E. 休斯（Owen E. Hughes，2007）依据政府与其服务对象之间的互动水平将电子政府发展分为信息、互动、处理和交易等四个阶段②。姜奇平和汪向东（2004）基于政务目标将电子政府发展分为五种依次展开和递进的阶段性策略：技术应用型电子政务建设、管理信息化型电子政务建设、扁平服务型电子政务建设、电子民主型电子政务策略、全面响应型电子政务③。也有学者将治理理论应用于电子政府发展阶段，如董礼胜（2009）提出，在治理理论引导下，电子政务的发展大致要经历四个阶段：以组织为中心的电子政务阶段→以公众为中心的电子政务阶段→以组织为中心的电子化治理阶段→以公众为中心的电子化治理阶段④。

实际上，这些关于发展阶段的理论只存在表述上的差异，其共同的特点在于，电子政府的最终发展趋势为无缝隙政府、参与式政府、数字化民主和政府的根本性再造，其过程大多经历政府网站的建立、互动、处理和整合，发展途径是递进式的，后一阶段是在前一阶段基础上的逐步完善。当然，阶段模型有着自身的局限，它一般都有助于识别“你在哪里”，但是通常无法“指引你到下一阶段”。

（2）强调变量和选择的综合模型

政府管理的实践证明，虽然成熟理论和阶段模型对描述电子政府发展的基本方向和路径具有一定作用，但加入了变量，强调选择、外部影响和过程

---

① United Nations, *UN E-government Survey* 2010: *Leveraging E-government at a Time of Financial and Economic Crisis*, New York: A United Nations Publication, 2010, p. 55.

② ［澳］欧文·E. 休斯：《公共管理导论（第三版）》，张成福、王学栋译，中国人民大学出版社 2007 年版，第 218–219 页。

③ 姜奇平、汪向东：《行政环境与电子政务的策略选择》，《中国社会科学》2004 年第 2 期。

④ 董礼胜、雷婷：《国外电子政务最新发展及前景分析》，《中国社会科学院研究生院学报》2009 年第 6 期。

的综合模型更具有实际价值。新的替代模型包括：简·E. 芳汀（Jane E. Fountain）的技术执行理论，该理论探索了技术发展与体制制约之间的相互影响；布朗（Brown）的协作性组织方法，主张主动地感知环境并进行调整；韦尔奇（Welch）的社会—技术理论，同时考虑了技术工具和官僚特性；加利尔斯和萨瑟兰（Robert D. Galliers 和 A. R Sutherland，1991）的六阶段模型（即灵活的组织机构、启动基础、集中独裁、民主辩证和合作、创业机会、集成的和谐关系），每一阶段的特点和七个“S”框架（即战略、结构、系统、人员、风格、技能和高阶目标）有关。霍金森（Hodgkinson. S，2002）的电子政府战略一致性矩阵（见图 0. 3）突破了电子政府发展的线性路径，将电子政府发展描述为两条 S 型曲线，并根据电子政府发展每一阶段曲线的特点，提出了相应策略。在这些研究中，罗伯特·戴维森、克里斯蒂安·瓦格纳、路易斯·玛（Robert M. Davison，Christian Wagner，Louis C. K. Ma，2005）的战略一致性模型最具代表意义①。

罗伯特·戴维森等（Robert M. Davison et al.，2005）在哈德森和文卡塔拉曼（Henderson，J. C，Venkatraman. N，1989）的商业组织战略一致性模型的基础上，提出了电子政府发展的战略一致性模型（如图 0. 4）。这一模型展现了战略一致性涉及的四个领域：第一，“政府战略”主要是关于政府定位的选择；第二，“政府基础设施、过程、文化”是指和特定的政府内部安排和配置有关的选择，它与受影响的政府文化一起支持政府的角色定位选择；第三，“电子政府战略”是指与信息技术应用的范围、系统能力和 IT 管理相关的广泛选择；第四，“电子政府基础设施和流程”是指用来实现必要的电子政府服务的相关数据、应用软件和技术基础设施的内部安排和配置的选择。这一模型将电子政府发展表示成四个领域的互动关系，解释了政府战略与电子政府战略之间的相互依存关系，以及它们之间的战略一致性对于信

① Robert M. Davison，Christian Wagner，Louis C. K. Ma，“*From Government to E-Government: A Transition Model*”，Information Technology & People，Vol. 18，No. 3（2005），pp. 280-299.

息系统和技术驱动作用的影响。战略耦合（政府战略与电子政府战略的契合）说明政府转型与电子政府转型所分别代表的外部和内部领域是一致的。政府的战略整合是外部要素，即政府战略与电子政府战略领域的连接；操作的集成是内部要素，即政府基础设施、流程与电子政府基础设施、流程之间的连接。交叉领域（图中沿着矩阵的两条对角线）的一致性涉及的是政府战略与电子政府基础设施和流程之间，以及电子政府战略与政府基础设施和流程之间的关联。

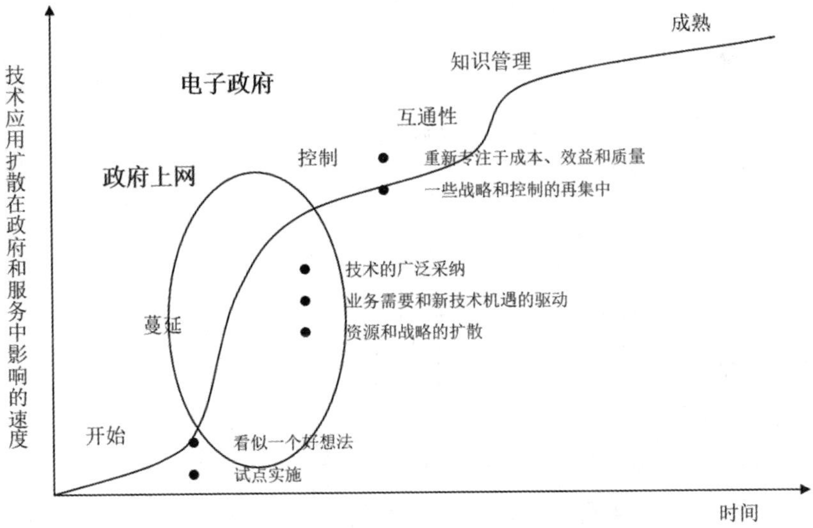

图 0. 3 Hodgkinson. S 的政府应用信息技术成熟度曲线①

① Hodgkinson. S, “Managing an e-government transformation program”, *Paper presented at the Working Towards Whole-of-Government Online Conference*, Canberra, September 2002.

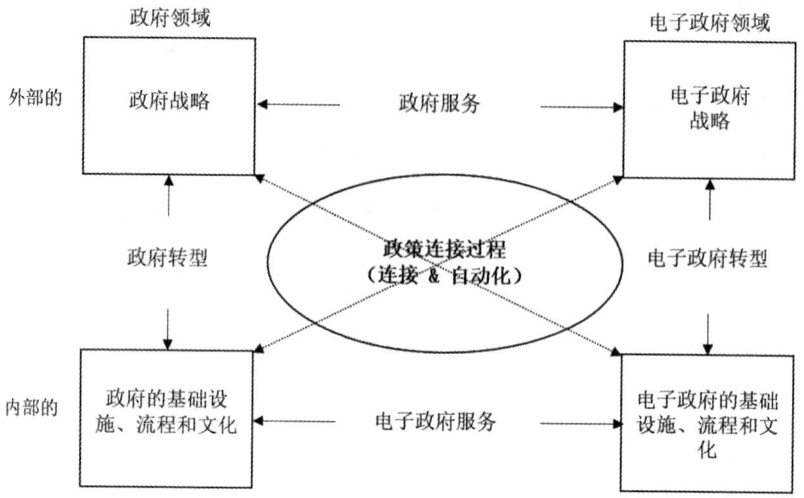

图 0. 4　电子政府的战略一致性模型

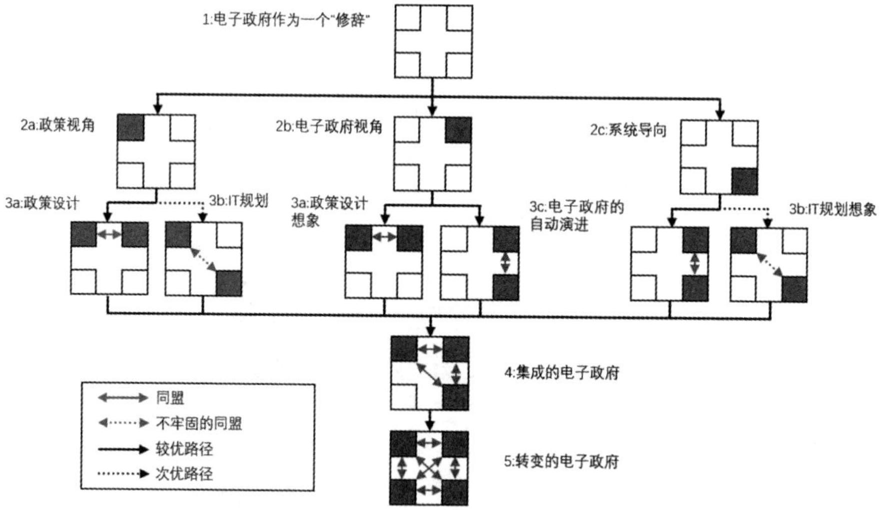

图 0. 5　基于一致性的电子政府成熟模型①

① Robert M. Davison, Christian Wagner, Louis C. K. Ma, "*From Government to E-Government: A Transition Model*", Information Technology & People, Vol. 18, No. 3 (2005), pp. 280-299.

罗伯特·戴维森等（Robert M. Davison et al.，2005）吸收了成熟理论的部分观点和研究方法，进一步发展出一个更为完备的从政府转变到电子政府的基于战略一致性的综合模型。该模型描述了一套具有一致性或者不一致性的方案以及它们之间的转换。每一个方案用一个四个角各有一个小盒子的正方形表示，分别代表政府战略、电子政府战略、电子政府结构和政府结构，该模型的程式化描述如图0.5所示。积极的规划和实施的区域如暗色盒子所示，而未管理的或者未一致的区域如同空盒子，如白色盒子所示。方案间的单向箭头标识了过渡路径。该模型概述了几种可能的发展路径，每一个路径追踪电子政务的阶段发展。强一致性的用暗色盒子之间的双向箭头实线描绘。弱一致性的用双向箭头的虚线来表示。各阶段之间的实线显示一个优选的或者更可能的过渡路径；各阶段之间的虚线显示的与实线正好相反，显示的是次优的路径。该模型将电子政府的发展区分为五个层次，自低到高分别代表了四个领域相互之间的战略一致性从0到4的递增；以某一个单一领域的战略为起点，提供了三个视角的发展路径（之所以省略了起始于政府结构变革的战略，是因为他们认为起始于政府运作结构变化的战略等同于做任何其他电子政务活动之前就试图改变政府的结构和文化，这将是非常危险的尝试，几乎毫无价值，因为它表示在没有任何具体的规划和未能预见电子政务服务提供过程中的任何直接的或可见的好处之前就对政府结构和价值观念做出改变。尽管这种过渡路径在理论上是可行的，但在现实中是不可能实现的，即政府政策驱动、电子政府政策驱动和自动化驱动，分析了三种典型路径——战略一致、IT引领、业务驱动的各自的优缺点①。基于战略一致性的模型是一个综合模型，它展示了电子政府的发展战略，表达了不同的政府不一定以相同的路径进行电子政府的转型，可以说明某一电子政府相对于其他电子政府的当前状况，并被用来表示电子政府应如何紧跟当前形势进一步发

① Robert M. Davison, Christian Wagner, Louis C. K. Ma, "*From Government to E-Government: A Transition Model*", Information Technology & People, Vol. 18, No. 3 (2005), pp. 280-299.

展，但这一模型是假设性的而非实证性的，是说明性的而非操作性的，因此，在对实践的指导上，还需要其他具体的运作模型与之相配合。

5. 电子政府的战略策略

电子政府的战略策略是政府组织为了实现电子政府永续生存和持续发展，达到电子政府构建的理想愿景、总体目标和阶段目标，在分析外部环境和内部条件的基础上做出的与政府行为相关的战略措施和实施途径。由于涉及各国电子政府发展的环境和条件既是普遍的又是具体的，电子政府的战略策略也相应地表现为通用的和特殊的两个方面，这里主要阐释通用的战略策略，区分为以下几个方面：

（1）基于核心驱动要素的电子政府战略策略

韩文报（2005）认为，从各国的理论研究和实践做法来看，电子政府战略可分为三种：一是以电子管理为核心的发展战略。将电子政府构建视为 IT 在政府领域的应用，由此带来政府工作的流程再造以至政府管理方式和制度的变革。这一战略的核心在于“电子化”，即不断采用先进的 IT 重新设计政府的业务流程，以提高政府的效能。这一战略也被称为“政府流程再造”，其主要的措施包括：减少传统的管理层次，压缩职位分类，创建工作团队，开发行政人员的综合技能，缩短和简化各种业务程序，使管理流水线化等。二是以电子服务为核心的发展战略。将电子政府看作政府管理和服务方式的创新，即利用 IT 来实施公共管理、提供公共服务的一种新型的途径。因此，电子政府的实施，要以政府管理和服务创新为出发点，以创建服务型行政的新行政模式为目标，措施则是在行政理念、职能、组织结构、程序、人员和管理方式等方面做出适合电子政府服务的改革，并利用 IT 促进这些方面的改进。三是以电子社会为核心的发展战略。从更宽的视角看待电子政府的发展，将电子政府视为国家和社会信息化的组成内容，制定电子政府战略应与其他领域的信息化战略一起考虑，从社会信息基础设施建设、教育和培训、

IT 的开发和应用、信息产业的培育、法律和制度建设等方面进行努力①。近年来，随着新公共服务理论的流行，服务导向的电子政府战略日益占据重要地位，有的学者进一步提出，电子政府战略与服务型政府建设是相互支撑的，如佟德志（2008）建构了以公民为中心的关系模式、以服务为导向的内涵模式和以流程为突破的技术模式，构成了电子政府与服务型政府相契合的“三位一体”架构，成为政府与电子政府发展的共同战略②。

（2）电子政府发展战略规划

电子政府发展战略规划方面的研究以科尔苏姆·沙赫库和阿里·阿卜杜拉赫（K. A. Shahkooh 和 A. Abdollahi，2007）的电子政府战略规划模型为代表。他们认为电子政府战略设计主要受到 11 个方面因素的影响，每一方面都需要相应的策略，构成了电子战略规划的完整内容（如图 0. 6 所示）。这 11 个方面包括：①资金。因为不能期望在短期内使电子政府成为一种提供服务的更为节约的途径，政府应据此制定合适的立足长远的预算政策。②管理。在初始阶段，电子政府项目管理需要授权和决策的集中领导；之后，与电子政府项目相关的不同的机构和部门应遵循同样的数据系统和网站标准；集中的领导层对于全程都是必须的。③法律。关于数据收集和隐私保护的法规支持。④流程。包括规划、执行和控制从源点到顾客需求的有效率、效果的服务以及相关信息的流动和存储。⑤安全。必须考虑信息传递和存放的物理安全的逻辑安全。⑥技术。包括两个方面，回应新技术挑战的政策和电子政府项目领导者的技术、技能和专门知识。⑦竞争。促进政府在线服务的竞争。⑧文化。包括公务员、顾客和组织的文化。⑨人力资源。培训具有专业知识的职员。⑩技术基础设施。发展必须的技术基础设施。⑪信息和数

① 韩文报：《电子政务概论》，《解放军出版社》2005 年版，第 122-131 页。

② 佟德志：《基于电子政务的服务型政府建设：模式与整合》，《中国行政管理》2008 年第 9 期。

据。一个管理数据和信息产品的整体规划①。

图 0. 6　电子政府战略规划模型

（3）电子政府战略实现的影响因素

由于电子政府战略受到政府组织内外部因素的综合影响，因此，电子政府战略规划就必须重新进行设计和执行。现有的研究形成了两条思路：一个是在技术演绎研究路径上，李鹏（2012）从制度理论视角，通过耦合政府系统和信息技术系统的相关影响因素，重新提出电子政府战略规划中的技术、组织、制度因素②；另一条路径获得了更多认可，主要是以辰恩（Y. N. Chen，2006）设计的概念性电子政府战略框架（如图 0. 7 所示）为代表。该框架将更广泛的文化因素、情景要素与电子政府基础设施因素统一纳入到整体性的战略框架之中。电子政府基础设施是电子政府战略考虑的核心因素，主要包括四个要素：第一，网络接入。信息和通信技术网络、服务和设备的可用性、费用和质量。第二，网络学习。教育系统是否运用信息和通信技术来改进学习，社会是否有技术培训项目能够培训和准备信息技术劳动

① Kolsoom Abbasi Shahkooh，Ali Abdollahi，"A Strategy-Based Model for e-Government Planning"，*The Second International Multi-Conference on Computing in the Global Information Technology*，French Caribbean，March 2007.

② 李鹏：《美国电子政务技术演绎模型及本土化进路》，《电子政务》2012 年第 11 期。

力。第三，网络经济。企业和政府怎样使用信息和通信技术实现互动，以及实现与社会的互动。关键的议题是合作、合伙企业、公私伙伴关系和电子社区创建。第四，网络政策。主要是促进或者阻碍信息和通信技术应用的政策环境，包括法律、法规、战略（目标和任务）、责任等，政府机构的流程和职能的梳理再造是必不可少的。文化和社会因素尽管也是电子政府战略必须考虑的内容，但更主要的是用来比较不同国家电子政府战略的差异，作为政策借鉴的参考。概念性的电子政府战略框架说明了电子政府战略的构成，以及战略制定和执行过程中必须考虑的因素。这一模型也可以用于评估和指导电子政府实现过程中的战略发展①。

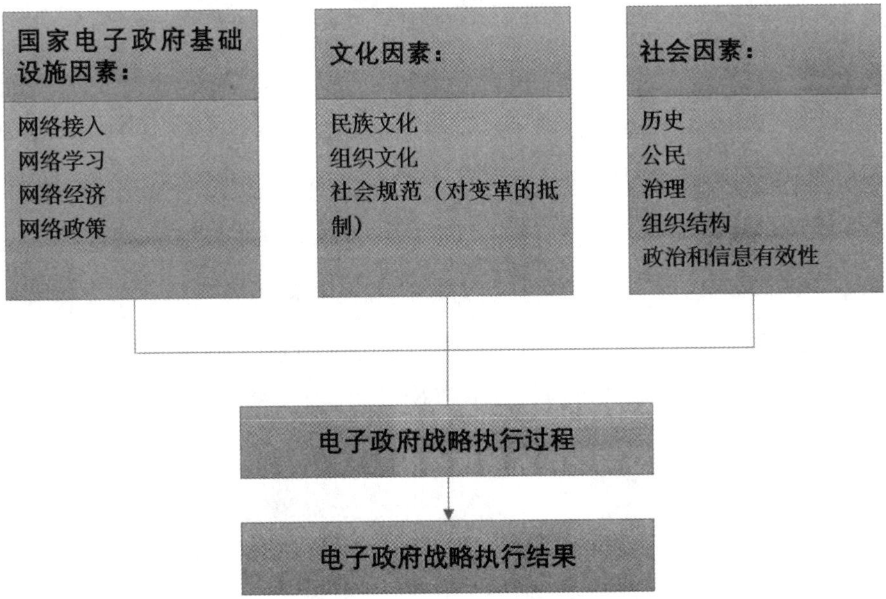

图 0. 7　概念性的电子政府战略框架

① Chen，Y. N，Chen H. M，Huang W，Ching R. K. H，“E-Government Strategies in Developed and Developing Countries：An Implementation Framework and Case Study”，*Journal of Global Information Management*，Vol. 14，No. 1（2008），pp. 23-46.

电子政府是电子和政府的结合体，“是一个复杂的综合性问题”①，或者说本质上是政治和管理的问题，政治的复杂性和管理的泛在性决定了电子政府发展必定是一个充满曲折性、竞争性、协商性和创新性的螺旋上升的变革过程。这一变革过程中面对的新问题和新挑战，需要电子政府与政府变革和公共生活的更广泛的联系和深度的配合，这些新的实践内容亟需理论的提供和指导，总的来说，有关电子政府的相关研究尚需深入，有许多难题亟待学者们关注和解决。

（三）电子政务运行的保障体系相关研究

1. 电子政务的目标价值*

（1）提高能力和绩效

关于电子政务的目标和价值，许多学者认为主要是提升政企绩效和能力。如：苏哈什·巴特纳加尔（Subhash Bhatnagar，2004）认为是实现更有效率和效益的政府，提供更加便利的政府服务，给予更多的公共信息通路，使政府对公众更负责任②；莱穆里亚·卡特和弗朗斯·贝朗格（Lemuria Carter 和 France Bélanger，2005）认为是“提高政府、公务员、企业以及政府提供服务的效率”③；马克·阿法赫里等（Maker O. Al-Fakhri et al.，2008）认为可以提高服务供给的效率和效能④；伯恩德·维尔茨和彼得·戴

---

① Zahir Irani, Peter E. D. Love, Ali Montazemi, “E-Government: Past, Present and Future”, *European Journal of Information Systems*, Vol. 16, No. 2 (2007), pp. 103-105.

* 该部分内容由于跃完成。

② Subhash Bhatnagar, *E-Government: From Vision to Implementation-A Practical Guide with Case Studies*, New Delhi: SAGE Publications, 2004, p. 19.

③ Lemuria Carter, France Bélanger, “The utilization of e-government services: citizen trust, innovation and acceptance factors”, *Information Systems Journal*, Vol. 15, No. 1 (2005), pp. 5-25.

④ Maker O. Al-Fakhri, Robert A. Cropf, Gary Higgs, “E-Government in Saudi Arabia: Between Promise and Reality”, *International Journal of Electronic Government Research*, Vol. 4, No. 2 (2008), pp. 59-85.

西（Bernd W. Wirtz 和 Peter Daiser，2015）认为能高效、有效地支持公共职责①。

（2）改善关系和透明度

一些学者认为电子政务可提高透明度，促进内外部沟通与交互，改善政府与公众关系。《经济学家》（2000）发文，称“电子政府不仅将改变大多数公共服务的提供方式，而且还将改变政府与公民之间的基本关系”②；加西亚·桑切斯（García-Sánchez，2011）认为，它旨在简化和改善公共组织与其用户和公民之间的关系和交易③；格哈德·斯特雷切克和迈克尔·泰尔（Gerhard Strejcek 和 Michael Theil，2003）认为，这种关系的转变主要表现在政务基本性质及政府公共服务方式的改变上，意味着政府由管制型向服务型转变，公共服务变得更加高效、灵活、透明④；维基百科（2010）将其视为“在政府和公民间、政府和企业间创建一个舒适、透明和廉价的交互，在政府间创建关联”⑤；霍萨姆·埃尔-索法尼等（Hosam F. El-Sofany et al.，2012）认为，可以提高政府服务的透明度⑥；萨米·阿尔霍莫德和莫赫德·穆达西尔·沙菲（Sami M. Alhomod 和 Mohd Mudasir Shafi，2012）认为“目的是通过利用现代技术，更加方便地获取信息和服务，并促进不同政府部门

---

① Bernd W. Wirtz & Peter Daiser，“E-Government Strategy Process Instruments”，2017，http：//www. uni-speyer. de/files/de/Lehrst%C3%BChle/Wirtz/WirtzDaiser_ 2015_ E-Government. pdf.

② ［澳］欧文·E. 休斯：《公共管理导论（第三版）》，张成福、王学栋译，中国人民大学出版社 2007 年版，第 211 页。

③ García-Sánchez，Isabel-Marí.，Rodríguez-Domínguez，Luís. and Gallego-álvarez，Isabel，“The Relation-ship between Political Factors and the Development of E-Participatory Government”，*Information Society：An International Journal*，Vol. 27，No. 4（2011），pp. 233-251.

④ Gerhard Strejcek，Michael Theil，“Technology Push，Legislation pull? E-government in the European Union”，*Decision Support Systems*，Vol. 34，No. 3（2003），pp. 305-313.

⑤ Wikipedia，“e-Government”，2020，http：//en. wikipedia. org/wiki/Electronic_ Government.

⑥ Hosam F. El-Sofany，Tourki Al-Tourki，Hasan Al-Howimel，“E-government in Saudi Arabia：Barriers，Challenges and its Role of Development”，*International Journal of Computer Applications*，Vol. 48，No. 5（2012），pp. 16-22.

间更好地沟通"①；奥卢兰蒂·乔纳森等（Oluranti Jonathan et al.，2014）认为是减少内外部的沟通成本。②

（3）改善服务以及促进法治和信任

约翰·托马斯等（John Clayton Thomas et al.，2003）认为电子政务不仅可以促进公众的信任，还可以改善诸如网络交易等多种公共服务的提供，传播有关政府运作的信息。此外，它可以通过电子邮件改善公民与政府之间的沟通，增加公民对政府决策和政策的直接参与③；世界银行（2003）明确提出政府应利用信息技术（如广域网、互联网和移动计算）改变与公民、企业和其他政府部门的关系"，同时明确技术的应用实现了不同的目的，这些目的涉及到"更好地向公民提供政府服务，改善与商业和工业的互动，通过获得信息公民获得授权，或者更有效地政府管理。由此带来的好处可以减少腐败、增加透明度、增加便利、收入增长，并且/或者降低成本"④；美国蒙大拿州信息技术服务部和行政部（2006）在《电子政府服务绩效审核》报告中提到通过提供电子政府服务（e-government service）可以充分发挥数据资源的价值，为用户提供有偿的电子服务，从中获取电子服务交易费用，实现电子服务创收。如，数据转售商（data reseller）通过向各行业转售信息以此获利，其可以通过支付电子服务费获取电子服务，进而从中获取有商业价值

---

① Sami M Alhomod, Mohd Mudasir Shafi, "Best Practices in E Government: A Review of Some Innovative Models Proposed in Different Countries", *International Journal of Electrical & Computer Sciences*, Vol. 12, No. 1 (2012), pp. 1-6.

② Oluranti Jonathan, Charles K. Ayo, Sanjay Misra. "A Comparative Study of e-Government Successful Implementation between Nigeria and Republic of Korea", *Asia-Pacific World Congress on Computer Science and Engineering*, Nadi, 2014, pp. 1-7.

③ John Clayton Thomas, Gregory Streib, "The New Face of Government: Citizen-Initiated Contacts in the Era of E-Government", *Journal of Public Administration Research and Theory: J-PART*, Vol. 13, No. 1 (2003), pp. 83-101.

④ The World Bank Group, "A Definition of E-government", 2020, http://www1.worldbank.org/publicsector/egov/definition.htm.

的信息①；彼得·维德格姆和吉诺·费尔海恩（Pieter Verdegem 和 Gino Verleye，2009）提出“不仅是强调信息通信技术在执行公共服务上的先进性，而是更强调电子政府手段在提供公共服务以及可以派生出更好的公共服务方面所具有的卓越可能性和多功能性”②；玛丽亚·达戈斯蒂诺（Maria J. D´agostino，2011）认为，尽管在理论上，关于电子政府应用目标尚未达成理论共识——是通过实现自动化使政府运作更有效率？还是以提升参与式管理技术，促进公民参与决策及建立对政府的信任？但在电子政府功能实现上却已达成初步共识，即“政府部门应该首先实现在线信息发布，然后是在线事务处理，进而再考虑实现网上公民参与”③。同时他们强调，“电子政府原本是要构建一个跨越时间、地点、部门的全天候的政府服务体，它的最主要的工作任务是提供服务”④；匈牙利政府的目标是通过信息通信技术的利用，实现公共行政和法制的操作、过程、流程和服务的现代化⑤。

此外，孙宇（2010）认为，“面向公共服务的电子政务，超越了工具论和技术论的范畴，恰好为行政管理体制改革提供了外部动力，奠定了服务型政府建设的技术基础和社会基础”⑥。

---

① Montana，Legislature，“Legislative Audit Division，Examination of the Delivery of E - Government Services”，2006，http：//freebooks. hoangphi. info/online/168554.

② Pieter Verdegem，Gino Verleye，“User-centered E-Government in Practice：A Comprehensive Model for Measuring User Satisfaction”，*Government Information Quarterly*，Vol. 26，No. 7（July 2009），pp. 487-497.

③ Maria J. D´agostino，Richard Schwester，Tony Carrizales，James Melitski，“A Study of e-Government and e-Governance：An Empirical Examination of Municipal Websites”，*Public Administration Quarterly*，Vol. 35，No. 1（2011），pp. 3-25.

④ Maria J. D´agostino，Richard Schwester，Tony Carrizales，James Melitski，“A Study of E-Government and E-Governance：An Empirical Examination of Municipal Websites”，*Public Administration Quarterly*，Vol. 35，No. 1（2011），pp. 3-25.

⑤ Government of The Republic of Hungary，“Electronic Administration Operational Programme（CCI number：2007HU16UPO001）”，Version：EKOP_ 070703_ EN. doc，p. 8.

⑥ 孙宇：《构建面向公共服务的电子政务体系：理论逻辑和实践指向》，《中国行政管理》2010 年第 11 期。

2. 电子政务的发展阶段 *

国内外关于电子政务发展阶段的研究成果很多，比较而言，国外的研究更为系统，涉及三阶段、四阶段、五阶段、六阶段等多个阶段模型。如，霍华德（Howard，2001）提出的发布、交互、事务处理三阶段模型；钱德勒和伊曼纽尔（S. Chandler 和 S. Emanuels，2002）提出的发布、交互、事务处理、服务集成四阶段模型，将事务处理与服务集成分开，更加明确了部门、机构间的集成，凸显跨部门和跨机构合作提供公共服务的困难性①，而凯伦·阿伦和李正雨（Karen Layne 和 Jungwoo Lee，2001）的四阶段模型则是通过对集成的纵向、横向划分来说明同类应用的可延伸性和不同应用之间的耦合度，具体分为编目、交互、纵向集成、横向集成四个阶段②；联合国公共行政网络（UNITED NATIONS Public Administration Network，2002）的五阶段模型则将政府网站建立作为政府电子公共服务的开端，将跨部门的无缝隙服务或一站式服务作为政府电子公共服务的理想阶段③；西尔·库克（Silcock，2001）则从网站建设及应用角度出发，划分信息单向发布、双向交易、单一入口多功能网站、个性化门户网站、部门间公共服务集群、政府全面整合和实现企业转变，强调政府电子公共服务最终要实现完全的业务整合，实现政府的企业化转型④。

上述阶段划分明显地都是以事务为导向而非以问题为导向的。由于人们认同“受技术、公民需求和公共部门的经济现状的影响，描绘阶段的顺序是

---

* 该部分内容由张锐昕和李健合作完成。

① Chandler S，Emanuels S，“*Transformation Not Automation*”，*Proceedings of 2nd European Conference on E-Government*，St Catherine，College Oxford，UK，2002，pp. 91-102.

② Karen Layne，Jungwoo Lee，“Developing fully functional E-government：A Four Stage Model”，*Government Information Quarterly*，Vol. 18，No. 2（2001），pp. 122-136.

③ UNPAN. *Benchmarking E-government：A Global Perspective-Assessing the Progress of the UN Member States*，United Nations Division for Public Economics and Public Administration，American Society for Public Administration，2002，p12.

④ Silcock R，“What is e-government”，*Parliamentary Affairs*，Vol. 54，No. 1（2001），pp. 88-101.

必然的"[①]，所以这类研究成果对实践发展的指导意义是很显著的。只是早期的电子政府的研究人员假定政府各部门在进行下一阶段前必须完成等级结构中的上一阶段，这导致了行政效率是民主参与的前提的习惯假设[②]，由此也导致行政与政治哪个更重要、谁先谁后一类问题争论也延伸到了电子政务及其电子公共服务领域。

3. 电子政务的顶层设计 *

与许多源自西方的术语不同，"顶层设计"基本上是一个中国化的概念，是在"摸着石头过河"的改革思路遭遇困境时结合国情提出的一个发展路径和前瞻性管理策略。国内行政管理、信息管理等领域的专家学者们研究的顶层设计大多聚焦于电子政务顶层设计，国家政策文件也是如此。由于电子政府不仅包括互联网上提供的电子政务，还包括现实政府中与之相关的所有内容和过程，我们更倾向于对电子政府顶层设计进行研究，但这并不妨碍我们吸纳既往国内电子政务顶层设计的既有理论和实践成果，也不影响我们将国外与电子政府顶层设计相近的概念——"政府总体架构"的研究和实践成果一并借鉴。

（1）政府总体架构

第一，政府总体架构的概念。政府总体架构译自英文"Government Enterprise Architecture，Enterprise Architecture"（以下简称 EA）通常被译作企业架构，但实际上它不仅意指企业，还指事业，更宽泛的意思指某一组织整体。因此根据语境的不同，EA 可译为"总体架构""实体总体架构"和"业务架构"。在政府语境下，我们采用更为通用的"总体架构"的译法，称为政府总体架构。近年来，随着信息系统应用的深入和复杂性的加剧，

---

① Mayer-Schönberger V，Lazer D，*Governance and Information Technology*：*From Electronic Government to Information Government*，Boston：The MIT Press，2007，pp. 1-14.

② Maria J. D´agostino，Richard Schwester，Tony，Carrizales，James Melitski，"A Study of E-government and E-governance：an Empirical Examination of Municipal Websites"，*Public Administration Quarterly*，Vol. 35，No. 1（2011），pp. 3-25.

* 该部分内容由郑天鹏和张锐昕合作完成。

EA 已成为大型企业和政府部门进行信息系统规划、实施和管理的理论、方法和工具。鉴于政府的复杂的组织体系与企业相比规模更加庞大，目标和业务系统更为繁杂，运用 EA 对电子政府和电子政务进行整体规划和设计更为必要。

目前，对于 EA 的认识尚不统一，不同的学者和组织，基于不同的目的，对 EA 的概念有不同的认知，较有影响力的有下面三种。

约翰·扎克曼（John Zachman，1997）：EA 是一组对构成组织的所有关键元素和关系的描述（如模型），以使（信息系统）能够符合管理者的需求，并在其生命周期内保持更新①。企业架构框架则是企业架构的元模型②。

美国行政管理和预算局（2013）：EA 是关于业务流程与信息技术之间关系，以及现状和未来之间转变路径的描述③。

高德纳咨询公司（Gartner Group，2009）：EA 是通过创造、交流和改进描绘组织整体的未来状态和促进其进步的关键规则和模型，把业务使命和策略转化为有效的组织变革的过程④。

基于以上认知，可以把政府总体架构视作从政府的全局和整体的角度出发，对以业务和信息技术为核心的组织关键元素间的关系，以及现状与未来之间的转化路径进行描述的理论、方法和工具。

第二，政府总体架构的特点。与电子政务顶层设计的模糊定位不同，政府总体架构的定位相对明确，主要是相对传统的信息技术（IT）规划而言。

---

① John A. Zachman. "Enterprise architecture: The issue of the century", *Database Programming and Design*, Vol. 10, No. 3 (1997), pp. 44-53.

② "John Zachman's Concise Definition of The Zachman Framework", January 1, 2001, http://www.zachman.com/about-the-zachman-framework.

③ Office of Management and Budget, "The Common Approach to Federal Enterprise Architecture", August 5, 2013, http://www.whitehouse.gov/sites/default/files/omb/assets/egov_docs/common_approach_to_federal_ea.pdf.

④ Konstantin Ivanov, "10 Definitions of Enterprise Architecture, Which corresponds to Yours?", August 20, 2009, https://www.ariscommunity.com/users/koiv/2009-08-20-10-definitions-enterprise-architecture-which-corresponds-yours.

“传统的信息化建设通常是根据组织的使命和战略目标来制定 IT 规划”①。EA 的目标则是在宏观的战略目标和具体的建设实践之间架设桥梁，通过对战略目标和业务流程的理解，描绘出未来组织中业务、信息、应用和技术互动的“蓝图”，并设计现实向“蓝图”迁移的路线图.

有关总体架构的研究大体分为两类：一类是侧重技术设计，主要研究复杂系统的建模问题；另一类侧重管理方面，主要研究总体架构的理解和管理问题②。

总体架构的技术设计不是一个简单的过程，需要一整套的科学理论方法提供支撑，为此人们开发了许多总体架构框架（Enterprise Architecture Framework），以此对总体架构所应包含的内容以及如何构建总体架构的概念进行描述③。普遍认可的总体架构框架包括侧重总体架构描述的扎克曼（Zachman）框架④、突出参考模型的由美国联邦政府开发的联邦政府总体架构框架（FEAF⑤）、注重总体架构过程的由开放组织（Open Group）开发的开放群组架构框架（TOGAF⑥）以及欧洲在参考各国电子政务顶层模型的研

---

① 王欢喜、王璟璇：《EA 在电子政务顶层设计中的应用》，《图书情报工作》2012 年第 2 期。

② Lucke C，Krell S，Lechner U，“Critical Issues in Enterprise Architecting - A Literature Review”，16*th Americas Conference on Information Systems*，2010.

③ Mohamed M A，GalalEdeen G H，Hassan H A，et al，“An evaluation of enterprise architecture frameworks for e-government”，2012 *Seventh International Conference on Computer Engineering & Systems*，2012.

④ 1987 年，John Zachman 首次提出总体架构的概念，成为公认的组织架构领域的开拓者。他提出的总体架构框架被称为 Zachman 框架，是一个 6×6 的矩阵，分别从规划者、所有者、设计者、构造者、集成者和使用者的视角回答数据（what）、功能（how）、网络（where）、人员（who）、时间（when）和动机（why）6 个问题。见 Sowa John F，Zachman，John A，“Extending and Formalizing the Framework for Information Systems Architecture”，IBM systems journal，Vol. 31，No. 3（1992），pp. 590-615. Zachman 框架得到了广泛认可，最先在政府领域得到运用，且被吸收进其他架构框架之中，但 Zachman 框架并没有包含架构设计过程。

⑤ FEAF：Federal Enterprise Architecture Framework.

⑥ TOGAF：The Open Group Architecture Framework，该框架重点关注组织架构的设计、计划、实现和治理过程，被企业和政府组织广泛采纳。

究成果的基础上提出的治理体系架构（GEA①）。虽然它们并不全面，侧重点各有不同，对总体架构的理解各异，但所具有的以下共同点值得我们借鉴：一是总体架构设计服务于战略目标。总体架构设计的目的，就是要通过对组织中业务和技术的设计，使得组织的战略目标的实现得以保障；就是要将原本宏观抽象的使命和目标，通过科学的方法，逐步进行落实。所以，总体架构设计的整个过程是紧密围绕组织的战略目标进行的。二是总体架构要基于总体视角。总体架构的设计，就是要跳出局部视角，将整个组织看作一个总体。总体架构设计的关键，就是要对包括信息资源、业务流程、关键支撑技术和设施在内的所有关键要素及其相互关系进行设计，尤其是对战略目标与信息规划的关系以及组织业务与关键支撑技术的关系进行设计。通过妥善处理组织中各部分之间的各类关系，使各部分成为服务于组织总体目标的整体，达到整体最优。三是政府总体架构设计要填补目标与实施之间的差距②。政府总体架构设计的基本原理，是从现状向目标的转换，在这个转换过程中设计出信息系统的具体结构和实施路径，构建信息化建设的蓝图，消除战略目标与系统实施之间的"鸿沟"。四是政府总体架构设计和实施需要整套科学方法。无论是扎克曼（Zachman）框架，还是美国的联邦政府总体架构框架（FEAF）和欧洲的治理体系架构（GEA），抑或是开放组织的开放群组架构框架（TOGAF），都不是简单地给出一套现成的政府总体架构供组织遵守，而是研究了一整套科学的设计方法。例如：扎克曼（Zachman）框架仅设计政府总体架构的起点③；美国的联邦政府总体架构框架（FEAF）除了提供5个定期更新的参考模型外，还给出了包括分析视角、改进过程、分类方法和评估方法在内的一系列的实施指南和管理工具；欧洲的治理体系

① GEA：Governance Enterprise Architecture.

② Janssen Marijn，Hjort-Madsen Kristian，"Analyzing Enterprise Architecture in National go Nments：The Cases of Denmark and the Netherlands"，System Sciences，2007，HICSS 2007，40th Annual Hawaii International Conference on. IEEE，p. 218a.

③ "John Zachman′s Concise Definition of The Zachman Framework"，January 1，2008，http：//www. zachman. com/about-the-zachman-framework.

架构（GEA）是一系列的领域模型，是一个高层次的体系框架，包括5个高层次的总体流程和对象模型——政府管理系统领域模型、整体对象模型、公共政策描述对象模型、提供服务对象模型和整体过程模型①；开放组织的开放群组架构框架（TOGAF）则将绝大部分的注意力集中于组织架构的设计、计划、实现和治理。可见，政府总体架构的设计和实施并非一个项目或一项短期工作，而是一个需要根据战略目标，运用科学方法进行持续改进与完善的动态过程。

第三，政府总体架构的实践进展。丹麦与荷兰的政府总体架构实践受国家体制和民主结构的限制，虽然两国开展了许多政府总体架构项目，但由于地方政府的高度自治，使中央政府对地方政府的影响十分有限。地方政府对总体架构的采纳和应用完全是自愿的，其动力来自于对互操作的实际需要和最佳实践的标杆作用，中央政府缺少对总体架构采纳的相应的财政和政策鼓励措施。在这一过程中，中央和地方政府的互动并不充分，由于缺乏充分的沟通和协调，总体架构在各地方政府的实现呈现出碎片化的倾向，实现信息共享和业务协同的作用受到限制。美国的联邦政府总体架构主要关注联邦层面，州政府层面的电子政府构建并不在联邦政府总体架构的考虑范围之内。由于行政管理和预算局具有很强的协调权威，总体架构在各联邦机构中得到有效推行。这种推行带有一定的强制性，通过定期的评估与机构预算相挂钩。此外，美国的联邦政府总体架构框架项目办公室（FEAFMO②）还与首席信息官委员会和政府总务管理局联合制定了相关的实施指南和管理工具，为联邦政府总体架构项目的有效落实提供了指引，“FEA③已经成为联邦政府在各机构中间发现差距、共享、合作和复用机会的重要工具，成为顶层统

① Vassilios Peristeras，“The Governance Enterprise Architecture（GEA）：A Blueprint for E-Government Development”，in *Greek National Centre for Public Administration and Decentralization*，March 25，2004，https：//www. researchgate. net/publication/27381547_ Governance_ Enterprise_ Architecture_ GEA_ Domain_ Models_ for_ e-Governance.

② FEAFMO：Federal Enterprise Architecture Framework Management Office.

③ FEA：Federal Enterprise Architecture，即美国“联邦政府总体架构”项目。

筹规划电子政务建设的有效方法"①。欧洲的治理体系架构（GEA）"以政府部门的行政职能和业务的执行流程为核心，是对行政服务提供过程的建模，其目标是对整个行政系统进行领域描述。"②

审视多国政府总体架构实践可以看出：首先，虽然科学的方法体系和有力的推进措施在政府总体架构发展和实施中起着关键作用，但他们对问题的清晰界定无疑是方法和措施发挥作用的有利前提。如美国的架构框架、参考模型和实践指南等一系列文件明确地界定了"联邦政府总体架构"项目（FEA）所针对的问题，要达到的目标，拟采用的方法和需遵循的路径，使得FEA实施有据可循；丹麦的《政府总体架构白皮书》阐明了政府在总体架构实践中所应承担的角色和职责。其次，美国和丹麦推行政府总体架构的部门通常都具有较高的行政层次、权威性和影响力，政府总体架构的具体工作由该部门下设的专门机构完成，并联合由各部门成员组成的委员会共同制定相关的政策和指南。例如，美国联邦政府将推动"联邦政府总体架构"项目（FEA）的职责归于行政管理和预算局（该局是美国总统直接领导下的最有权威的协调机构）。行政管理和预算局下设联邦政府总体架构框架项目办公室（FEAFMO），承担具体的工作职责，开发核心的参考模型，并联合首席信息官委员会和政府总务管理局制定相关的实施指南和管理工具，开展对"联邦政府总体架构"（FEA）项目的开发和管理工作。在丹麦，科技和创新部设立了专门的总体架构委员会，负责制定总体架构（EA）政策，委员会由来自各层级政府的代表组成，向信息协调委员会汇报。而在荷兰，由于缺少核心部门和专业机构的参与，政府总体架构的项目间缺乏协调，架构实现呈现碎片化的景象。最后，它们的政府总体架构都有较为完整的理论和方法体系，也有相应的技术工具，尤以美国的"联邦政府总体架构"项目

① 王欢喜、王璟璇：《EA在电子政务顶层设计中的应用》，《图书情报工作》2012年第2期。

② 裘江南、叶鑫、李平安、孙德福：《电子政务顶层设计模型GEA及其应用》，《情报杂志》2009年第8期。

（FEA）成熟度最高，理论方法最为系统，它的“顶层管理思路概括为自顶向下的设计和自下而上的匹配”①，联邦政府的顶层架构参考模型“分别从绩效、业务、服务、数据、技术5个角度勾画出5个详细的模型”②，并且还有一系列实践指南作补充。

（2）中国电子政务顶层设计

在学界，电子政务顶层设计并不是一个新概念。早在2001年中科院计算技术研究所所长李国杰院士就电子商务提出了要“加强顶层设计，建立全国统一的电子商务平台”③，同年，国家信息化专家咨询委员会委员曲成义提出，“电子政务在我国推行的差距和挑战，可以归结成四个方面”，其中的第三个方面就是“需要有一个更高水平的电子政务技术支撑环境……构造一个电子政务技术支撑环境，需要技术上的顶层设计。”④ 虽然中国尚未制定专门针对电子政府顶层设计的基础性问题进行规定的文件，但“从全局的战略高度出发，有标准的模型来规划和参考，才能保证整个电子政务系统中业务的有效集成”⑤ 的理念已基本达成共识。中国的“顶层设计代表的是一种系统论思想和全局观念，通常是指从全局视角出发，围绕某个对象的核心目标，统筹考虑和协调对象的各方面和各要素，对对象的基本架构及要素间运作机制进行总体的、全面的规划和设计。”⑥

实践上，“由于政府体制和部门利益的存在，我国的信息孤岛问题格外严重，顶层设计思路长期受到各个政府部门的抵制和博弈。”⑦ 2005年，原

① 王欢喜、王璟璇：《EA在电子政务顶层设计中的应用》，《图书情报工作》2012年第2期。

② 王欢喜、王璟璇：《EA在电子政务顶层设计中的应用》，《图书情报工作》2012年第2期。

③ 李国杰：《我国发展电子商务困难与对策》，《科学新闻》2001年第31期。

④ 曲成义：《电子政务面临的挑战》，《信息化建设》2001年第11期。

⑤ 裘江南、叶鑫、李平安、孙德福：《电子政务顶层设计模型GEA及其应用》，《情报杂志》2009年第8期。

⑥ 曲成义：《电子政务面临的挑战》，《信息化建设》2001年第11期。

⑦ 樊博：《电子政务顶层设计视角下的政府信息股份研究》，《情报学报》2013年第5期。

国务院信息化办公室提出要“抓好电子政务的顶层设计”①。此后，福建省于2009年开始电子政务顶层设计试点，上海、北京和深圳等地也积极进行电子政务顶层设计的探索。2010年10月18日，党的十七届五中全会公布的《关于制定国民经济和社会发展第十二个五年规划的建议》指出：“改革是加快转变经济发展方式的强大动力，必须以更大决心和勇气全面推进各领域改革。更加重视改革顶层设计和总体规划，明确改革优先顺序和重点任务。”在2010年底中央经济工作会议上，胡锦涛同志对“顶层设计”这一概念在中国改革过程中的使用有一个全面的表述，概括起来有三层含义：一是指导方针，明确指出着力提高发展的全面性、协调性、可持续性，在实践中不断开拓科学发展之路。二是基本内容，主要强调要坚持统筹兼顾、突出重点，从党和国家全局出发，提高辩证思维水平、增强驾驭全局能力，把经济社会发展各领域各环节协调好，同时要抓住和解决牵动全局的主要工作、事关长远的重大问题、关系民生的紧迫任务。三是实现路径，重点解决体制性障碍和深层次矛盾，全面协调推进经济、政治、文化、社会等体制创新。2011年3月15日，在第十一届全国人民代表大会第四次会议上，温家宝同志在《政府工作报告》中提出：“我们要全面深化改革开放。更加重视改革顶层设计和总体规划。”2011年3月16日《中华人民共和国国民经济和社会发展第十二个五年规划纲要》重申：“以更大决心和勇气全面推进各领域改革，更加重视改革顶层设计和总体规划，明确改革优先顺序和重点任务，深化综合配套改革试验。”② 3月23日，中共中央、国务院以中发〔2011〕5号文件印发《关于分类推进事业单位改革的指导意见》，成为新中国成立以来第一次对事业单位改革进行的顶层设计和系统谋划。12月12日工业和信息化部以工信部规〔2011〕567号印发《国家电子政务“十二五”规划》，提出要全

① 于施洋、王璟璇等：《电子政务顶层设计：基本概念阐释》，《电子政务》2011年第8期。

② 《中华人民共和国国民经济和社会发展第十二个五年规划纲要》，2011年3月16日。

面推进电子政务顶层设计，并有多达 11 处提及要加强电子政务顶层设计①。2015 年至 2016 年，国务院又先后发布了《国务院关于积极推进“互联网+”行动的指导意见》《促进大数据发展行动纲要》《“十三五”国家信息化规划》；2017 年国务院办公厅相继发布了《“互联网+政务服务”技术体系建设指南的通知》《政务信息系统整合共享实施方案》《政府网站发展指引》，为电子政府构建和电子政务建设提供了一系列总体框架与操作指引，在信息化实践方面开了先河。上述一系列领导讲话、政策文件和实施行动的密集出台，引发了社会各界对顶层设计的高度关注，各领域纷纷对自身发展进行反思，提出本领域的顶层设计思想，很多学者和实践专家也参与到电子政府（务）顶层设计的研究和实践当中，使得顶层设计成为中国行政管理特别是电子政府领域的重点研究议题。只是学界和政府相关部门过多地将注意力集中于以政府总体架构为代表的方法研究，对于顶层设计的一些基本问题的关注相对不足，且国家还没有出台专门文件就电子政府顶层设计基础性问题进行系统性阐述。

基于上述理论和实践发展状况得出的结论是：与电子政府构建和电子政务建设实践对顶层设计的迫切需求相比，理论研究大多限于技术方面，远远不能满足实践要求。此外，他国的政府总体架构与我国的电子政府顶层设计并非完全对等的概念，要想将国外政府总体架构实践的成功经验运用于中国电子政府顶层设计，只能在厘清二者之间的关联、分清二者的定位和特征的基础上进行。

① 国家提出电子政务顶层设计而非电子政府顶层设计，说明其视域和站位都有局限，指向和边界也欠清晰，对于推动电子政府构建尤其是相应的政府管理体制改革不利也乏力，我们研究的顶层设计主要指向电子政府，它与国外 egovernment 的政府总体架构并不是对等的概念。见《工业和信息化部关于印发〈国家电子政务“十二五”规划〉的通知（工信部规〔2011〕567 号）》，2011 年 11 月 12 日。

4. 电子政务的技术应用①

电子政务的核心是“政务”而非“电子”，但重视政务与依赖技术并不矛盾。电子政务需要必要的信息技术手段和网络设备为其建设、运行、发展和完善提供适宜的硬环境——硬件基础条件，这是电子政务赖以生存和发展的物质保障。但实际上，相对而言，它的软环境——如法律、政策、行政、市场等方面的基础条件的提供显得更为重要。其中，行政内部生态环境的基础配置（包括行政职能转变、工作流程再造、组织结构调整、责权体系优化、人员构成优化、管理方式创新、行政体制改革等行政体系要素的变化）是否与硬环境和其他软环境要素相适或匹配，是决定电子政务实施能否健康有序进行的实践基础和前提条件，我们称之为电子政府构建的政府基础。“就本质而言，电子政府构建的政府基础是信息技术在政府管理中有效应用的原则需求，是信息技术范式影响和渗透下形成的一种新的政府治理模式”②。也正因如此，尽管电子政务的发展模式已由技术主导型转化为“技术—行政”协同型，但不可否认的是，信息技术，尤其是先进的信息技术，始终是电子政务可资利用的最重要的生产力。从亟需建构电子政府构建的政府基础的角度考虑，也知其应用之紧要和必要，必须加快研发并予以推广深化。

作为电子政务建设的最重要的两大基础条件之一，信息技术无疑“是技术工具范畴，追求技术的先进性和稳定性，以效率为基本目标取向”③，其逐渐普及和深入应用使电子政务在从建设伊始至应用深化的全过程中皆常以工具理性张扬之性状示人，其所彰显的积极意义和推动效应是不言而喻的，理应受到高度重视。尤其是在中国进入“十二五”时期以后，在“电子政

① 这部分内容由张锐昕和张乔合作完成，所发表的成果：张锐昕、张乔：《电子政务的技术应用前沿》，《行政论坛》2013 年第 2 期。

② 张锐昕、杨国栋：《电子政府构建的政府基础：涵义、特征和构成》，《山东大学学报（哲学社会科学版）》2011 年第 5 期。

③ 金太军：《电子政务：实践错位及其化解》，《吉林大学社会科学学报》2010 年第 9 期。

务依托的信息技术手段发生重大变革，超高速宽带网络、新一代移动通信技术、云计算、物联网等新技术、新产业、新应用不断涌现，深刻改变了电子政务发展技术环境及条件”① 的现实状况下，各级政务部门要维持行政管理的先进性和权威性并推动管理体制的持续变革和创新，对行政管理运行必须始终坚持以先进技术作有效支撑这一点的需求将逐渐攀升。正如美国前国务卿希拉里·克林顿（Hillary Diane Rodham Clinton）所指出的，“创新、科学和技术必须成为我们进行发展工作的基本组成部分”②。

综合现有的电子政务的支撑技术类研究成果，无外乎计算机技术、计算机网络技术、政务信息管理技术、电子政务应用技术、电子政务服务技术、电子政务集成技术、电子政务智能管理技术、电子政务安全技术等，这些技术构成了电子政府的技术基础。在这里，技术基础的涵义是：一方面，电子政府必须依靠这些技术作基础条件支撑才能维持其基本生存、良性运转和有序发展，另一方面，电子政府要提高其综合实力，还需要在利用这些基本技术作基础保障的前提下不断地引用各种新的、更先进的技术手段和设施。这就要求政府在服务政府、责任政府、回应政府、信用政府、有限政府、高效政府、无缝隙政府等先进理念的引领下，始终保持对应用先进技术的敏感性和敏锐度，使电子政府的形态框架、功能设置和信息内容始终适应行政生态环境变迁和满足社会公众多方需求。也正是基于这样的共识和动因，近年来，从“智慧地球”“智慧国家”到“智慧城市”等理念的提出、愿景的阐释和建设的兴起，进一步刺激和带动了日渐成熟的物联网、云计算、大数据、新一代互联网、移动宽带网、无线传感器网络等新一代信息技术在政府管理和公共治理领域的综合应用，成为政府构建电子政府乃至智慧国家的倚重。可见，在信息化、网络化、全球化的浪潮趋动之下，在政府顺应形势、适应环境、塑造形象、锐意改革、改善服务、赢得竞争的动因的触发之下，

① 《工业和信息化部关于印发〈国家电子政务“十二五”规划〉的通知（工信部规〔2011〕567 号）》，2011 年 11 月 12 日。

② 张艳：《美国政府云计算研究与应用对我们的启示》，《电子政务》2011 年第 2-3 期。

研究前沿技术在各级政务部门电子政务中的应用仍是专家学者们的主要工作，也是国家电子政务乃至信息化战略实施的重点。相关例证有：中国的《“十二五”国家政务信息化工程建设规划》（发改高技〔2012〕1202 号）在提出“十二五”期间国家政务信息化工程建设的重点任务之一——推进国家重要信息系统建设时，多次强调要“利用”“充分利用”和“鼓励采用”物联网、云计算、大数据等新技术；《国家电子政务“十二五”规划》（工信部规〔2011〕567 号）在提出“十二五”期间国家电子政务的发展方向和应用重点之一——建设完善电子政务公共平台的任务时对云计算应用作出了具体部署；而《中国云科技发展“十二五”专项规划》（国科发计〔2012〕907 号）更是对云计算发展作出了精密安排。

行政管理界在强调和贯彻工具手段必须为价值目的服务的同时，也必须保持对电子政务的技术应用前沿的积极关注、主动追踪和成果利用，这是政府必尽职责，也是为保障政府管理和社会环境科学发展提供基础条件。在电子政务建设中，除了大数据，应用物联网、云计算等前沿技术作为国家层面上的战略安排正在逐步贯彻实施，这些前沿技术的应用将在未来国家经济发展和社会进步中日益发挥重要作用。

（1）物联网技术应用

物联网（Internet of Things），意指“物物相连的网络”，究其本质，是把传感器等感应设备内置和装备到各种物中，让人们可凭此感知到物的动态和静态的信息，然后把所有的物通过射频识别、红外感应器、全球定位系统、激光扫描器等具有一定感知能力、计算能力或执行能力的信息传感设备与互联网相连，建立起物与物之间的智慧通道，实现任何时间、任何地点以及任何人与人、人与物、物与物之间的信息沟通，从而实现广域或大范围的智能化的信息识别、定位、传输、跟踪、监控、协同和管理等应用的一种网络。

物联网被称为是继计算机、互联网之后兴起的第三次信息技术革命的浪潮。比较而言，计算机只是机器，互联网是机器与机器的连接，和电信网一样实现的是人与人之间的通信，而物联网是物与物的连接，实现的是人与物、物与物之间的信息交换。物联网超越计算机和互联网之处，在于它赋予所连之物以人工智慧，给物注入人类思想，使物具有虚拟人的身份，能够进行人与人、人与物、物与物之间的双向信息传递，从而实现人类社会与物理系统的有效整合以及现实世界与网络世界的实时沟通，即在网络环境下实现对整个社会生态系统的智能化管理。这样，物联网就能把所有独立存在、彼此分开的物都连结在一起，就能对所有所连之物进行全面、有效的感知，由此为人类带来一种新的生活方式，为政务部门带来一种新的工作方式。其效用表现在：一方面，如果人类能够全面享用到这项新技术，就能拓展人类对所处世界的感知范围，就能读懂世间各种物的内心世界，就能与各种人或物进行“直接对话”，并能对各种反馈信息做出适时判断，以便对各种人或物进行智能化掌控；另一方面，如果政府和其他政务部门能够善加利用这项新技术，就能通过直接下达指令让所有所连之物和人及时反馈自己所处的状态，使所有所连之物和人与政务部门保持流畅的信息沟通，从而将整个社会生态系统置于政务部门和社会公众的严密监管之下，在帮助政务部门有效履行职能的同时实现公共政策、社会管理和公共服务的效益的最大化，达到改进国计民生、创造公众福祉、促进社会和谐的目的。由此可见，比互联网更加智能的物联网将带给人类前所未有的智慧化生活体验，也将助力政务部门增添更多的智慧化管理能量，国家对物联网技术的应用应该加快拓展。

由于物联网有可能创造的无限可能可以帮助政府解决在推动国家产业结构调整、提高产业的智能化水平、提高行政管理效率等方面面临的诸多问题，也有望使国人生活在一个更加智能化的社会里，享受到更加智能化的生活，故物联网的应用已经受到越来越多国家、政府和其他社会组织的高度重视，如 2009 年 6 月欧盟推出的“物联网行动计划”、2009 年 8 月日本启动的

“i-Japan①”计划，等等，这一切表明物联网应用已被一些国家提升到战略高度，有的国家更将物联网作为解决目前面临的经济危机的一个重要手段。各国政府的积极引导和 IT 企业的多方参与使物联网开始进入行业应用，走向个人生活，并逐步融入社会，物联网应用的规模和范围正在逐渐扩展。鉴于物联网的价值在于应用，而扩大应用范围和满足用户需求单靠政府和企业是不足够的，必须让更多的人们来关注、了解和应用物联网，物联网的价值才能够得到充分体现。为此，中国近年来在物联网的基础设施建设（如宽带普及、三网融合等）、国际标准研制（如《传感器网络协同信息处理服务和接口规范》国际标准，实现了中国在传感器网络领域国际标准方面零的突破）取得进展的基础上，正在采取积极策略，在物联网的国际标准研制、安全机制调整、统一网络协议订立、关键技术与业务领域研发，以及支撑平台建立和完善等方面做着努力。当然，中国在长远战略规划、行业壁垒突破、政策引导扶持、共赢模式探索和适用于规模发展的商业模式建立等方面还做得很不够，需要继续加强努力。

（2）云计算技术应用

云计算（Cloud Computing），意指“云端运算”，是指通过网络（“云”）获得应用所需的资源（包括硬件、平台、软件）。其中，“云”中的资源是可以无限扩展的，当然也可以随时获取。云计算“是利用网络将庞大的计算处理程序自动分拆成无数个较小的子程序，再交由多部服务器所组成的庞大系统，经搜寻、计算分析之后再将处理结果回传给用户”②。究其本质，是一种资源交付和使用模式。

云计算是分布式计算技术的一种，作为一种技术手段和商业模式，云计算“是分布式处理、并行处理、网格计算、网络存储和大型数据中心的进一

① “i-Japan”战略中的 i 有双重含义，即：数字包容（Digital Inclusion）和数字创新（Digital Innovation）。

② 赵艳玲、李战宝：《云计算及其安全在美国的发展研究》，《信息网络安全》2011 年第 10 期。

步发展和商业实现”①，由于它可以在数秒之内处理数以千万计甚至亿计的信息，达到和“超级计算机”同样强大的网络服务效能，因此被视作能对信息技术本身及其应用产生深刻影响的新技术，也被称作第三次信息技术革命。以技术角度视之，“云计算是一种基于互联网的、大众参与的计算模式，其计算资源（计算能力、存储能力、交互能力）是动态、可伸缩、且被虚拟化的，以服务的方式提供”②，作为“向大众提供服务的社会基础设施”③。如果政府应用云计算技术，实际上只需较少的管理工作和与服务供应商进行简单的交互，就能对所有资源提供灵活创建，动态扩展，快速部署，自助服务，按需提供，动态访问和实时监控等功效，就能提高社会计算资源获得的便利性、配置的合理性和利用的比率，从而简化资源管理和服务交付，消除过量配置，提升决策能力，降低运营成本，有效满足用户需要，实现绿色计算。

鉴于“云计算是互联网时代信息基础设施与应用服务模式的重要形态，是新一代信息技术集约化发展的必然趋势。它以资源聚合和虚拟化、应用服务和专业化、按需供给和灵便使用的服务模式，提供高效能、低成本、低功耗的计算与数据服务，支撑各类信息化的应用”④，也由于云计算的广泛应用和快速发展不仅会改变国家信息产业的格局，重构全球信息优势，从根本上改变人类信息获取、知识传播、思维和生活方式，并且也“将更加有效地提升人类精准地感知世界、认识世界的能力，影响着经济发展和社会进步”

---

① 钱杨、代君、廖小艳：《面向信息资源管理的云计算性能分析》，《图书与情报》2009年第4期。

② 李德毅：《中国电子学会云计算专家委员会 云计算技术发展报告》，科学出版社2011年版，第V页。

③ 李德毅：《中国电子学会云计算专家委员会 云计算技术发展报告》，科学出版社2011年版，第V页。

④ 《科技部关于印发中国云科技发展“十二五”专项规划的通知（国科发计〔2012〕907号）》，2012年9月3日。

①，因此主要发达国家和发达经济体高度重视云计算的出现和发展，在政策、标准、政府应用等方面制定了长期发展战略，力争在云计算领域占据主导地位，如韩国于2009年12月公布了《云计算全面振兴计划》；日本于2010年8月发布《云计算与日本竞争力研究》报告；德国于2010年10月宣布启动《云计算行动计划》；美国于2011年2月正式发布《联邦政府云计算战略》，欧盟启动《云计算公私伙伴关系行动计划》②，等等。在这样的国际背景之下，中国在《国家电子政务"十二五"规划》中对云计算应用作出了具体战略部署，主要内容有：完成以云计算为基础的电子政务公共平台顶层设计；全面提升电子政务技术服务能力；制定电子政务云计算标准规范；鼓励向云计算模式迁移③；在《中国云科技发展"十二五"专项规划》中提出了云计算发展的指导思想与发展目标、重点任务和保障措施。这些都表明云计算应用已进入各国政府视野并已大多上升至国家战略层面。然而，"云计算目前真正在政府内部得到广泛应用的只有美国"④。

在建设涉及各级政务部门和所有社会公众的电子政务工程项目时，努力把握好两点是至关重要的：一是要努力规避因电子政务的工具理性过度张扬而令其价值理性失落造成的电子政务实践错位现象；二是绝对不能因为过于偏重政务而否定或者忽视服务于价值理性的至少占"三成"或"二成"的工具理性对电子政务发展所能起到的巨大而重要的先导作用与推动力量。电子政务必须依靠信息技术和设施，不可能脱离信息技术和设施而存在，又必须承载体现公共价值，履行公共责任，提供公共信息和服务，实现公共目标，以及追求公共利益最大化的重任，为此，行政管理理论界和实践界在强

---

① 李德毅：《中国电子学会云计算专家委员会 云计算技术发展报告》，科学出版社2011年版，第V页。

② 徐晓林、李卫东：《论云计算对电子政务的革命性影响》，《电子政务》2012年第10期。

③ 《工业和信息化部关于印发〈国家电子政务"十二五"规划〉的通知（工信部规〔2011〕567号）》，2011年11月12日。

④ 张艳：《美国政府云计算研究与应用对我们的启示》，《电子政务》2011年第2-3期。

调和贯彻工具手段必须为价值目的服务的理念的同时，始终保持对电子政务的技术应用前沿的积极关注、主动追踪和成果利用是其必尽的职责，只有尽力将最先进的前沿性技术成果应用于电子政务实践，使其快速转化为现实生产力，才能服务于公共事务治理，保障公共管理和决策与行政生态环境的相适和优化。

综上，国内外专家学者基于不同的学科视角和本国实践，对总体国家安全观、电子政府、电子政务进行研究，取得了不同程度的研究成果。从发展的角度，实践在持续发展，相关研究要进一步深化，视野应进一步拓展，不应只局限于“电子”与“安全”“政府”“政务”的结合部，而应延伸到公共管理领域面临的和即将面临的更多新问题（特别是新的基础性、关键性问题）和新挑战（不仅涉及技术，还关涉管理甚至治理）及其应对，不仅针对微观管理领域研究短期性、局部性策略，还基于国家总体安全观针对国家发展全局提出长远性、整体性解决方案，而且公共治理视角应占据主导地位，“互联网+政府”“互联网+政务服务”应纳入重点研究范畴。

三、研究思路及方法

（一）研究思路

课题研究基于“理论层面探讨—实践层面研析—方法层面建构”的逻辑，依据“电子政府概念的演进轨迹—电子政务实践的发展状况—电子政府构建和运行的保障体系建构”的技术路线展开。

总共分为五个研究阶段，每个阶段分多个部分或步骤进行。

第一个阶段：主要任务是提出课题假设，确定研究目标并进行研究设计。该阶段工作目标是初步确定课题研究内容提纲以及确认如何合作与合理分工。

第二个阶段：主要任务是广泛搜集、系统整理和研究分析文献资料。我们分别搜集与总体国家安全观、电子政府、电子政务相关的文献，并对文献的搜集、整理、分析、归类、综述以及成员之间如何协同工作作出安排。该阶段工作目标是获得与课题研究相关的可靠资料，并在此基础上完成文献综述初稿。

第三个阶段：主要任务是进行主体部分的上篇和中篇的研究工作。研究工作分 4 个部分进行，分别研究："电子政府概念的演进轨迹：从虚拟政府到智慧政府""省级政府网站政务公开现状问题分析""电子村务：X 镇村务公开现状问题分析""电子治理：发展逻辑、趋向与策略分析"。具体研究目标是：其一，对电子政府概念的演进轨迹进行研究，以厘定电子政府相关概念，解读电子政务中国化的意涵；其二，分别为两类实证研究对象调研设计评估指标或调研提纲，并初步撰写年度评估报告和研究报告，待每年更新数据后，以准确、可靠信息发表评估报告、研究论文并完善子报告。其三，研究电子治理的发展逻辑和发展趋向，探讨电子治理的实施策略。

第四个阶段：主要任务是在继续完善上述三个阶段的研究工作的基础上进行主体部分的下篇"电子政府构建和运行的保障体系：从愿景目标到战略战术"的研究工作。研究工作分 5 个步骤进行，分别研究："电子政府构建和运行的理想愿景"，"电子政府构建和运行保障体系的基本涵义和构成要件"，"从电子政府顶层设计到电子政务基础建设"，"从电子政务信息资源共享体系建设到电子政府信用体系构建"，"从基本公共服务质量评价到电子政务绩效评估问责"。具体研究目标是：针对 5 个步骤的研究内容递进式撰写子报告并撰写相关论文。2015 年 12 月 12 日，我们与吉林大学大数据中心、吉林省计算机学会联合主办了"2015 吉林省大数据高峰论坛"，与会专家对大数据时代政府信息和公共服务供给问题进行了深入研讨。

第五个阶段：主要任务是在对研究的创新点进行总结和对研究的不足之处作出反思、反省的基础上完成专著的写作。在写作期间，我们于 2017 年 10 月 26 至 27 日在澳门与澳门理工学院、北京大学国家治理研究院共同举办了"数字治理：问题与挑战"研讨会，于 2017 年 11 月 8 至 9 日在长春举办了"电子治理的创新与挑战"研讨会，与会的国内著名专家学者（包括港澳台学者）在出席项目研究成果座谈会时对我们的研究成果提出了意见建议，为我们完善文稿提供了帮助。

（二）研究框架结构

本著主体部分为上、中、下三篇，与绪论和结论一起构成总体框架结构。

主体部分的主要研究内容和具体操作轨迹如图 0. 8 所示，概要展示了“电子政府概念的演进轨迹：从虚拟政府到智慧政府”→“电子政务实践的发展状况：从政务公开到电子治理”→“电子政府构建和运行的保障体系：从愿景目标到战略战术”研究的全景图，涉及电子政府理论、电子政务实践以及电子政府构建和运行的保障体系建构方法三个层面，所展现的是从多学科角度、多种价值取向、多个维度研究和建构电子政府构建和运行的保障体系的较为宏大的叙事。

（三）研究方法

从历史、理论、实证视角，本课题研究需要开展广泛深入的网上调研、实地走访和理论分析研究。我们主要采用文献研究法、定性分析法、比较研究法、系统分析法、信息研究法、调查研究法、案例研究法、跨学科研究法等工具进行研究。

1. 文献研究法

笔者利用文献研究法这一不受时空、经费所限的高效、快速、便捷的研究方法，通过学术期刊网、网络数据库、图书馆和相关政府部门等途径，查询借阅和收集整理国内外与本课题相关的研究文献，获得了有关总体国家安全观、电子政府、电子政务、电子治理方面的丰富翔实的研究资料，从而较深入地了解了相关问题研究的历史、现状及前沿，很好地把握了相关问题的研究进展，在此基础上，对现有中英文研究文献进行分析和评价，据此掌握

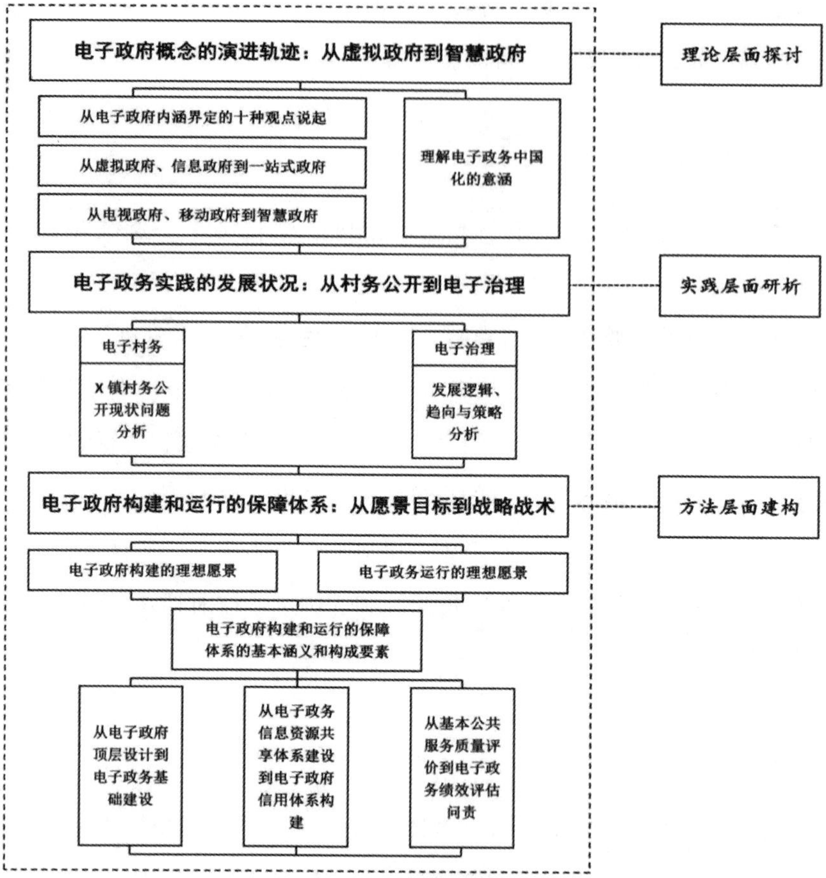

图 0. 8　主体部分的框架结构

所研究论域的成果概貌，廓清相关研究的进展和不足，进而反复确认课题研究的核心问题，提出应该研究的空间和取向，为最终确定课题研究构架及内容做了充分的准备，起到了决定性的作用。

2. 定性分析法

我们运用定性分析法对电子政府构建和运行的经验和知识进行观察、分析和判断，据以把握保障电子政府构建和电子政务运行安全、信用等的关键要素，以此作为电子政府构建和运行保障体系的构成要件，为建构保障体系提供核心要素。

3. 比较研究法

我们运用比较研究法，对电子政府和电子政务、电子政务和电子治理进行比较研究，对它们之间的相似性或相异性进行判断，据以辨别各方存在的共性问题与特殊之处，并对突出问题的形成原因进行分析，从而得出科学的结论。

4. 系统分析法

“系统分析法是将相关行政活动进而整个行政过程乃至社会环境视为一个有机整体，着重研究各个相关部门的交互影响，双向往来，动态平衡，彼此关系，进而寻求最优化的行政选择”①。本课题把政府及其他政务部门作为一个完整系统来研究，系统分析了它们所建设的电子政务平台（包括系统和功能）的运行现状和问题，甚至延伸到调研和分析它们所治理监管的电子村务、电子治理等领域的现状和问题，在此基础上，从多学科角度分别提出多维度的保障性解决方案，据以建构完整统一、协调有序的系统性解决方案。

5. 信息研究法

笔者根据信息论、系统论、控制论的原理，通过对所收集的信息（包括实践经验）进行加工、处理和整理，以获得有关电子政府构建和运行的保障体系的相关知识，据以揭示所研究问题的内在规律，为帮助各级政务部门信息人、企业和社会公众培育信息素养，提高信息加工和处理能力提供意见建议，以保证政务部门适应信息时代的生存环境。

6. 调查研究法

我们有计划、有步骤、尽可能系统地对一些典型性的政府门户网站和政府网站进行网络调研，搜集了有关电子政务建设和运行的现实状况和存在问题的真实数据，其中，使用了功能分析法，说明电子政务系统应具备怎样的功能才能满足公众需要；使用了观察法，利用人的感官、辅助的软件工具、

① 张国庆：《公共行政学》，北京大学出版社 2009 年版，第 9 页。

统计分析工具以及实地访谈等方法，对相关网站上的电子政务建设和运行状况及其存在的问题、绩效和质量状况等进行较为全面、系统的了解，并对调查研究得到的大量素材进行分析、综合、比较和归纳，得到有关电子政府构建和运行的保障体系方面的规律性知识，以期将面上的参与调研和深度的评估分析统一起来，实现点面结合，保证调研的深度和广度。

7. 案例分析法

案例分析是一种经验主义的探究，它研究现实生活背景中的暂时现象，在这样一种研究情境中，现象本身与其背景之间的界限不明显，研究者只能大量运用事例证据来展开研究。本课题运用此方法在于回答电子政府构建和运行保障体系及其构成要件“是什么”和“怎么建”的问题，而不是回答“应该是什么”的问题。这种研究方法很符合本课题的研究目的，即我们需要通过大量的相关案例进行深入分析，以此探索电子政府构建和运行保障体系建设的可行策略。

电子政府构建和运行保障体系问题比较复杂，基于不同的价值取向和安全考量形成的建设方案会有很大的不同，具体筹划与建设又是一项复杂、长期的系统工程，涉及到多学科的知识、方法和技术，涵盖组织、人才、技术、管理、法律、政策、制度等多方面的内容，需要各个相应体系的支撑，且各体系必须在统一的战略、策略指导下按照统一的标准、规范来建设才能真正形成完整统一、协调有序的整体。我们力图集合多学科力量联合攻关，综合运用新公共管理、新公共服务、组织行为、治理理论、信息管理、知识管理、项目管理、管理科学与工程、计算机科学与技术、软件工程等多学科的知识、方法和技术，从多种学科视角、多种价值取向出发，既兼具宏观与微观，又兼顾整体与局部，力争从多角度、多层次全方位地综合研究和整体筹划电子政府构建和运行的保障体系建设问题。

总之，我们采用规范研究、实证研究和综合集成相结合的方法，使研究成果兼具前沿性、针对性、可操作性、交叉性和包容性，以客观、科学地反映电子政府构建和运行的发展脉络和保障体系概貌。其中，采用定性、定量和多重调研相结合的方法，以及文献分析和案例研究的方法，分析他国和我国典型案例，结合各级政府和部门电子政务运行的实际情况和问题，对电子政府构建的影响因素进行价值判断，同时针对电子政务的服务标准和绩效评估等进行定性分析，旨在寻求脱离困境、克服障碍和实施问责的具体策略；采用系统分析和比较研究方法，以应对课题研究的多学科交叉性、综合性及应用性；采用跨科学研究方法，并采取学科交叉的方式，集合多领域专家，从多学科角度进行系统综合研究。此外，在研究中，我们将电子政府构建看作一个具体、综合的系统工程，并注意多样性与统一性的结合、历史分析与逻辑推理的结合，以及中外国情和相应特征的比较分析，在此基础上进行本土化解读，以有效克服电子政务中国化的障碍因素；采用理论与实际相结合的方法，借助先进的信息技术手段，开展理论界和实践界的广泛合作，突出政府和社会环境的互动；从国外已经发生的构建电子政府的基础条件和发展脉络出发，结合中国的现实国情，分析研究成果和实践经验在中国适用的条件、范围和应用图景，从而以理论指导实践，又以实践丰富理论，使研究成果兼具前沿性、创新性和实践性，使策略安排具有针对性和可行性。

上篇

电子政府概念的演进轨迹：从虚拟政府到智慧政府*

---

* 本部分主要内容已经发表，见张锐昕：《电子政府概念的演进：从虚拟政府到智慧政府》，《上海行政学院学报》2016年第6期。

在各国构建电子政府实践发展过程中，伴随着科技的进步、需求的增长、实践的要求和政府的自觉，虚拟政府、信息政府、一站式政府、电视政府、移动政府、智慧政府等一系列相关概念陆续应势应需应运派生出来，并有不同程度的进展。理论界和实践界对这些派生概念在电子政府中的角色定位与功用担当多有分歧，加之掺以各种误解误判，不仅干扰了派生概念各自前行，也在一定程度上制约了电子政府发展。为澄清误解，消除干扰，需要梳理这些派生概念产生的缘由，并解析电子政府与这些派生概念之间的关联与互动。总的说来，相关派生概念及其实践进展发展了电子政府概念，并使电子政府概念得以不断演进。

我们先从电子政府内涵界定的十种观点说起。张锐昕在《电子政府内涵的演进及其界定》中曾历数有关电子政府内涵理解的不同观点，并提取其中的核心观念作为标识不同认识层面的主题标签，归纳整理出电子政府的十类典型定义——工具说、系统说、能力说、机制说、模式说、形态说、服务说、改革说、过程说和政府说，藉以反映理论界和实践界在电子政府发展过程中对电子政府内涵认知的进展轨迹与相应成果①。待研究和实践进展到现在，也可把职责说单列出来，共有十一种观点。十一种观点的类别、界定的组织或学者，以及相应的内涵界定的要点内容如表 1-1 中所示。

① 张锐昕：《电子政府内涵的演进及其界定》，《社会科学辑刊》2011 年第 5 期。

表 1-1　电子政府内涵认知的进展轨迹与相应成果

序号	类别	组织/学者	内涵界定的要点
1	工具说	维克托·迈耶-舍恩伯格，戴维·雷泽尔（Viktor Mayer-Schönberger & David Lazer）；联合国公共经济与公共行政部（UNDPEPA①）；美国公共行政学会（ASPA②）；经济合作与发展组织（OECD③）	融入政府的 ICT 技术的集合④； 向公众提供信息和服务的工具⑤； 使用 ICT 技术特别是互联网来实现更好的政府的一种工具⑥
2	系统说	百度；欧盟（EU⑦）	网络化的政府信息系统⑧； 较小的但是智能化的后台办公室操作和既大且好的前台办公室⑨
3	能力说	经济合作与发展组织（OECD）	通过信息和通信技术应用来转变公共管理的一种能力⑩

① UNDPEPA：United Nations Division for Public Economics and Public Administration.

② ASPA：American Society For Public Administration.

③ OECD：Organization for Economic Cooperation and Development.

④ Viktor Mayer-Schönberger，David Lazer，"E-Gov and the Coming Revolution of Information Government"，May 20，2014，http：//belfercenter. ksg. harvard. edu/files/intro-wp. pdf.

⑤ Bernd W. Wirtz，Peter Daiser，"E-Government Strategy Process Instruments"，2017，http：//www. uni-speyer. de/files/de/Lehrst%C3%BChle/Wirtz/WirtzDaiser_ 2015_ E-Government. pdf.

⑥ OECD，*The e-Government Imperative*，Paris：OECD Publications，2003，p. 23.

⑦ EU：Europe Union.

⑧ 百度百科：《电子政府》，2010 年 5 月 14 日，见 http：//baike. baidu. com/view/8452. htm? fr=ala0_ 1。

⑨ Kim Viborg Andersen，*E-government and Public Sector Process Rebuilding*（*PPR*）：*Dilettantes*，*Wheel Barrows*，*and Diamonds*，Boston：Kluwer Academic Publishers，2004，p. 81.

⑩ OECD，*The e-Government Imperative*，Paris：OECD Publications，2003，p. 23.

续表

序号	类别	组织/学者	内涵界定的要点
4	机制说	维克托·迈耶-舍恩伯格，戴维·雷泽尔（Viktor Mayer-Schonberger & David Lazer）；高德纳咨询公司（Gartner Group）；格里戈里斯·斯皮拉基，克里斯蒂娜·斯皮拉基，康斯坦丁诺夫·尼科洛普洛斯（Grigorios Spirakis, Christina Spiraki, Konstantinos Nikolopoulos）	政府内部的信息机制①； 能以较少的预算提供指定标准的服务，或以不变的预算获得增量的产出②； 转变政府的内部和外部关系，实现服务交付、顾客参与和治理的持续最优化③； 参与、发展和民主机制④
5	模式说	土耳其信息协会（Türkiye Bilişim Derneği）；达雷尔·韦斯特（Darrell M. West）	在公众和业务机构之间交换信息、服务和商品的一种治理模式⑤； 公共部门使用互联网和其他数字设备来提供服务、信息和民主⑥
6	形态说	唐纳德·诺里斯（Donald F. Norris）	引导社会进程的一种政府形态，公民有选择在什么时候、什么位置使用政府服务的权利⑦

① Viktor Mayer-schonberger, David Lazer, *Governance and Information Technology: From Electronic Government to Information Government*, Boston: The MIT Press, 2007, pp1-14.

② Viktor Mayer-schonberger, David Lazer, *Governance and Information Technology: From Electronic Government to Information Government*, Boston: The MIT Press, 2007, pp1-14.

③ Gartner Group, "Key Issues in E-Government Strategy and Management", Research Notes, Key Issues, 23 May 2000.

④ Grigorios Spirakis, Christina Spiraki, Konstantinos Nikolopoulos. The impact of electronic government on democracy: e-democracy through e-participation, *Electronic Government an International Journal*, Vol. 7, No. 1 (January 2010), pp. 75-88.

⑤ Türkiye Bilişim Derneği, " What is E-government, Digital Government (Digital State)?", 2008, http://www.digital-government.net/e-government.html.

⑥ Darrell M. West, *Digital Government: Technology and Public Sector Performance.* New Jersey: Princeton University Press, 2005, p. 1.

⑦ Norris, Donald. F, *Current Issues and Trends in e-Government Research*, Hershey, PA: Idea Group Pub, 2007, p. 4.

续表

序号	类别	组织/学者	内涵界定的要点
7	服务说	维克托·迈耶-舍恩伯格和戴维·雷泽尔（Viktor Mayer-schonberger & David Lazer）；里昂·达戈斯蒂诺（Ria J. D′agostino）；阿兰·鲍蒂斯塔（Alan. P. Balutis）	在线提供公共服务①； 以电子化的方式向公众提供政府服务②； 电子政府=电子商务+客户关系管理+供应链管理+知识管理+商务智能+合作技术③
8	改革说	迈赫迪·阿什加尔哈尼（Mehdi Asgarkhani）；高德纳咨询公司（Gartner Group）	为完成公共管理改革，通过面向公众提供服务改进、经济活动创造以及民主保障来实现④； 利用信息和通信技术、互联网、新的媒体，转变政府的内部和外部关系，实现服务交付、顾客参与和治理的持续最优化⑤
9	过程说	乔治·彼得罗尼，范克·克洛特（Giorgio Petroni & Fanic Cloete）	公共管理的全面转变过程和它与公众互动的转变过程⑥

① Viktor Mayer-schonberger, David Lazer, *Governance and Information Technology: From Electronic Government to Information Government*, Boston: The MIT Press, 2007, pp1-14.

② Maria J. D′agostino, Richard Schwester, Tony Carrizales, James Melitski, "A Study of E-Government and E-Governance: An Empirical Examination of Municipal Websites", 2007, https://www.questia.com/library/journal/1G1-250033503/a-study-of-e-government-and-e-governance-an-empirical.

③ Alan. P. Balutis, "Digital Government-When All is Said and Done", in *Designing E-Government: On the Crossroads of Technological Innovation and Institutional Change*, J. E. J. Prins, Netherland: Kluwer Law International, 2001, p. 92.

④ Mehdi Asgarkhani, "The Effectiveness of e-Service in Local Government: A Case Study", *The Electronic Journal of e-Government*, Vol. 3, No. 4 (2005), pp. 157-166.

⑤ Gartner Group, "Key Issues in E-Government Strategy and Management", Reasearch Notes, Key Issues, May 23, 2000.

⑥ Giorgio Petroni, Fanic Cloete, *New Technologies in Public Administration*, Amsterdam: IOS Press, 2005, p. 24.

续表

序号	类别	组织/学者	内涵界定的要点
10	职责说	伯恩德·维尔茨，彼得·戴西（Bernd W. Wirtz & Peter Daiser）；吉姆·安德森（Kim Viborg Andersen）	电子政府用于描述在政府职能环境中，利用信息和通信技术手段实现行政管理和民主进程的电子化，高效、有效地支持公共职责①，把参与、发展和民主机制与电子政府联系在一起②； 反映政府自身职能的四个关键维度：电子服务、电子民主、电子商务和电子管理③
11	政府说	苏巴斯·巴特纳格尔（Subhash Bhatnagar）	实现更有效率和效益的政府，提供更加便利的政府服务，给予更多的公共信息通路，使政府对公众更负责任④；就像政府，它只是更智能化，更快速⑤

严格来说，各类定义可以再行归并排序，如：可将系统说和机制说归于工具说之类，因为随着电子政府实践的发展，有些原来持有系统说和机制说观念的人们认识发生了改变，与持有工具说的人们在某种层面或程度上达成了一致；也可将改革说与过程说等的次序变换，因为持有不同观念的人们的数量占比会随时间变化发生改变，故可依占比次序而非依认知应然递进序列

① Bernd W. Wirtz, Peter Daiser, "E-Government Strategy Process Instruments", 2015, http://www.uni-speyer.de/files/de/Lehrst%C3%BChle/Wirtz/WirtzDaiser_2015_E-Government.pdf.

② Bernd W. Wirtz, Peter Daiser, "E-Government Strategy Process Instruments", 2015, http://www.uni-speyer.de/files/de/Lehrst%C3%BChle/Wirtz/WirtzDaiser_2015_E-Government.pdf.

③ Kim Viborg Andersen, *E-government and Public Sector Process Rebuilding (PPR): Dilettantes, Wheel Barrows, and Diamonds*, Boston: Kluwer Academic Publishers, 2004, p. 81.

④ Subhash Bhatnagar, *E-Government: From Vision to Implementation-A Practical Guide with Case Studies*, New Delhi: SAGE Publications, 2004, p. 19.

⑤ Millard, J, "The (R) E-Balancing of Government", UPGRADE, Vol. IV, No. 2 (2003), pp. 48-51, in Kim Viborg Andersen, *E-government and Public Sector Process Rebuilding (PPR): Dilettantes, Wheel Barrows, and Diamonds*, Kim Viborg Andersen, Boston: Kluwer Academic Publishers, 2004, p. 76.

再行排序；但要去其一二却难以办到，因为尽管大多数国家已然在国家层面上将电子政府构建视为提升国家实力和综合竞争力的基本国策，提高到国家战略高度，以国家规划制定实施，并举一国之力倡议推行，且随着电子政府实践内容的拓展和程度的加深，人们对电子政府的认识也的确在不断提高，但是，人们的信心信念还是会因遭遇体制、资源、利益问题阻碍或面对理论、技术、政府基础难题难克而受挫，使之在权衡电子政府有可能给国家带来长期利益但也有可能给个人带来政治风险和利益损失之间摇摆，有可能选择被动、消极及至对抗类态度和行动。由此可见，各类认识层次分野并非泾渭分明、一成不变，而是边界模糊、时有变动，是有其实际原因的。

电子政府（electronic government，简称 e-government、eGovernment、e-Government 、Egovernment 或 e-gov）概念提出的初衷是推动行政管理改革，其基础建设始于 1993 年美国时任副总统艾伯特·戈尔（Albert Arnold Gore Jr）倡导实施的“信息高速公路计划”，实践应用发轫于同年戈尔发起的“国家绩效考察”运动，而理论支持得益于美国自然科学基金支持的数字政府研究计划。“电子政府是一个新的概念、新的研究领域，更是一种全新的政府管理模式。它的构建过程，是信息技术、互联网与政府进行深度结合的过程，这种深度结合的影响和后果，是导致政府管理变革的发生和对现有行政管理理论提出挑战”①，这是实践界必须面对的严峻现实。但从理论成果上看，理论界对这一伟大实践的反应显然有失敏锐，反响莫衷一是，难以服众，尤其是每当科技的进步、需求的增长、实践的要求和政府的自觉引致电子政府派生出新的前沿性概念，随之提出各种创新性观点并引入具体实践之后，针对电子政府概念的各种反对声音与替代之说纷至沓来，莫衷一是，难达共识，极易产生扰乱人心，干扰实践的结果。虽然研究者是应该理性、宽容地对待所有不同观点，也无需强求一致认同，但面对迅速发展的实践的追

① 张锐昕主编：《电子政府概论（第二版）》，中国人民大学出版社 2010 年版，第 12 页。

问和亟需理论指导的要求，理论研究工作者如不能做出及时的回应，不能提出有力指导实践的成果，显然是不应该的。

目前，虽然人们对电子政府内涵的认识都或多或少地有了改变，但距离达成一致或共识显然还有距离。令人倍感欣慰和深受鼓舞的是，虽然各类认识所持观念各有不同，但明显表现出的核心要点交叉重复或彼此近似，相互之间内在关系密切，亦具有高度的同向性①这三个明显特征，体现出电子政府内涵演进的规律性和趋势。而相应地，比照电子政府发展的各个阶段人们对电子政府概念的认知的偏重、分歧和误解、误判，进而关注电子政府概念的演进轨迹，我们会发现它也经历了类似的历程，同样存在着这三个明显特征。只不过不同的是，电子政府概念的演进催生了一些新的概念，这些新的概念从电子政府脱胎出去（因之谓之派生）后独立发展仍具旺盛的生命力，对电子政府的生存与发展施加作用和影响（因之谓之相关）后与之更趋互动融合。正是这些相关概念的应势应需应运产生、相对独立发展以及与电子政府的互动关联，将人们对电子政府概念自身的认知推进到更高层面和更深层次。跳出电子政府之外，从派生概念角度看电子政府，能理性、审慎地检讨电子政府遇到的生存矛盾、发展危机和问题，发现自身解决矛盾、危机和问题必须采用的方式、方法、路线和方案；回归电子政府本体，从电子政府的视角看派生概念，收集、整理其各种属性和规定的行为，能发现它们的存在对电子政府的生存和发展所具有的意义和价值，所以，电子政府应该对派生概念的发展予以关注并保持警觉，主动、有序、合理地收集有关它们的属性和规定的知识，并把收集到的知识进行整理、分析和处理，以不断发现新问题，修正和完善电子政府概念，在新的有所改进的认识意识指挥下，使认识行为更加合理和富有效率。

基于上述原因，我们对深挖电子政府发展过程的各个阶段的建设重点、价值偏好产生了深厚的兴趣，研究大致沿着电子政府实践进展轨迹（实践的

① 张锐昕：《电子政府内涵的演进及其界定》，《社会科学辑刊》2011 年第 5 期。

先后）及脱胎于它的相关概念的登场时序（提出的先后），即依循从虚拟政府、信息政府到一站式政府，从电视政府、移动政府到智慧政府的顺序，依次对这些概念轮番登场与间或在场的原因、偏重，以及引致的分歧、误解或误判，还有它们对电子政府概念演进施加的作用和影响等进行探讨。研究的一个额外目的是想让那些试图以相关术语来替代电子政府概念的人们放弃执念，继续秉持电子政府的初衷，并坚定践行电子政府构建的信心信念。

第一章　从虚拟政府、信息政府到一站式政府

由于占据技术设施先进、实践应用领先、理论成果前沿的绝对优势，美国在电子政府（初期理论界更多地使用数字政府一词）理论和实践方面一直占据领先优势，处于引导地位，它所倡议、实施的虚拟政府、信息政府以及欧洲最早提出的一站式政府，从以职能为中心到以公众为中心，从技术驱动到需求驱动，旨在令公众满意，相关成果被各国政府争相借鉴吸纳，成为促进电子政府发展的引擎和助推剂。

第一节　虚拟政府

虚拟一词"表示潜在的可能性，它像现实一样真实，但却是用不同的方式"①。相应地，虚拟政府是在虚拟世界——网络空间中运作，它是现实政府在网络空间映射的结果，是像现实政府一样真实的虚拟实在，它可令政府工作人员在电子化方式下一起工作，通过电子化手段交流互动，利用信息技术代替组织某些部分行事或增加组织某些方面影响，具有随时开放、成本低廉、可忽略物理位置和组织边界合作、解决问题不需让人面对面等特点，可

① Wikipedia，"Virtual"，2019，https：//en. wikipedia. org/wiki/Virtual.

借助虚拟化应用、以虚拟化方式付诸实践。

一般来说，组织可以虚拟化的内容有五方面，包括组织的位置、组织接口或边界、组织过程、组织结构和产品/服务，而驱动组织虚拟化的原因有三点，主要是：要对市场快速变化作出反应，使能技术①（包括计算机、计算应用程序和局域网等通信网络）的可得性，以及减少成本的要求②。可见，虚拟化具有能够帮助政府“超越现实，以便更好地适应环境”③ 的潜能。

电子政府原本自政府办公自动化发展而来，其原意就是指利用网络技术构建一个虚拟政府（virtual government），“目的是使政府与公民（G2C）、政府与企业（G2B）、政府机构之间（G2G）更友好、方便、透明、低成本地互动”④。虚拟政府的主要任务是在政府机构之间互联，建立交流沟通渠道，推行跨部门合作，因此，自提出到现在，虚拟政府一直被视作电子政府的最重要的内涵和精髓，其内容和形式建设也由此成为早期电子政府构建的主要目标和重点工作。只是由于遭遇来自官僚体制内外的各方阻力的原因，使得政府机构接受虚拟政府观念乃至将其付诸行动的进展一直缓慢，导致很多国家的政府部门至今还在投入大量的资源和精力弥补后台建设的缺陷，无疑限制了政府机构之间的流程重组和业务协同，制约了电子政府业务流程自动化的脚步，对电子政府快速发展极为不利，这种局面必须加以改变。

“虚拟政府指的是这样一种政府，它的信息流动和传播流动越来越依靠网络而不是官僚渠道或其他正式渠道……它的政府组织日益存在于组织间网络以及网络化的计算系统内，而不是各自独立的官僚机构内。一个虚拟政府

---

① 使能技术（enabling technology），是指一项或一系列的、应用面广、具有多学科特性、为完成任务而实现目标的技术。

② David Gould，“Virtual Organization?”，2019，http://seanet.com/~daveg/Virtual%20Organizing.pdf.

③ 殷正坤：《虚拟与现实》，《新华文摘》2000 年第 7 期。

④ Subhash Bhatnagar，*Unlocking E-Government Potencial：Concept，Cases and Practical Insights*，New Delhi：SAGE Publications India Pvt Ltd，2009，p. 4.

由许多覆盖在正式官僚结构之上的虚拟机构（是由网络化的计算机所连接起来的组织）组成。”① 由此，虚拟政府因为能用电子化的手段低成本地运作并迅速地响应需求而成为电子政府的一个重要的连接渠道和运作载体。电子政府原本就是要构建一个跨越时间、地点、部门的全天候的政府服务体，那么，既然虚拟政府能够帮助它达成这一目的，它理应受到政府机构的热烈欢迎。然而现实并非如此。原因主要在于：无论是政府外部的国家信息基础设施建设还是内部的电子政务网络建设、相关应用系统开发、工作人员终端购买、上网费用等都需要政府机构在建设初期投入大量资源，之后的长久运行也需要支付大量的维护费用，况且新的合作环境对业务流程、合作模式等提出更高要求，需要流程、机构等进行再设计，需要开发办公自动化系统以实现综合业务管理和数据分析，需要从单个的应用程序过渡到更大的集成程序和数据共享，这些内容建设都牵涉到个人和集体利益平衡问题，需要赢得政治、行政、财力、技术等方面的大力支持方能解决。现实中，因为相关问题解决不好，资源不能到位，往往会招致机构对快速推进虚拟机构及虚拟政府建设的诸多抱怨，也导致一些分歧产生。此外，技术采用的路径依赖问题需要克服，具体部门在政府内部利用技术方面的角色需要明确，这些问题都需要政府采取措施加以解决，以保证电子政府能更好地把握数字化和自动化的机遇，提高工作效率，加强科学决策水平，为社会公众提供更好更多的信息和服务。可见，虚拟政府建设阶段不可跨越，落下的功课需要补上。

第二节 信息政府

就信息体量而言，政府无疑是最大的信息机构。信息是政府管制和管理的基础，也是政府决策和服务的支撑。对政府来说，信息非常重要，拥有大

---

① ［美］简·芳汀：《构建虚拟政府——信息技术与制度创新》，邵国松译，中国人民大学出版社 2004 年版，第 113 页。

量的信息很重要，很好地驾驭信息更重要，这就需要对信息流动的任务及其过程予以同等关注。维克托·迈尔-舍恩伯格和戴维·雷泽尔（Viktor Mayer-Schönberger 和 David Lazer，2007）曾提出，“电子政府太多关注于技术——技术上可行——而不是信息的流动。”① 苏巴斯·巴特纳格尔（Subhash Bhatnagar，2009）在比较电子治理和电子政府时，也对电子政府提出过批评，认为“在向所有利益相关者提供服务中，电子治理关注流程，而电子政府主要关心产出。”②但欧文·E. 休斯与他们的观点有所不同，他恰恰认为“电子化政府的一个影响是组织以信息流动为基础而不是以等级为基础”③。电子政府不关注信息流动这一缺欠恰因信息政府（information government，简称 I-government）的适时应需提出而得以弥补。维克托·迈尔-舍恩伯格和戴维·雷泽尔在《电子政府和即将到来的信息政府革命》一文中提出，电子政府“要牵涉流程反思，借此社会共同决定怎样达成确定的目的。我们需要将电子政府构建进展到信息政府。”④ 在另一文中他们又提出，“信息政府不是电子政府的另一个阶段，不如说它是一种概念上的拉长，以提供一个互补的观点，来理解政府变化的性质及其与公民的关系。”⑤ 这些观点提醒我们：第一，不管是把信息政府当作电子政府的一个阶段来看，还是看作电子政府概念的延伸，它都是电子政府需要建设的内容，是电子政府必须有的经历，是其有益补充。认识到这一点，有利于政府以包容、开放的胸怀拥抱信息政府；第二，流程反思不只局限于政府内部，还有政府外部，故而信息流程再

① Viktor Mayer-schonberger, David Lazer, *Governance and Information Technology: From Electronic Government to Information Government*, Boston: The MIT Press, 2007, pp. 1-14.

② Subhash Bhatnagar, *Unlocking E-Government Potencial: Concept, Cases and Practical Insights*, New Delhi: SAGE Publications India Pvt Ltd, 2009, p. 10.

③ ［澳］欧文·E·休斯：公共管理导论（第三版），张成福、王学栋译，中国人民大学出版社 2007 年版，第 222 页。

④ Viktor Mayer-Schönberger, David Lazer, “E-Gov and the Coming Revolution of Information Government”, 2020, http://belfercenter.ksg.harvard.edu/files/intro-wp.pdf.

⑤ Viktor Mayer-schonberger, David Lazer, *Governance and Information Technology: From Electronic Government to Information Government*, Boston: The MIT Press, 2007, pp. 1-14.

造（包括公民和政府之间的接口设计）会牵涉政府改革及其内外部关系，既然任何信息流程环节的变化都会影响到政府整体，而流程再造又要由社会共同决定，政府就应有勇气面对信息政府建设的互动难题，担当起相应的责任；第三，信息政府并不是要我们放弃电子政府，而是提醒我们，当电子政府发展到了作为组织设计的关键驱动因素的信息流程已经成为其继续前行的阻碍时，就需要适时实施信息政府建设，进行组织结构重组，并与社会公众一起解决信息流动中的信息安全、隐私保护和交易伙伴的可靠性等问题，以此为基础使电子政府得以建构在安全可靠的信息流程之上，这无疑对电子政府构建路径和路线选择起到了引导和保障效用。

第三节　一站式政府

如果说信息政府是对信息流的着重关注，那么一站式政府则是对服务质量的极致追求，是服务型政府职能衍生之必然结果。

一站式政府（one-stop government）是当代政府努力追求的公共服务供给模式的一种理想化状态，目的是提高服务效率和改进服务质量。其实一站式政府并不是新事物，它的提出源于 20 世纪 70 年代初自商业领域引入公共领域的一站式服务，最初的一站式行政服务机构是由瑞士的圣加尔市和美国的 IBM 公司联合开发的市民办公室①。而后，一站式政府实践大致遵循着自发产生（1974－1979）、国家推动（1979－1993）、技术助力（1993－1999）和组织重塑（1999 至今）四个阶段的演进轨迹，不断发展成熟②。历经 40 多年发展，全球一站式政府建设已经取得了重大进展，积累了一些典型经验，比如欧洲的一站式政府项目（OneStopGov），“旨在列举、开发和评估一

① 段龙飞：《境外“一站式”行政服务机构建设实践及启示》，《信息化建设》2007 年第 5 期。

② 刘红波：《一站式政府的演进轨迹与转型机理》，《电子政务》2012 年第 12 期。

个面向生命事件的、综合的、互操作的平台，以实现一个基于积极生活事件门户网站概念的、全面包容的一站式政府”①；再比如希腊的一站式政府项目（One-Stop-Shop e-Government Environments），构建了一个供部级部门提供电子化服务的完整的电子政府框架，主要目标是支持共同的身份验证和注册机制，以访问所有可用的电子服务，以及开发名为“Ermis”的中央门户网站（http：//www. ermis. gov. gr），作为一站式服务点经营，通过向公众提供公共接口，为之提供所有公共部门的电子服务②。但这些都还不能算是最完善的一站式政府。理想化的一站式政府应是：“⑴公共服务是通过单一入口或单一接触提供的；⑵对后台的业务流程进行再造进而实现一体化的服务供给；⑶整个服务过程均以公民为中心展开，强调对公民需求的关注与回应；⑷服务主体不仅包括政府还应包括企业或第三部门提供者；⑸公民能够全天候和全方位获取政府服务。”③

人们对一站式政府的认识有着不同的理解，如将视角定位在服务提供的前台和入口，有单一接触说和单一站点说；将视角定位在服务后台管理，则有服务一体化说和全方位服务说④。广受认同的定义是，“一站式政府指的是单点访问不同的公共机构提供的电子服务和信息，所有公共部门是互联的，公民可以由一个点访问公共服务，即使这些服务由不同的公共机构或私营服务提供者来提供。它还要求公民能以一个结构良好的、可以理解的方式

---

① Chatzidimitriou Marios, Koumpis Adamantios, “Marketing One - stop e - Government Solutions: the European OneStopGov Project”, *IAENG International Journal of Computer Science*, Vol. 35, No. 1 (2008), pp. 1-11.

② Prokopios Drogkaris, Costas Lambrinoudakis, Stefanos Gritzalis, “Introducing Federated Identities to One-Stop-Shop e-Government Environments: The Greek Case”, eChallenges e-2009 Conference Proceedings Paul Cunningham and Miriam Cunningham (Eds), IIMC International Information Management Corporation, 2009, http://www. icsd. aegean. gr/publication _ files/conference/886491186. pdf.

③ 刘红波：《一站式政府研究：以公共服务为视角》，博士学位论文，吉林大学电子政务系，2011 年，第 179 页。

④ 刘红波：《一站式政府的概念解析与角色定位》，《电子政务》2012 年第 8 期。

访问这些服务，以满足他/她的观点和需求。"① 这个定义告诉人们，只要是能做到单点访问便可获得政府提供的服务和信息，不论这个点是物理位置的地点还是门户网站的地址，就都符合一站式政府的要求。还有，如果服务完全由公共机构提供，服务平台大有可能会建在电子政府网络上，只在互联网的政府门户网站上提供单一窗口，对公民来说，它不可视，难知情，过程无从监督；而如果服务提供方中有私营服务部门参与，那服务平台就必须建在互联网上，相对来说，平台是开放的、流程是透明的，因此过程可视，便利公众广泛监督，同时，公众也可以参与过程，提出观点和需求，因有良好的体验感而相应地满意度会提高。

其次，一站式政府要达成的理想化状态，过去和现在是追求成熟——一个点接入服务、一次性提出服务需求、一体化塑造组织、一站式提供服务，即只要公众有需求，单点访问政府的某个服务平台就能解决问题，无需再找另一家。其核心理念是"以公民为中心""以问题为导向"，关键在于找准公民需要解决的问题，然后才涉及如何提供全方位、一体化、个性化的服务。而未来，一站式政府则应是达至完善——有关人的生命的各个阶段的生活事件的相关服务项目，以公民身份号码为惟一标识，由政府主动寻址为所有公民主动推送个性化精准服务，而无需公众个人操心。为实现这一目标，政府必须首先厘清本国公民生命中的大事件，可行的策略是"以编制'基本公共服务目录'为基点，从梳理中国公民从'摇篮到坟墓'的整个生命里程中所应享受的基本公共服务内容入手，以信息共享、标准统一、多证合一、平台对接、制度衔接为前提条件，以政府在公民不同生命里程中应适时提供的服务内容为依据，把散落各处的相关服务组织好、对应好、衔接清"②，无疑，这些内容的实现对电子政府基础提出了更高要求，相应地促

---

① Vasavi S, Kishore S, "Need for Semantic Interoperability of E-Government Web Services Within One Stop Web Portals: A Case Study", *International Journal of Computer Science and Technology*, Vol. 2, No. S1 (2011), pp. 136-140.

② 于跃:《"问题导向，创新服务"该如何破解》,《电子政务》2016年第8期。

进了电子政府的职能维度的各项内容的建设和完善。“基于目前的技术，人类的机构和认知的弹性远不如技术”① 这种认识，政府应努力挖掘一站式政府的潜力，为电子政府构建补充各种基础条件。

尽管一站式政府提出的时间要早于电子政府，但从未来发展来看，一站式政府建设将是电子政府建设的重要组成部分。首先，电子政府职能范围包括政府利用信息技术进行经济调节、市场监管、社会管理和公共服务等，而一站式政府则专注于公共服务供给和改善方面。克劳斯·兰克（Klaus Lenk）认为，“将电子政府降格为电子服务传输表明了一个对政府和公共部门的总的议程的歪曲。”② 服务职能信息化和网络化的前提是公共服务的标准化建设，这些基础性的建设能够有益于电子政府构建。其次，一站式政府运行模式包含了实体模式和网络模式两方面③，但随着实体一站式服务机构的信息化改造，最终一站式政府将呈现“多元前台，单一接触；多层前台，一体服务”的服务形式，其实质即是电子政府一站式服务模式。

---

① Viktor Mayer-schonberger, David Lazer, *Governance and Information Technology: From Electronic Government to Information Government*, Boston: The MIT Press, 2007, pp. 1-14.

② Klaus Lenk. “Electronic Service Delivery-A Driver of Public Sector Modernization”, *Information Polity*, Vol. 7, No. 2-3 (2002), pp. 87-96.

③ 张锐昕、刘红波：《一站式政府的逻辑框架与运行模式》，《电子政务》2011 年第 5 期。

第二章　从电视政府、移动政府到智慧政府

从一站式政府进展到电视政府，虽然它们的便民目标是一致的，但是服务内容的表现形式和对受众的要求却有本质的不同。一站式政府对信息富人们更有利，但加大了数字鸿沟，电视政府更关注弱势人群——视力缺陷者、听觉缺陷者等，对信息穷人们也能提供服务，因此自有其优势和发展的必要。自电视政府到移动政府，标志着政府由关注网络渠道转到多种媒体渠道并用，而进行到智慧政府建设阶段，则意味着政府从智能实现转到智慧担当，朝向让公众感动的层面前进了一步。

第一节　电视政府

电视政府（television government，简称 TV government），也有人用 Tgovernment 作简称，鉴于它易与 T（transforming）government 混淆，不建议使用。电视政府概念的提出始于数字电视（digital television，简称 DTV），而数字电视始于电视（TV）。从 20 世纪 50 年代开始，美国哥伦比亚广播公司（CBS）的播音员就开始尝试为儿童实验开发互动和参与节目（Dindy Dink & You）了，这个节目当时获得了很大成功。但批评者认为，电视节目根本没做互动电视，相反却看到孩子们在与他们的电视机互动，家长们也抱怨说孩子们在

用屏幕纸和特制笔损坏屏幕。该节目5年后虽然停播，但英国、美国、法国等国开发互动和参与节目的尝试一直在继续，人们由此体验到其实电视远比他们期望的能做的更多，也可以做得更好。很多尝试归于失败几乎都是因为价格或费用的原因。最具决定性的几年出现在90年代，那时一些频道把计算机聊天室放到了电视屏幕上，使之成为最早的双屏幕互动电视，电视观众在观看节目的同时可以使用计算机。这之后，一些国家开始鼓励数字传输技术发展，促进了DTV研发。DTV所提供的交互通信平台，对所有想获得更多公众的组织都有价值，对政府向居家者提供信息和服务也带来机会，许多政府部门发现DTV是他们服务供给策略的非常重要的因素。当公众开始理解交互的DTV的潜力时，需求就快速增长，家庭中使用电视机的方式就发生了变化。政府开始应用DTV向公众提供信息服务，电视观众可以与公共部门互动，交互式电视（interactive television，简称ITV）的出现让数字电视一直想要让电视观众超越被动的观看体验而能做出选择并采取行动的梦想成真。再之后有了数字地球电视（Digital terrestrial television，简称DTT），能提供大量的频道、双向通讯以及高质量的声音和图像。这一系列技术改变了人们的生活，也给了人们更多的选择机会。鉴于DTT包括更多的信息技术功能，能使我们生活得更容易，英国和意大利等国做出了很多努力，使电视政府有了鲜活的实例①。

目前，电视政府的主要目的是为公众提供信息、交互和交易服务。电视功能很简单，容易掌握，稍微学习就能操作，它为人们与政府打交道提供了新的媒介，能帮助人们去除与政府面对面的阻碍，能改变政府部门间的通信，使得公众不必再应付不同部门提出的同样信息要求，政民交互变得更容易、轻松和便利。国外有一些有关电视政府的研究成果，对其作用价值进行了深入研究，但搜遍中国知网却一篇相关文献都找不到，不是因为中国没有

---

① Patrizia Bertini，“Designing Accessibile T-government services”，DTT：A Technological challenge to create an info-inclusive information society.

相关实践，实际上中央政府自 2001 年开始一直在倡议的“三网融合”就是在为电视政府、移动政府乃至智慧政府铺路。

所谓“三网”即是电信网、广播电视网、互联网。“三网融合”是要达成这样一种结果，即在向宽带通信网、数字电视网、下一代互联网演进的过程中，三网通过技术改造，其技术功能趋于一致，业务范围趋于相同，网络互联互通、资源共享能为用户提供语音、数据和广播电视等多种服务。目前，“三网融合”进展并不顺利，专家评说是因为“三网”内涵外延不对等不匹配，主体的功能属性不在同一“频道”，存在的时空体系不在同一时代，很难相提并论，亦更难以融合，为此专家认为目前只能寄希望于行政力量，靠中央各大部委联合发文，实行硬性整合，而三网融合新方案要真正落到实处，关键在于能否将政府决策和部门行为有效转变为企业的市场行为①。可见，在电视政府建设上，我国有很长的路要走，这方面内容建设不好，电子政府的信息惠民和让人民共享信息化成果的目标就难以达成。

第二节　移动政府

移动通信技术随时随地可及的特性以及移动设备产品设计的不断改进和功能的持续丰富，使得移动电话应用内容迅速增多、智能性迅速提升、渗透力迅速加强，它不再是从前单纯的通话设备，而是快速取代了人们常用的电子设备，成为广受欢迎的信息传播工具和电子服务手段，改变了人们的生活方式以及周边的行业。目前，移动政府已成为电子政府实施的重大战略，政府开始在电子政府中引入移动通信技术，将移动通信网络作为提供高效率服务的新渠道，将移动手机作为向社会公众提供信息、服务、参与机会的新手段，由此移动政府（mobile government，简称 m－Government 或 m－

① 任陇婵：《关于三网融合 是时候该说说真话了》，2016 年 3 月 1 日，见 http：//digi. tech. qq. com/a/20160301/031604. htm。

government）因应技术进步和用户需求自电子政府派生出来，成为电子政府的新的子域和有益补充，扩展了电子政府的应用范围。

移动政府主要指“政府利用移动和无线通信技术提供政府服务。”① 从作为新的服务渠道、服务手段被政府采用，最终扩散至政府治理领域而成就移动治理，移动政府的生成和发展，首先应归因于移动技术的发展成熟和广泛应用，其次应归功于电子政府的持续开疆拓土以及政府力图“以公民为中心”、成为更好的政府的目标追求，当然政府治理要努力实现良治无疑也是一大主因。曾几何时，由于电脑及其与互联网连接成本昂贵，互联网普及受到限制，电子政府应用可及性受到制约。人们难以想象政府能不加人为干预地提供预约服务、金融交易、付费等电子服务。而如今，拥有移动手机的成本已远低于购买计算机及将其与互联网连接的成本，且移动设备操作简单、服务资费便宜、私密性强，这促进了移动手机用户及其应用需求的增长。“由于许多公众在使用移动电话，移动技术就成为了提供信息的最有效的渠道。”② 由此，移动政府走进政府和公众视野，成为新的研究领域和实践范畴。以手机、笔记本电脑、掌上电脑等移动终端为例，它们与电脑相比用户更多、使用率更高、交互性更好、携带更便利、传播更广泛，因之移动政府的用户能更便利地随时随地接收和访问网络资源和政府服务，使政府内外对移动形式服务的需求得以满足。

移动政府旨在实现移动通信、移动服务、电子民主、电子政务四个目的，它的最大好处是打破边界的潜力，核心益处反映在增加公共服务人员的生产力，改进政府信息和服务供给，增加公共互动渠道，以及降低成本带来

① Hong Sheng, Silvana Trimi, “Mgovernment: Technologies, Applications and Challenges”, *Electronic Government*, Vol. 5, No. 1, (2008), pp. 1-18.

② Abdulmohsen Abanumy, Pam Mayhew, “M-government Implications For E-Government In Developing Countries: The Case Of Saudi Arabia”, 2005, http: //workspace. unpan. org/sites/internet/Documents/UNPAN033540. pdf.

更多参与等方面①。由于它能帮助政府直达公众，又能在政府机构内部及机构之间加强电子联系，做到彼此之间快速交流互动和及时传递信息，因此，它扩展了电子政府的服务空间，增加了电子政府的应用范围，丰富了电子政府的应用形式，推进了电子政府的健康发展，是电子政府发展模式的一种进化。电子政府和移动政府并非两个独立的实体。鉴于传统的电子政府主要通过有线网络和信息通信技术提供服务，而移动政府使用的是无线网络和移动技术，从技术维度来说，移动政府以电子政府为基础，增加了电子政府的渠道及其附加值，两者的相互交叉度明显，需要通过技术改造使其技术功能趋于一致；从管理维度来看，一方面，移动政府使政府可以接触越来越多样的场景、允许工作人员在办公室以外移动办公和使用高效的移动设备互动交流，并因此得到有利的工作环境和更加广泛的群众基础，另一方面，电子政府的一部分服务在向移动政府直接或变化性转移，所以，从短期来看，移动政府是电子政府的一个子集合，从长远来看，两者的业务范围将趋于相同；从应用维度而言，移动政府是电子政府的一个子域，而且是重要的发展领域，它补充并增强了电子政府，但不能脱离电子政府而存在。可见，作为电子政府实践进展轨迹中的一个阶段，移动政府因应技术进步和用户需求自电子政府派生出来成为电子政府的有益补充（由此又被称为移动电子政府），既扩大了电子政府的体量，也拓展了其应用渠道和范围。

尽管移动政府非常重要，由于上述原因以及不是所有的应用都适合在移动设备上应用和人们快速增长的越来越个性化的需求等原因，移动政府不可能取代现有的电子政府。原因在于：首先，“不是所有的应用都可以在移动设备上运行，它们也不应该如此。不是所有的无线连接在成本上都能竞争得

---

① Rameesh Kailasam, “m-Governance…Leveraging Mobile Technology to extend the Reach of e - Governance ”, 2005, https://xueshu. baidu. com/usercenter/paper/show? paperid = 86289a1538b58f582f397b8d32882d1e.

过有线连接。”① 这说明至少那些不能在移动设备上运行的应用是移动政府力所不能及的，电子政府的有线连接也还是要使用的。其次，随着智能性手机比功能型手机（也称为“智障型手机”）更多占领市场并获得广泛应用，移动电信运营商已经陆续在手机上开发出各式应用产品并提供诸多应用功能，无论是在移动服务的内容上还是形式上，都取得了突破式进展。以应用产品谷歌地图（Google Map）和全球定位系统（GPS）为例，利用它能为市民提供所有服务机构地点的定位导航功能，方便市民寻找服务机构所在地，而当市民进入没有人造卫星覆盖的服务机构的建筑物之后，又可以利用建筑物内提供的无线宽带（Wi-Fi），使用其他的手机应用程序，如室内导航系统，为每个办公室定位，或按照楼层平面图显示建筑物内所有可供市民使用的服务设施以及所有办公室的服务项目。与此同时，政府也可以根据市民手机的搜寻和定位记录，实时了解在场的每一位市民的行动轨迹、搜寻的目标机构及当前所处的位置，据以掌控到访总人数、人流情况、各机构接待人数、服务设施使用情况，并根据建筑物、服务设施和服务机构承受能量，据以分析市民预期服务的可及性和有效性，预测可能出现的紧急状况，以便尽可能地做出事先安排，如准确控制到访人数，预先提供预约排队，合理安排服务人员等。考虑到功能型手机在孩童、老年人、高科技产业涉密或研发人员、军队和政府单位人员中还有相当大的应用空间，政府在为所有手机用户提供信息和服务时必须要考虑到各种类型手机的接收能量，为不同类型手机用户量身定制不同形式的信息和服务，以满足市民不同层次的个性化需求。最后，“将移动业务应用程序应用于政务活动可能不是很容易，尽管有令人信服的理由应该这样做。”② 所以，要使移动政府真正成为电子政府的重要

① Rameesh Kailasam, “m-Governance…Leveraging Mobile Technology to extend the Reach of e - Governance ”, 2005, https://xueshu.baidu.com/usercenter/paper/show?paperid = 86289a1538b58f582f397b8d32882d1e.

② Rameesh Kailasam, “m-Governance…Leveraging Mobile Technology to extend the Reach of e - Governance ”, 2005, https://xueshu.baidu.com/usercenter/paper/show?paperid = 86289a1538b58f582f397b8d32882d1e.

成分和有益补充，融入电子政府后的移动政府将需面对电子政府没有解决好的所有问题，如数据保护立法不足、电子文件和交易的明确法律地位、系统安全风险、技术故障、项目管理不善、变革阻力、过高的政治要求和期望、资金缺乏、相互不信任等，还需解决融合带来的一些现实问题，如：技术上，要与现有的电子政府的规定程序兼容，面临着信息的整合集成和后台的重新设计；管理上，需与政府内外更多的不同类型的机构或组织协调合作，面临着共同目标和伙伴关系的确立、使用一致的身份验证机制等。所以，人的因素特别是领导者的政治意愿、管理者的动机动力、其他参与者的利益驱动等在移动政府建设中仍然是极为关键的。当然，还需要政府继续推动包括电信网、广播电视网、互联网在内的三网融合，即实现其高层业务应用融合，以此打破行业垄断和恶性竞争状态，做到为公众提供更加便利、廉价、增值的服务。

第三节　智慧政府

智慧政府（smart government）一词临近 20 世纪末才被创造出来。智慧与智能的不同，在于前者拥有情商，可以调整后者的智商和能商的正确发挥或控制后者的智商和能商恰到好处地发挥作用，此外，智慧的想法被认为必须是人性化的，是以人为本的，所以要由积极的公共参与来保障，这些都是为什么在技术专家研究智能城市（intelligent city）和智能政府（intelligent government）之后，社科类专家也要加入进来共同研究智慧城市（smart city）和智慧政府解决方案的原因，因为只靠技术是解决不了所有问题的。

随着信息化加速向智慧化方向演变，电子政府向智慧方向行进已渐成趋势并已成定势。在这样的背景与趋势之下，作为在国家信息化、电子政府、电子政务、电子治理建设中拥有举足轻重的主导地位和扮演管控服务角色的政府，其肩负的使命沉重，面临的挑战巨大，可选的策略多元，各种研究成果和实践做法纷至沓来，令人无所适从。身处纷繁复杂的信息时代的网络场域之中、面临智慧国家、智慧城市、智慧社区、智慧政务、智慧经济、智慧社会、智慧文化、智慧生活建设的紧迫形势，政府如何用智慧武装自身成为第一要务。为此，正确地理解智慧、智慧政府及其目的非常重要，它们意在说明智慧政府“是什么”以及“应该做什么”，体现智慧政府的理论理性；科学地看待和对待智慧政府中的智能技术以及选择适合的策略保障智慧政府达成目的同样重要，它们旨在解决“应当如何做”才能使政府更具智慧的问题，融汇了智慧政府的实践理性。二者共同作用，融合为智慧政府的实践智慧，方可知行合一，成就智慧政府走上通往智慧之路。

追求“智慧”本是智慧政府应有之义，也是智慧政府建设的主要目的。要想理解智慧政府，先要理解“智慧”。关于“智慧”，哲学视域中的“智慧”源自“wisdom”。对于 wisdom，《朗文当代高级英语辞典》将其翻译为：智慧、才智、知识、学识。由于哲学的字面意思是爱智慧，“人们似乎理所当然地将‘哲学’理解为‘探求智慧的学问’”①。而哲学也确实是在承担“培养智慧、发现真理、印证价值”的任务，加之“哲学以智慧之思为题中之义”②，故而哲学学者对智慧的讨论最多，成果最丰富，理解也更透彻，所呈现的是具有普遍意义的“智慧”。其他学科研究的“智慧”大多过于具体聚焦，如政治学研究政治智慧，管理学研究管理智慧，进一步地，行政管理追求行政智慧，企业管理追求企业智慧，等等。哲学学者眼中的智慧，从共相（即本原）的角度去理解，将智慧“理解为普遍必然的知识”③。“广义的智慧是指一切有用的知识…狭义的智慧是专指哲学和宗教的智慧。”④ 哲学学者认为，与知识相比，智慧不是现成的客观知识，而是一种创造性探索

① 尚新建：《谈谈“智慧”》，《北京大学学报（哲学社会科学版）》2012 年第 5 期。
② 杨国荣：《论实践智慧》，《中国社会科学》2012 年第 4 期。
③ 尚新建：《谈谈“智慧”》，《北京大学学报（哲学社会科学版）》2012 年第 5 期。
④ 左亚文、张恒赫：《哲学智慧的智慧追问》，《湖北社会科学》2014 年第 1 期。

的方法，是人的一种内在的本质能力和素养①。“人由于本性使然，必然与智慧相关联……同样由于本性使然，人并不拥有智慧，而且，原则上永远不能占有智慧。”② 但是，智慧是可以培养的。“按照辩证法的精神指引，我们可以逐渐获得对世界和人生更高水平的具体普遍真理的认识，而这同时，也可以使我们在现实生活世界中获得更高水平的价值尺度和标准”③。智慧的特性和爱智慧的指引告诉人们：智慧是一个好东西，智慧是一个相对的概念，智慧有高低之分，人们追求智慧的任务是无限的。既然追求智慧是没有止境的，人们想要具有更高的智慧，就只有持续不断地追求下去。所以，人们具有智慧是可能且可行的，只是程度不同而已。

不同人群对智慧的理解与追求是不同的。在技术专家眼中，“智慧城市的建设已经从理论层面落实到中国很多城市的实际建设层面”④，智慧政府也已进入实施阶段，因为他们在实践中已经竭尽所能地利用信息技术（特别是新一代信息技术），将既有的、有限的理论成果逐步转变成为实际产品或逐渐落实到实践环节，为人们呈现或呈送了极为诱人的智慧资源——数据，并且为追寻“智慧”设定了从数据采集到数据应用的多种技术路线以及从概念模型至物理模型的多维完整图谱；在城市管理者眼中，智慧城市和智慧政府仅限于理论和实践雏形，虽然城市和政府在依靠智能技术实现监管与服务范围和时空的拓展方面有突破性进展，但现实的智慧距智慧决策还差很大的距离，远未达到可以实际运用、替代人力（工）的程度。公众体验的智慧城市和智慧政府建设更多的是智能技术应用带来的结果——公共信息与公共服务的提供，但智能技术在人类的生产、生活、工作中的运用更多，在提高效率的同时也使很多人面临失业、陷入技术迷思。

---

① 左亚文、张恒赫：《哲学智慧的智慧追问》，《湖北社会科学》2014 年第 1 期。

② 尚新建：《谈谈“智慧”》，《北京大学学报（哲学社会科学版）》2012 年第 5 期。

③ 孙利天、孙祺：《生命体验与理论想象——孙正聿教授哲学理论研究和创新之路》，《吉林大学社会科学学报》2017 年第 2 期。

④ 孙鹏、沈祎岗：《基于智慧理念的城市公共安全评估体系建设》，《中兴通讯技术》2014 年第 4 期。

智慧城市的概念就像城市自身一样多种多样，没有一个达成共识的定义，就像是世界上有多少个城市，就有多少个智慧城市概念，相应地就有多少个城市管理者界定的智慧政府概念。这意味着，对于不同的政府来说，它的智慧城市和智慧政府的目标和策略也是不一样的。比如目标，针对信息化和城市化，植根于已有技术基础和社会条件的支持，有的定位在促进城市核心基础设施建设，促进经济增长以及改善人们生活质量上，还有的附加上机构开发和物理的、社会的、经济的基础设施，以及干净的、可持续的环境和更多的智慧解决方案应用①，等等。再比如策略，有的是面向技术的，利用技术人员使其技术应用符合公共利益偏好并为之创造自由的公共空间；而另一些则把社会方面因素放在首位，具体策略涵盖了技术和社会的所有方面。当然，这些目标和策略是有共同点的，就是都在不断地把各种事物加到智慧城市和智慧政府的概念上。于是两个概念的涵义就被扩展到和城市的未来和发展相关的所有事物，推进了社会和技术的创新，并把既有事物更多地联接在了一起。

为使智能技术应用不至高端冰冷、不接地气和缺乏温度，要求智慧政府必须在改变以管理为主的建设理念、摒弃分等级的并且相互隔绝的管理层理念②上做出实质性努力，以秉持以人为本的人文精神、坚持公众至上的价值取向和以公众为中心提供服务，从而智慧地施以人文关怀，体现人性化要素。至于智慧政府到底该追求哪种形式的智慧，我们认为应首推集体智慧，“即将大量松散的个人、组织或机构集合在一起，通过集体成员间的互动协作所产生的高于个体所拥有的能够进行理性思考、制定决策、执行任务、解决复杂问题的团体性智慧或能力”③，这需要由积极、有效、良序的公共参

① “What is Smart City”，2019，http://smartcities.gov.in/writereaddata/What%20is%20Smart%20City.pdf.

② 刘文富：《智慧政务：智慧城市建设的政府治理新范式》，《中共南京市委党校学报》2017年第1期。

③ 黄新平：《基于集体智慧的政府社交媒体文件档案化管理研究》，《北京档案》2016年第11期。

与来保障。

政府能否或可否具有更多智慧，与其是否具有智慧追求相关。理想的状态或境界是：政府能够在追求具有更多、更高程度的智慧的过程中不断地“批判性地反思人类一切活动和全部知识的各种前提，为人类的存在和发展提供自己时代水平的‘安身立命之本’或‘最高支撑点’”[①]。鉴于中国人建立安身立命之基的“基本共识的基本途径只能是：追寻智慧”[②]，而“最高支撑点”无疑非智慧莫属，政府就应选择追寻智慧的科学路径、以具有更多、更高智慧为目的，为国民乃至国家奠定安身立命之基。所以，当电子政府开启智慧通道，有了明确的目的追求——达成智慧，才有可能有清晰的前进方向，进而指引行动向高级阶段——智慧政府进发。如此，我们也就理解了为什么当电子政府从虚拟政府进行到智慧政府建设阶段，则意味着政府从智能实现转到智慧担当，旨在更多地具有更高程度的智慧，而非拥有或占有智慧。

要使城市变得智慧，就要使所有的事物都智慧，都做到最好，要使政府变得智慧，决策和管理层的高智商无疑就是必需的了。为此，政府首先要把自己武装成智慧政府，这种武装应是全方位的，包括从观念到认识，从体制到机制，从知识到技能，在智商、能商和情商上都要有质的飞跃。就技能而言，政府要具有把控新工具的技能，特别是信息共享、虚拟整合、数据管理和数据安全的技能，还要具备开发跨领域、跨部门、跨系统的整合的业务系统的协作能力和竞争性合作能力，以及能快速应对更为复杂的、变化性更强的电子秩序的能力。而就管理而言，政府必须实现自我超越，一方面，要把城市作为一个整体，主动适应外部环境变化制定战略战术，事先提出智慧城市和智慧政府的目标和解决方案，保证所有建设都是精心设计的，以保证充分利用整合的信息资源和小心谨慎地使用其他资源，保持城市的生态环境绿

① 孙正聿：《本体论批判的辩证法——探索辩证法理论的一种思路》，《哲学研究》1990年第1期。

② 崔宜明：《追寻智慧》，《现代哲学》2012年第5期。

色、低碳、可持续；另一方面，要努力做到管理有序、张弛有度，既要勇于打破原有的组织边界，采用动态的组织结构，注意合作方的差异性互补，充分发掘组织及人的潜能，加强组织间合作，又要注意人性要素，给以人文关怀，实施人性化的治理与服务，提供适于人们生存的洁净的生态环境，保证城市中的人们的经济竞争的安全和生活的质量，以维护社会秩序和谐，保证人们可持续地发展和提高。而政府要做到这些，无疑使电子政府构建前进了一大步，因为其中所需的信息素养和政府基础等基础条件都是电子政府最需要补充的营养。

第三章　理解电子政务中国化的意涵

我国目前虽已进入电子政务建设迅速发展时期，但实践发展欠缺理论指导的状况一直未予实质性改观。学术研究明显滞后于实践进展的后果是难以高质量地引领建设发展，这其中既有观念认识上的问题，也有基础性理论问题特别是概念问题尚存歧义、未达共识的原因。在这种情况下，对电子政务中国化的意涵予以明确厘定就既显重要又有必要，既是为了更好地学习借鉴国外既有研究和实践经验，尊重我国学术界和实践界的智慧成果，实现国内外学术界和实践界之间的知识接轨和无障碍交流，也是为了统一我国各级政务部门和社会公众对电子政务的认知，规避以往由于观念、认识上的分歧而引致的思想、行动上的偏差或偏离带来的安全风险，助力中国电子政务建设事业步入健康、有序、良性发展轨道。基于以往研究成果，我们提出的假设进而得到的结论是，电子政务的内涵会因国家而异，因时期而异，对其意涵进行中国化的递进式阐释和动态性改变非常必要，为了达成中外之间一致的话语体系，注意中西文对译中的合适用语对接也非常重要。

第一节　研究电子政务中国化意涵的起因

之所以提出上述假设并展开对电子政务中国化意涵研究的起因是：在研

究“政府上网”时，国人也相继探讨党委、人大、政协、法院和检察院等的上网问题，并没有把后面几类政务部门归于政府之列，因为虽然政府有广义①和狭义之说，但我国宪法中已经明确规定了政府指的是各级国家行政机关，包括中央人民政府——国务院和地方各级人民政府②，因此人们认为“电子政府”中的“政府”也应作同样指代，于是将从中央到地方各级政府和部门视作建设主体就理所当然了。也因此缘故，虽然各级党委、人大、政协、法院和检察院等政务部门渐次采取与各级政府相同或相近的模式开发建设和应用相似的网络系统和业务系统，且有些地方的所有政务部门是很理想化地共用了统一的政务网络和信息平台，但在电子政务建设初期人们还是将政府和其他政务部门区分开来，当时并未引起异议。然而到提出“推行电子政务”时问题却来了。这是因为：政务的概念也有广义和狭义之分。广义的政务泛指各类行政管理活动，狭义的政务才专指政府部门的管理和服务活动，而党委、人大、政协、法院、检察院等本身就是政务部门（除了党委还都属于广义的政府，符合政府的概念），所有的企事业单位也都有自己的行政管理活动，似乎把它们各自的行政管理活动电子化、网络化的结果作为电子政务在情理之中，并没有什么问题，于是，在推行电子政务早期，各行各业的人都争相使用电子政务的概念，搞自己的“电子政务建设”，开发自己的“电子政务系统”，概念泛化的倾向就出现了。

概念泛化的倾向有问题吗？我们认为没有问题，它既符合国际电子政务发展的潮流和趋势，与我国电子政务向电子治理转变的取向也是一致的。有问题的是，将企事业单位等作为电子政务的建设主体与我国的现实情况显然有所不符，至少在两点上有不一致的情况。首先，就国家电子政务建设战略规划与行动计划而言，还未涉及到企事业单位一类组织单元和层次。其次，就国家电子政务的重要基础设施——政务公用网络建设的服务对象而言，还

① 见《中华人民共和国宪法》第八十五条和第一百零五条。

② 广义说的政府，泛指一切国家政权机关，如立法，司法机关，行政机关以及一切公共机关，而狭义说的政府，专指一个国家的中央和地方的行政机关。

只面向党委、人大、政府、政协、法院和检察院等政务部门。因此，基于中国管理体制的实际情况，把电子政务建设主体从政府部门扩大至涵盖执政党、国家权力机关、政协、司法机关等其他政务部门是适当的。以建设主体范围来衡量，中国的电子政务界于国外的电子政府与电子政务之间。与前者相比，我国的电子政务建设主体有党委，与后者相比，我国的电子政务建设主体还远未涉及企业和社会公众（这与企业和社会公众参与电子政务建设并无相违，与将电子政务项目和系统运营外包给企业也不矛盾，也不影响电子政务建设以企业和社会公众为中心并主要为他们提供服务）。也因此，中国的很多学者在翻译和引用国外成果时把 electronic government（电子政府）译成“电子政务”是有问题的，因为国外的电子政府与我国的电子政务指代本不相同。回译时，把“电子政务”对译成 electronic government 也是不对等的，因为仔细研读国外文献就会发现：electronic government 的“government”虽是比我国宪法规定的政府更为广义的政府，但还远未扩展到包括执政党在内的程度，将中国的电子政务对译成 electronic government（电子政府）这种做法不仅会造成国外学者对中国电子政府的误解，也会影响中国学者与国外学界之间的知识接轨与无障碍交流，这是必须严肃对待的问题，由此成为我们要解读电子政务中国化的意涵的初衷。

第二节 电子政务中国化的意涵

对于电子政务这个舶来品，我们研析了大量的英文文献，认为电子政务中国化的意涵与国外的 electronic administration 或 digital administration① 虽有所不同，但两者对译比较合适，究其原因，是它们之间并无实质性差异，而

① José-Valeriano FRíAS-ACEITUNO, Isabel-María GARCíA-SáNCHEZ, Luis RODRíGUEZ-DOMíNGUEZ, “Electronic Administration Styles and Their Determinants: Evidence from Spanish Local Governments”, *Transylvanian Review of Administrative Sciences*, Vol. 41, No. 41 (2014), pp. 90-108.

且它们在电子政府的各个发展阶段的内涵和外延大致趋同，发展取向也趋于一致。英文文献常将 electronic administration 简写为 e-administration，eAdministration 或 e-Administration，也有学者使用 electronic public administration①或 e-public administration②，表 3-1 列举了一些电子政务定义。

表 3-1　国外电子政务的定义

用词	定义
electronic administration (e-administration)	意味着在公共行政中实施信息通信技术，这与公共服务引发的必要的组织变革和获得的新技能紧密相关，目的是改善公共行政服务的质量，并使执行政策过程更有效率③
electronic administration	可以看作是官僚机构的改良和改革，或以自由市场思想看待它④
electronic administration	得益于在线执行行政管理操作的可能性，为公众提供快速的、更易得的服务⑤
e-administration	角色是改进公共管理执行和加强服务质量⑥

① The Prime Minister's Office of Hungary, "E-Public Administration 2010 Strategy", 2010, www. ekk. gov. hu/hu/ekk/strategia/egovstrategy. pdf.

② Ros Híjar, Adela, "Electronic Public Administration and Immigration: A New Opportunity for An Inclusive Catalan Network Society", 2012, http://in3. uoc. edu/opencms_ portalin3/opencms/en/recerca/projectes/administracio_ publica_ electronica.

③ Ziemba E, Olszak C M, "Building a Regional Structure of an Information Society on the Basis of e-Administration Ewa", *Issues in Informing Science and Information Technology*, Vol. 9 (2012), pp. 277-295.

④ Katarina Giritli Nygren, "E-Governmentality: on Electronic Administration in Local Government", *Electronic Journal of eGovernment*, Vol. 7, No. 1 (2009), pp. 55-64.

⑤ "Public Administration: Technology solutions to Facilitate Access to and Development of Online Public Services", 2010, http://www. gmv. com/en/PublicAdministration/ElectronicAdministration/.

⑥ "The E-Administration in Tunisia", 2020. http://www. pm. gov. tn/pm/article/article. php? id=188&lang=en.

续表

用词	定义
electronic administration (e-government), e-administration, Digital Public Services	重点不要放在信息通信技术本身上，而应放在信息通信技术与组织变革的组合应用上，同时放在注重改善公共服务、民主程序和公共政策的新取向上①
electronic administration, digital administration	旨在简化和改进公共组织与其用户和公民之间的关系和交易②

由于2010年以前很多国家的电子政务都主要指向政府的电子政务，相对是狭义的，指代都很明确，所以，那时并不需要用Public来作特殊限定。我国在政府上网初期也是如此，电子政务主要指的是政府政务活动的电子化、网络化。但发展到现在中国电子政务建设已然全面覆盖所有政务部门的情况下，电子政务就早已是超出狭义的政府甚至是广义的政府的边界了。在这种情况下，我国仍使用electronic government一词就似有不妥了。类似做法既有前期误译的历史因素，有发展历程中国外对电子政府和电子政务的认识始终存在分歧的现实原因，也有国内同仁对电子政务的内涵和外延的理解上的偏差，由此造成了与国外学术界缺乏共同话语体系的后果，无疑地会影响我国电子政府领域研究成果的对外推介以及中外学者间的沟通、交流与合作，这种状况应予改变。

国内很多专注于政府部门电子政务研究的成果多采用的是electronic government (al) affair (s) 的译法，也有人使用electronic government administra-

① Antonio Muñoz-Cañavate, Pedro Hípola, "Electronic Administration in Spain: From its Beginnings to the Present", *Government Information Quarterly*, Vol. 28, No. 1 (2011), pp. 74-90.

② José-Valeriano FRíAS-ACEITUNO, Isabel-María GARCíA-SáNCHEZ, Luis RODRíGUEZ-DOMíNGUEZ, "Electronic Administration Styles and Their Determinants: Evidence from Spanish Local Governments", *Transylvanian Review of Administrative Sciences*, Vol. 41 (2014), pp. 90-108.

tion（简称 E-Government administration）的译法[①]，这些译法比较合适，但若将其他政务部门的电子政务或将所有的电子政务都一律作此翻译却不确切了。需要说明的是，由于项目名称和论域限定，我们所做的研究虽然重点关注政府的电子政务或电子政府的政务，但这并不等同于我们认同对所有政务部门的电子政务采取狭义的译法。而且，比较而言，虽然从国人的视角这种用法似乎更符合国外的狭义的电子政务界定，但实际上英文文献中却极少看到这种译法，而且国外的电子政务研究和实践范畴早已超越政府界限，更多地涵盖了各类组织或领域（如西班牙的中央政府、区域行政机构和地方机构[②]，国家行政部门、地方公共行政部门、公民，家庭，企业和员工[③]；尼日利亚的公共部门[④]、电信行业、网上银行[⑤]；瑞士的联邦机构[⑥]；瑞典的

① LI Jianshe, "*The Exploitation of Electronic Government Administration System Applied to Submission*", 2010 First ACIS International Symposium on Cryptography, and Network Security, Data Mining and Knowledge Discovery, E-Commerce and Its Applications, and Embedded Systems, Oct. 2010, pp. 390-392.

② Antonio Munoz-Canavate, Pedro Hipola, *Electronic administration in Spain: from its beginnings to the present*, January 2011, https://mpra. ub. uni-muenchen. de/44807/1/MPRA_ paper _ 44807. pdf.

③ Per Granath, Stefan Alariksson, Sverker Axelsson, "Creating a System for Public Information: the Swedish Aid Agency´s Transformation to Electronic Administration", *Records Management Journal*, Vol. 14, No. 1 (2004), pp. 25-32.

④ Samuel Oni, Aderonke Oni, Daniel Gberevbie, "Electronic Mediated Administration and Public Service Delivery in Nigeria", *Acta Universitatis Danubius: Administratio*, Vol. 7, No. 2 (2015), pp. 13-26.

⑤ Antonio Muñoz-Cañavate, Pedro Hípola, "Electronic administration in Spain: From its beginnings to the present", *Government Information Quarterly*, Vol. 28, No. 1 (2011), pp. 74-90.

⑥ Christian Bock, "Electronic Administration of Industrial Property Rights at the Swiss Federal Institute of Intellectual Property", *World Parent Information*, Vol. 18, No. 3 (1996), pp. 133-140.

政府①、援助机构②③；健康调查；伊朗的学校④）的电子行政管理活动（如美国的税务管理⑤、员工福利计划⑥、药物管理⑦、临床试验数据⑧；匈牙利的公共行政⑨；西班牙的“国家政务、地方政务、卫生服务、教育和司

① Giritli Nygren, Katarina, "EGovernmentality: on Electronic Administration in Local Government", *Electronic Journal of e-Government*, Vol. 7, No. 1 (2009), pp. 55-64.

② Richard Amaechi Onuigbo, Eme, Okechukwu Innocent, "Electronic Governance & Administration in Nigeria: Prospects & Challenges", *Arabian Journal of Business and Management Review (OMAN Chapter)*, Vol. 5, No. 3 (2015), pp. 18-26.

③ Seifman, Donald H, "Electronic Administration of Employee Benefit Plans: Legal and Practical Issues", *Law Journal*, Vol. 8, No. 3 (1995), pp. 51-77.

④ Faranak Omidian, Farzaneh Nedayeh Ali, "A Study on The Attitudes of Students, Instructors, and Educational Principals to Electronic Administration of Final Semester Examinations in Payame Noor University in Iran", *Turkish Online Journal of Distance Education*, Vol. 16, No. 3 (2015), pp. 118-125.

⑤ Jackson Hewitt, "Electronic Tax Administration Advisory Committee Report", July 25, 2012, https://www.irs.gov/newsroom/electronic-tax-administration-advisory-committee-etaac-annual-reports.

⑥ Diane M. Turner-Bowker, Renee N. Saris-Baglama, Michael A. DeRosa, "Single-item electronic administration of the SF-36v2 Health Survey", *Quality of Life Research*, Vol. 22, No. 3 (2013), pp. 485-490.

⑦ Heather H. Seibert, Ray R. Maddox, Elizabeth A. Flynn, Carolyn K, "William. Effect of barcode technology with electronic medication administration record on medication accuracy rates". *American Journal of Health-System Pharmacy*, Vol. 71, No. 3 (2014), pp. 209-218.

⑧ H. Todd Feaster1, David Miller, Alan Kott, "The Impact of Electronic Administration of the ADAS-Cog on Clinical Trial Data Quality", *The Journal of the Alzheimer's Association*, Vol. 11, No. 7 (2015), pp. 903-904.

⑨ P. Risztics, I, "Jankovits. Electronic Government and Public Administration in Hungary", Proceedings of the 38th Annual Hawaii International Conference on System Sciences 2005, pp. 122a-122a.

法”①，城市的经济、环境和社会事务②，税务管理③，国防和公共安全、国际关系、司法行政、商业、刑事、劳工和民事立法、经济活动规划、基础设施、公众参与、政治、教育、税收、登记、用户设施、个人或业务收入、文件、许可证和许可证的处理④；土耳其的病人报告⑤；伊朗的考试⑥；捷克的临床试验数据⑦等）。也因此，我们认为，政府电子政务应是电子政府与电子政务的交集（如图 3. 1 所示）。中国电子政务的实践范畴除了包括政府电子政务之外，还涉及到其他政务部门的电子政务建设，为此，将所有的电子政务一律译成“electronic government”显然与现实不符。

---

① Antonio Muñoz-Cañavate, Pedro Hípola, “Electronic administration in Spain: From its Beginnings to the Present”, *Government Information Quarterly*, Vol. 28, No. 1 (2011), pp. 74-90.

② José-Valeriano FRíAS-ACEITUNO, Isabel-María GARCíA-SáNCHEZ, Luis RODRíGUEZ-DOMíNGUEZ, “Electronic Administration Styles and Their Determinants: Evidence from Spanish Local Governments”, *Transylvanian Review of Administrative Sciences*, Vol. 10, No. 41 (2014), pp. 90-108.

③ Cerrillo-I-Martínez, Agustí, “Tax Administration: A Guide for the Development of Electronic Tax Administration in Spain”, *IDP Revista de Internet Derecho y Política*, No. 12 (2011), pp. 4-5.

④ Antonio Muñoz-Cañavate, Pedro Hípola, “Electronic administration in Spain: From its beginnings to the present”, *Government Information Quarterly*, Vol. 28, No. 1 (2011), pp. 74-90.

⑤ Ca Celeste Elash, B Tiplady, DM Turner-Bowker, J Cline, M Derosa, M Scanlon, “E-quivalence of Paper and Electronic Administration of Patient Reported Outcomes: A Comparison in Psoriatic Arthritis”, *Value in Health*, Vol. 18, No. 7 (2015), pp. A342-A342.

⑥ Faranak OMIDIAN, Farzaneh NEDAYEH ALI, “A Study on The Attitudes of Students, Instructors, and Educational Principals to Electronic Administration of Final Semester Examinations in Payame Noor University in Iran”, *Turkish Online Journal of Distance Education*, Vol. 16, No. 3 (2015), pp. 118-125.

⑦ Feaster, H. Todd, Miller, David, Kott, Alan, “The Impact of Electronic Administration of the ADAS-Cog on Clinical Trial Data Quality”, *The Journal of the Alzheimer′s Association*, Vol. 11, No. 7 (2015), pp. 903-904.

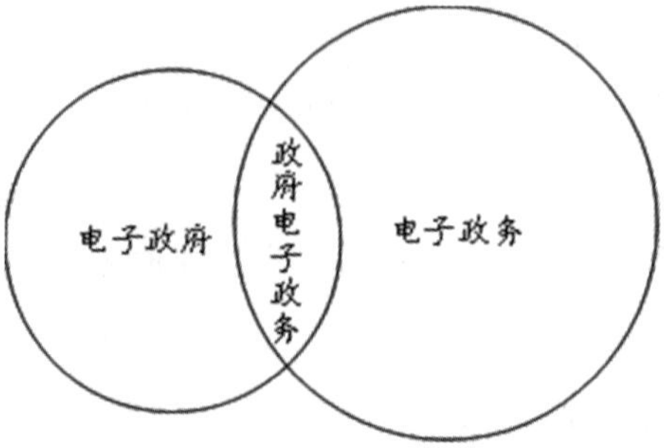

图 3. 1　电子政府与电子政务的交集

到目前为止，学界和实践界关于电子政务中国化内涵的认知仍有分歧，观点尚未统一，还有一些学者和实践者常常将电子政务与电子政府相混淆或者将两者混同使用。事实上，电子政府和电子政务本不是两个完全对应的概念。首先，电子政府的主体是各级政府部门，而电子政务的主体是各级政务部门，就主体范围而言，后者包括前者；其次，相对而言，电子政府是一个实体概念，每一个电子政府都与现实世界中合法存在的一个政府一一对应，分别为对照物和被对照物，虽然两者有不完全对应性，但毋庸置疑的是，没有被对照物的电子政府是非法的，是不被允许在场的，而电子政务是一个程序概念，每一项电子政务对应的是具体的政务活动，它可以是政府的政务活动，也可以是党委的政务活动、人大的政务活动、政协的政务活动，等等①。电子政务（包括政府电子政务）的发展需要依靠全社会的一致努力，需要各类组织的共同参与，电子政务的发展趋势是向电子治理延展，这与国外电子政务（electronic administration）的外延在向企业和社会公众拓展的趋势是一致的，所以中国电子政务的意涵当然还要持续拓展下去，将逐渐地涵盖其他组织的行政事务以及其他组织和社会公众与政务部门打交道的事务，为此，

① 张锐昕、王玉荣：《中国政府上网 20 年：发展历程、成就及反思》，《福建师大学报（哲学社会科学版）》2019 年第 5 期。

对其意涵进行动态化的修正是合理的。对类似概念理解偏差造成相应认知局限已在一定程度上影响或制约了电子政务实践的进展，导致各级政务部门在推行电子政务过程中难以规避观念、行动上的偏差及由此带来的一系列难题，给电子政务可持续发展带来障碍，更影响到全社会对电子政务的接纳度。为此，明确电子政务中国化的意涵是有必要的。

我们曾提出，既然电子政务是信息技术在政务部门应用的结果，即信息技术与政务活动有机结合的产物，界定电子政务的内涵就应主要考虑并取决于两点：一是如何给信息技术和政务活动下定义，二是信息技术和政务活动何以相互结合。故而，至今我们仍坚持认为，电子政务中国化的意涵应是指各级政务部门以信息网络为平台，综合运用信息技术，在对传统政务进行持续不断的革新和改善的基础上，实现组织结构和工作流程的重组优化，将其管理和服务职能进行集成，超越时间、空间的界限，打破部门分隔的制约，全方位地向社会提供优质、规范、透明、符合国际标准的管理和服务，实现公务、政务、商务、事务的电子化、网络化和一体化管理与运行①。

需要说明的是，对于电子政府和电子政务这类时刻处于变化和发展之中的新兴事物来说，要想给出一个非常周全的概念界定并不是一件容易的事情。为此，我们在研讨这类概念时，尤其是在没有取得一致观点的情况下，尽可能地查阅了理论界和实践界的各类不同观点并予以提供，我们认为这对学术界和实践界全面、系统地了解电子政府的发展轨迹和前沿动态是有必要的。一方面可以尽可能全面地反映人们在该事物发展过程中不同阶段的认识

---

① 张建、胡克瑾等曾引用过苏新宁、吴鹏在2003年国防工业出版社出版的《电子政务技术》一书中界定的电子政务内涵，即“电子政务最重要的内涵是运用现代信息及通信技术打破行政机关的组织界限，构建一个电子化、信息化的政务机关，使得公众摆脱传统的层层关卡以及书面审核的作业方式 政府机关之间以及政府与社会各界之间经由各种电子化渠道进行相互沟通，向人们提供各种不同的服务选择”。转引自张建、胡克瑾：《基于协作体的电子政务协同工作模型的研究》，《同济大学学报（自然科学版）》2005第10期。这一定义与我们的定义所不同的是，虽然它的主体也扩展到了政务机关，但在后半部分只提及“政府机关之间以及政府与社会各界之间”而非“政务机关之间以及政务机关与社会各界之间”。我们的定义最早见于：张锐昕主编：《电子政府与电子政务》，中国人民大学出版社2011年版，第37页。

及其达到的高度，另一方面也能提醒自身学会全方位、多角度地综合和辩证地看待事物。具体反映在概念上，就是概念应该是灵活的和可以相互转化的，是富有具体内容的、有不同规定的、多样性的统一，因为对于快速发展的事物来说，既然认识、观念和知识的不断更新是至为重要的，对其概念进行本土化的递进式阐释和动态性改变也是非常必要的。

中篇

电子政务实践的发展状况：从村务公开到电子治理

从20世纪90年代起，为了改善政府绩效，提升政府能力，增强政府实力和推进体制改革，以美国为首，各国争先投入到电子政府构建和电子政务建设的实践当中。毋庸置疑的是，各国构建电子政府和建设电子政务的举措的确在构建更好的政府和改善政府内外部关系方面取得了重要成果，这得益于电子政府构建和电子政务建设所提供的新的社会管理和公共服务手段、所畅通的政府之间和政府与公众之间的交流渠道，以及政府较以往更加及时的对社会公众服务需求的回应，这些在增强政府的服务能力和改善政府的管理绩效方面的确取得了显著成效，为世人共睹。然而，不容回避的是，各国在理解和实施电子政务的层次、阶段和做法上存在巨大差异。面对这一现实状况，研析中国实施电子政务的实践发展状况及主要问题并给出解决问题的对策建议非常必要，研究电子治理的发展逻辑、趋向和策略也非常必要，已成为在充分理解电子政务中国化内涵基础上成功践行中国特色电子政务建设之路的关键环节。

鉴于电子政务建设以公共信息和公共服务供给为主要内容，考虑到国家倡导“信息惠民”已然覆盖农村、电子政务建设发展领域和趋势重点在电子村务，我们选择山东省德州市临邑县兴隆镇电子村务这一典型案例作个案研究，提出超越现时村务公开模式的路径和对策；最后，研究电子治理的发展逻辑和趋向，电子政务与电子治理的实践关联，促进电子政务和电子治理趋同的策略和条件，以及数据赋能的电子治理策略。

第四章　电子村务：X 镇村务公开现状问题分析[①]

在网络时代，信息技术的快速发展和网络设施的普及应用为农业农村信息化提供了前所未有的生态和条件，由此，旨在追求透明治理、村民参与的电子村务在成为基层政府推进村务公开的重要抓手的同时，亦成为乡村民主治理可资利用的重要手段。电子村务是信息技术成果应用于乡村治理实践的创新探索。因其具有开放性、交互性、集成性、规范性而成为谋求乡村治理现代化与民主化的理想模式，但其效益发挥受制于信息基础设施，资源投入，平台（或系统）的功能、内容、质量、信用，以及使用者的信息素养等，这些掣肘因素成为制约电子村务准备度以及农民接受度进而可能令其已建成网站沦为僵尸网站的致因。

审视国内现有的电子村务建设成果，其共同特点是其发起者、建设者大多是县区政府，其平台大多属于其所属县区政府网站上的一个板块。2015 年我国首次对政府网站进行普查的结果显示，421 个不合格网站中 83%集中在县级以下，2016 年的抽查结果依然反映出同样的问题[②]，这是否意味着众多

① 本部分内容由周敏和张锐昕合作完成，所发表的成果见：周敏、张锐昕：《电子村务：超越 X 镇村务公开模式的探讨》，《电子政务》2017 年第 8 期。

② 《一些网站日访问量只有个位数——部分基层政府“僵尸网站”调查》，2016 年 5 月 23 日，见 http：//news. xinhuanet. com/politics/2016-05/23/c_ 1118916961. htm。

已建成的电子村务网站如同它们所挂靠的县区政府一样也有可能会沦为僵尸网站？这使得我们对另类网站产生了兴趣。我们发现，大多之外的一个异类是X镇[①]电子村务平台，它作为首家由乡镇政府发起建设的电子村务平台有其独特的优势，表现在：首先，作为最基层组织建设的信息平台，它与农民及其村民委员会物理距离最近，抓取村务“第一手”信息更容易做到全面、准确、及时，其村务信息的可靠性也因村民的相对知情、可施监督而有望得到保障。其次，作为拥有独立域名、独立网址的村务平台，它既具有相对独立性又与镇政府网站链接，使其必然地具有加工处理信息以及操作更新数据的便利，安全保护也相对地有了保障，既有利于宣传、推销自身，也便于他人有目的性地检索、查询与X镇村务相关的信息。因此，自2014年9月上线以来，X镇电子村务平台的村务公开模式获得该县政府的肯定，在其所属的其他11个镇街相继推广，且目前已有9个镇街进入电子村务设计运行阶段，2个镇街正在筹备当中。

无疑地，作为村务公开模式的有益探索，X镇电子村务建设是镇政府响应国家创新乡村治理机制，实现信息惠农、促进三农发展、建设美丽乡村采取的重要举措，实践证明其在服务农民需求和化解基层矛盾方面具有积极意义并产生了一定影响。那么，X镇电子村务平台到底能否健康有序地维持下去，其建设模式是否有普适意义和推广价值呢？带着这些疑问，我们认为应该谨慎地回顾其发展轨迹、认真地研究其实践问题以求得明确的结论。为此，我们带着浓厚的研究兴趣，在对X镇电子村务平台的建设与运行进行长期跟踪观察的基础上，在深入研究其背景、探索、价值、问题与原因之后，针对中国电子村务建设提出了超越X镇村务公开模式的可行性策略，以期让中国电子村务真正地“立”得住、“活”起来，令村民满意，有长久的生命力。

---

① X镇即山东省德州市临邑县兴隆镇，论文正式发表时隐去真实镇名，以X镇代之，后文仍沿用X镇。

第一节　X 镇电子村务建设的背景及缘由

作为村民自治的重要方面，村务公开是指在一个村民委员会的辖区内，村民委员会组织把处理本村涉及国家的、集体的和农民群众利益的事务的活动情况，通过一定的形式和程序告知全体村民，并由村民参与管理、实施监督的一种民主行为①。应该说，村务公开是保障村级事务实现民主决策、民主管理和民主监督的重要方式，有利于村民自治制度的发展和完善，但是，在其目前的实践中存在不少问题。首先，在公开形式上，传统的村务公开主要以黑板报和村务公开栏两种形式为主，因其具有存容量有限、内容单一、存续时间短、容易受到人为破坏、外出务工农民无法及时查阅等缺欠，令村务公开的价值效用打了折扣。其次，在公开内容和质量上，由于公开主体有所顾忌，关键性敏感内容不敢公开，存在假公开、敷衍了事现象，面对群众质疑又往往推三阻四，造成村务公开不到位、不及时以及假公开、监督难等问题不同程度存在，使得农民群众的知情权、参与权无法保障，最终形成了基层干部脱离群众，农民群众对干部不理解、不信任、不买账的局面，加剧了基层矛盾。再次，在公开效率上，农业农村信息不畅通、不对称以及党务、政务、财务公开不到位、不及时的情况普遍存在，成为影响党群关系、政群关系、干群关系，以及制约农村社会和谐稳定、阻碍农村民主文化发展的瓶颈。针对这些问题的成因，项继权指出，当前村民自治及村务公开和民主管理缺乏有效的制度保障和技术支撑②，诸多研究也提出应适时引入现代

① 项继权：《“后税改时代”的村务公开于民主管理——对湖北及若干省市的调查与分析》，《中国农村观察》2006 年第 2 期。

② 项继权：《“后税改时代”的村务公开于民主管理——对湖北及若干省市的调查与分析》，《中国农村观察》2006 年第 2 期。

科技支撑村民自治①以作为解决之策。

作为电子政务建设在农村地区的应用和延伸，电子村务是实现村务管理与服务的新途径②。自 2007 年广东省德庆县开通中国第一个电子村务平台以来，农村电子政务在基层政府的政务尤其是村务信息管理上发挥了重要作用③。它的趋势显现出突破传统封闭式的村务管理向现代开放式的村务治理转变的态势。从我国已在尝试电子村务建设的试点地区的经验看，电子村务的确可以弥补传统村务公开制度形式与内容上的弊端，对于村务公开制度的完善和发展、村民自治制度的实现以及维护基层社会稳定等具有重大的现实意义，但是电子村务建设的困难和问题也是现实存在的，需要政府提供支持、做出投入、付诸努力。

此外，随着信息技术的发展以及网络时代的到来，农民群众视野逐渐开阔，维权意识与监督意识逐渐增强。特别是党的十八大以来，“打老虎”“拍苍蝇”掀起了一个又一个的反腐高潮，农村基层长期积压的矛盾开始呈现出井喷之势。在这种情况下，如何按照国家治理体系和治理能力现代化的要求，创新村务公开形式，提升村务公开水平，化解基层矛盾，已成为农村基层社会治理创新的重要命题。在以习近平同志为总书记的党中央坚持和发展中国特色社会主义的方针指引下，国家正大力推进信息惠民工程，2015 年政府工作报告中又明确提出要利用“互联网+”，发展以互联网为载体的线上线下互动的公共服务，以向广大群众提供更好的公共服务，保障公民的权力④。在这一系列战略方针的促导之下，作为基层社会的缩影，乡镇政府直

---

① 如：于建嵘：《村民自治：价值和困境——兼论〈中华人民共和国村民委员会组织法〉的修改》，《学习与探索》2010 年第 4 期；李广、王继新、袁方成：《村务公开制度与村务信息化》，《科技进步与对策》2006 年第 6 期；郭明：《村务公开制度实施的困境与对策——基于广东省石村的调查与思考》，《南方农村》2011 年第 11 期。

② 王宏禹：《新农村电子村务的构建》，《中国信息界》2009 年第 2 期。

③ 孔晓娟、邹静琴：《中国农村电子政务发展现状及模式研究综述》，《电子政务》2015 年第 1 期。

④ 宁家骏：《“互联网+”战略下的“信息惠民”顶层设计构想》，《电子政务》2016 年第 1 期。

接推动电子村务显示出必要和重要。

第二节　X 镇电子村务建设的探索及价值

X 镇党委在建设电子村务过程中着力进行制度创新探索，设计了“三公开、三跟踪、三评价”的工作运行机制。其中，“三公开”是指重大决策民意征询委员会制度、专家咨询委员会制度、重大决策网络公开制度；“三跟踪”是指决策执行准备期跟踪机制、决策执行实施期跟踪机制、决策执行效果跟踪机制；“三评价”是指重大决策组织评价制度、重大决策第三方评价制度、重大决策公众评价制度。为了贯彻“三公开”，保证公民自治权的切实实现，镇党委建议各村在网上实现村务公开，发展“加强村级组织建设，打造阳光村务”的电子村务网络平台。2014 年 8 月镇政府开始与网络公司进行接洽，商谈电子村务平台的建设事宜并达成协议，随即开始域名申请、版面设计、资料归档整理等筹备工作，至 2014 年 9 月底，网站开通并试运行，开始上传资料。X 镇推出的电子村务平台，主要包括村情村史、组织建设、政务公开、财务公开和村务互动等内容。农民群众最关心的切身利益问题、农村矛盾的焦点，比如两委人选、直补信息、粮食保险、社保劳保、计生民政、财务收支等内容全部在网上公开，从而建立起完整的村级电子档案。电子村务平台涵盖 X 镇 8 个管区共 69 个村。每个村村务公开内容如表 4-1 中 L 村 2015 年 4 月村务公开内容所示。

X 镇政府针对平台运行过程中不断出现的新问题，适时提出了方案论证并施予修改完善，以便利于农民群众操作，基本实现了农民群众通过“村名-专题内容”“专题内容-村名”或直接用关键词搜索等三种方式就能找到自己所需查询的内容这一建设目标。

观察 X 镇电子村务平台的建设与运行，其价值主要体现在以下三个方面问题的解决上。

一是解决了村干部怕麻烦不愿公开、怕出丑不想公开、怕出事不敢公开的问题，实现了农村政治生态的良性循环。实践证明，阳光是最好的防腐剂，电子村务的实现让村民更容易掌握第一手数据从而更有力地监督基层干部。2014 年 X 镇纪委共查办案件 4 起，处理村干部 4 人，2015 年 1-9 月已查办案件 6 起，处理村干部 7 人。与此同时，农村“三务”的“热线电话”却大幅下降，促进了农村的和谐稳定。X 镇 2014 年 1－9 月份共收到“12345”市民热线 525 条，2015 年 1—9 月只有 310 条，到 2016 年市民热线数量趋于平稳，全年共计 673 条。相信随着使用电子村务人数的不断增加，其促进基层社会和谐稳定的效果会更加显著。

表 4-1　X 镇 L 村 2015 年 4 月村务公开内容

村务公开目录	具体公开内容
人文历史	L 村人文历史 L 村概述
村集体办公场所	文字一句，图片三张
“双诺双述双评”制度	2014 年 L 村村党支部书记述职报告 L 村党支部书记 XXX 介绍 L 村双诺双述双评制度一 L 村双诺双述双评制度二
党员情况	2014 年中共党员培养对象名单公示 2015 年入党积极分子名单公示 L 村党员情况介绍
集体经济收入	暂无信息
财务	L 村 2015 年小麦直补名单公示 L 村集体经济审计报告 L 村集体经济组织收支明细表 关于 L 村干部任期经济责任审计报告
计划生育	L 村违法生育情况 L 村计划生育情况登记表
民政	L 村优抚实施情况 L 村五保实施情况 L 村低保实施情况
劳保	L 村优抚实施情况 L 村劳保实施情况
医保	暂无信息

二是保障了村民的知情权，以往想知道却没有渠道了解的信息，现在可通过电子村务平台的公开获得，有效地维护和保障了农民的合法权益。自 X 镇电子村务平台建设以来，全镇 69 个行政村全部建立了完整的“三务”档案，按照“公开透明、管理规范、运行顺畅、监督高效”的要求进行网上公开。农民在电子村务平台上可以图文并茂地浏览各村党务、政务、财务动态变化情况，特别是种粮补贴、合作医疗、养老保险、计划生育、低保供养等政策的落实以及每月财务收支等情况。由此保障了村民知情权的实现和合法权益的保护。

三是约束了基层干部的行为态度，推动了村民自治的健康发展。首先，电子村务平台可以起到乡镇政府自我约束的作用。虽然《村组法》规定了乡镇政府与村民自治组织之间的指导与被指导关系，但现实工作中，镇政府仍旧习惯于传统命令式的管理方式，把村民委员会视同自己的下级组织或派出机构，法律上的指导关系往往会异化为领导关系。X 镇发起建设电子村务平台后，镇政府只好“作茧自缚”，自觉接受电子村务的约束，对村民委员会不敢再任意发号施令。其次，电子村务可以有效破除“有选举无监督”的潜规则。《村组法》虽然规定村民委员会应向村民大会负责、与村民利益密切相关的 8 大事项只有村民委员会才有决定权，但由于许多现实原因，村民大会很难举行，村民监督也形同虚设，电子村务平台运行之后，村民拿到了一笔明白账，监督村干部不再是痴人说梦。此外，电子村务还显示出其他令人惊喜的成效，平台中颇具特色的“村情村史”栏目将各村的文化底蕴、风土人情和名优特产等充分展示于互联网上，让全县、全市、全省、全国乃至全球的网民了解各村特色，起到了宣传村庄文化的作用，亦带动了农村经济的发展。比如 X 镇 L 村的国家级非物质文化遗产地方戏曲“一勾勾”、T 村的田口羊肉等信息通过电子村务平台让更多人了解了 X 镇，涌向了 X 镇。可见，电子村务将电子政务运用于农村公共事务的管理之后，广大农民有机会接受最具时代感的电子服务模式，使农民群众的切身利益能够融入互联网，使农民能够分享最新公共服务模式带来的好处，其发展前景大有可为。

第三节　X 镇电子村务建设的问题及成因

X 镇电子村务建设无疑颇具代表性，对其经验教训进行总结既有利于其自身健康发展也有利于发掘其推广价值为广大农村所用。为此，我们综合中国软件测评中心“2016 年地方政府网站评估指标”① 以及中华人民共和国商务部“2015 年地市区县政府网站评估指标”②，以一级指标——“信息公开、办事服务、互动交流、网站功能、日常保障”为依据，针对 X 镇的实际情况，具体剖析其电子村务平台运行中存在的问题及原因，得出如下结论。

一、电子村务信息基础设施建设有待加强

电子村务功能建设是为了更好地为农业、农村、农民服务。然而，X 镇电子村务平台访问量低，互动交流不足等问题明显存在，使其服务性、满意度难以测量。如 2015 年 9 月 23 日，最受欢迎信息“G 村 2015 年上报经管站小麦直补面积信息表”的访问量只有 1349 次。截至 2017 年 3 月 25 日，村务互动栏目下的 12912 条留言中仅有不足 20 条留言有内容与回复，其他留言均为未审核通过，其中“最新留言”目录下内容仍然停留在 2014 年。存在这一问题的一个主要原因是与 X 镇社会信息基础设施相关，当然也与电信资费居高不下紧密关联。

信息基础设施主要包括网络基础设施，电话业务网，数据传输业务网和广播电视业务等四大网络，是互联网联结的基本条件，是电子村务与村民联系的通道，是建设电子村务的必要条件。目前 X 镇总人口 4.27 万，共 1.1

① 中国软件测评中心：《2016 年中国政府网站绩效评估（地方）评估指标》，2017 年 3 月 28 日，见 http：//www. cstc. org. cn/wzpg2016/zbg/zbglist1. html。

② 中华人民共和国商务部：《2015 年地市区县政府网站评估指标》，2015 年 12 月 1 日，见 http：//images. mofcom. gov. cn/www/201512/20151201143022237. pdf。

万户居民，其中，手机使用者有3万多人，使用手机上网用户达到40%，并逐年增加；宽带用户2700余户，宽带覆盖率24.55%。这表明如今农民主要通过手机连接互联网，但由于电子村务平台通过网站的形式设置，手机访问网站较为不便，因而导致访问量低、互动量不足的状况，造成电子村务功能应用接受度低的现状。

二、电子村务平台挂靠网站运行维护质量有待提高

全国政府网站抽查情况通报显示，政府网站存在的最突出问题包括多个栏目为空以及多个栏目长期不更新①。X镇政府网站在运行中也存在类似问题，如网站诸多功能栏目内容空白、办事服务功能缺失，政务服务内容不完备。举例来说，X镇电子政务平台政务服务栏目下包括面向个人、面向企业、服务旅游者、服务投资者以及表格下载，但只有面向个人目录下含三张图片新闻，而办事审批无任何内容。

虽然X镇电子村务平台功能建设的目的是实现村务“公开透明、规范管理、运行顺畅、监督高效”，与上述功能有所分别，即镇政府网站一级目录的设置是根据传统政府网站建设的思路涵盖了政务公开、民政互动、政府服务、办事审批，其办事审批与政务服务功能并不在电子村务功能建设的目标之列，但毕竟镇政府网站是电子村务平台的挂靠网站，上级网站内容更新不及时（如“今日推荐”栏目下共含有8条信息，分别是2016年2月28日两条，2016年4月5日两条，2016年3月4日一条，2016年2月23日一条，2016年1月13日两条），不仅影响乡镇政府信誉，也直接对电子村务平台以及对应的村民委员会的信誉产生不利影响。

此外，由于X镇镇委镇政府并没有专门从事网站设计与建设的专职人员，使得电子村务平台在上线之初就存在网站界面设计、字体字号排版等方

① 《关于2016年第四次全国政府网站抽查情况的通报》，2017年2月7日，见http://www.gov.cn/zhengce/content/2017-02/07/content_5165876.htm。

面的不规范、不专业之处，站内搜索也没有启动，加之镇政府网站的维护质量不高，使得电子村务平台的运行维护质量堪忧，难以获得人力、技术和管理上的有力保障，加之乡镇政府事务繁多，人员紧张，干部的知识水平也参差不齐，更令技术和内容维护雪上加霜，安全和信用保障也存在风险。

三、电子村务信息管理服务绩效有待提升

村务信息管理的过程包括村务信息的收集、加工、存储、公开等环节。X镇电子村务平台的村务公开功能主要包括村情村史、党组建设、村民自治、财务收支、责任审计、计划生育、民政信息、粮食补贴与村务互动等内容，做到了基本信息公开。虽然在重点信息公开方面也涉及了与村民切身利益相关的公共资源配置信息的公开，但是在信息公开的类型上均为主动公开，缺乏依申请公开、接收处理申请以及咨询类信息的公开，这主要是因为手机、计算机及互联网在农村地区虽然渐趋普及，但受到农民的学历层次低、计算机应用水平差、网络利用意识弱、外出打工时间多等现实因素的影响，电子村务平台受到的关注度较低，使用率不高，未达到应有的经济和社会效益。

另外，虽然X镇电子村务平台公开的信息数量持不断增长态势，但是这些信息利用度还是不高，且有序的加工处理差强人意，主要原因之一是村干部信息素养还不高，想让他们很好地配合电子村务平台建设工作有难度。此外，受信息观念和意识上的局限，部分村干部不按时上交资料，甚至有些村干部以为这只是“一阵风”，刮过去就完事了，从而随意应付，造成上报资料不实的情况屡有发生，以图蒙混过关。

最后，由于信息下载与信息查询等功能不完善，使得电子村务平台难以有效获取与归类信息，像与农业、农村生产相关的农民最关心的信息，如关于农业工具的发现与使用等，就很难在平台上获取，从而影响到电子村务平台的管理水平和服务绩效。

第四节　推进中国电子村务建设发展的路径和对策

X 镇电子村务建设中采取的村务公开模式，促进了村务公开透明化、规范化与常态化，保障了村民的知情权，对乡村治理现代化、民主化以及维护基层社会的和谐稳定具有正向意义，值得发展和推介。但是，在剖析了 X 镇电子村务平台运行中存在的问题及原因之后，我们认为，X 镇电子村务平台要健康有序地长期发展下去，还必须切实从“三农”的实际需求出发，在原来村务公开的基础上进一步拓展及丰富其他信息管理服务功能，以满足农民更多、更高的信息需求，如传播农业技术与知识，促进农业更好更快发展；宣传农村乡土文化，建设美丽乡村；针对多元化信息要求，提供个性化电子服务；促进乡村治理各方互动，促进电子民主建设，等等。只有提供更好、更多的信息和服务，电子村务才能真正“立”得住、“活”起来，并对中国广大农村地区的电子村务建设产生示范效应并具有普适意义和推广价值。基于上述考虑，我们提出推进中国电子村务建设发展的三个路径及相应策略以备参考。

一、着手农村信息基础设施建设，以此为基础实现信息惠农目标

信息基础设施是建设电子村务的基础和前提条件，是信息惠农之基石，为此，推进农村信息化必须先从加强农村信息基础设施建设抓起，其覆盖范围和建设程度如何将直接影响农村信息化建设和发展水平，关系到电子村务的普及率和应用度，进而影响到国家提出的信息惠民能否落到实处。按着这一思路来考察相关政策和实践进展，可知国家在《国民经济和社会发展第十二个五年规划的建议》中已经提出要推进农村信息基础设施建设，从而使基

础支撑能力明显增强。《"十三五"全国农业农村信息化发展规划》在此基础上提出了农村互联网发展的新目标，即"加强农业农村信息化基础设施建设。推动'宽带中国'战略在农村深入实施，对未通宽带行政村进行光纤覆盖，对已通宽带但接入能力低于12兆比特每秒的行政村进行光纤升级改造，边远地区、林牧区、海岛等区域根据条件采用移动蜂窝、卫星通信等多种方式实现覆盖，尽快落实农村地区网络降费政策，探索面向贫困户的网络资费优惠。"① 而相关政策实施的结果是，截至2015年12月，我国行政村通宽带比例已达到95%，农村家庭宽带接入能力基本达到4兆比特每秒（Mbps），农村网民规模增加到1.95亿，农村互联网普及率提升到32.3%②，农村网民中使用手机上网的比例最高，为87.1%③。

2015年3月时任国务院总理李克强在政府工作报告中表示要全面推进"三网"融合，加快建设光纤网络，大幅提升宽带网络速率；2015年5月他又明确提出要"提速降费"，使人民能够花更少的钱，享受更快捷的网络服务。各大运营商一方面为了响应政策要求，另一方面为了市场竞争纷纷出台相应对策。例如中国联通联合腾讯发布了一款"腾讯大王卡"，该套餐用户每月支付19元在使用腾讯应用——微信、QQ、QQ音乐、腾讯视频、腾讯游戏时产生的流量将全部免费；同时还能享受全国无漫游服务，赠送来电显示，中国大陆境内接听全部免费等服务④。这说明实践进展迅速，网络运营商有所行动，但仍任重而道远，因为毕竟我国农村户籍人口达58973万人之巨，农村居民人均可支配收入却仅有12363元，远低于城镇居民人均可支配

---

① 《农业部关于印发〈"十三五"全国农业农村信息化发展规划〉的通知（农市发〔2016〕5号）》，2016年8月29日。

② 《农业部关于印发〈"十三五"全国农业农村信息化发展规划〉的通知（农市发〔2016〕5号）》，2016年8月29日。

③ 中国互联网络信息中心：《2015年农村互联网发展状况研究报告》，2016年8月29日，见 http://www.cnnic.net.cn/hlwfzyj/hlwxzbg/ncbg/201608/P020160829560515324796.pdf。

④ 仲平：《中国联通推"腾讯大王卡"：19元每月腾讯应用流量全免》，2016年10月21日，见 http://www.ithome.com/html/it/266362.htm。

收入的 33616 元①。可见，要真正缩小城乡之间、乡乡之间、村村之间的信息基础设施差距，进一步弥合既有数字鸿沟，农民可负担的宽带连接费用是极为关键的因素。对此，政府可采取如下针对性策略：

首先，政府需要继续加大对农村信息基础设施投入的力度，引导各大运营商投入，进一步推动三网融合，降低通信资费，以尽快改善农村网络基础设施建设相对滞后的状况，保障广大农民既有接入互联网的能力，又有能力享用互联网站提供的信息和服务。

其次，各级政府特别是农业主管部门必须对包括农村信息基础设施建设在内的农村信息化建设有宏观的完整规划和微观的机制设计，在尊重市场运行原则的基础上协同市场，合作发力。政府可以在提供补贴、支持引导运营商开发面向农村地区更为优惠的网络资费套餐服务、创新电子政务移动应用程序等方面施加影响，并以此不断推动电子村务的准备度和农民群众的参与度的提高，保障“三农”都能从中获益，最终促进信息惠农目标的实现。

二、立足“三农”生存和发展需求，以此为着力点提升电子村务功能内容和绩效质量

村务信息化是提升乡村治理能力、建设服务型政府的重要举措，是加快推进农业现代化、全面建成小康社会的迫切需要。然而，现有的电子村务平台建设成果普遍存在着功能栏目设置不规范、欠合理，信息内容形式化、针对性不强，管理服务绩效低、质量不高，没有有效地结合当地农业、农村、农民的生产、生活、发展的实际需求等弊端，使得其发布的信息和提供的服务无论是在内容、形式上还是在绩效、质量上都差强人意。就 X 镇政府电子政务建设而言，其初始定位为村务公开，在上线之初主要参照传统网站标准设计，其后在运行过程中虽然将原有网站的政务公开、民政互动、政府服

---

① 《中华人民共和国 2016 年国民经济和社会发展统计公报》，2017 年 2 月 28 日，见 http：//www. stats. gov. cn/tjsj. /zxfb/201702/t20170228_ 1467424. html。

务、办事审批目录设置等相应修改为本地村务公开各要点内容，包括村情村史、党组建设、村民自治、财务收支、责任审计、计划生育、民政信息、粮食补贴等，但网站访问量显示农民对这些信息关注度很低，说明这些信息和服务并不是他们所需要的。究其原因，缺乏需求引导以及多元化的功能栏目设置和个性化的信息、服务内容无疑是主要原因，而信息回复速度慢、比率低、质量差同样也是关键原因。要解决这些问题，可采取以下对策。

首先，政府应助力电子村务建设和发展的战略重点与优先顺序的确立，助力调研“三农”生产、生活和发展的实际需求，并以此为着力点支持电子村务逐渐丰富和完善其功能和内容。如搜索或查询功能可推荐采用美国农业部网站的新农人栏目的设计思想，通过设置“发现工具”来提供个性化的搜索工具服务，农民只要回答几个问题，就可获得有帮助的个性化的整合性信息。

其次，针对部分村干部对于村务公开和电子村务工作不积极配合的实际情况，可采取上下合力、共同促进的方式来解决信息和服务提供中的绩效和质量问题。一是争取上级民政、财政、经管、农业等部门的大力支持。这些部门掌握着低保、五保的审核及公示，救助金的发放金额及分配，小麦直补的亩数及发放金额，涝灾款的发放，村办公经费的发放金额等等，对村干部是否将相关数据公开到位应负督促、监控之责，因为数据是否全面、准确他们最清楚。这些数据公开之后，就能接受广大农民群众的广泛监督，如果村干部在分配到户的过程中有弄虚作假现象，或农民群众发现其中有“查无此人”的情况，就能对其举报，因为他们参与其中最知情。二是在基层采取逐级负责制。管区干部针对村干部签字上报的信息进行逐一审核，如对小麦直补和玉米涝灾亩数中的“大地亩”进行走村入户式的实地调查核实，签字确认后再上报。而上报后管区干部同样要接受村干部和农民群众的广泛监督。这样，通过上下合力的方式来确保电子村务平台公布的信息和提供的服务的绩效和质量。

进一步地，还应推动业务资源、互联网资源、空间地理信息、遥感影像数据等的有效整合与共享，以全面提升农业管理效能，完善农村服务体系，提高农民群众的生产、生活和发展品质。

三、开启信息素养培育计划，以此为发力点提高电子村务的经济和社会效益

以人为本的新农村，要求我们充分考虑人（包括农村的管理者与农民群众）的需求与能力。而电子村务是否有能力满足农民的需求，农民是否有能力充分享受电子村务提供的信息和服务，取决于农村人力资源的信息素养。可以说，农村人力资源是电子村务发展的根本保障，其信息素养高低决定着电子村务能否达到预期的目的并取得相应的经济和社会效益。乡镇政府和村民委员会要通过电子村务提供满足农民期待和需求的良好的信息和服务，还要让农民真正地享受到实惠并从中获利，这就需要村干部和农民群众都必须具备更有效地确认信息、检索及寻找信息、组织及整理信息、使用及创造信息，以及评估传统或网络信息资源的能力，即人们常说的信息素养。

首先，要加强对乡镇政府和村民委员会干部的信息观念与技术能力的培训。考察农村人力资源的实际状况，目前农村信息化人才水平参差不齐，乡镇政府和村民委员会干部大多没有接受过专业培训，对信息管理和服务的工具不熟、业务不精、操控不力，再加上乡镇政府本身青年人较少，信息接受群体基础素质差，其信息素养远远不能满足电子村务建设和发展的需要。为此，一方面可组织基层公务人员参加专业培训，在学习基本的计算机网络知识的同时，培养其树立互联网思维和大数据意识，并具备起码的信息加工处理和安全管理技能，知道如何防范各种安全风险和怎样保护农民隐私；另一方面考虑到农村地区引进相关专业人才非常困难，可与当地大学和科研院所建立合作关系，设立实习调研基地，吸引年轻大学生和科研人员前来实习调研和工作，以期通过新生力量的带动形成良好的信息文化生态和交流互动环境，为电子村务乃至乡村治理现代化与民主化建设提供人力与技术支持。

其次，要帮助农民逐步提高信息素养，包括发现和获取信息，对信息内容吸收和利用，以及满足自身信息需求的能力。作为农村电子政务服务对象的农民，如果其信息素质普遍较低，将成为阻碍农村电子政务推广和应用的重要因素。为帮助农民提高信息素养，基层政府一方面可以在电子村务网站上设置培训项目，在培育农民的生存发展能力的同时逐步提高其信息素养；再一方面可以在完善电子村务信息和服务功能的基础上，通过媒体、宣传纸、当面告知等形式宣传引导农民使用电子村务功能应用，当然也可以对前来办理或咨询业务的农民进行现场操作演示，逐步让农民熟知电子村务平台的内容及操作方法，培育农民的信息加工处理能力，使其从种子、化肥、种植技术以及农产品的宣传和推广中获益，并更多地参与到“三农”发展以及乡村治理现代化和民主化的进程中来；还可以为农民打造长期性、规范化、重实效的互动和监督平台，在广泛征询农民的意见建议的同时，“合理引导并完善农村非政府组织，社会组织的介入不仅可以使基层政府与农民的沟通形成一个稳定的三角型沟通模式，作为独立第三方有助于监督政府可持续性的信息公开；更为重要的是可以畅通信息诉求与反馈的渠道，通过内部效应培育农民的信息素质。”①

最后，需要重申和强调的是，电子村务平台到底应该由谁来建设和维护，一方面取决于谁有能力（包括提供人、财、物支持的能力）能把它建设好，另一方面取决于谁有信息素养能将其维护好，且保障其安全和信用。所以，由县区或乡镇政府直接主抓和运维电子村务建设虽然如前述像 X 镇一样有其明显优势，但其劣势亦难以克服。故此，我们并不建议由乡镇政府负责电子村务平台建设和运维，认为最好所挂靠的上级政府网站是市州而非县区政府网站，即由市州（或县区）政府负责平台或系统的规划建设、运维安全和信用保障，由乡镇政府负责具体的监督指导和检查督促，由村民委员会负

① 周敏、靳朝晖、孙守相：《农民的城镇化意愿及利益表达——基于 D 县的调查研究》，《山西农业大学学报（社科版）》2015 年第 6 期。

责本村日常信息的更新维护，对信息内容与质量负直接责任，由村民们对信息内容与质量进行广泛监督并通过举报通道实时举报。由此，一方面可避免基层政府信息平台或系统的盲目建设和重复建设，节约投入，减少浪费，极有利于信息整合和多方协同，另一方面，可更好地保障运维的安全和信用，提高政府的信誉和农民的满意度。这一想法恰与国务院办公厅于 2017 年 6 月 8 日印发的《政府网站发展指引》的精神和要求相一致，只是由于政府内外相关工作人员的信息素养不高以及电子村务建设缺乏动力机制等问题，要真正地达成有效发挥电子村务的经济和社会效益的目的，还需要政府在提高全民信息素养方面做出更多努力，在电子村务乃至电子政务动力机制建设上加强力量，以保证电子村务切实服务于“三农”，促进乡村治理现代化与民主化进程。

第五章　电子治理的发展逻辑、趋向与策略分析

在面临数字化对经济社会各个领域逐渐覆盖，新一轮的科技革命创造历史性机遇，全球治理体系深刻变革的背景下，各国比较趋同的判断和行动是进一步深化信息技术在经济社会和政府治理领域的应用，充分发挥信息技术在转变发展模式中的作用，促进政府治理更加协同、高效、灵活和友善。在此过程中，电子治理作为电子政务的重要趋势受到瞩目，不仅形成了一定的价值认同和共同理念，也创造了各具特色的成功实践。中国正处在信息化和现代化快速发展之中，发展电子治理、促进和推动经济社会转型以及国家治理能力现代化是必然要求，要满足这一要求，需要对电子治理的发展逻辑、趋向和策略等进行构建、定位与选择。

第一节　电子治理的发展逻辑①

信息技术环境的演进与发展，以及公共管理从“善政”到“善治”的

① 该部分内容主要由杨国栋完成，取材于以下文章：杨国栋：《论电子治理的价值、逻辑与趋势》，《天津行政学院学报》2016 年第 3 期；杨国栋：《电子治理的发展逻辑》，《电子政务》2016 年第 3 期；杨国栋、吴江：《电子治理的概念特征、价值定位与发展趋向》，《上海行政学院学报》2017 年第 3 期。

转变，共同推动了公共事务信息技术应用的理念、修辞和形态的变革。在这其中，电子治理连接了“电子”与“治理”的两个领域，成为融通信息技术应用的各个领域，促进公共问题有效治理的重要途径。电子治理是基于电子政府、电子社会发展的一种治理形态或治理阶段，是传统治理的阶段性跃升状态。电子治理不仅提出了有关公共事务信息技术应用和公共治理的具有创新意义的理念和观点，发展了信息技术在改进政府治理、增进公共利益、推进社会共治中的新境界，而且建构了一个完整、严谨而包容的逻辑体系。

一、电子治理与治理的逻辑关联

电子治理概念的形成和发展是公共事务信息技术应用持续深入的必然结果，也是治理理念日益广泛应用的一个新的领域和实践，反映了信息技术理念从管理到治理的转变，呈现出治理与公共事务信息技术应用不断互动、融合和创新发展的实践进程。

（一）公共事务信息技术应用的不断进步要求治理理念的融入

从历史中探寻，电子治理是信息技术应用在公共事务管理和治理中持续演进的结果。公共事务的信息技术应用最早采用的是办公自动化形式，那时信息技术只是单纯作为提升效率的工具。随着互联网的广泛应用，新的技术形式创造了新的政务形式，电子政府成为改善行政绩效和推进变革的重要途径。在电子政府发展的早期，它主要是新公共管理运动的一个组成部分，是政府改革计划的一项内容。随着信息网络泛在性的增强，互联网特有的属性和作用逐渐显现，人们发现互联网可以成为提高政务透明度、扩大参与、增进政府责任和回应性的重要手段，自此技术主导和技术统治论的电子政府观点逐渐褪色，取而代之的是更为综合的观点，社会和公民开始对电子政府寄予更高期望，政府也将电子政府视为政府改革的象征和重塑政府的手段。电子政府对政府行政和服务提供的改进以及对于经济社会发展的支持受到了人们的广泛的关注，而同时由于传统政府组织结构并不适合电子政府的结构和需求以及发展中遇到的误解与偏离，电子政府的发展面临着日益增多的问题，如信息孤岛的出现、信息共享和业务协同的困难、重建设轻应用和重形式轻内容，这些问题使矛盾聚焦于电子政府自身的建设与管理以及政府改革的滞后，包括各自为建、部门利益、项目的高失败率以及公共参与的不足、市场资源的利用效率低下、较少关注于公民利益的导向，由此传统以政府为中心的信息技术管理遭遇重重困境，急需理念的更新。

治理理念引入公共事务的信息技术应用最早产生的是项目建设中 IT 治理模型的研究。之后，有学者进一步将治理的相关理念、结构和机制作为影响电子政务治理绩效的关键因素，与此同时的实践也证明治理对于公共事务的信息技术应用的扩展与深化具有重要的意义，这是公共事务的信息技术应用从管理到治理转变的重要一步。一方面，大多数学者认识到，电子治理不仅包含政府层面的电子政务，还应扩展到政府和企业之间、政府和公众之间等环节上的公共治理范畴。另一方面，治理的基本理念和通用框架，如多元化主体、合作共治，注重整体结构的安排，强调利益调和与协商合作等，日益深入地影响公共事务的信息技术应用实践。

在今天，政府已经迅速地从对信息技术的初步应用发展为能支持高度结构化的行政程序，并借助网络和其他先进的工具来改变政府流程和公共服务供给的方式，“与此同时，新的管理方法和治理架构已经被采用，以更好地适应网络化的组织形式。”① 近年来，公众主导的技术引进和使用开始在公共管理中占据重要地位，基于社会媒体的互动式沟通使社会公众可以共同参与到公共政策的协商审议过程中，并在公共治理过程中找到自己的位置②。大数据分析和互动式社交媒体重新定义了政策制定和管理决策中的公众角

① ［美］Sharon S. Dawes：《电子治理的演进及持续挑战》，郑磊、纪昌秀译，《电子政务》2009 年第 10 期。

② 刘淑华、袁千里：《公共管理领域信息通信技术运用的演进与发展》，《复旦公共行政评论》2015 年第 1 期。

色，改变了政府和公众之间的权力关系①。信息技术正在以明显而具体的方式对政府的主要事务与政治产生影响。但公共事务信息技术应用也面临增加的两个方面挑战：一是电子政府发展与公众需求的对接问题。在很多国家，电子政府直到现在依然局限在一些狭隘的服务项目上，它的首要任务是要控制与削减成本。电子政府的发展与社会公众的需求之间出现了分离的倾向，政府与社会、公民之间缺乏关于电子政府实践内容的互动，很多公众关注的迫切需要解决的问题没有被纳入电子政务的建设之中。二是电子政府、电子社会发展中出现了信息系统和信息资源分割、孤立和冲突的严重问题，有待于政府之间，以及政府与企业、社会和公民之间的协商与整合。此外，还存在民主地利用信息技术的期望不断上升与电子民主的滞后之间的矛盾。电子政府、电子民主，均有在公民社会和政府之间打开新的传播渠道的潜力，随着政治家与公民越来越认识到这一重要性，这种期望不断上升，但就目前而言，这方面的进步仍较为缓慢。

公共事务信息技术应用的不断深入，对于信息技术应用的各个公共领域之间的融合、互动提出了新的要求，而治理理论对于公共价值、合作治理的强调提供了将公共事务信息技术应用深化的新的理念和途径，由此，治理与“电子”结合，由初始电子政府自身的治理，逐渐发展为融合电子政府、电子民主、电子社会等诸多领域的全面治理，是一种理论自觉和发展的必然。

（二）治理的发展推动公共事务信息技术应用的转型

现代意义上的“治理”起源于西方，1989年世界银行在《撒哈拉以南的非洲：从危机到可持续发展》中首次提出“治理危机”（crisis in govern-

① Cloete Fanie，“E-government Lessons from South Africa 2001-2011：Institutions，Satte of Progress and Measurement：Section Ⅱ：Country Perspectives on e-Government-Emergence”，*The African Journal of Information and Communication*，Vol. 2012，No. 12（2012），pp. 128-142.

ance）一词①，此后，随着公共管理改革的发展，以公众为中心成为政府行政改革的逻辑起点，治理成为学术界热烈讨论并深入研究的主题，合作与协商、互动与回应、多中心与相互依存、动态的网络结构构成治理的主要特征②。随着这一语词运用的进一步扩展，更广泛的管理学意义上的治理已经被理解为“关于动员各方力量和资源，共同管好组织群体行为的学问和实践”③。

在公共管理的范畴中，治理是“一种以公共利益为目标的社会合作过程”④，“治理理论的魅力不仅在于其将民主、参与、协商、分权、责任、人权、平等、合作等诸多美好的价值融入其中，而且在实践过程中展现出其相对于垂直统治的巨大灵活性，在一定程度上降低了国家管理的成本与风险”⑤。到目前为止，世界各国都接受了治理的理念，且越来越重视治理的功能发挥，治理实践得到快速发展。治理的快速发展产生了两个方面的影响：一是治理在公共管理的理论体系中起到“元概念”的作用，没有治理理念融入的理论和实践在一定程度上是不完整的；二是治理实践的快速发展创造了各个领域应用治理理念、创新治理实践的良好条件，这既包括建立治理制度体系和体制机制，也包括政府、社会和公民对于公共问题解决的方法认知的转变，以及公民素质的全面快速提升。因此，对于电子治理，治理既预设了公共治理的价值要求，也提供了管理主义的通用框架和标准，这些内容包括多中心的共治、治理主体多元化和平等性、关注社会力量的发挥、重视

---

① Gills Paque, *Governance Through Social Learning*, Ottawa: University of Ottawa Press, 1999, p. 214.

② Rosenau. James. N, Governance, Order and change in World Politics, in *Governance without Government: Order and Change in World Politics*, Rosenau, James. N. and Czempiel, E. eds, Cambridge University Press, Cambridge, 1992, p. 4.

③ 蓝志勇：《东西方历史经验中的治理思想》，《国家治理》2014年第9期。

④ 陈振明：《公共管理学：一种不同于传统行政学的研究途径》，中国人民大学出版社2003年版，第82页。

⑤ 郑言、李猛：《推进国家治理体系与国家治理能力现代化》，《吉林大学社会科学学报》2014年第2期。

利益的调和、采用合作与协商的方式，等等。

在未来的发展中，治理将继续推动电子治理理论与实践的发展：一是治理将推动电子治理的关注领域从“改进政府管理”“创新公共服务”扩展至“增进公共利益”“创造公共价值”“改进公民福祉”；二是电子治理将更加强调社会治理自主性和对民众自主、自助和自治能力的塑造。治理理念的开放性与包容性，要求公共管理从以政府为中心转向以社会和公民为中心，电子治理要更加面向公民生活和政府与社会、公民的连接，提高公众的感受度，来推动多个主体之间既有信息网络的共享与共治；三是电子治理要促进公共问题的有效治理。公共事务各个领域的信息技术应用不应再将视野局限于自有的范围之内，而要以问题机制为导向，面向重大的现实课题，包括“互联网+”和“智慧城市”，实现以电子治理的理念和模式推动经济社会发展和公共管理改革的创新路径。

（三）电子治理成就良好的治理发展实践

电子治理反映了互联网兴起以后，公共领域的信息技术应用所取得的瞩目成就，也反映出治理理论引起的公共管理模式在更大范围中的转变。首先，电子治理革新公共事务信息技术应用的理念与策略。“共同创造”和“合作治理”的新模式正成为21世纪的治理新模式，开始取代“政府知道什么对你最好”的传统模式，信息技术将成为推动这一转变的关键因素。电子治理通过将治理的理念、方法和模式引入公共事务信息技术的应用之中，强调了信息技术在推动“共治”中的基础性作用，使公共事务的信息技术应用继续保持活力，并使其范围和内容进一步扩展。其次，电子治理创新公共治理的模式和形态。电子治理是“一种更多地与政治权力和社会权力的组织和利用方式相关联的社会—政治组织及其活动的方式”①，它与公共治理的其

① Dawes, Sharon S, “The Evolution and Continuing Challenges of E-Governance”, *Public Administration Review*, Vol. 68, No. S1 (2008), pp. 86-102.

他类型或形态之间具有自洽性的特征。基于信息技术的泛在性，电子治理的模式和形态可以与公共治理的其他领域和类型进行深入融合，形成不同的创新形式，进而推动公共治理形态的跃升。再次，电子治理连接信息技术影响的社会领域与实践。电子治理将信息技术在社会领域的实践，包括电子政府、电子民主、电子社会等，连接在一起，这具有两个方面的意义：一是进一步完善了社会领域信息技术应用的理论体系；二是使人们开始关注信息技术应用的不同主体之间如何进行复杂性的互动，以促进技术效能的提高和公共价值的实现。

电子治理近年来在世界各国有很好的实践，其主要表现在三个方面：一是对政府作为的检视监督、推动与修正。主要途径是信息网络发起的舆情作用，最终引起社会对某一公共问题的广泛关注，产生了对政府管理外在的压力，最后引起政府与社会、公民的协商解决。这在中国的贵州留守儿童死亡事件、韩国进口美国牛肉事件中得到了很好的证明。二是对治理内容、形式的创新与拓展。主要是基于信息技术或源于信息技术，实现了传统治理领域的模式转型。如《德国数字纲要 2014—2017》的工业 4. 0 的概念，提出"智能生产"将"特别注重吸引中小企业参与，邀请每一个人都成为变革的生力军，完全改变只由国家、精英集团主宰变革的现状，力图使中小企业成为新一代智能化生产技术的使用者和受益者，同时也成为先进工业生产技术的创造者和供应者"①。中国的"互联网+"行动也创造和推动了电子治理在经济社会发展中的崭新实践。三是电子治理成为弥合东西方"治理"文化鸿沟的良好桥梁。信息技术的泛在性和全球信息社会的到来，使有关信息技术文化成为超越民族和国家的文化，电子治理在全球治理中将日益彰显出在增进沟通、创造共识中的作用，进而推动了世界各国治理实践的相互借鉴与共同发展。

---

① 赵锐：《评〈德国数字纲要 2014—2017〉：战略目标、举措和启示》，《电子政务》2015 年第 8 期。

电子治理成就的良好治理实践将随着信息技术的持续进步和公共治理实践的发展不断创新发展。与电子政府相比，电子治理不具有明确的实施主体，电子治理的理想状态、实施环境，很难有一个清晰而明确的描述，这种相对的模糊性也成就了电子治理应用的广泛性和范围的拓展性，基于对电子治理理念的认同，公共部门、社会和公民可以自主发起和推动具有创造意义的治理实践，这一方面将提升信息技术在公共事务中更为广泛的影响力和作用力，也将推动治理形式的多样化和治理形态的跃升。

二、中国电子治理的发展逻辑

电子治理既有着国际趋同发展的内生逻辑，又有着多元化发展的必然需求。随着新的信息技术和治理理念带来的概念与实践的不断涌现，电子治理的范畴和领域不断得到丰富和扩展。不同国家根植于经济社会发展需求、民族特性和文化，创造了各具特色的电子治理实践。基于特定的行政环境、治理实践，以及电子政务的定位，与之相关联的各个领域，诸如信息技术进步、国家政策回应、社会趋势变化和公共管理调整，深刻影响了中国电子治理的环境并与其产生多重互动。在实践中，中国电子治理的价值取向、目标定位和策略选择更多是在与国家治理、公共管理改革、电子政务发展、民主参与，以及“互联网+”“大数据”应用和智慧城市等诸多概念和领域的关联与互动中被理解和实施的。

（一）电子治理融入国家治理

截至目前，中国电子治理的发生还主要集中在政府管理与服务领域，更多地是政府发动和推动，比如，政务透明和大多数的网络参与。而公众发起的电子治理，比如，组织化的社会动员和参与网络的产生和发展要在现有的政治体制和行政秩序前提下进行，最终成为政府治理的组成部分，多中心的共治缺乏政治传统支持。也正是在这一意义上，电子治理的发展仍然需要政府推动，电子治理的发展状况受制于国家的支持程度。2013 年中国提出推进国家治理体系和治理能力现代化，作为党执政的新型理念和全面深化改革的重要目标。与“西方治理理论总体上试图通过强化市场和社会的作用，来限制政府和国家的权力”和针对特定问题的治理不同，中国的国家治理具有更宽泛的视野，“国家治理不是被动应付新兴公共事务的‘救火队员’，而是‘体系化’的社会公共事务管理和政治建设。”① 电子治理要快速发展，必然要具体融入国家治理建设之中。当前电子治理的某些领域，比如网络安全、互联网治理和电子民主，已经超出了政府治理的范畴和能力，加强执政党对电子治理的领导，将电子治理融入国家治理的范畴并通过顶层设计推动发展，是必然需求。另一方面，近年来，公众发起并通过舆论推动直至政府参与和处置的电子治理也有很好的实践，公众社会正在成长，而政府权利和功能的社会主体让渡也正在发生，基于社会主体力量推动的电子治理亟待提升。因此，中国的电子治理需要融入国家治理体系和治理能力现代化之中，在执政党领导、政府主导和社会主体成长的互动中发展。

（二）电子治理与公共管理改革相伴而行

在追求“善治”和信息技术持续创新的条件下，公共管理改革的重要方向是构建一个更为开放和网络化的政府，为公众提供更好的互动服务，并打造一个真正数字化的社会。电子治理的发展本身就构成了公共管理改革的一项内容，同时也为其提供了重要的工具和方法，这一点无论是在西方，或是中国，都是相同的。基于政府在社会公共事务中长久而不可替代的中心地位，以及当前行政体制改革的滞后性，在电子治理中，政府不能是被动的、消极的力量，而应是主导者或者推动性的力量。一方面是加强电子治理对行政体制改革的嵌入和与改革的协同，区分电子治理的层次和领域，以及对公

① 郑言、李猛：《推进国家治理体系与国家治理能力现代化》，《吉林大学社会科学学报》2014 年第 2 期。

共管理改革的价值和贡献进行优先级选择，提升项目建设的成功率和贡献率。另一方面，推动政府对社会主体作为电子治理行为主体的培养。由于基于公众发动的治理行为基本是个人行为，缺乏有效的组织运作，即电子治理的社会主体缺乏有序的组织力量，而参与的无序化，容易导致公民参与的失效、扭曲和变异。因此，电子治理中的社会主体的社会关系属性和组织秩序需要外力催化。政府需要主动承担高素质电子治理社会主体培养任务。从政府自身的角度，是权利与功能的社会让渡，即所谓的简政放权，发展社会力量和社会组织。从社会主体的角度，是电子治理的具体规范的持续供应，不仅包括功能与职责定位，还包括各方行为的有效规制。

（三）电子治理与电子政务融合发展

从电子政务到电子治理的转型，要求政府具有更强的信息能力和高水准的责任与绩效，需要致力于“数字”鸿沟与“治理”鸿沟的弥合，并更多地关注公共利益与公民参与。在2010—2018年联合国公共经济与公共管理局组织的5次全球电子政务调查评估中，中国的电子政务发展指数分别位居全球第72、78、70、63、65位，与先进国家的差距依然明显，在建设模式、应用模式、管理模式，以及软环境建设等方面还存在诸多亟待解决的问题。电子治理要实现“治理”转型，仍需电子政务创设基础。当前，电子治理与电子政务面临的许多问题是共同的，其解决途径和方法也是关联的，电子治理与电子政务要构建在相互支持和互动中发展的格局。另一方面，由于公众仍缺少对治理的自觉追求，对电子治理的感知往往是从自己关注或从自己的生活场景开始，因此，“无论是对内部还是外部的利益相关者，电子治理的推进措施都要嵌入相关个体和群体的现有生活以及生活变化趋势之中，即扩展其生活品质方面的影响才能真正提升电子治理的实际价值。”① 目前尤为

① 白翠芳、张毅：《台湾电子治理研究中心研究成果分析及其启示》，《电子政务》2014年第2期。

重要的是电子治理的泛在要首先通过电子政务以合适的生活机制体现出来，注重民众治理自主性和民众电子治理生活方式和生活理念的塑造，这既可以增强电子治理的“治理”意义，也有助于提高电子政务的可接受度，推动电子政务与电子治理的融合发展。

（四）电子治理需要民主参与

电子治理与民主有着天然的交集，“民主本身可看做是一种治理手段，而治理的最终目标也是实现民主愿景”，“电子民主与电子治理两个关键词的共性在于它们是公共管理领域经典问题在政府步入信息时代后的全新解读”①。但中国的现实情况是仍然缺乏电子民主参与，原因包括：电子参与的范围仍受到广泛的数字鸿沟带来的限制；没有一套完善的电子参与的运作程序；几乎还没有正式的政策来要求、鼓励和指导政府通过电子化的方式主动征求公民意见，也没有关于公民意见如何纳入政府决策的正式的政策安排。电子治理对于民主的价值毋庸置疑，但实践却极其复杂。一方面，没有公民社会的积极参与，就没有电子治理的民主，也不会带来真正的电子治理。“公民社会模式指的是政治文化的转变，且这种模式只有在信息技术带来更广泛转变的语境中才能得到认可”②。另一方面，电子治理的民主实现需要以适当的责任机制显现出来。因为“无论技术的本质是怎样的，无论为市民创造价值所需要进行的组织和机构改革的程度有多大，我们都需要回答这些问题：我们如何避免失败？我们是否具有正确的政策、流程和合适的人员来实现我们对公民的承诺？”③ 电子治理在实施层面需要重视对公民需求的回应和承诺，在项目实施之前，就对民主需求进行评估，公民的直接参与

---

① 张楠、孟庆国、郭迅华：《电子政务研究回顾 1999-2009：基于 SSCI 文献的分析》，《公共管理评论》2010 年第 1 期。

② ［英］安德鲁·卡卡贝兹、娜达·K·卡卡贝兹、亚历山大·库兹敏：《凭借信息技术重塑民主治理：一个日益值得商榷的议题》，官进胜译，《上海行政学院学报》2003 年第 4 期。

③ ［美］Theresa A. Pardo：《共享研究与实践知识：对“电子治理的未来”国际研讨会及全球数字政府学术共同体建设的评论》，郑磊、包琳达等译，《电子政务》2014 年第 1 期。

和自主创制成为一个主流趋势，是民主进程的必然。

第二节　电子治理的发展趋向*

电子治理近年来的主要进展，一方面是努力塑造政府与社会、公民之间的共治网络，实现信息网络环境下的合作共治；另一方面，在微观层面强调对公民的回应与承诺，以及对于民主的意义。电子治理在公共管理和社会治理之中已经创造了成功实践，主要集中于“互联网+政务服务”、智慧城市的电子治理、政务公开与政府数据开放、网络监督与反腐败，以及网络安全和隐私保护等方面。中国具有全球最大的网民规模，形成了体量最大的互联网用户群体和市场，互联网普及率过半，电子政务基础设施日益完善，互联网技术进步带动市场发展，向生产生活领域和政务领域深度渗透，带动了信息技术产业的发展，也构成国家治理、社会治理的基础环境和一个重要工具。中央网络安全和信息化领导小组的成立（现已改为中国共产党中央网络安全和信息化委员会）和网络强国战略、“互联网+”行动计划、大数据发展行动等三大战略的相继推出，构建了电子治理发展有利的制度和政策环境，中国已经具备发展电子治理的良好资源和基础环境。可以预见的是，电子治理的快速发展既是必然的需求，也是政府、社会和公民的共同责任，未来电子治理的发展将呈现如下趋向：

一、电子治理的关注重点转向推动治理和增进公共价值

“传统”的电子治理一般关注于政府管理和公共服务的质量，其基本领域仍属于电子政府、电子民主、电子社会的范畴，而电子政府是其中的重

---

* 该部分内容主要由杨国栋完成，节选于：杨国栋：《电子治理的发展逻辑》，《电子政务》2016 年第 3 期；杨国栋、吴江：《电子治理的概念特征、价值定位与发展趋向》，《上海行政学院学报》2017 年第 3 期。

点。这种重叠使电子治理缺少了自身的特点和对实践的导向性。由于电子政府、电子民主和电子社会作为信息技术在公共管理的各个领域和层面的理论和实践将继续存在和发展，电子治理要实现自己的使命，必须彰显自己的特色。在理论来源上，电子治理是治理理论与公共事务的信息技术应用理论之间的结合，因此电子治理主要是基于信息技术的一种治理形态或治理阶段，其目标是实现更好的公共治理。未来的电子治理要从更广泛的意义上实现自身的价值，就要将目标领域转向在国家治理、政府治理、社会治理中的影响和作用，推动治理的转型和发展，这既是电子治理的价值所在，也是信息技术全面渗透到公共事务管理中的现实要求。

电子治理意味着以信息技术应用和信息网络为基础的政府与企业、社会新的协商与合作关系的建构，这种改变一方面涉及到在政府、市场、社会和公民之间的权力分配、政策制定和关系模式的改变；另一方面，也伴随着对"对重新致力于民主思想，尊重人权以及对公民服务和公共物品的信念的需求①，构成"一种复兴民主和公民权利的行动途径。"有学者指出：电子政府关注于电子服务、电子工作流、电子选举、电子生产力等，而电子治理则强调电子参与、电子咨询、电子管理，以及网络化的社会引导"②，"电子治理的研究范畴具有从电子政府、电子资讯和服务转向整合、电子参与、电子决策和电子民主的开拓性。"③ 在这意义上，电子治理要推动公共治理从以政府为中心到以公民为中心的转向，致力于公民的直接参与、自主创制和民主治理的自主性，同时也要注重政府自身的观念和行为转变，提升自身的民主合法性与合理性，创造大众认同的发展环境。

---

① Menzel DC, *Ethics Monments in Government*: *Cases and Controversies*, Boca Raton, FL: CRC Press, 2010, p. 178.

② Riley B. Thomas, "E_ government vs. E_ governance: Examine the Difference in a Changing Public sector climate, Interational Tacking Survey Report（03）", Commonwealth Centre for E-Governance, 2003, p. 3

③ 白翠芳、张毅：《台湾电子治理研究中心研究成果分析及其启示》，《电子政务》2014年第2期。

二、电子治理的实施路径趋向于价值导向与问题导向的统一

以互联网为代表的新一代信息技术不是人类历史上第一次也必将不是最后一次的信息与传播革命。在互联网产生之前，电报、电话、广播和电视都曾经许以现实崇高的承诺，超越时间、空间和权力，但这不过是一种“迷思”。[①] 因此，“我们必须明白，当今颠覆性的技术变革过去也曾经出现过……每一次技术进步都或多或少地重新界定了公民角色，同时每次变革都会重复某些模式，这些模式我们今天也能看到。比如破坏社会秩序、产生新权威，以及了解外部世界的两种主要路径之间不断扩大的分歧再次出现。”[②]

美国学者布鲁斯·宾伯曾经说过，“科技不容置疑地朝着更快、更强、更有效的方向前进的本质并不代表社会或政治的进步。一个使用较先进技术的社会并不一定是一个本身就更进步的社会。”[③] 信息技术在技术更新和模式兴替中展现出变化万端的色彩，但它所引发的神话，最终总要得到某种平衡，这种反向的动力源于具有政治性质、社会性质的文化实践和社会实践。因此，电子治理不能被简单地作为一种工具，无论是技术工具还是治理工具，电子治理被带入治理语境后，就要参与社会建构。这样，电子治理的实践就不能仅限于国家权力、政府权力的政治需求，也不能服从于商业公司的市场扩张，而要致力于价值的实现，这既包括信息技术的本身价值，也包括公平正义的公共价值。同时，政府、社会和公民理应把电子治理作为探讨和解决公共问题的途径。因为任何崇高的价值如果不能基于对现实问题的探讨，就必然沦为毫无意义的空想，没有人们对电子治理先进性的真实感触，

---

① ［加］文森特·莫斯可：《数字化崇拜：迷思、权力与赛博空间》，黄典林译，北京大学出版社 2010 年版，第 69 页。

② ［美］比尔·科瓦奇、汤姆·罗森斯蒂尔：《真相：信息超载时代如何知道该相信什么》，陆佳怡、孙志刚译，中国人民大学出版社 2014 年版，第 10 页。

③ ［美］布鲁斯·宾伯：《信息与美国民主：技术在政治权力演化中的作用》，刘钢等译，科学出版社 2011 年版，第 238 页。

它就必将失去普遍的社会认同。电子治理在承接和创新公共事务信息技术应用的价值目标（如复兴民主治理的理想，增进社会和公民对公共政策的影响，提高政府的责任、透明度和信任度，更加注重公民利益等）的基础上，还要“以问题解决机制为导向，以实现善治为总体目标。关注于解决人们所面对的共同问题，最终实现人类和人类社会的全面发展。”①

三、电子治理的发展使自身也成为一个治理问题

电子治理的快速发展使自身的管理也成为一个问题。一方面，电子治理具有开放性和包容性的特点，兼具分权化、社会化、民主化和电子化属性。电子治理要连接电子政府、电子民主、电子社会，以及政府治理、社会治理、城市治理的不同领域，这必将涉及到不同治理主体，以及信息技术应用主体之间的协商、沟通与合作问题。另一方面，电子治理涉及到广泛的社会实践，需要一系列制度机制的建立和社会环境的创设。从目前来看，电子治理自身的治理问题突出表现在以下八个方面：

（一）电子治理主体的发展与行为规范

治理需要有多元化主体格局，电子治理也一样。电子治理有两个典型的发起点和实现路径。其中之一是政府发起和组织的电子治理，比如，决策参与和政务透明；另一个则是公众发起并且通过舆论推动直至政府参与和处置的电子治理。而后者在起点上与政府没有直接交集，往往始于一种无组织的自我行为。就目前来看，电子治理更多地是政府发起和推动，比如，政务透明和大多数的网络参与。而公众发起的电子治理的发展，比如，组织化的社会动员和参与网络的产生和发展也要在现有的政治体制和行政秩序前提下进行。因此，高素质的电子治理社会主体需要培养：一是政府作为电子治理行为主体需要培养，主要指向权利与功能的社会让渡。所谓的简政放权，发展

① 刘邦凡：《全球电子治理纵览》，《电子政务》2005 年第 4 期。

社会力量和社会组织；二是社会主体作为电子治理行为主体需要培养。电子参与公众主体规模发展是重点，如公共网络、公共服务网络和基层组织网络治理的发展。三是电子治理的具体规范的持续供应，不仅包括功能与职责定位，还包括各方行为的有效规制，如政府对政府及其他公共组织开放数据资源的要求、政府对社会主体网络参与行为的规定，等等。

（二）多元主体下电子治理的责任机制问题

治理是“一种以公共利益为目标的社会合作过程”①。治理需要有多元化主体格局，电子治理也一样。随着大数据战略、“互联网+”行动、智慧城市建设的推进，中国电子治理的范围和领域日益广泛，很多电子治理问题从一开始就不是政府独有的，更不可能为政府所能承担。但由于在当下的环境下，“政府及其相关工作人员还具有反感社会分权的本能情绪，这是长期以来政府取代市场和社会包打天下的体制养成的权力任性”②，“治理”强调的不是治理主体，而是治理对象，更多的是民生问题驱动、问题导向和官僚化的治理。如何使多元主体更加有序，形成一个责任共同体，是电子治理面临的重大挑战。如魏则西事件，暴露出责任缺失的问题。百度、医院、卫生监管部门都负有一定责任，但在它们之间，尤其是百度与医院之间，并没有很好的共同责任机制，导致了互联网企业在某些特定情况下成为“助纣为虐”的工具。2016 年 5 月 7 日在北京市发生的“雷洋案件”，也是经当事人家属将事件过程在网络上发布，引起了社会广泛关注，最终推动事件向真相迈进。但这些事件既反映了网络舆论场的强大力量，也暴露了它的非理性因素和后续问责缺失问题。一方面，在网络参与过程中，如何实现有序，避免和控制偏激、不良情绪，既需要整个社会中的公民，特别是具有参与愿望的

① Gills Paque, *Governance Through Social Learning*, Ottawa: University of Ottawa Press, 1999, p. 214

② 石亚军：《当前推进政府职能根本转变亟需解决的若干深层问题》，《中国行政管理》2015 年第 6 期。

网民来理性表达自己的声音，也需要政府及时和有效的引导。另一方面，网络舆论场对公共权力的问责要以合适的制度机制体现出来。对电子治理问题的有效问责既需要政府自身的制度建构，也需要社会的参与和监督，其归根结底是一个“共治”和“分责”的问题。电子治理的有效性和可持续性，最终仍需要法治思维，依赖于健全的责任机制，如何建立政府、企业、社会、公民之间的网络公共问题治理的责任共同体，是电子治理发展的重要方向。

（三）电子治理的体系建设问题

随着时代的发展，“人们对于政府中技术的引入寄予了公平、民主等更为本质的、比技术价值更高层面的价值期待”①，电子治理的范畴具有从电子政府转向公共服务整合、电子参与、电子决策和电子民主的开拓性。电子治理涵盖了互联网治理、电子政务、电子社会、智慧城市、大数据等诸多领域和内容。这些内容相互关联并具有共性特征，都可以统一到国家治理之中。为了避免这些内容和领域各自推进所产生的各自为政、信息孤岛、资源统筹和工作协调不够的问题。中国的电子治理需要以基于信息的共享应用，探讨电子治理的体系建设。电子治理的发展，需要协调推动各个领域的工作，主要是：以“互联网+政务服务”为牵引，统筹发展电子政务，进一步优化再造政务流程，构建一体化在线服务平台；以政府开放数据为突破口打造透明政府；加强网络空间治理和大数据管理，培育健康向上网络文化，畅通沟通渠道，建立政府、企业、社会共治模式和责任机制；着力发展重点领域大数据应用；打通信息壁垒，构建全国信息资源共享体系，用信息化手段感知社会态势和网络安全态势；分级分类推进新型智慧城市建设。电子治理将向更广泛范围迈进，在整体规划和各个领域的应用协同方面，需要增强统筹、建构体系和创建共治模式。

---

① 叶战备、向良云：《电子治理：电子政府发展的必然选择》，《探索》2007年第3期。

（四）治理鸿沟与数字鸿沟的弥合问题

不同国家和地区之间的经济社会发展程度、公共管理和公民素质上存在的差距，使电子治理同时面临着数字鸿沟、治理鸿沟的难题。多元主体、合作共治是电子治理的基本特征，推动社会、公民参与电子治理的实践是其必然要求。但从当前的实践看，基于公众发动的电子治理行为基本是个人行为，缺乏有效的组织运作，即电子治理的社会主体缺乏有序的组织力量，而参与的无序化，容易导致公民参与的失效、扭曲和变异。因此，电子治理中的社会主体的社会关系属性和组织秩序需要政府、企业、社会和公民组织共同治理的外力催化。尽管全球互联网渗透率不断提高，但不同国家、群体之间的数字鸿沟问题依然严重，比如，2014 年联合国电子政务发展调查报告显示，在具有非常高的水平层面，欧洲占比 60%，亚洲只占 20%。有学者指出，发展中国家能够赶上互联网技术扩散的理念，是一种建立在技术停滞基础上的想法。而互联网技术的飞速变化使得数字鸿沟成为一个移动标靶，它不断处于变化之中①。此外，地区和群体的差异也较为明显，虽然"移动通信完成了类似十年前以个人电脑和互联网为基础的网络社会的最为重要的扩张……。不管通信节点位置何在，无线通信都使空间更加均质化。"② 但有证据表明，数字鸿沟正由接入鸿沟演变为应用鸿沟，对于一些人来说，他们积极地获取服务和参与论坛，而对另一些人来说，网络是杂乱无章的，上网是一种被动的体验，这种使用网络的新的不平衡所造成的数字鸿沟，正成为一个更难以解决的问题，需要社会多元力量的共同努力。

---

① ［英］安德鲁·查德威克：《互联网政治学：国家、公民与新传播技术》，任孟山译，华夏出版社 2010 年版，第 432 页。

② ［西］曼纽尔·卡斯特、米里亚·弗尔南德斯-阿德沃尔、邱林川、阿拉巴·赛：《移动通信与社会变迁：全球视角下的传播变革》，傅玉辉、何睿等译，清华大学出版社 2014 年版，第 151 页。

（五）网络空间的参与和治理问题

电子治理具有明显的社会性，既是服务于社会的行为，也需要全社会的共同参与。与云政府、智慧政府、大数据等术语相比，电子治理并不是信息技术产业界所积极推动的一个概念和领域，因为它并不能快速创造信息技术和产业市场，因此，市场对电子治理的外在推动力有限。电子治理需要整合电子民主、电子社会的经验，所以特别需要公民社会的支持。萨尔米宁等提出，“公民应该是忠诚的、遵纪守法的、熟悉道德的，他们应该重视政治权利和义务。”① 特别有必要使公民认识到他们所拥有的权利，承担与这种权利相对应的责任，以此保证他们被赋予的民主社会的社区生活。自主性的电子治理需要公民社会的成熟和民众治理自主性的成长。在具有强势政府的政治传统和行政理念的国家，公民本身的参与热情先天不足，电子治理往往是从自己关注或从自己的生活场景开始，缺乏更为公共化的抽象价值追求。因此，在弥合技术鸿沟的同时，发展电子治理，政府和强势主体应当注重电子治理内容和推进措施对生活的嵌入，注重民众治理自主性和民众电子治理生活方式和生活理念的塑造。同时，互联网增进了公民之间的讨论与协商，但也可能带来团体的极端化。“在网络上，群体极化现象每天都在发生。确实，网络对很多人来说显然是极端主义的温床，确切地说是因为有共同想法的人在一起互相商讨，而不去听取相反的观点。最明显的例子是彼此憎恨的群体的出现。”② 但民主仅仅存在于公民积极参与重要社会和政治问题的对话中，公民必须能够接受与自己不同的观点的存在，在不同观点之间自由地交流、讨论，并且对不同观点进行审慎思考，而团体的极端化阻碍了对重大问题的

---

① Salminen A. Lähdesmäki K, Ikola-Norrbacka R, “Decent Citizenship, Justice and Trust as Cornerstones of Legitimation: Tensions Between Generations in Finland”, International Review of Administrative Sciences, Vol. 78, No. 3 (2012), pp. 447-473.

② ［美］Cass R. Sunstein:《民主与网络》，见尤瑞恩·范登·霍文、约翰·维克特:《信息技术与道德哲学》，赵迎欢、宋吉鑫等译，科学出版社 2014 年版，第 84 页。

真正的商谈，不利于治理的达成。对于这一问题，在不同的国家可能采用不同的方式，但无论是以政府为主导或是其他，政府、社会和公民团体的公共参与的治理都必不可少。

（六）网络与信息安全问题

中国已经是一个名副其实的网络大国，但还不能称之为网络强国。不仅是核心技术还未取得重大突破，也包括网络安全观念、体系和责任机制的问题。网络安全体现在国家安全、经济安全、社会安全、公民安全等多个领域、多个层次。网络和信息安全决定了网络、信息和数据不是完全开放的，也不是没有政治要求的。网络和信息安全在两个方面影响中国：一方面是信息本身的安全问题。这个问题涉及到要建立多层次的安全体系，在各个层次上的安全理念，以及监管和责任机制的构建。比如对大数据的管理，包括一些涉及国家利益、国家安全的数据，很多掌握在互联网企业手里。另一方面，信息和网络安全在一定程度上影响了电子政务的发展。在数据开放、信息共享方面存在着部门利益、行业利益、本位思想，这些问题在很多情况下是以保证安全的面貌出现。政府需要解决这一问题，未来的发展方向是综合运用各方面掌握的数据资源，在做好信息共享和系统联动的同时，加强大数据挖掘分析，更好地感知网络安全态势，做好风险防范，做到电子政务应用与信息安全的双赢。

（七）在电子治理中引导社会合理预期问题

多年来持续的经济高速增长，使人民群众对物质文化生活的期待不断提升，其需求也日益向多样化、多层次发展，但“新常态”背景下经济发展的不确定性增多、风险增大，导致个体容易基于旧有观念而产生偏误性预期，并通过社会传导机制，影响整个社会经济系统的运行。网络空间已经成为最大、最主要的舆论场，网络舆论对民众的心理预期起到主导性的作用。但就互联网的本质而言，由于交往的匿名性，网民具有天生的从众心理，而在中国，由于社会结构和公民意识的限制，网民的非理性因素又较为突出。一方面，互联网带来了一场真正的期望革命，互联网允许每一个利益群体、公民个体都表达自己的期望和诉求，包括政治诉求、经济诉求和社会诉求，由于中国网民的庞大数量，这些诉求很容易影响社会舆论的走向。另一方面，社会预期的革命导致网民自发的社会预期远远超出了国家本身的能力，这样的结果，直接冲击的就是政府、国家的公信力，反过来形成一种社会压力，容易造成国家与社会、政府与公民之间的关系紧张。面对网络空间的预期革命，面对经济新常态和“中等收入陷阱”的挑战，中国要协调、稳步发展，政府需要积极参与网络空间治理，加强与社会公众的沟通，通过网络引导社会预期，凝聚共识，保持社会稳定。

（八）电子治理的全球化

随着中国经济日益融入世界，以及政治体制改革、公共管理改革、法治建设的推进和公民民主意识的提升，中国的电子治理与世界各国面临的很多问题是相同的，比如电子公共服务问题、政府开放数据问题、智慧城市建设以及网络安全和隐私保护问题。互联网的国际化特征和网络安全的全球性威胁，决定中国电子治理也要参与到全球治理之中。中国电子治理与全球电子治理的交流与融合，首先是理念的吸收与借鉴，比如多元主体与共治、公私网络、伙伴协同、社会参与、电子民主等。其次是电子治理的成功模式和最佳实践。世界各国已经取得的成功经验，可以与中国国情相结合，加以本土化实现。最后，中国要积极参与互联网的全球治理。中国作为全世界拥有网民最多的国家，在电子治理的治理理念、发展模式上理应为世界作出应有的贡献，比如中国提出的互联网治理的“四项原则”“五点主张”，特别是倡导尊重网络主权、构建网络空间命运共同体，以及最新提出的网络安全观，就是中国对于电子治理理念的思考和贡献。

第三节　电子治理的实施策略

电子治理的实施是多主体、多内容、多关系共同作用的过程和结果。电子治理的基本理论来源是治理理论和电子政府、电子民主、电子社会。在相关度上，电子政府与电子治理的关联最为紧密，电子治理的产生与发展，最初就与电子政府联系在一起的，即使在电子治理成为一个规范性的概念之后，在一些情形下，两者也是作为同义词或近似的概念去使用，而在实践中，“两者面临的问题有很多都是重叠的，一些基本问题的解决实际上是互为因果的。”① 在大数据环境下，电子治理的未来发展与数据治理又紧密结合在一起，数据治理为电子治理提供“赋能”，成为电子治理开放式、可持续发展的重要条件和动力。在实践中，电子治理与电子政务、数据治理相辅相成、协同发展，促进技术和数据驱动的政府“良治”。

一、电子政务与电子治理的实践关联*

理解电子政务与电子治理两者的关联，一方面可以通过两者各自建设的内容范畴来定义和刻画，另一方面也可借助两者各自涵盖的互动关系来描绘和认知。

（一）两者各自建设的内容范畴

电子政务发展从办公自动化系统建设起步，陆续地在政府内网“通过处

① 王浦劬、杨凤春：《电子治理：电子政务发展的新趋向》，《中国行政管理》2005 年第 1 期。

* 该部分内容由李健和张锐昕撰写，节选自：李健、张锐昕：《从电子政务到电子治理：分歧与趋同》，《上海行政学院学报》2018 年第 6 期。

理数据实现政府内部工作的自动化”①，在互联网建立门户网站进行信息公开、在线服务、网上办事、政民互动类功能建设，依托政务大厅或行政服务中心建设电子行政审批系统推行行政审批制度改革。进入“互联网+政务服务”阶段，“互联网+政府”在努力实现政务服务事项的“一号申请、一窗受理、一网通办”的同时，将更多创新性的思维、观念、意识、政策和人才等连入并融入互联网，力图“网尽”所有公共信息和公共服务。在电子政务进化过程中，各级政务部门逐渐变“以职能为中心”为“以公众为中心”，变技术驱动、国家推动为需求驱动、组织重塑，变政务服务“菜单式”被动按需提供为“公民生命旅程式”精准推送，一直努力追求“以公民为中心”、围绕公民需求“一体化”提供政府电子公共服务。进入大发展时期的电子政务在办公自动化、信息公开、事务处理、政民对话等方面为电子治理积累了资源和经验，其内容范畴在不断外展，除了对信息基础环境、信息系统建设、信息人信息素养培育等技术基础和公众基础提出更高要求之外，还对政府基础准备（包括政府观念、行政文化、政府职能、组织结构、工作流程、责权体系、管理体制、运行机制等行政体系要素的创新和改革）提出了原则性要求，促进了政务自身的适应性改变。

与电子政务相同，“电子治理不包括仅集中于私营部门的电子贸易和电子商务。”② 它的理想化初始状态是：以电子政府为基础，基于电子政务内容范畴拓展，由“只是电子政务部分发展到也包括电子公民、电子服务和电子社会”③。其面向政府治理，从将电子政府界定为“政府利用相关技术特别是基于web的网络应用程序，为市民、合作伙伴、员工、政府实体及其他

① Richard Heeks，“Understanding e-Governance for Development”，January 2000，http：//unpan1. un. org/intradoc/groups/public/documents/NISPAcee/UNPAN015484. pdf.

② Richard Heeks，“Understanding e-Governance for Development”，January 2000，http：//unpan1. un. org/intradoc/groups/public/documents/NISPAcee/UNPAN015484. pdf.

③ Richard Heeks，“Understanding e-Governance for Development”，January 2000，http：//unpan1. un. org/intradoc/groups/public/documents/NISPAcee/UNPAN015484. pdf.

机构提供信息访问和服务交付"① 可窥一斑。其面向公共治理，从吸引更多公共组织和私营组织共建共享信息资源、合建合维治理生态以及为不同组织将业务扩展到公共事务领域提供支持等方面看出端倪。电子治理旨在创建统一的治理平台、更多的数字连接以及国家综合数据库，"通过处理和交换数据来支持和转换治理的外部工作"②，令治理主体广泛参与去中心化治理项目开发建设和公共服务合作供给全过程，在促进电子治理应用发展的同时，也推进电子政务使用数量持续增长。

（二）两者各自涵盖的互动关系

电子政务和电子治理都是关系的集合体，同时又都处于复杂的关系网络之中。它们各自涵盖的关系既是它们本身的存在方式，也体现着其所属实体之间的相互作用。改善这些关系是电子政务和电子治理的一项核心任务。

电子政务的关系，体现在结构方面偏重内部关系，涉及电子政府后台——电子政务网络中的 G2G、G2E、E2G 关系；体现在功能方面聚焦电子政府前台——互联网上的外部关系（包括 G2B、G2N、G2C 等）及其过程和结果。这些关系既表征为组织与组织、组织与人之间的数字关系，也表征为组织与系统、人与事物之间的数字关系。由于目前电子政务建设内容主要是"以公众为中心"按需提供公共信息和公共服务，后台建设围绕前台需求来驱动和进行，前台的外部关系受制于并取决于后台的内部关系，即外部关系的改善依赖内部关系的改善来成就，所以，电子政府的内外部关系事实上存在着客观的互为因果关系。如若将各级政府和部门构成的电子政府视作一个整体，其电子政务的外部关系将总体表征为政府（以内部联合基础上的整体性的方式存在）与外部实体（主要是公共服务对象）之间的一对多的、由

① Information Technology Services Division & Department of Administration of the Montana State, "Examination of the Delivery of E - Government Services", April 2006.

② Richard Heeks, "Understanding e-Governance for Development", January 2000, http://unpan1.un.org/intradoc/groups/public/documents/NISPAcee/UNPAN015484.pdf.

内向外的输出关系，集中体现为政府与外部实体之间的互动关系，其中，单向度的服务输出占大多数，虽然也有很多服务设计为双向度的互动，如外部实体的服务需求和意见建议也应反馈（回输或耦合）给政府，但实际上允许外部实体回输信息的功能很少，大多数还只停留在理论研究探索层面，实现程度和实际功效都很有限。由于政府缺乏统筹周密的顶层设计和改革计划，现实世界中诸多行政体系要素变革和调适还未到位，不仅造成行政体系要素与新的环境和需求不相匹配的情况大量存在，还使得电子政务系统无形中成为固化落后的管理体制、业务流程和权力运行机制并阻碍其变革的“元凶”。受累于政府自己制造出的这些障碍和麻烦，影响并反映在内外部关系运行中，就是电子政务系统的质量和绩效难达公众满意，加之技术性的基础条件——信息基础设施、隐私、安全、信息系统等还未建设到位，政府要在现实环境和条件下妥善处理好电子政府的内外部关系并非易事。

电子治理的关系，主要体现在治理结构和功能方面，是一种多中心（无中心）、多向度、弹性互动的网络关系，除了电子政务涉及的政府与各类实体之间的关系以外，还涉及公共部门之间的关系，公共部门与私营部门、非营利组织和社区组织之间的关系以及与民间社会机构之间的关系等，更多地表征为治理主体之间的互动。由于这些关系反映了现实世界中的种种关系又超越了这些关系，无法摆脱其人为建构的事实①，且“全天候”式的互动频繁、复杂又难于应对，要使这些关系都达到平等友好和持续改善难度很大，需要政府在不断优化电子政务的结构功能的基础上与其他治理主体开展更加有效的合作，与社会各子系统进行良好的功能耦合，以不断促进电子治理结构和功能的改善。

相对而言，电子政务的内外部关系较具刚性，其关系改善需要依靠行政体系要素的变革和创新提供支撑，电子治理的关系更具弹性，改善关系的明

---

① 张锐昕：《电子化政府绩效评估系统的角色和功用初探》，《江苏行政学院学报》2013年第1期。

智做法只能建筑在建立更多数字关联、提供更多服务渠道的基础之上，从而为各方加强沟通交流、反映利益诉求和实施监督问责提供便利条件和有效策略。

基于上述分析，电子治理和电子政务的类同之处，既表征为两者的相同点，也体现在两者的趋同点。相同点主要体现在两者的重合部分——电子政务的内容范畴和内外部关系方面，当下两者的内容范畴和涵盖的互动关系之间明显表现出包含与被包含的关系。趋同点主要表现在电子政务的内容范畴与电子治理的内容范畴渐趋一致，而政府在公共治理中的角色和作用正在发生根本性的变化，未来两者的界限将日趋模糊。此外两者的类同之处还体现在以下方面：一是在主体选择方面，由强制规定转向市场选择。理论上，把电子政务建设和运维的主体理想化地限定为公共部门，受公共部门的观念意识、技术能力、人员素质等方面的限制，实际上在电子政务建设和运维当中一直无法排除企业及其他组织人员的全程参与甚至深度参与。电子治理将建设和应用主体拓展至包括私营部门和公众，这是市场选择的结果，同时也是治理环境变化、风险增多、需求攀升以及行政手段难以调节外部性问题和阻止不合作行为等原因导致包括政府在内的治理主体不得不专注于自身核心竞争力、掌控好自身角色定位以及应发挥作用和所擅长领域，进而寻求广泛合作、共同发展与风险共担以致促成治理电子化的结果。二是在关键业务方面，由各有侧重转向相互承继。在电子政务发展初期，其关键业务聚焦于政府内部办公自动化；在政府上网后，其业务侧重电子管理、电子服务、电子商务和电子民主，旨在“利用信息和通信技术、互联网、新媒体，进行政府内外部关系转变，实现服务交付、顾客参与和治理的持续最优化”①，虽然电子民主建设进展缓慢，政府治理只限初涉，但更为开放的电子政府却“不仅反映出互联网兴起以来网络化取得的成就，而且反映出政策制定中协商模

① Gartner Group，“Key Issues in E-Government Strategy and Management”，Reasearch Notes，Key Issues，May 23，2000.

式在更大范围中的转变”①；待真正进入治理阶段，电子政府将面向公共行政将业务拓展到包括治理和公共行政的四个领域：国家经济和社会计划；它与公民和法治的关系（电子民主）；其内部运作及其与国际环境的关系，包括可以由信息和通信技术塑造的所有政府角色和活动②。相对地，电子治理主要致力于三个领域——“完善政府程序：电子政务；连接公众：电子公众和电子服务；以及建立与公民社会的互动和公民社会内部的互动：电子社会”③，三个领域业务互有重合且不断扩展，有望藉由电子公民、电子社会为电子政务之电子民主铺平道路。足见两者在治理尤其是政府治理功能建设方面相互承继性显明。三是在关注流程方面，由争论分歧转向态度一致。“电子治理的基本目的是简化国家、州和地方各级政府，公民，企业等的流程”④，电子政务的目标也包括简化政务流程。虽然维克托·舍恩伯格和大卫·雷泽尔（Viktor Mayer-Schönberger 和 David Lazer）曾批评“电子政府太多关注于技术——技术上可行——而不是信息的流动”⑤，苏哈什·巴特纳格尔（Subhash Bhatnagar）也认为“在向所有利益相关者提供服务中，电子治理关注流程，而电子政府主要关心产出”⑥，但这些都是针对电子政府构建早期的情况。自电子政府的派生概念——信息政府提出以后，流程反思和优化开始在电子政府实践中受到重视和得到强调，政府已然在电子政务建设中刻意纠正以往“不关注流程，只关心产出”的做法，并在流程梳理以至再

① Kelly T, “Unlocking the Iron Cage: Public Administration in the Deliberative Democratic Theory of Jurgen Habermas”, *Administration and Society*, Vol. 36, No. 1 (2004), pp. 38-61.

② David Brown, “Electronic government and public administration”, *International Review of Administrative Sciences*, Vol. 71, No. 2 (2005), pp. 241-254.

③ Richard Heeks, “Understanding e-Governance for Development”, January 2000, http://unpan1.un.org/intradoc/groups/public/documents/NISPAcee/UNPAN015484.pdf.

④ Business Jargons, “E-governance”, 2010, https://businessjargons.com/e-governance.html.

⑤ Viktor Mayer-schonberger and David Lazer, *Governance and Information Technology: From Electronic Government to Information Government*, Boston: The MIT Press, 2007, pp. 1-14.

⑥ Subhash Bhatnagar, *Unlocking E-Government Potencial: Concept, Cases and Practical Insights*, New Delhi: SAGE Publications India Pvt Ltd, 2009, p. 10.

造上持续发力，电子政务和电子治理在关注政务流程和服务流程方面早已表现出明显的趋同。此外，寻找两者类同之处的线索还包括：电子政府绩效可用于对“善治”贡献的测量①；联合国强调“连接性治理”概念，以提供更好的组织、协调和整合的信息流、新的事务处理能力、反馈和协商的新机制、更多的民主参与形式，并将其视作电子政府的发展趋势②。

二、促进电子政务和电子治理趋同的策略和条件*

进入21世纪，各国更加重视利用信息技术改善管理和治理，并将电子治理作为实现善政和善治目标的有力手段。发展中国家的电子治理正处于进行时。由于认识到“电子治理在当前和未来发展中可以发挥关键作用，可以对治理的效率和有效性进行重大改进，并能为政府提供决定性的未来合法性，对发展中国家来说不是‘是否发展电子治理’的问题而是‘怎样发展电子治理’的问题”③，面对电子准备度缺乏和计划与现实之间存在的巨大差距，产生过许多电子治理失败案例的发展中国家正在寻求有效的策略并为之准备必要的条件以应对挑战。中国也是一样，在此驱动电子政务向电子治理方向有序发展的关口，亟需从中外已有研究成果和国外相关实践范例中汲取养分，学习处于电子治理发展前沿的国家的战略与战术安排为我所用无疑是明智之举，对明确我国究竟应该采取怎样的应对策略以及为之准备哪些适当的发展条件必有裨益。

关于框架结构模型，迄今为止的电子政务和电子治理都是在电子政府框

---

① Sabina, Castelfranco, “Certification and security in E-services: from E-government to E-business”, E-Government Conference Opens in Palermo Naples, April 11, 2002.

② 联合国经济和社会事务部：《联合国电子政务2008调查——从电子政务到互联治理》，2009年11月15日，见http://unpan1.un.org/intradoc/groups/public/documents/UN/UNPAN028607.pdf。

* 该部分内容由李健和张锐昕撰写，节选自：李健、张锐昕：《从电子政务到电子治理：分歧与趋同》，《上海行政学院学报》2018年第6期。

③ Richard Heeks, “Understanding e-Governance for Development”, January 2000, http://unpan1.un.org/intradoc/groups/public/documents/NISPAcee/UNPAN015484.pdf.

架模式下建设发展的。电子政府总体架构研究大体分为两类：一类侧重技术设计，主要研究复杂系统的建模问题；另一类侧重管理方面，主要研究总体架构的理解和管理问题①。普获认可的总体架构包括：(1)侧重总体架构描述的 Zachman 框架，分别从规划者、所有者、设计者、构造者、集成者和使用者的视角回答数据、功能、网络、人员、时间和动机 6 个问题②。(2)突出参考模型的美国联邦政府总体架构框架 FEA（Federal Enterprise Architecture），“分别从绩效、业务、服务、数据、技术 5 个角度勾画出 5 个详细的模型”③，还给出了包括分析视角、改进过程、分类方法和评估方法在内的一系列实施指南和管理工具④。(3)注重总体架构过程的 TOGAF（The Open Group Architecture Framework），重点关注组织架构的设计、计划、实现和治理过程。(4)欧洲参考各国电子政府顶层模型研究成果提出的治理体系架构 GEA（Governance Enterprise Architecture），是一个高层次的体系框架，集成了一系列的领域模型，包括政府管理系统领域模型、整体对象模型、公共政策描述对象模型、提供服务对象模型和整体过程模型⑤。它“以政府部门的行政职能和业务的执行流程为核心，是对行政服务提供过程的建模，其目标

---

① Carsten Lucke, Sascha Krell, Ulrike Lechner, “Critical Issues in Enterprise Architecting-A Literature Review”, 16th Americas Conference on Information Systems, 2010, January 2010, https://www.researchgate.net/publication/220893843_Critical_Issues_in_Enterprise_Architecting_-_A_Literature_Review.

② Sowa John F, Zachman, John A, “Extending and formalizing the framework for information systems architecture”, IBM systems journal, Vol. 31, No. 3 (1992), pp. 590-615.

③ “John Zachman′s Concise Definition of The Zachman Framework”, January 1, 2008, http://www.zachman.com/about-the-zachman-framework.

④ 王欢喜、王璟璇：《EA 在电子政务顶层设计中的应用》，《图书情报工作》2012 年第 2 期。

⑤ Vassilios Peristeras, Konstantinos Tarabanis, “The Governance Enterprise Architecture (GEA): A Blueprint for E-Government Development”, 2004, https://www.researchgate.net/publication/27381547_Governance_Enterprise_Architecture_GEA_Domain_Models_for_e-Governance.

是对整个行政系统进行领域描述。"① (5)埃森哲提出的公共服务价值治理框架 APSVGF（Accenture Public Service Value Governance Framework），由成果、平衡、参与及问责四个高度相关的部分构成，表达了人们参与治理的关系，代表了更为公开的治理模式，意在"将人们——公民、服务用户和纳税人——与他们选择的、领导他们并塑造和指导他们的公共服务的人联系在一起"②。

西方国家电子政府发展模式以菲欧曼（Barry Feldman）的基于网络的公民参与模式和辰恩（Yu-Che Chen）的政府网上服务模式为代表③。姜奇平和汪向东基于政务目标将电子政府发展分为五种依次展开和递进的阶段性策略：技术应用型电子政务建设、管理信息化型电子政务建设、扁平服务型电子政务建设、电子民主型电子政务策略、全面响应型电子政务④。科尔索姆·沙库希和阿里·阿卜杜拉赫（K. A. Shahkoo 和 A. Abdollahi）将电子政府的实施模型分为描述性模型、成熟度模型、过程模型、电子政府框架⑤。英国德勤咨询公司提出了电子政府发展的六阶段模式：信息发布与传播；"正式的"双向业务；多功能门户网站；门户个性化；公共服务的集中；完全整合和政府再造⑥。也有学者将治理理论应用于电子政府发展阶段，如董礼胜

① 裘江南、叶鑫、李平安、孙德福：《电子政务顶层设计模型 GEA 及其应用》，《情报杂志》2009 年第 8 期。

② Greg Parston, Julie McQueen, Hannah Patel, "From e-Government to e-Governance: Using New Technologies to Strengthen Relationships with Citizens", *Accenture Research & Insights*, 2009, p. 3.

③ 娄成武、于东山：《西方国家电子政府发展理论研究综述》，《国家行政学院学报》2009 年第 3 期。

④ 姜奇平、汪向东：《行政环境与电子政务的策略选择》，《中国社会科学》2004 年第 2 期。

⑤ Kolsoom Abbasi Shahkooh, Ali Abdollahi, Mehdi Fasanghari, Mohammad Azadnia, "A Foresight based Framework for E-government Strategic Planning", *Journal of Software*, Vol. 4, No. 6 (2009), pp. 544-548.

⑥ ［英］安德鲁·查德威克：《互联网政治学：国家、公民和新传播技术》，任孟山译，华夏出版社 2010 年版，第 255-256 页。

（2009）提出，在治理理论引导下，电子政务的发展大致要经历四个阶段：以组织为中心的电子政务阶段→以公众为中心的电子政务阶段→以组织为中心的电子化治理阶段→以公众为中心的电子化治理阶段①。而电子治理领先国家“爱沙尼亚的电子治理是一个由制度、法律和技术框架构成的错综复杂的生态系统。”②

关于战略战术，韩文报认为电子政务战略涉及以电子管理为核心的发展战略和以电子社会为核心的发展战略③。辰恩（Y. N. Chen）的电子政府战略框架将更广泛的文化因素、情景要素与电子政府基础设施因素统一纳入到整体性的战略框架之中④。科尔索姆·沙库希和阿里·阿卜杜拉赫（K. A. Shahkooh 和 A. Abdollahir）提出电子政府战略设计包括 11 个因素：资金、管理、法律、流程、安全、技术、竞争、文化、人力资源、技术基础设施、信息和数据，每一方面都需要相应的策略，构成了电子战略规划的完整内容⑤。李鹏等从制度理论视角，通过耦合政府系统和信息技术系统的相关影响因素，重新解释了电子政府战略规划中的技术、组织、制度因素⑥。具体到电子政务前后台办公室构建的战术策略，欧盟大多数国家采取的是“前台服务带动后台整合”的策略，而比利时政府采用的是“先后台整合，再前台建设”的策略⑦。理查德·哈里斯（Richard Heeks）因为电子治理整合了处

---

① 董礼胜、雷婷：《国外电子政务最新发展及前景分析》，《中国社会科学院研究生院学报》2009 年第 6 期。

② Kristjan Vassil，“Estonian e－Government Ecosystem：Foundation，Applications，Outcomes”，2016，http：//pubdocs. worldbank. org/en/165711456838073531/WDR16－BP－Estonian－eGov－ecosystem－Vassil. pdf.

③ 韩文报：《电子政务概论》，解放军出版社 2005 年版，第 122－131 页。

④ Chen，Y. N，Chen H. M，Huang W，Ching R. K. H，“E－Government Strategies in Developed and Developing Countries：An Implementation Framework and Case Study”，*Journal of Global Information Management*，Vol. 14，No. 1（2006），pp. 23－46.

⑤ K. A. Shahkooh，A. Abdollahi，“A Strategy－Based Model for e－Government Planning”，*The Second International Multi－Conference on Computing in the Global Information Technology*，French Caribbean，March 2007.

⑥ 李鹏：《美国电子政务技术演绎模型及本土化进路》，《电子政务》，2012 年第 11 期。

⑦ 马蕴：《比利时电子政务发展特点及启示》，《信息化建设》2004 年第 5 期。

理和通信技术，将人、流程、信息和技术整合到了实现治理目标的服务之中，而将之视为整合治理，并研究总结了应对整合治理的一揽子战略计划，包括建设数据系统基础设施、法律基础设施、机构基础设施、人力基础设施、技术基础设施、领导力和战略思维以及认知和承诺等七个方面。此外，还提出了在战术层面上应借鉴已得到证实的结束计划与现实之间差距的最佳实践，包括现实合法化和映射现实、定制化服务以匹配现实、模块化（一次支持一个业务功能）和渐进主义（为业务功能提供逐级支持）、混合训练和术语理解，以及缩小特定的差距等七项措施①。

关于电子政务的障碍和成功因素，美国前副总统戈尔曾提出世界各国电子政府发展面临文化障碍、政府的保密制度、官员腐败及公务员缺乏培训等四种障碍因素，认为这四种障碍均缘于政府体制内部，是政府在提供政府电子公共服务过程中需着力克服的因素，解决问题的关键“不仅需要理念上的革新，更需要政府组织形式的再造”②。欧盟委员会强调，电子政府是信息和通信技术、政府组织变革、个人新技能相结合的产物，正确运用这三种推动力有助于电子政府目标的实现③。薛冰指出，“发展交叠管辖和权威分散的多组织安排，尚需相应的社会文化条件和政治法律条件与之匹配，既不能单靠理论论证而普遍推行，也不能单靠行政指令而落地生根。”④ 苏哈什·巴特纳格尔（Subhash Bhatnagar）提出，“电子政府项目成本依赖于初始条件——是否是白手起家来替代人工系统，或者是既有计算系统的延伸。主要成本要素是后端的硬件、软件、数据转换、培训和维护，以及把公共接入点

① Richard Heeks, “Understanding e-Governance for Development”, January 2000, http://unpan1.un.org/intradoc/groups/public/documents/NISPAcee/UNPAN015484.pdf.

② 叶国标、吕惠敏：《美国前副总统戈尔：电子政务面临四大障碍》，2002 年 6 月 14 日，见 http://www.china.com.cn/economic/txt/2002-06/14/content_5159846.htm。

③ European Commission, “The Role of eGovernment for Europe's Future”, *The Journal of E-Government Policy and Regulation*, Vol. 28, No. 1 (2005), pp. 59-68.

④ 薛冰：《公共行政与自主治理的良性互动——公共管理的现代发展趋势》，《人文杂志》2007 年第 2 期。

连到后端的通讯信息基础设施。"[①] 唐纳德·诺里斯和杰·穆恩（Donald F Norris 和 M Jae Moon）认为电子政府建设中的障碍因素除涉及（PC、网络）技术升级、技术或网络工作人员缺乏、缺少技术或网络知识，还涉及财政资金不足、安全问题、隐私问题、上级领导支持等多个方面[②]。

关于电子治理的障碍和成功因素，梅耶尔·艾伯特（Meijer Albert）认为电子治理创新的障碍包括政府的结构性障碍、公民的结构性障碍、政府的文化障碍和公民的文化障碍四个方面，"不仅要通过开发强大的技术、强大的组织结构和法律嵌入等来解决结构性障碍，还要将技术实践作为可选框架。"[③] 辛格·卡尔西和拉维·基兰（Singh Kalsi N 和 Kiran R）认为，国家的政策框架与项目执行框架之间存在巨大差距，是造成电子治理项目失败的原因，要保障电子治理项目成功实施和可持续发展以营造有利环境，政府需要通过对政策和执行框架进行适当干预来消除差距或使其最小化，以此才能充分利用信息通信技术优势，为所有利益相关者提供符合其期望与需求的综合服务，使善治惠及大众[④]。丹麦治理的持久力量和更为碎片化的日本的连接政府的合作模式的方法证明，政治的或者公共部门驱动和激励的公共部门现代化、寻求共识和政府间实现电子政府的方法，参与者之间的信任，以及正式和非正式的角色是成功的重要因素[⑤]。而一些发展中国家拥有的与网络治理环境不相适应的文化和政治特质，加之缺乏意识、知识、技能、愿景、

① Subhash Bhatnagar, *Unlocking E-Government Potential: Concept, Cases and Practical Insights*, New Delhi: SAGE Publications India Pvt Ltd, 2009, p. 25.

② Norris D F, Moon M. J, "Advancing E-Government at the Grassroots: Tortoise or Hare?", *Public Administration Review*, Vol. 65, No. 1 (2005), pp. 64-75.

③ Meijer Albert, "E-Governance Innovation: Barriers and Strategies", *Government Information Quarterly*, Vol. 32, No. 2 (2015), pp. 198-206.

④ Nirmaljeet Singh Kalsi, Ravi Kiran, "E-Governance Success Factors: An Analysis of E-Governance Initiatives of Ten Major States of India", *International Journal of Public Sector Management*, Vol. 26, No. 4 (2013), pp. 320-336.

⑤ Morten Meyerhoff Nielsen, "eGovernance Frameworks for Successful Citizen Use of Online Services: A Danish-Japanese", *JeDEM-eJournal of eDemocracy & Open Government*, Vol. 9, No. 2 (2017), pp. 68-109.

战略、条件、信心、承诺以及未将信息技术与善治改革有机融合或整合等现实①，被认为是导致其电子治理失败的主要原因。

关于条件准备，杰弗里·罗伊（Jeffrey Roy）认为需要为行动和战略提供资金，认同“对于许多国家的城市而言，由于缺乏政治意愿，政策自主权和相应的财政资源基础，需要在形塑当地事务和发展方面更加自信地与国家的政府短期脱节。任何改正这种情况的有意义的尝试都要求实质性的重大国内改革。”② 阿贾伊·辛格和温纳·夏尔马（Ajay Kr. Singh 和 Vandna Sharma）提出，“实质性的行政改革必须先于电子治理尝试，即必须将重点放在简化过程、合理化程序、再造政府上，然后再利用信息技术将这些变化制度化。”③ 印度中央政府制定了电子治理政策《直接利益转移（Direct Benefit Transfer）》，主要用于将补助金直接转入受益人账户。印度的安得拉邦为电子治理准备了有担当的领导和官僚机构，为国家提供了确保政府有效、无障碍、透明和负责任地向公民提供服务的良好治理模式，开发建设了一系列服务信息系统，还特别为公共服务精准推送确定了能把所有关键服务连接到个人或家庭的钥匙——Aadhar（安得拉）号码，这个号码一旦与银行账户号码以及服务之间建立衔接/联接，政府就可以轻松确定服务的真正受益者并相应进行外展计划④。印度的北方邦在制定积极的IT政策和电子制造政策，专注于通过公共服务中心直接提供以公民为中心的服务、强大的电子政务基础设施、政府流程再造、无纸办公室、各阶段的透明度和问责制、能

---

① Richard Heeks，“Understanding e-Governance for Development”，January 2000，http：//unpan1. un. org/intradoc/groups/public/documents/NISPAcee/UNPAN015484. pdf.

② Roy J，“E-governance and International Relations：A Consideration of Newly Emerging Capacities in A Multi-Level World”，*Journal of Electronic Commerce Research*，Vol. 6，No. 1（2005），pp. 44-55.

③ Ajay Kr. Singh，Vandna Sharma，“e-Governance and e-Government：A Study of Some Initiatives”，*International Journal of eBusiness and eGovernment Studies*，Vol. 1，No. 1（2009），pp. 1-14.

④ Mohd Ujaley，“eGovernance is Good Governance”，September 2010，https：//search. proquest. com/docview/1520014913? rfr_ id=info：xri/sid：primo.

力建设等方面做了充分准备，北方邦信息技术和电子部还与电子治理使命团队合作采取了包括技能发展会议，专业培训计划、研讨会、讲习班和培训等在内的各种举措，以开展官员的 IT 能力建设①。

上述成果和做法给予我们的启示是：促进国家电子政务和电子治理发展并相向而行的策略和条件包括但不限于：制定全国统一的电子政务和电子治理的关键性政策、规划、标准及规范，对其进行统一计划和指导；从法律基础设施、机构基础设施、人力基础设施、技术基础设施、领导力和战略思维等方面入手，构建国家级的、具有全局性和灵活性的较为完整的实施框架，准备战略与战术的整体性解决方案；赋予原有领导电子政务建设的领导机构以领导电子治理建设的职责，以采取稳妥而高效的推进模式，使其在驱动和激励公共部门改革、泛城市合作组织建设以及全民信息素养培育方面提供政治、政策和财政支持。完整的策略和条件需涉及从顶层设计到基础建设、从信息资源共享体系到应用体系构建等方方面面，还可辅以“微政务”治理模式的“以公众为中心的理念、对民生的直接关切、公私平台的融合以及各种治理途径的合作”②，以此为促进两者相向而行提供所需的关键性基础条件、前瞻性战略准备和精细化战术措施，并将之进一步上升到国家战略高度进行整体筹划直至最终实施。

三、数据赋能的电子治理策略*

信息技术革命不是一蹴而就的瞬间，而是一个不间断的波浪式发展过程。“摩尔定律”生动揭示了信息技术变革的频率，近年来云计算、大数据、物联网、移动互联网和人工智能的出现和发展，信息技术创新呈现出不断加

① Mohd Ujaley，“eGovernance is Good Governance”，September 2010，https：//search. proquest. com/docview/1520014913？ rfr_ id=info：xri/sid：primo.

② 黄璜：《微政务：一种嵌入式的治理初探》，《行政论坛》，2016 年第 6 期。

* 该部分内容由杨国栋完成，部分内容已发表过，见杨国栋：《数字政府治理的理论逻辑与实践路径》，《长白学刊》2018 年第 6 期。

速、日益多样化和向社会生活各个领域深度渗透的趋势。大数据、云计算、移动互联网、物联网、可穿戴计算机设备和人工智能进一步改变了我们获得信息、与人交流、组织活动、获得服务的方式。在强大的信息技术支撑下，各种信息都能以数字化形式自动采集、整合、存储、管理、交流和再现。但在实践中，电子治理也面临两个看似相互对立又“和谐”共存的矛盾：一是万物互联与数据割据。一方面是信息技术泛在性的不断增强，另一方面是由于“部门”利益、地方主义和过时的制度所导致的数据不能互联互通持久而根深蒂固的存在。第二个是大数据环境的事实存在和大数据应用的步履蹒跚。任何资源的价值展现都离不开特定的环境，大数据的价值并非与生俱来而是应用创新之结果。就社会整体而言，我们已经进入了大数据的时代，但到目前为止，基于大数据的价值创造仍主要限于商业领域。亚马逊、谷歌、苹果、脸书、阿里巴巴等企业正在成为大数据的拥有者和使用者，但国家治理、政府治理、社会治理中的大数据应用仍进展缓慢。可见，要实现真正的电子治理，还有很长的路要走。

（一）从泛互联网化到数据的无障碍流动

互联网的普及已经成为现实，大数据时代也在悄然来临，然而，从万物互联到数据的无障碍流动，并不是一种因果关系的必然。电子政务发展之初所遇到的“职能”壁垒、“信息孤岛”，到了今天仍广泛存在。在数字时代，以数据化展开的活动将成为经济社会生活的主流，数据从原先仅具有符号价值逐渐延伸到同时还具有经济价值、科学价值、政治价值等诸多价值的重要资源，如何增进数据融合，实现价值的创造，打破数据隔离和数据孤岛，实现数据开放共享就成为首要解决的问题。辰恩（Yu-Che Chen）对美国大都市区都市规划组织（MPO：metropolitan planning organizations）的研究发现，基于协作数据网络的有效数据共享是创建城市交通综合视图，实现交通改善的基础性的必要条件，基于数据分析的决策支持服务网络对改善跨区域公共服务绩效有着根本性的影响①。数据无障碍流动是全社会数据流动与应用的前提和基础，它在本质上是一个国家治理问题，依托于在明晰数据产权、保障数据安全的前提下实现数据的开放共享和合作应用，是创造数据环境、管理数据资源、提高数据使用效率的复杂行动。就目前而言，它包括如下迫切的行动：一是进一步打破数据割据和数据孤岛。数据割据和数据孤岛现象是阻碍数据开放、融合、流动的主要因素，不仅制约了电子政务的发展，也是对数据资源的极大浪费，并增加数据安全防范的难度。数据治理在本质上是一个国家治理问题，因此消除数据割据、数据孤岛，仍需顶层设计，应当优先选择国家治理面临的紧迫和重大问题，把数据集中于经济转型发展和社会发展之中，产生“裂变”效应。二是加速构建国家性、战略性数据资源库。需要尽快在重要领域形成国家战略性资源库，并由此构建数据收集、汇总和应用的治理体制。三是构建全社会数据开放共享体系。以电子政务、智慧城市为基础，加快公共数据集中和共享，建立数据确权、分类、流通、交易机制，推动公共数据与企业积累的社会数据之间的共享共治。

（二）大数据的智能化应用

大数据正在各个领域帮助人类创造价值，如百度的搜索、电子商务网站的商品推荐、滴滴的对接、人力资源岗位的匹配，而这背后是人工智能。大数据与人工智能之间存在着互动的关系：一方面，数据是人工智能营养的来源；另一方面，大数据是数据积累的从量变到质变的过程，大数据的产生，需要人工智能进行挖掘分析提炼，有了人工智能对大数据的智能化应用，大数据才具有创造性的价值。人工智能的运用，归根结底是大数据的积累及洞察，将人类智慧经验变成客观的、可观的、能够精准判断的、可以快速学习运用的方式，不断优化人类行为。任何有大数据的领域都可以有人工智能参

① Chen Yu-Che, Lee Jooho, “Collaborative Data Networks for Public Service: Governance, Management and Performance”, *Public Management Review*, Vol. 20, No. 5 (2017), pp. 1-19.

与。在电子治理之中，数据的累积和智能化应用应该是结合在一起的，大数据是基础，而智能化应用能够直接创造价值。如英国新 Data. gov. uk，允许公众访问匿名数据——包括对“学校、犯罪和健康”——使他们聚集不同线索的信息，寻找规律，产生新的信息作为搜索进展，这些信息已经被用于对基础设施项目（如新隧道、公路或医院）需求相关行为的潜在模式进行细化预测①。在国家治理中，数据赋能的电子治理要通过数据的挖掘和智能化应用，增强国家战略的科学性和对经济发展、产业转型的导向性，并在全球数字治理中，保障和提升中国式治理的影响。在政府治理中，首要是公共服务领域的数字化，在数字中国、智慧城市建设中，实现以公民为中心的公共服务，在提高效率的同时改善公民的服务体验，并促进公众与政府的良性互动。

（三）基于国家战略和民生福祉的数据驱动治理创新

以技术驱动政府改革，以政府改革为数字治理创造条件，这是一个关于技术与治理之间良性互动的理想状态。但在实践中，我们经常看到的却是信息技术逻辑与政府管理现实之间的矛盾与冲突。政府治理变革是一个充满不确定性的复杂过程，世界各国的改革实践证明，根据价值和制度蓝图构想的改革主张只是一种基于主观愿望的“内生偏好”，无法对制度的现实状况进行客观的判断。以数字化的未来构想来设定政府治理变革的主张可能只是一种主观愿望。由于电子治理包含并触及现有政府承担各种社会关系的角色、功能和活动，它的实现必然是长期、渐进、曲折和反复的。在这一宏大的工程和长期的过程中，诸多领域的变革必然不是同步的。优先选择的应当是两个方面：一是经济发展和国家治理重大问题的数据驱动治理创新。对中国而言，供给侧结构性改革、建设创新型国家、实现乡村振兴、推动区域协调发

---

① Glenn Hui, Mark Richard Hayllar, “Creating Public Value in E-Government: A Public-Private - Citizen Collaboration Frameworkin Web 2. 0”, *The Australian Journal of Public Administration*, Vol. 69, No. S1 (2010), pp. 121-130.

展，这些经济转型发展和社会发展的重大问题，都需要数据治理的支持，这些重大问题的数据驱动政府治理创新，将对整个社会的数字化发展和国家治理现代化起到引领和示范性的作用。二是事关民生福祉的数据支持治理改革与创新。党的十九大报告提出："增进民生福祉是发展的根本目的"，2017年12月8日，习近平总书记在中央政治局就实施国家大数据战略进行第二次集体学习时强调："要运用大数据改善和保障民生，坚持以人民为中心的发展思想，推进'互联网+教育'、'互联网+医疗'、'互联网+文化'等，让百姓少跑腿、数据多跑路，不断提升公共服务均等化、普惠化、便捷化水平。"夏义堃对中外政府网站公众接受与利用状况的研究结果表明，政府网站的使用率主要取决于网上服务对公民生活品质方面的影响①。公众期望的"未来的网路生活"："可以随时在路途中、行进间、任何一家小店，透过任何一项随身的电子通信用品，与所谓的'政府'进行互动、申辩、交易或索取资料"②。数字赋能的电子治理的无形泛在要以合适的生活机制体现出来，通过对民生福祉的改善、促进公众优质生活和实现公共治理的自主性来展现其对全体国民的意义，为其发展提供持续的动力。

① 夏义堃：《中外政府网站公众接受与利用状况的比较分析》，《电子政务》2009年第8期。

② 白翠芳、张毅：《台湾电子治理研究中心研究成果分析及其启示》，《电子政务》2014年第2期。

下篇

电子政府构建和运行的保障体系：从愿景目标到战略战术

进入“互联网+”特别是“互联网+政务服务”阶段，政府在“面对高度复杂、模糊、不确定与动态变化的环境时，最重要的是要对组织进行前瞻式管理”①，对此，加里斯·摩根给出的建议是，“由外而内式管理及定位与再定位的技巧是实现前瞻式管理的关键。”“他认为，要做到这一点，就必须能够在整个组织中分享未来愿景，让所有的组织成员都能达成对组织目标特别是组织价值理念的共识。”② 这一成果给予我们的有益启示是，进入“互联网+政府”时期和“互联网+政务服务”阶段，面对十九大提出的到二〇三五年“基本公共服务化均等化基本实现”和“提高保障和改善民生水平”的原则要求，电子政府构建和运行的保障体系的建构应该在愿景目标设计的高起点上起步，进而在明确电子政府构建和运行的保障体系的基本涵义和构成要件的基础上，对最关键性的构成要件进行战略与战术上的前瞻筹划与精细安排。

基于政府目前的价值理念追求，电子政府构建和运行的总体目标和价值取向仍应是法治政府、廉洁政府、责任政府、效率政府、民主政府、诚信政府、创新政府、节约型政府和服务型政府。为服务于政府上述目标和价值追求，并“试图恢复在追求提高效率过程中丧失的一些价值观念”③，电子政府构建和运行的保障体系建构需要涵盖从愿景到目标、从战略到战术等一系列思想、理论和实践的条件准备。其中，电子政府构建的理想愿景定位在政

---

① ［加］加里斯·摩根：《驾御变革的浪潮：开发动荡时代的管理潜能》，孙晓莉译，中国人民大学出版社 2002 年版，第 2 页。

② ［加］加里斯·摩根：《驾御变革的浪潮：开发动荡时代的管理潜能》，孙晓莉译，中国人民大学出版社 2002 年版，第 2 页。

③ ［美］B·盖伊·彼得斯：《政府未来的治理模式》，吴爱明、夏宏图译，中国人民大学出版社 2001 年版，第 4 页。

府内外部关系改善，电子政务运行的理想愿景则设计成服务于电子政府构建的理想愿景、由外（社会公众对基本公共服务的质量、绩效、信用的需求）而内（相应地产生的对电子政府内部支撑服务运行的各基本要素的要求）式的管理与定位，意在使各级政府和部门在思想层面上分享“未来愿景”，以“达成对组织目标特别是组织价值理念的共识”；电子政府构建和运行的保障体系的基本涵义和构成要件旨在探讨具体行动纲领的涵义范畴，为“前瞻式管理”提供理论层面的条件准备；从电子政府顶层设计到电子政务基础建设、从电子政务信息资源共享体系建设到电子政府信用体系构建为实现“前瞻式管理”提供关键性基础条件，旨在为“前瞻式管理”提供实践层面的战略准备；而从基本公共服务质量评价到电子政务绩效评估问责以及全民信息素养培育，则既可以说是为“前瞻式管理”提供精细的对策措施，也可以将之进一步上升到国家战略高度进行整体筹划和具体应用，目的是在保障电子政府构建和运行的质量、绩效、信用和安全的同时，服务于政府的目标和价值追求，为“前瞻式管理”提供实践层面的战术安排。

第六章　电子政府构建和运行的理想愿景

由于电子政府和电子政务之间的紧密的逻辑关联，电子政府构建的理想愿景与政府电子政务建设（或运行）的理想愿景难解难分，所以，筹划电子政府构建的理想愿景，必然地要涵盖政府电子政务建设（包括建设后的运行）的理想追求，甚至要涉及到其他的与政府工作有关联的组织（包括所有政务部门）、从事电子政务系统开发建设的企业（特别是 IT 企业）以及所有社会公众的有关公共信息和公共服务的需求、期望与合作要求。而筹划电子政务运行的理想愿景，就要具体化到相对微观的政府电子政务运行（实际上是政府电子政务系统运行）的理想愿景来进行了。实际上，即使是具体化到相对微观的政府电子政务运行，政府仅靠自身进行监管、服务也是无力①办到的，也需要依靠其他组织（包括其他政务部门、企业、非营利的社会组织②和社会公众）的积极支持与合作分工③，才能基本做到④保证绩效、质量、信用和安全。

---

① 此处的“力”既包括人力、力量（包括权力），也包括能力。

② “政府、企业和非营利的社会组织是现代社会最基本的组织类型“，见叶响裙：《公共服务多元主体供给：理论与实践》，社会科学文献出版社 2014 年版，第 31 页。

③ 合作分工不同于分工合作，主要是指以合作来梳理分工，以合作来界定分工。在“互联网+”条件下，分工合作应向合作分工转变。

④ 完全做到只是一种奢求，根本做不到。

第一节　电子政府构建的理想愿景

电子政府构建的理想愿景，是进一步改善政府的内部关系以及政府与各行各业和社会公众的外部关系，同时促成政府改革向纵深发展，使政府与其他有工作关联的组织的信息共享、业务协同和办事服务的质量、绩效、信用和安全都能适应“互联网+”的经济形态和社会生态。

一、内部关系协调

政府建设智能化的后台的理想状态，是各级政府和部门实现整体运行的平台化、一体化、协同化和高效化，而其必要条件是各级政府和部门在树立事项整体观的前提下能够真正做到信息资源共建共享，部门内部业务处理协调联动，跨部门合作无缝联接，权责利效清晰一致，以及自我革命取得实际进展。树立事项整体观，指的是以事项为中心，树立全局观念，将依据事项办理流程联结起来的所有职能部门视作一个统一整体，在保证目标一致及兼顾部门的整体性和部门与整体的统一性的前提下，以总体国家安全观、科学发展观和整体意识统筹全局，选择最佳流程方案，促进部门之间实现合作分工、相互制约与协调配合，达到整体效应最优。

（一）信息资源共建共享

从信息资源来源和采集方式来看，传统的政府信息来源主要有文件、简报、调研、总结、基层信息报送、约稿（如拟定主题定向要求下属地区和部门上报信息，针对决策和任务的执行情况调研搜集信息）、上下级信息机构间交流交换（包括横向的省市部委）、传统媒体等；信息搜集方式主要有：传真、电话、信函、公文报送等。政府每年还辅以奖励评优、定期通报、领导批示加分等措施。有了网络之后，在保留传统采集渠道并行的同时，政府主要采取人工和软件相结合的方式搜集信息，大多采用应用系统（如信息采集报送系统、舆情检测系统等），通过在系统中设置关键字，从网络搜集重要或敏感信息。除了网络监管部门（如新闻办、宣传部门的网管办等）根据社会热点对新闻网站进行海搜，或根据需求对专业网站、行业网站、微博、微信平台等的网络舆情进行实时监控之外，地方政府和农业、工商、药检等部门都有自己的局域网，还在互联网站上普遍设立热线服务、信息咨询和反馈模块、电子邮箱等搜集信息，信访、纪检监察等部门还有专人负责处理网上举报和电话专线提供的各类信息。其他可利用的社会数据资源主要分为商业化的数据资源和非商业化的数据资源，前者包括数据库服务商、出版商和其他机构以商业化方式提供的各种电子资源，如：Elsevier 公司的 SDOS、EBSCO 公司的 Academic Source Premier、中国期刊网等数据库，后者主要指机构自建的特色资源库、开放获取资源、机构典藏和其他免费的网络资源。

从信息资源占有情况来看，政府掌握着全社会 80%的信息资源，这些信息资源中只占 5%的结构化的部分能被量化利用，而其余的半结构化、非结构化类信息资源亟待开发建设和利用。未来，从信息资源建设可行性考量，专业性强的数据资源，如规划和国土资源部门的地下管线综合数据，需依靠特殊的专业技术人员建设；而专业性不强的数据资源，可以采用建立统一的专门技术队伍，按照业务需要灵活进驻各部门开发建设的做法。特殊专业技术人员最好划并到统一的专门技术队伍中来，这种做法因为更易做到数据规制标准、统一而有利于部门之间合作共建信息资源并实现更进一步的互联互通，从而实现由政府专门管理机构来组织各部门之间的顺畅衔接，敦促和监督各部门协调配合，为信息资源的整合和综合利用创设基础条件。

信息资源的共建共享，亟需破除条块分割的政府部门之间的信息壁垒，变信息孤岛为有机整体。目前，在不涉及国家秘密、商业秘密和个人隐私的前提下，应尽可能地大力推进信息共享、互联互通，将信息共享与数据开放结合起来，将面向人的信息共享与面向机器的数据接口共享统筹考虑，促进信息的无缝整合和数据接口的有序开放。以地方政府为例，实际操作有两条路径可供选择：

其一，是由信息化主管部门负责推进，主要是界定行政信息资源库的范围、数据元及与各部门之间的双向交换标准，并统筹信息资源库的建设工作。在此基础上纵向与各级政府和部门实现数据的汇集和收发，形成上下贯穿、横向互动的动态信息共享机制。

其二，是由政府办公厅牵头，整合各类信息资源，形成总的共享库。在共享库的基础上，再将各类信息/数据进行集成汇总，形成信息资源的主题库，以利于向各部门提供数据下载、交换、核查等数据服务。

信息资源不论是分建还是共建，只要共享，就必须使用统一标准、统一规则、统一工具，藉此才能使信息/数据和功能/系统的整合落地。尤其是在大数据时代，数据不求精确，可以混杂，这对政府甄别信息来说是个巨大的挑战，因为加工处理混杂数据的成本太高，代价太大，这使得保障信息的信源安全可靠、标准有序、适当删除变得尤为重要，已成为减少决策风险和管理成本的关键环节。此外，要促进信息资源集中存储和管理，以此减少冗余度，增加可维护性、安全性和信用度。随着网络攻击和病毒感染的增加，大数据备份也成为信息共享中不可或缺的安全保障策略，政府应采取实时高效的数据备份方式，以便在网络崩溃时能够最大限度地保护数据，在灾难过后能够适时恢复数据。

（二）部门内部业务处理协调联动

很多电子政务系统是模拟落后的组织结构、业务流程和权力行使机制的结果。要尽早发现这类系统中的行政体系要素的缺陷，并采取积极、主动的政治推动和行政改革来供给适合的行政体系要素，将因行政体系要素的缺陷导致的矛盾问题尽力解决，以达成电子政务系统与网络环境的新的动态平衡。应在部门内部实现充分的信息共享的基础上实现所有业务处理流程的全程可视问责，使部门内部的所有工作人员都清楚明了每个业务流程的范围边界、控制目标以及自己在整个业务流程中所处的位置和应承担的角色、权力和职责，了解业务流程中的每个环节和节点的材料要求、政策和管理规定、处理权限、生成文档（包括各类表格、规划、计划、方案、研究报告、调查报告等）及其输出方向，也知晓自己工作的质量、绩效和安全出现问题会对局部或整体造成怎样的损害以及产生哪些影响，从而帮助工作人员有为和担当，既协调好局部和整体的关系，又衔接好信息流与业务流，并及时纠正业务处理工作中的偏差。此外，部门领导可通过了解信息流、业务流及其阻滞情况，来判断部门内部职能划分、合作分工、权限赋予和资源分配是否合理，人、机器和系统配合是否协调，业务处理的各个环节和节点的职能履行程度即绩效是否达标，从而达到有效控制部门工作方向、规范工作人员行为、提高业务处理绩效、提升部门工作质量并实施评估问责的目的，收到部门内部业务处理协调联动的效果，为部门营造人人争先、处处和谐的工作环境和氛围。

（三）跨部门合作无缝连接

进入“互联网+”阶段，传统官僚组织已无法适应“互联网+政府”从共享信息、联合决策到业务协同的创新需求，更多急迫而复杂的政策问题和管理服务问题由于受限于法律和体制障碍、组织战略、财政预算以及重复或重叠的程序和系统，难以得到快速回应和妥善处置，亟需政府依靠网络、伙伴以及合作，在网络中战略性地运用人际交往能力和组织过程（制度和组织流程，包括正式协议、明确的任务和职责、资源库和共享的绩效目标等）①实施无缝隙管理来加以解决。要做到这一点，并不必然要求所有机构重组，但却需要虚拟整合资源和重组业务，实现信息流动的结构和流程的简化、优

① Jane E. Fountain, “The GPRA Modernization Act Of 2010: Examing Constraints to, and Providing Tools for, Cross-Agency Collaboration”, *Administrative Conference of the United States Preliminary Draft*, September 20, 2013.

化和制度化，以共享权利、资源和操作。这就要求政府限定合作环境，制定合作规则，调整预算和立法，采取变“以部门为中心”为“以流程为中心”，变狭窄、细化的部门目标为凝聚性、全局性的战略规划，变权力过分集中为分工授权到位，变各部门自利倾向为以结果为导向追求合作共赢，变多个交流关系为共享一个系统的伙伴关系，变模糊的问责制为清晰的角色授权和激励/惩罚机制等一系列战略安排，消除部门之间的界限，促进跨部门合作开展起来并持续下去。

所幸的是，电子政府的信息流动越来越依靠网络而不是官僚渠道或其他正式渠道……它的政府组织日益存在于组织间网络以及网络化的计算系统内，而不是各自独立的官僚机构内①，这种环境营造加上已有的电子政务基础建设和资源积累，已为政府开展跨部门合作提供了现实可能，而“以流程为中心”，依据流程再造和优化在互联网上以及互联网站“背后”——部门内部以及部门之间实现的资源整合、业务重组和合作规则的虚拟化，无疑又为跨部门合作的行为塑造和关系联接提供了实际可行，从而使政府在网络中以无缝隙、一体化、一站式政府形态安身立命。当然，这一理想愿景实现还有赖于政府在协调部门关系、建立彼此信任、投入更多资源和加强公务员信息素养方面付出更多的努力。

（四）责权利效清晰一致

责权利效清晰一致的目的，是为保证政府的职责、权力（利）、利益、效益相一致、不脱节、协调地运行。在改革实践中，自 1993 年《关于国务院机构改革方案的决定》提出“适应建立社会主义市场经济体制的要求，按照政企职责分开和精简、统一、效能的原则，转变职能，理顺关系，精兵简政，提高效率”，到 1995 年省级机构启动“三定”方案编制工作，到 2008 年围绕转变政府职能和理顺部门职责关系推进大部门制改革，到 2013 年

① ［美］简·芳汀：《构建虚拟政府》，中国人民大学出版社 2004 年版，第 113 页。

《国务院机构改革方案》继续围绕转变职能和理顺职责关系稳步推进大部门制改革，《中共中央关于全面深化改革若干重大问题的决定》提出“优化政府机构设置、职能配置、工作流程……严格绩效管理，突出责任落实，确保权责一致”和“推行地方各级政府及其工作部门权力清单制度，依法公开权力运行流程”，再到2015年国务院办公厅印发《国务院部门权力和责任清单编制试点方案》启动中央部委权责事项梳理进程，这一切实际上都是在明确“责权利效”上做文章。只有到了梳理和编制权力、责任和负面清单阶段，才真正是为责权利效清晰一致找到了有效的突破口和可行的路径，有望为电子政府特别是“互联网+政府”的职责履行、权力（利）监督、利益约束和效益评估等提供法治依据和正式规范。

（五）自我革命取得实际进展

美国前副总统戈尔曾指出，官僚主义的文化与电子政府是格格不入的，官僚主义害怕变革会对其既得利益造成威胁①。电子政府带来的公开性和透明度使“操作人员有可能失去对本职工作的控制”②，某些有私心的工作人员会竭力阻碍电子政府构建。此外，电子政府带来的更多的交互性和更大的反馈度，以及“因特网在官僚体系中的使用会导致更大的合理化、标准化以及规则系统的使用”③，会将政府内部逐步变成开放的闭环系统，这一新的生存和发展环境对政府来说也是极大的挑战和考验，因为各部门进行的跨组织的资源与流程整合、生态与价值重构等势必需要非常多的甚至反常识性的知识和能力，同时也在使网上所有工作人员的言与行置于全天候可视、可追踪、可监控的情况下，对其身心造成极大的压力，其中的一些人会在政府内

① 叶国标、吕惠敏：《美国前副总统戈尔：电子政务面临四大障碍》，2002年6月14日，见 http://www.china.com.cn/economic/txt/2002-06/14/content_5159846.htm。

② ［美］简·E. 芳汀：《构建虚拟政府：信息技术与制度创新》，邵国松译，中国人民大学出版社2010年版，第50页。

③ ［美］简·E. 芳汀：《构建虚拟政府：信息技术与制度创新》，邵国松译，中国人民大学出版社2010年版，第54页。

部形成对电子政府构建和发展的阻力甚至阻因。还有，大数据作为“现代社会信息基础设施，不断融合与改变着各领域各行业各类人群的生产生活方式”①，概莫能外，政府也会面临同样的问题。“改革是由问题倒逼而产生，又在不断解决问题中而深化。”② 拥抱“互联网+政府”，政府必须在电子政府构建中全面贯彻落实总体国家安全观、科学发展观和全局观，树立大局意识、问题意识和责任意识，在实现思想解放、观念转变、认识统一、文化兼容、步调一致的前提下，率先进行自我革命，在思维观念、体制机制、方式方法等方面主动做出适应性变革，为政府及其部门之间实现互联互通、资源共享、业务协同奠定政府基础③，以保证不同网络生态（包括“互联网+”生态）下的电子政府构建取得实质性成果。

考虑到专业技术人才供求关系紧张的现状，技术部门人员编制资源应尽可能做到动态调整，可弹性、灵活配置，以保证信息资源和应用建设的相关配套保障措施基本到位。

二、 外部关系改善

就外部关系而言，“互联网+政府”将令电子政府在既有基础条件的支撑下更有能力改善政府与各行各业和社会公众之间的相互关系。体现在互联

---

① 于跃、王庆华：《大数据之特质及其安全和信用风险》，《行政论坛》2016 年第 1 版。

② 唐任伍：《习近平改革战略思想特征》，《人民论坛》2013 年第 37 期。

③ 此处的政府基础指的是电子政府构建的政府基础。由于电子政府构建需要与之相适应的政府职能转变、组织结构调整、管理方式创新、行政体制改革等的支持，这些基础性条件构成电子政府构建的政府基础的主要内容。从本质上看，电子政府构建的政府基础，是信息技术范式在政府管理中推广应用的原则需求，是现代政府治理理念、方法、结构、制度和文化与行政网络环境内嵌融合的结果，它在实践上表现为政府管理的改革和创新，在各国具体的操作上又体现出趋同性与多元化的统一。此外，政府基础的关键性构成要素可以概括为：网络化的组织结构和分散化的权力结构、协作参与式的组织管理和决策方式、公民导向的政务流程再造、目标管理和过程控制相结合的绩效管理和崇尚服务精神的行政价值取向。见张锐昕、杨国栋：《电子政府构建的政府基础：涵义、特征和构成》，《山东大学学报哲学社会科学版》，2011 年第 5 期；张锐昕、杨国栋：《论电子政府的政府基础：起始条件与构建策略》，《求索》2012 年第 1 期。

网上，电子政府既大且好的电子政务前台能尽力做到使各行各业和社会公众体验到它所提供的信息和服务内容既丰富又准确，既简约又高效，且因能频繁互动和积极反馈，而有可能赢得各行各业和社会公众更多的肯定性或满意性评价。当然，前台的效益如何取决于政府在电子政务后台履行职能的过程中能否做到优质、高效、尽责和诚信，政府改善外部关系的标志是政府能在互联网上尽可能多地利用各种渠道以及大数据、物联网、云计算、多媒体等技术手段和方式，为各行各业和社会公众提供更丰富、更开放、更包容的公共信息，更好、更智慧、更主动的政务服务，更广泛、更深入的电子民主以及更彻底、更便利的网上办事，从而为各行各业和社会公众与政府之间的平等合作和良性互动创设了便利条件，能帮助政府成为更好的政府，行业成为更赚钱的行业，公众成为更幸福的公众，进而引导经济和社会进程，使经济行稳致远、社会和谐发展。

（一）提供更多、更开放、更包容的信息资源

为落实信息惠民，必须从信息公开过渡到数据开放，从信息单向流动过渡到数据多方交互，促使各级政府部门的权力随之开放、分散，并通过面向各行各业和社会公众提供更丰富、更开放、更包容的公共信息/数据，保障信息/数据顺畅交换，赋予公民权利和增强公民能力，落实“问政于民、问需于民、问计于民、问策于民”，实现行政“权力运行到哪里，公开和监督就延伸到哪里”①，藉此保障经济更加发达、社会更加民主和公正、政府更加廉洁和勤政、公民更加幸福而有尊严。

① 马梅若：《以政务公开提高政府履职效能》，《金融时报》，2016 年 1 月 13 日。

（二）推送更好、更智慧、更主动的政务服务*

电子政府经常被认为是通过电子手段向公众提供政务服务的同义词，其优势主要在于成本优势和独到性优势②。电子政府构建，尤其是其政府基础准备，能为电子政务系统推送更好、更智慧、更主动的政务服务创设更有利的环境和条件。其中，更好的政务服务体现在政务服务的广度、速度和多样性上；更智慧的政务服务依赖于智能化的技术、设备、系统的功用及其与人的连接融合和协调配合；更主动的政务服务则不仅依赖信息系统的智能，还依靠信息人③的智慧、积极性、主动性、政策性与前瞻性。三者完整体现为一站式、一条龙和主动精准的政务服务推送。

在“互联网+各行各业”的大趋势下，“互联网+政府”能够在更好地收集、反映或回应各行各业和社会公众的问题、意见或诉求方面继续保持优势，原因在于，它通过为政务服务供给主体各方交换服务和物品创设透明条件和畅通渠道，能够整合各方资源和力量，挖掘各方技术潜力，发挥各方专业优势，为各行各业和社会公众提供更好、更多的政务服务和公共物品；借助技术规制（包括技术规则或工作程序）实现对政务服务供给主体各方的行为模式、质量和绩效的监管、评估或评价，可以促使各行各业和社会公众在更讲信用的前提下充分享受到信息权利，能够在任何时候、任何位置上平等、公平地选择和使用标准化的政务服务和公共物品；通过严格标准和规范采用一站式、一条龙、主动精准推送式政务服务供给方式，确保政务服务质量和绩效令公众满意甚至感动，从而实现“互联网+政务服务”，使“互联

---

* 该部分内容主要由于跃撰写，节选自于跃：《“问题导向，创新服务”该如何破解》，《电子政务》2016 年第 8 期。

② 周其仁：《中国经济怎么才能好起来》，2015 年 9 月 18 日，见 http://finance. sina. com. cn/360desktop/china/20150918/080023284347. shtml。

③ 从信息的角度，所有在电子政府中工作的人、与电子政府打交道的人以及享受电子政府服务的人都可称为信息人。

网+政府”的社会基础藉此建立起来。

以老年证申请为例，国内各省市居民办理老年证和老年优待证的年龄界定和提交资料要求是不同的，所享受的待遇也不一样，且证件名称不一，办证机构和流程也不相同，故目前还无法建设使用全国通用的老年证办理系统，均等化的老年证服务无法保证。而实际上，第二代身份证是由公安机关发放的，具有权威性和可靠性，它所覆盖的信息足以支撑老年证制作和发放，不需要重新录入信息、验证信息和提交照片，完全可以免去居民申请和手工填报环节，适时向公众主动推送老年证。

政务服务有哪些，哪些人可以享用，享用的范围和程度如何，侧重在哪些方面，享用需要满足条件怎样，等等，本就是法律法规制定和政策制度设计中安排好的，本就应该是政府比群众更清楚，这使得由政府订制“政务服务目录”具有一定的合理性。但是理想愿景是要脚踏实地一步一步实现的，鉴于政府“政务服务目录”难以全面覆盖公民能享受、政府能提供的所有政务服务选项，全面满足公众需求也不可能一步到位，故而推送更好、更智慧、更主动的政务服务可以借鉴新加坡“公民生命旅程服务”经验，以编制“基本公共服务目录”为基点，从梳理中国公民从“摇篮到坟墓”的整个生命里程中所应享受的基本公共服务内容入手，以信息共享、标准统一、多证合一、平台对接、制度衔接为前提条件，以政府在公民不同生命里程中应适时提供的服务内容为依据，把散落各处的相关服务组织好、对应好、衔接清，实现按时段主动精准推送政务服务之愿景，这样的政务服务推送才是真正的“个性化精准推送”，才是群众真正渴望享有的。当然，相应的政务服务项目该由谁来提供、怎么提供、提供不好怎么办等问题会因政府职能部门职能交叉、边界模糊、衔接失序、存在多头管理情况而遭遇到不同的阻碍，需要政府提供电子政府构建的政府基础，建议以各级政府和部门编制的权力清单和责任清单为依据破解政务服务部门化、部门服务单体化问题，以“条块结合，上下联动”为契机促进跨部门、跨层级、跨区域协调配合和业务联动，以联合提供“一号一窗一网”式政务服务。只要找准创新服务基点、线索以至命脉，公共服务方便快捷、公平普惠、优质高效、信用可靠和安全将有望变为现实。

（三）提供更广泛、更深入的民主

构建电子政府被认为是公共管理的全面转变过程和它与公众互动的转变过程①，基于此，“互联网+政府”将进一步向公共管理民主化方向转变，成为多元主体平等合作且良性互动的广泛参与式的治理过程。如果政府能始终坚持以人为本，尊重公民主体地位，充分了解各行各业和社会公众的利益诉求和价值愿望，就能在拓宽网络问政通道，建设政民交流平台和健全民主功能上做出成效，从而在建立快速通达、规范有序的民意反映/反馈机制的前提下，鼓励并保障公众行使选举权、知情权、参与权、表达权、监督权等各项民主权利，促进社会健康发展，同时督促和监督政府了解社情民意、汇聚民智民力，实现科学、民主决策。

（四）提供更彻底、更便利的办事

采用 O2O② 模式，将政府的管理和服务职能与互联网融合在一起，令互联网成为政府管理和服务的前端。这样，即可利用互联网提供针对公众需求点以及公共利益与个人利益交汇点的、面向不同层次对象的办事指南，如果再接续多元化、标准化、一体化的管理和服务，即可推进智能服务向智慧化发展，从而做到政府在线行政审批、在线办结业务，公众在线筛选服务，在线提交结算，享受更彻底、更便利的办事。

为了保证办事质量、绩效和信用，敦促所有办事人员主动寻求合作，积极与人机系统协调配合，“互联网+政府”应以权利为导向建立以事项办结

---

① Giorgio Petroni，Fanie Cloete，*New Technologies in Public Administration*，Amsterdam：Amsterdam IOS Press，September 2005，p. 24.

② O2O：即 Online To Offline，线上到线下。

承诺期限为硬约束、以过程绩效评估和质量监控为软约束的健全的激励机制。由于这种智能化的激励机制具有过程可视化、行为可监控、交易可跟踪、违规可取证、绩效可评测的特点，通过政府办事信息的公开、流程的监控和结果的比较，即可做到鼓励改革创新，反对墨守成规；鼓励团结合作，反对各自为政；鼓励积极作为，处罚消极应付和不作为；鼓励高质高效，摒弃低质低效；防范腐败滋生，降低办事成本，从而帮助政府塑造廉洁政府、责任政府、效率政府和节约型政府形象。

外部关系的改善有助于促进公共管理改革，通过面向公众提供服务改进、经济活动创造以及民主保障①来实现社会监管到位、公共服务满意和公共治理多元的效果。

上述理想愿景反映了社会主义核心价值观，既是对“互联网+政府”的期望、预测，也是对“互联网+政务服务”的定位、取向。当然，实现愿景需要使命感和责任意识支持。对政府实现愿景而言，使命决定愿景目标和基本任务，责任促发现实关怀和行动力，为完成使命和担当责任，各级政府可各自从制定一个立足长远、总揽全局的政策规划起步，在对“互联网+”发展的整体性、基本性问题做出规划的基础上，围绕改善两大关系——政府内部和外部关系特别是利益关系进行部署，将实现政府内部的政府与政府之间、政府部门之间、下级政府与上级政府之间的连接融合以及政府外部的政府与其他组织和社会公众之间的连接融合，还有以此为核心付诸有效的改革行动等分置为阶段性工作任务，助推分处“+互联网”、互联网化、“互联网+”三个不同阶段的政府以及其他组织和社会公众陆续进入上升通道，渐次实现层次递进，助力秉持技术说、商业说、形态说、生态说这四种观点的人们对“互联网+”达成统一认识，进而理性看待五个本质特色并将它们作为理想的愿景目标来追求。最后，实现目标任务的具体策略可由多维路径切入

① Mehdi Asgarkhani, “The Effectiveness of e-Service in Local Government: A Case Study”, *The Electronic Journal of e-Government*, Vol. 3, No. 4 (2005), pp. 157-166.

做出具体安排。只要政府能在上述方面做出积极努力，构建电子政府的路会越走越宽，越走越好。

第二节　电子政务运行的理想愿景*

从信息观点看，电子政务运行的内容、中间成果和最终结果都是政务信息，其中的面向社会公众提供的政务信息是公共信息。从服务视角看，电子政务运行的内容、中间成果和最终结果都是政务服务，其中的面向社会公众提供的政务服务是公共服务，核心内容是基本公共服务。由于本课题研究对象针对电子政府，其中的电子政务主要指政府电子政务，为了深入、细致、具体地描绘电子政务运行的理想愿景，我们从信息的观点和服务的视角切入，基于前述电子政务理论成果、实践状况及其发展需求，以政府基本公共

* 该部分内容由张锐昕和李健共同撰写，节选自：张锐昕、李健：《政府电子公共服务供给的愿景筹划和策略安排》，《中国行政管理》2018 年第 4 期。

服务目标为核心使命，就相对微观的政府电子公共服务①供给的理想愿景予以筹划。

“政府基本公共服务的目标就是以普遍、平等的方式满足公众的最基本和最迫切的需要，从政府职能的设计上解决现代国家中公民生存权和发展权

① 我们对政府电子公共服务的内涵和外延进行了深入探讨，认为政府电子公共服务的内涵是指政府应用信息技术和网络，直接提供的，或安排、或主导并联合其他组织提供的公共产品和公共服务的过程和结果。而其外延，以服务对象分类，主要是公民和企业 以服务内容分类，主要涉及信息服务与在线办事服务 以发展阶段分类，有发布、交互、事务处理三阶段模型，发布、交互、事务处理、服务集成等四阶段模型，编目、交互、纵向集成、横向集成等四阶段模型 以政府网站建立为首、跨部门的无缝隙服务或一站式服务为尾的五阶段模型，以及信息单向发布、双向交易、单一入口多功能网站、个性化门户网站、部门间公共服务集群、政府全面整合和实现企业转变等六阶段模型 以服务提供方式分类，分为信息发布、信息搜索、文件下载、电子邮件、表格下载、电子合同、电子会议等 以服务提供过程中信息的传导方向分类，分为单向型服务和互动型服务 以服务涉及的部门分类，分为单一型服务和协同型服务 以服务平台类型分类，分为政府网站服务、政务微博服务、政务微信服务、移动客户端服务 以服务性质分类，分为信息服务、沟通服务、个性化服务和交易服务。见阶段性成果“政府电子公共服务的内涵和外延”。该文研究参考的文献包括：胡广伟、仲伟俊、梅姝娥：《电子公共服务战略规划方法研究及实证》，《管理科学学报》2008 第 3 期；李章程：《欧洲电子政府公共服务研究》，《图书情报工作》2011 年第 23 期；王建玲、邱广华：《公共部门电子服务质量评价研究》，《中国行政管理》2011 年第 7 期；臧超、李婷：《互联网+背景下政府电子公共服务研究》，《科技资讯》2015 年第 32 期；Fang Z，“E-government in Digital Era：Concept，Practice，and Development”，*International journal of the Computer*，*the Internet and Management*，Vol. 10，No. 2（2002），pp. 1-22；《中华人民共和国政府信息公开条例（国务院令（2007）第 492 号）》；Chandler，S，Emanuels，S，*Transformation Not Automation*，*Proceedings of 2nd European Conference on E-Government*，St Catherine，College Oxford，UK，2002，pp. 91-102；Karen Layne，Jungwoo Lee，“Developing Fully Functional E-government：A Four Stage Model”，*Government Information Quarterly*，Vol. 18，No. 2（2001），pp. 122-136；Szeremeta J，“Benchmarking E-government：A Global Perspective：Assessing the Progress of the UN Member States”，United Nations Division for Public Economics and Public Administration，American Society for Public Administration，2002，p. 12；Silcock R，“*What is e-Government*”，Parliamentary affairs，No. 1（2001），pp. 88-101；Anthony Kassekert，“Governance and Information Technology：From Electronic Government to Information Government”，*Government Information Quarterly*，Vol. 26，No. 4（2008），pp. 612-613；Maria J. D´agostino，Richard Schwester，Tony Carrizales，James Melitski，“A Study of E-Government and E-Governance：An Empirical Examination of Municipal Websites”，*Public Administration Quarterly*，Vol. 35，No. 1（2011），pp. 3-25；王立华：《电子政务概论》，西安交通大学出版社 2011 年版，第 146 页。

实现基础的基本问题。”① 其“实现基础的基本问题”涉及服务对象和手段、服务功能和内容、服务过程及其成果、服务产出及其形式等服务供给的基本要素；其“普遍、平等的方式”应以基本公共服务的价值理念为指引，以服务对象和手段的包容性、服务功能和内容的彻底性、服务过程及其成果的可及性、服务产出及其形式的有效性等理想化状态来呈现。当然，还可参照阿-帕尔苏·帕拉休拉曼等（A Parsu Parasuraman et al.，1988）提出的电子服务质量的五个维度——“有形性、可靠性、响应性、确实性、移情性”②，肖勒姆·凯奈玛和克莉丝汀·布莱克（Shohreh A. Kaynama 和 Christine I. Black，2000）提出的衡量电子商务网站质量的七个维度——“网站亲和力、网站导引、设计与呈现、网站的内容与功能、反应性、经营的历史背景，以及人性与定制化”③，还有瓦莱丽·齐森尔（Valarie A. Zeithaml，2002）提出的“效率、可靠性、符合需求、隐密性、相应性、补偿度和接触度七个维度”④ 作为补充，以综合考量政府电子公共服务供给是否能真正达成公平、稳定和有序。所有这些都将作为政府电子公共服务供给的愿景目标及其预设的样版参照；而“从政府职能的设计上解决”则牵涉到一系列服务及监管职能的设计，为保障体系之政府基础建构提供了理论支撑，亦为政府电子公共服务供给的战略筹划和战术安排预设了切入路径。

鉴于“东西方不同国家政府改革实践证明：政府理念革新是政府行为变

---

① 黄恒学、张勇：《政府基本公共服务标准化研究》，人民出版社 2011 年版，第 21 页。

② A Parsu Parasuraman，Valarie A. Zeithaml，Leonard L. Berry. “Servqual：A Multiple-item Scale for Measuring Consumer Perceptions of Service Quality”，*Journal of Retailing*，Vol. 64，No. 1（1988），pp. 12-40.

③ Shohreh A. Kaynama，Christine I. Black，“A Proposal to Assess the Service Quality of On-line Travel Agencies：An Exploratory Study”，*Journal of Professional Services Marketing*，Vol. 21，No. 2（2000），pp. 63-88.

④ Valarie A. Zeithaml. “Service excellence in electronic channels”，*Journal of Service Theory and Practice*，Vol. 12，No. 3（2002），pp. 135-139.

革乃至政府体制变革的价值基石，是行政发展的动力和指南”①，政府在筹划政府电子公共服务供给的愿景和进行相应的策略安排之时，必须始终以基本公共服务均等化的价值理念为指引，将公正、共享与尊严②，权利、权力与责任③，公益④、均等化与包容性⑤等贯穿于政府电子公共服务供给的各方面、全过程之中。

一、服务对象和手段的包容性

关于包容性（Inclusion），“人们普遍认为‘包容性’是指邀请那些历来被阻在外无法‘进入’的人们。”⑥“在社会科学中，包容性是指在一个给定的社会结构中，多数情况下，在整个社会中，事实上的和/或法律上的，把人们纳入的一个过程。”⑦ 表现在公正性的追求方面，包容性关涉所有的人，所有人过完整的生活、所有人一起生活、拥有完整的人生⑧。保障“一起”“完整”，意味着所有人——作为社会整体中的一员——均应有其个性化的需求，有多维度的平等性权利，旨在使所有组织和个人构成一个整体性社会，以更好地实现他们的全部潜能。可见，包容性是和排斥性相对的一个概念，

---

① 汪波、金太军：《从规制到治理：我国行政审批制度改革的理念变迁》，《上海行政学院学报》2003 年第 2 期。

② 张贤明、高光辉：《公正、共享与尊严：基本公共服务均等化的价值定位》，《吉林大学社会科学学报》2012 年第 4 期。

③ 杨弘、胡永保：《实现基本公共服务均等化的民主维度——以政府角色和地位为视角》，《吉林大学社会科学学报》2012 年第 4 期。

④ 曹爱军：《论公共服务的行动逻辑——价值规范及其意义表达》，《甘肃社会科学》2016 年第 1 期。

⑤ 孔凡河：《基本公共服务均等化：实现包容性增长的战略抉择》，《上海行政学院学报》2013 年第 6 期。

⑥ Shafik Asante，“What is inclustion?”，2011，http：//inclusion. com/inclusion. html.

⑦ Senior Project Consortium，“Ethics of e-Inclusion of Older People”，May 12，2008，http：//www. cssc. eu/public/Ethics% 20of% 20e - Inclusion% 20of% 20older% 20people% 20 -% 20Bled%20%20Paper. pdf.

⑧ Shafik Asante，“What is inclustion?”，2011，http：//inclusion. com/inclusion. html.

是应对数字分化①的一个有力手段，与基本公共服务均等化的基本思想是一致的。当然“均等化绝不等于平均化、无差异化，而是在保证最低水平全国均等的基本上允许存在地区差异，不仅是结果均等，更应该是机会均等、过程均等。”②

政府电子公共服务同样致力于为公共利益服务，其公共责任不仅在于要追求高效率的运作方式，也要兼顾正义、平等、公平等民主原则，使公众能够有选择地、平等地获取和享用所需要的公共服务。也就是说，在不同的服务对象群体之间，无论其年龄、种族、性别、收入、教育背景、社会层级、所处地理区域有何差异，均应普惠共享无差别的基本公共服务，或者更进一步，相对最终结果的公正，力求使所有具有类似需求的公民均能享有获取平等充分的基本服务的机会，实现普遍的社会公正。由于政府电子公共服务的服务对象涉及公众、企业、非盈利组织（包括群众团体组织、事业性组织）和政府（包括政府内部工作人员和其他政府部门及其工作人员），虽然在信息时代他们各自已然陆续进入或迈向信息化生存状态，但受年龄、种族、性别、教育背景、社会层级、所处地理区域、经济条件、生理条件等因素影响，难免存在信息素养包括信息服务获取和利用能力方面的差异，以及可掌控的各种服务手段和所处的服务环境的差异。而这些信息主体拥有的条件——个体资质条件、物质技术条件、信息环境条件“是信息主体信息活动的主要制约条件。不同信息主体之间任何一个信息条件的不同，都可能造成不同信息主体之间信息拥有状况和信息利用情况的差距”③，以致造成穷人、

① 信息分化即数字分化，“提出这一概念的主要目的是用以表述一种特殊的社会结构状态与社会变迁过程，即社会信息化发展过程中不同信息活动主体之间的信息差距及其发展态势。”参见谢俊贵：《信息的富有与贫乏——当代中国信息分化问题研究》，上海三联书店2004年版，第73页。

② 张启春、山雪艳：《基本公共服务、均等化的内在逻辑及其实现——以基本公共文化服务为例》，《求索》2018年第1期。

③ 谢俊贵：《信息的富有与贫乏——当代中国信息分化问题研究》，上海三联书店2004年版，第41页。

农民、女性、儿童、老年人、残疾人、教育水平较低人群等弱势群体的信息（或数字）分化（，使得信息不对称状况愈加明显、数字空间距离客观存在、“数字鸿沟”难于弥合。针对不同服务对象（个体或群体）之间获取和利用政府电子公共服务的差异性，以及信息富有者和信息贫困者之间拉大的数字鸿沟亟待弥合等问题，联合国在2005年《全球电子政府准备程度报告》中首次提出了电子包容的概念，将其定义为“包括所有”①，进一步地，解释为“电子服务在多大程度上减少而非增加最富有的、技术文明的公民与最贫困的、电子文盲的公民之间的‘数字鸿沟’”②，希望通过加强准备度来提高接受（纳）度，通过改善电信基础设施和人力资本状况来解决不同服务对象之间信息交流无障碍问题。具体化到我国政府电子公共服务领域，追求电子包容，就是要实现服务对象的平等化（保证享用服务的无差别性）和提供服务手段的多样化（满足服务需求的个性化）。前者强调无论服务对象属于何种用户群体、具有何种属性特征，均可平等地获取基本公共服务，享有基本公共服务权利，且普惠共享无差别性的公共服务。后者强调提供多元化手段而非单种化手段，使经济落后的、偏远的地区的居民，以及教育水平较低人群、弱势群体、少数民族、非专业人士、外籍人士或旅游者等用户群体可以选择更好、更多、便利取用的服务，以实现“信息惠民”均等化的目的和“以普遍、平等的方式满足公众的最基本和最迫切的需要”③ 的目标。总之，包容性强调最大限度地丰富服务方式，增加服务渠道，尽可能全面地满足各类服务对象对服务手段的个性化需求，特别是弱势群体或信息穷人等处于不利条件的人们的特殊性需求，以避免单种化手段带来的弊端或劣势。“在一个单种化地方，要获得应付人类差异和不确定性境况所必需的素质和

---

① United Nations, *UN Global E-government Readiness Report* 2005: *From E-government to E-inclusion*, New York: United Nations, 2006, p. 8.

② Rodríguez J R, Council B C, “The ‘Barcelona Model´ofe-Government”, 2006, http: //www. bcn. cat/orom/pdf/Penteo_ ModeloBarcelona_ eng. pdf.

③ 黄恒学、张勇：《政府基本公共服务标准化研究》，人民出版社2011年版，第21页。

技能是极其困难的。”① 只有实现服务手段的多样化，方能确保公众能普遍享受到公平、无差别、均等的基本公共服务。

包容性与艰难性总是相互伴随的。一方面，我国需要包容的人口数字庞大，而目前我国大陆网民数量虽已达 7.51 亿②，绝对数量不小，却仅覆盖了大陆半数人口，仍有绝大部分弱势群体或信息穷人不能上网享受政府电子公共服务，且普遍缺乏享受服务的手段和参与服务的意识，这些都会妨碍政府电子公共服务经济效益和社会效益的发挥。另一方面，“人类社会最突出的方面是个体处理社会义务的方式以及由这些义务带来的难以避免的怨恨和挫折。”③ 消除这些怨恨和挫折需要艰难的过程。好在信息技术和互联网能赋予普通公众以更多的能力和可能性，政府电子公共服务能够低成本、高质量、全天候地提供统一的平台、规范化的内容和标准化的手段，能够更多地利用电子化的方式实现多维度、多层面的包容，形成巨大的包容能量，既能为各类服务对象提供无差异的数据共享和业务协同的平台以及交流沟通的载体，使他们能更便利地找到与他们相关的公共服务，也能为他们提供界面友好、可以有效传播和实时反馈的媒体，从而更大程度上拓展包容的可行范畴，在满足他们的个性化需求的同时，也使正义延伸至网络空间。

二、服务功能和内容的彻底性

彻底性可以理解为完全在线可获得性，即“指所提供的在线服务是否能完全采用电子化方式进行处理”④。这一特性在多领域的公共服务供给中有

---

① ［英］齐格蒙特·鲍曼：《全球化：人类的后果》，郭国良、徐建华译，商务图书馆 2013 年版，第 45 页。

② 中国互联网络信息中心：《第 40 次中国互联网络发展状况统计报告》，2017 年 8 月 4 日，见 http：//cnnic. cn/hlwfzyj/hlwxzbg/hlwtjbg/201708/P020170807351923262153. pdf。

③ Senior Project Consortium，“Ethics of e-Inclusion of older people”，May 12，2008，http：//www. cssc. eu/public/Ethics% 20of% 20e - Inclusion% 20of% 20older% 20people% 20 -% 20Bled%20%20Paper. pdf.

④ 李章程：《欧洲电子政府公共服务研究》，《图书情报工作》2011 年第 23 期。

所展现，如医疗领域电子医疗服务供给过程实现了“从简单的网络预约挂号到一般的移动在线 APP 疾病药物咨询，再到较为复杂的疾病在线实时诊断治疗”① 的电子化，但这还算不上彻底。对于政府电子公共服务而言，彻底性的服务供给意味着已知的“一站式”“一条龙”服务模式的完整呈现，要求公共服务的所有功能和内容、整个过程和结果都必须在线完成并在线提供，即要求实现服务供给全流程——从服务申请、在线预约、在线办理、在线支付、进度结果查询到获取服务结果整个服务流程——自输入至输出所涉及的各个环节中的业务处理均可在网上全面实现并可在网上完整提供，公民无需事先上网打印申请表格再邮寄或提交到政府部门，无需依赖线下实体政务服务中心工作人员推进服务办理工作，无需亲自往返于线上线下和跨越多个部门业务平台与服务窗口辛苦奔波，只需一次性进入一个窗口，点击公共服务平台页面上的某个功能栏目并拥有相应的使用权限，就能够在线享用该模块提供的相应服务内容，即可实现全程式业务办理。将服务功能和内容的彻底性追求作为愿景目标，基本依据是政府电子公共服务系统的功能和内容越丰富、越彻底，“公众、企业在使用 EG 系统的时候需求就越容易得到满足，相应地用户的满意度就越高。”②

早在 2011 年，处于领先地位的欧洲电子政府公共服务就已经“处于完全在线处理状态。”③ 与之相比，我国政府电子公共服务已经开始全面推动公共服务事项目录和办事指南公开，推行服务方式创新，构建实体政务大厅、网上办事大厅、移动客户端、自助终端等，也在以公共服务为核心推动政府电子公共服务平台功能设置、内容建设及其整合与一体化方面取得了一系列进展，在一定程度上有效支撑起了并有助于坚定追求服务功能和内容的

---

① 叶千红、王玉荣：《电子医疗：现状问题及政府治理策略》，《电子政务》2017 年第 10 期。

② 胡广伟、仲伟俊、梅姝娥：《电子公共服务战略规划方法研究及实证》，《管理科学学报》2008 年第 6 期。

③ 李章程：《欧洲电子政府公共服务的测评及启示》，《北京档案》2011 年第 9 期。

彻底性这一目标愿景的信念。但要看到，在服务功能和内容上，我国的在线服务仍局限于政府信息公开、便民服务信息查询与行政审批办事服务的办理指南查询、在线预约申请、结果查询等内容，无论是服务的广度和深度都有差距，距服务功能和内容的彻底性目标还有相当长的路要走。

三、服务过程及其成果的可及性

服务过程及其成果的可及性，是为强调保证服务供给整个流程视野的透明度，以实现整个办事过程的各个环节中、各个节点处的业务流、数据流状态的可视、可跟踪、可回溯，进而达成可控、问责和监督。实际上，自 2015 年以来国家就陆续出台了多个文件，提出“简化办事环节和手续，优化公共服务流程……全面公开公共服务事项，实现办事全过程公开透明、可追溯、可核查”① 等要求，可见，服务过程及其成果的可及性是完善我国公共服务监督体系的应有之义，只有有效保障公众知情权、参与权、信息自由权、民主权利，才能达成监督政府和防治腐败的效果。服务过程及其成果的可及性是政府电子公共服务供给必须解决的关键性问题。它实际上是实现内部监督和外部监督的结合、过程监督与结果监督的结合、传统监督方式与现代监督方式的结合的一种可及的途径，无论是对政府监督自身还是对公众监督政府都是有益的，也将大大提高政府电子公共服务的社会价值和经济价值，并相应增加过程信息的附加价值以及政府的责任性。

当前，我国在线提供的政府电子公共服务事项虽大多有最终结果呈现，却鲜有中间过程及其成果展现，中间环节中、节点处的业务流、数据流的状态展示更是普遍缺乏，使得跟踪监督难为，评估追溯无法做到，办事不力问责亦难落实处。现实中，政府电子公共服务过程的不可及，说明服务过程透明度不够、公开度有限。而可及，虽然在帮助政府了解工作人员绩效和政府

① 《国务院办公厅关于简化优化公共服务流程方便基层群众办事创业的通知（国办发〔2015〕86 号）》，2015 年 11 月 30 日。

电子公共服务系统绩效并及时纠正工作偏差方面效用巨大，却令服务流程赤裸般置于广泛监督视野之下，慑于政府的行政效率、效益与质量情况会尽人皆知，政府内外部关系的运行状况和相关行政体系要素的匹配程度也将一览无余，来自政府内部的畏难情绪以及诸多阻力是可以理解的。当然，这也产生了对安全的要求。对此，安全问题亦需同步解决。

有专家提醒，“追求透明性是要付出昂贵代价的。”① 追求服务过程及其成果的可及性，会直接导致“不会允许私人空间的存在。至少不会允许不透明的私人空间、不受监视的私人空间或更糟的无法监视的空间的存在。”② 而要使过程及其成果的监控达到预期的效果，还“要求有专业监视人员，要求重组空间，使监视人员能开展工作，使被监视的人明白在任何时候都可以监视他们，任何时候都有人在监视他们。”③ 可见，可及性既可行、诱人，又充满挑战，需要政府建构有力的保障体系谨慎解决。

四、服务产出及其形式的有效性

服务产出及其形式的有效性，意味着要使用户获得又好又快的信息和服务，主要涉及服务产出的可用性与服务形式的用户体验性两个方面。前者强调服务产出的绩效和质量可以满足服务对象需求，使其能在网上获取和利用到符合预期目的的信息与服务；后者强调所有服务形式的用户友好性，保证用户获得良好的应用体验。近年来国家开展的政府网站抽查中将网站的可用性、内容更新、互动回应和服务实用性等作为主要评测内容，显示出政府和公众对服务产出及其形式的有效性的追求。

本质上，服务产出及其形式的有效性强调调用数据、物理环境、网络设

① ［英］齐格蒙特·鲍曼：《全球化：人类的后果》，郭国良、徐建华译，商务图书馆2013年版，第45页。

② ［英］齐格蒙特·鲍曼：《全球化：人类的后果》，郭国良、徐建华译，商务图书馆2013年版，第47页。

③ ［英］齐格蒙特·鲍曼：《全球化：人类的后果》，郭国良、徐建华译，商务图书馆2013年版，第47页。

备、管理变量等多方面资源的可用性与可获得性。它要求所有的跨部门、跨系统、跨平台的业务衔接工作均由系统后台集成、管理和提供，所有服务结果均可在线有效获得。服务产出及其形式的有效性的前提是供给主体在公共服务平台上建设和运行的所有功能都是能正常运转和安全可靠的。作为它们的有效支撑，所有数据均彼此共享、顺畅流动，所有信息基础设施都具有综合业务承载能力和极高的服务效率，涉及到的所有服务供给主体都是以合作来梳理分工，以合作来界定分工。当然，还要保证所有供给主体能在线采集公众需求，在线实现组织内部各职能部门的协同，在线与相关组织开展竞合，以实现业务无缝对接和主体有序合作。

作为各级政府推进“互联网+政务服务”的重要平台，我国政府网站在公共服务功能实现上已呈现出信息内容由单一形式向多种形式集成化方向发展的态势，信息形式也由仅提供文字类信息在向更多形式信息综合提供的方向发展，其内容和形式的在线化、集约化程度在逐步增加。但由于政府电子公共服务平台系统众多、建设分散，政府信息共享与交换平台还没有完全统一，支持政府电子公共服务一体化的政务信息资源目录体系和人口、法人、空间地理、电子证照、社会信用等基础信息库与业务系统还没有完全连通，造成政府电子公共服务系统信息共享与交换不畅，跨部门业务协同困难，真正意义上的部门联审、联办还难以实现，其结果使得政府电子公共服务产出还难以达到理想预期，短时间内还难以为公众提供多样化、个性化、品质化的服务。因此，在加强政府电子公共服务系统、设备、环境建设以保证系统可靠、稳定、连续运行的同时，加强政府信息资源开发利用，实现真正意义上的信息交换与共享，保证相关业务系统的无缝对接是解决服务产出及其形式的有效性的根本出路，而这一切需要建构电子政府构建和运行的保障体系来提供保证。

第七章　电子政府构建和运行的保障体系的基本涵义和构成要件

自各国构建电子政府和推行电子政务以来，虽然在信息基础设施建设、电子政务应用系统和信息资源建设以及安全体系架构等方面的实践探索上取得了大量成果，但是与电子政府构建和运行的保障体系直接相关的研究成果却非常欠缺，且相关实践经验亟待总结升华，说明既有研究成果与实践进展及其质量、绩效、信用和安全需求极不相称，更奢谈理论对于实践有指导作用。这就有必要从研究电子政府构建和运行的保障体系的基本涵义入手，发掘其构成要件，以期为构建全面、完整、科学、合理的电子政府构建和运行的保障体系提供具体的行动纲领、战略目标和战术安排。

第一节　电子政府构建和运行的保障体系的基本涵义

电子政府构建和电子政务运行的载体是电子政务系统，因此，要构建电子政府和运行电子政务必须建设电子政务系统，也因此缘故，论及电子政府构建和运行的保障体系的基本涵义，需要建筑在对电子政府、电子政务和电子政务系统的基本概念以及对电子政府构建和电子政务运行的正确理解之上。为清晰呈现我们对电子政府构建和运行的保障体系的理解，我们将其解构为两部分——电子政府构建的保障体系和电子政务运行的保障体系，下面对其基本涵义分别予以界定。

一、电子政府构建的保障体系的基本涵义*

谈及保障体系，一般都指的是安全保障体系、质量保障体系，涉及信用的直接用信用保障体系，直接用绩效保障体系的在知网上没有查到，当然，也有极少的几篇文献把质量、安全、信用一起囊括的，以质量安全信用保障体系称之①，只是其内容并非关涉电子政府构建与电子政务运行。

我们研究的保障体系，主旨定位于保障电子政府构建和运行的质量、绩效、信用和安全，且将安全放在最重要的位置。需要说明的是，我们特别强调安全保障，也做过专门研究，未将其单独立题论述的原因是：已在所有论及保障电子政府构建和运行的质量、绩效和信用的内容和环节中都将总体国家安全观的思维观念贯彻其中，并在研究保障体系的各个构成要件的策略措施中都融入了安全保障的内容。

谈及与电子政府构建的保障体系相关的研究成果，任春艳（2003）在其“中美电子政务比较“一文中提到要“加快建立电子政务的安全保障体系”，并提出“一方面要建立适合我国政府电子化的安全法规；另一方面，要在各级政府及政府各部门建立安全管理体制，为系统提供保障……还要建立网络安全紧急反应以及处理机制，协调政府机关处理信息安全管理事件。”② 实际上，文中提及的“统一规划电子政务建设”“建设全国统一的政府信息网络”“提高国家公务员素质”“加强法规建设”等也属于电子政府构建的保障体系的内容。徐琳瑜（2006）在其“电子政务信息安全的保障体系”一

---

* 本部分内容由张锐昕和于跃共同撰写。

① 例如查到的两篇文章：俞燕：《关于重建我国乳品质量安全信用保障体系的探讨》，《中国畜牧杂志》2009 年第 12 期；陈晓华：《强质量之本 固安全之基 加快推进我国农产品质量安全信用体系建设》，《农产品质量与安全》2014 年第 5 期。

② 任春艳：《中美电子政务比较》，《四川行政学院学报》2003 年第 2 期。

文中谈到了电子政务信息安全的法律保障、政策保障、技术保障以及组织与管理①。李春阁（2009）在其“政府电子化进程中的问题与对策”一文中提及加强电子政府法制建设和安全保障体系建设时指出：“在国外，为保障政府信息化发展，许多国家均制定并颁布了专门的法律、法规和行政命令。”②他还提出“政府信息不仅是国家资产，而且是需要精心管理的重要资产。信息安全在一定程度上是电子政府生命所在……必须制订政府机关信息安全管理的办法，对信息系统的安全标准、人员管理、资料管理、实体及网络管理、紧急应变复原处理、安全稽查和考核等作出明确的规定：在政府行政机关内外建立电脑稽核制度；立政府认证机构提供政府信息化应用系统的安全认证服务；强政府信息安全教育与培训；定及推动政府机关加密数位签章等信息安全标准及技术规范；立网络安全紧急反应以及处理机制，协调政府机关处理信息安全管理事件。”③ 还有很多学者主要从技术角度出发进行探索，如周孝贵、胡凤辉在他们撰写的“论电子政府信网络安全”一文中，在论及安全保障体系方案时，将目标定位在“网络层安全、系统层安全和应用层安全”④ 之上。我们研究的电子政府构建的保障体系不只涉及技术，还涉及观念、理念、法律、法规、政策、制度、人等，不只局限于安全保障，还涵盖质量、绩效和信用保障，不只关涉电子政府构建，还涉及电子政务建设和运行，即既包括电子政府顶层设计和电子政务基础建设，包括电子政务信息资源共享体系建设和电子政府信用体系构建，也包括基本公共服务质量评价和电子政务绩效评估问责以及全民信息素养培育等内容。关于其他学者贡献的

① 徐琳瑜：《电子政务信息安全的保障体系》，《学习论坛》2006 年第 6 期。

② 美国有《政府信息公开法》《个人隐私权保护法》《美国联邦信息资源管理法》等一系列法律法规，德国有《信息和通讯服务规范法》，俄罗斯有《联邦信息、信息化和信息保护权》，英国有《政府信息公开法》等。见徐琳瑜：《电子政务信息安全的保障体系》，《学习论坛》2006 年第 6 期。

③ 李春阁：《政府电子化进程中的问题与对策》，《沈阳师范大学学报（社会科学版）》，2009 年第 4 期。

④ 周孝贵、胡凤辉：《论电子政府信网络安全》，《企业家天地（下半月版）》2008 年第 7 期。

关涉质量、绩效、信用和安全的成果，我们都尽量涉猎，尽力吸取其中精华为我所用。因之，我们将电子政府构建的保障体系的基本涵义界定为：基于总体国家安全观，能够保障电子政府构建的质量、绩效、信用和安全的理想愿景、战略目标（包括顶层设计、战略规划、行动计划等）、战术安排（包括各项政策、制度和措施）以及信息法律法规建设、国家信息基础设施建设、电子政务应用系统建设、电子政务信息资源共享体系建设、全民信息素养培育等各项要素构成的有机整体。

相对而言，电子政府构建偏于宏观，着重于长远性整体建设，是为实现远期愿景目标、满足理想化需求作提前准备，构建的质量、绩效、信用和安全成果如何，需要经历长期实践检验，效益难以快速显现，保障体系价值意义显得更为重大；而电子政务运行偏于微观，着眼于现时系统的质量、绩效、信用和安全，是为满足目前或近期需求在做实际努力，因为有可能做到满足现时需求且能够对其质量进行评价并对其绩效进行实时评估和问责，故其保障体系可以快速见效，因之价值意义显著。

二、电子政务运行的保障体系的基本涵义[①]

"狭义的电子政务系统，仅指程序系统本身。而广义的电子政务系统，却包括网络平台、存储平台、应用平台、硬件设备、程序系统和人等等诸多组成要素"[②]，即技术专家通常概括的人件（liveware）和软件（software）、固件（firmware）、硬件（hardware）、组件（groupware）等系统构成要素。从工具手段的意义上理解，电子政务系统是电子政务的逻辑载体和操作主体。谈及电子政务运行，主要是指其借助电子政务系统这一逻辑载体运行，依靠电子政务系统所有操作主体（包括自动化的系统和自动化的人，后者主

① 本部分内容由张锐昕和伏强撰写，选自张锐昕、伏强：《电子行政审批运行保障体系：基本涵义与构成要件》，《电子政务》2017 年第 10 期。

② 张锐昕：《基于电子政务系统的政府绩效评估系统研究》，《理论探讨》2009 年第 4 期。

要指行政人，也可泛指相关利益者或干系人。电子政务系统的另外一个组成要素是自动化的设备）运作。至于电子政务系统中的自动化的人，不仅要以关键操作主体的身份参与运行，还要在运行中发挥决策、管控和监督等角色作用。为此，电子政务运行的质量、绩效和信用主要取决于自动化的人在其中发挥的关键作用，实际上必然牵涉到广义的电子政务系统的所有组成要素或构成要素的运行质量、绩效和信用。基于此，我们要考察和评价电子政务运行状况，就是要首先考察和评价电子政务系统设置的各项功能的运行情况，其次考察和评价支撑电子政务系统运行的它的各个组成要素的运行状况。

首先，电子政务系统设置的各项功能，包括政府在内的政务部门在互联网站平台上以及政务大厅中面向公众设置的政府信息公开（包括政务公开）、政民互动、办事服务等功能；在电子政务网络上面向政务部门人员设置的信息共享、业务协同等功能；以及面向纪检监察和管理部门设置的项目监督、项目催办、统计分析等功能；还有面向所有内部人员设置的办事指南查询、政策法规检索、审批信息统计、消息服务等功能①。这些功能各自强调的都是政务的某一方面或某个层次的功用，表现在技术术语运用及功用描述程度方面略有出入，反映出电子政务系统建设及其功能开发中更多地强调了技术路线和技术成果。关于这些功能的运行状况，国内外学者主要关注其有效性、回应性、效率性和满意度等，主要采取监控、绩效评估等技术手段实现保证其质量、绩效和信用的目的。

其次，支撑电子政务系统运行的各个组成要素，可从信息的角度进一步解构为多个关键要素，包括信息基础设施、信息平台、关联/协作信息系统、信息、信息人，它们对电子政务运行起着负荷或支撑作用。其中，系统视角的自动化的人（即信息视角的信息人）对系统质量、绩效和信用的影响和支

① 叶鑫、李怀明、王延章：《一站式行政审批系统研究与设计》，《计算机应用研究》2006年第4期。

撑作用最为关键。关于这些组成要素的运行状况，国内外学者的关注点集中在安全性、可及性、包容性、可接受度等方面，主要采用技术、管制和治理类手段实施操控。

实践证明，简单地运行先进的技术和网络，机械地对流程和功能进行改造和建设，也许能在某种程度上满足一部分职能部门的工作需求，造就一部分电子政务的高效率，但并不能必然地达成“信息沟通双向互动”“组织结构趋于扁平”“服务流程‘一条龙’办理”“服务功能智能化实现”①，也难以实现“一站式”“一条龙”“全天候”、无缝隙提供信息服务等理想的服务模式或方式。只有本着“以人为本”理念科学设置各项功能，并保证电子政务系统设置的各项功能及其支撑性要素各自运作有效、相互协同有序，才有可能令电子政务运行达成信息共享顺畅、业务转接有序、整体运转有效，进而使电子政务满足公众需求、令公众满意、赢得公众信任、获得公众好评。基于此，参照《国家信息化领导小组关于加强信息安全保障工作的意见》（中办发〔2003〕27）提出的“积极防御、综合防范”的方针，电子政务运行的保障体系的基本涵义就应该是能够保障电子政务系统及其设置的各项功能以及支撑电子政务运行的信息基础设施、信息平台、关联/协作信息系统、信息、信息人等所有组成要素健康有序发展和协同有效运作，并具备积极防御、综合防范能力的各类主体、各种手段和各项措施构造的有机整体。

我们研究的电子政务运行的时间序列区间始自电子政务系统开发完成投入运行，止于电子政务系统生命周期终止；而空间范围边界限定在政府互联网站、政务大厅和电子政务网络上运作的各项功能的运行情况以及负荷或支撑其运行的系统的其他组成要素或关键要素的运作或工作情况，覆盖虚拟空间与现实空间中各个行政事务办理的全流程。相应地，电子政务运行的保障体系施展效用的时空也是如此。

① 张锐昕、秦浩：《行政服务中心：发展愿景、路径选择与趋近策略》，《吉林大学社会科学学报》2010 年第 5 期。

第二节　电子政府构建和运行的保障体系的构成要件

由于政府具有经济和政治职能，电子政府构建和运行的保障体系必须是一个构造周密严谨的复杂的体系，不仅需要具有明确的保护对象和保护内容，还需要拥有明确的构建维度、构成要件以及各类支撑工具。

一、电子政府构建的保障体系的构成要件[①]

从主体而言，电子政府构建既涉及电子政府构建主体，也涉及电子政务建设主体（包括所有参与电子政务系统开发建设人员）；而电子政务运行只涉及在电子政务系统运行中提供管理和服务的人员以及需要电子政务系统服务的人们。鉴于电子政府构建主体众多、身份复杂、风险较大，更需要每个构建主体讲信用，并要求保障所有构建客体及干系人的信用，因此保障体系需将电子政府信用体系构建作为构成要件。因为电子政府信用体系已然完全覆盖电子政务运行信用体系，后者无需另外建设。

从内容而言，电子政务运行则只涉及电子政务系统中的人、设备、网络、平台[②]、系统、功能、信息及数据的质量、绩效和安全，进一步细化到某项电子政务运行，更是局限于某个电子政务系统的某一功能或某个功能的

① 本部分内容主要由于跃撰写，节选自于跃：《“问题导向，创新服务”该如何破解》，《电子政务》2016 年第 8 期。

② 实际上，平台与系统通常混用，两者之间只有规模和层次上的差别。人们通常把多个系统的集合或集成化的系统称作平台，如黄盛（2014）将电子行政审批系统分为行政服务大厅管理系统、集中的网上审批平台、部门专用审批系统和一站式或并联审批系统四种类型（见黄盛:《电子政务建设中网上行政审批系统浅析》，《科技信息》2014 年第 1 期；国务院办公厅（2016）提出“审批平台应包括互联网政务服务门户、政务服务管理平台、业务办理系统和政务服务数据共享平台”（见中华人民共和国国务院办公厅:《关于印发“互联网+政务服务”技术体系建设指南的通知（国办函〔2016〕108 号）》）。

某一层次的功用及其质量、绩效和安全，而电子政府构建既涉及国家电子政府顶层设计、电子政务基础建设（包括信息基础设施建设、电子政务应用系统建设、电子政务信息资源共享体系建设）、总体安全体系建设，又涉及政府基础建设以及全民信息素养培育等，其保障体系需要保证上述要素及电子政务运行涉及的电子政务系统的各个组成要素的质量、绩效、信用和安全，因之，保障体系的构成要件需要包括上述所有要素。鉴于既有的与电子政务运行保障相关的研究成果有很多不仅涉及到电子政务运行，也关涉电子政务建设乃至电子政府构建，需要将其上升到电子政府构建的战略高度来考量，所以，电子政府构建的保障体系的部分构成要件要在研究更为具体化的电子政务运行的保障体系的构成要件之后再行补充。

需要特别强调的是，类似信息共享、流程整合、跨部门合作和业务协同等电子政务系统建设中经常遇到和必须解决的基础性问题，因为关涉提高行政管理和公共服务的质量、绩效和信用的关键性问题，牵扯到行政体制改革、部门利益调整等深层次、根本性问题，要想在电子政务运行中得到解决难以做到，加之其倒逼改革的动力和效力又很有限，因此只能将其作为电子政府构建的保障体系的构成要件进行总体考量，上升到总体国家安全观理念和顶层设计层次来对待，才能得到根本性解决。我们的理由是：

首先，信息共享是跨部门合作和多部门业务协同的基础，但即使是国家最新出台的政策仍没有很好解决这一基础性问题，由于“部门利益是阻碍信息共享的根本原因”，需要“在各个参与者之间设置科学的利益平衡机制，从而推进电子政务信息共享的实现”①，因此应该在电子政府构建的保障体系中尽早、尽快解决。以 2016 年 4 月 26 日国务院办公厅转发国家发改委等 10 部门的《推进“互联网+政务服务”开展信息惠民试点实施方案》（国办发〔2016〕23 号，以下简称《实施方案》）为例，《实施方案》的主旨是

① 樊博：《电子政务顶层设计视角下的政府信息股份研究》，《情报学报》2013 年第 5 期。

“推进‘互联网+政务服务’，促进部门间信息共享”，对信息共享不可谓不重视，但分析《实施方案》的四条基本原则、三大工作目标、三项主要任务、两步实施步骤和五个保障措施，发现它们服务于两大主旨的内容有多少之别，表现出对两者的关注程度有强弱之差，任务安排有轻重之距，需要提请政府重视。

其一，《实施方案》的内容大多是围绕“推进‘互联网+政务服务’”作布署，相应地体现出原则明晰、目标明确、任务细化、步骤清晰和措施周全的特色，汇聚成其亮点所在。如：基本原则中的“问题导向，创新服务”体现了为群众着想的服务理念以及主动、精准、便捷提供政务服务的创新思维和服务意识，三大工作目标和主要任务是这种服务理念的具体体现，也是这类创新思维和服务意识付诸实践的先决条件，政务服务的更高层次，就是着手筹划和实施依法按规“做好政务服务个性化精准推送”了，毕竟现在的依申请公开之类政务服务程序太过繁琐、获取太不便利了；“条块结合，上下联动”则强调了条块之间要相互支持、协调配合和业务联动，它直接指向我国条块分割沟通机制缺乏和合作不畅的症结问题，提出要“强化制度衔接，构建跨部门、跨层级一体化的联合推进机制”，这是在为保障三大工作目标实现做制度和机制准备，也是在为保证办事依据统一、信息互认共享提供政府基础。当然，如果能由统一的数据共享交换平台跨越到统一的数据共享平台，再由分建共享进展到统建共享，将能更好地满足“互联网+政务服务”的信息需求。在保障措施方面，则涉及到组织领导、管理模式创新、业务流程优化、跨部门合作、体制机制创新、标准规范修改制定、法规和规章制定、政企合作、舆论宣传引导、群众监督、信息安全管理、保护公民隐私等内容，考虑的比较周全，虽然其是否可操作和能否切实有效有待实践检验。

其二，《实施方案》中与“促进部门间信息共享”相关联的是基本原则中的第二条“信息共享，优化流程”、主要任务中的第一项的第二个子项“建设电子证照库”和第二项的第三个子项“整合构建统一的数据共享交换平台和政务服务信息系统”，以及主要任务中的第三项的第一个子项“构建群众办事统一身份认证体系”。与前者相比内容偏少、力度不够、可期成果有限，不能不说是方案的一个缺憾。实践经验表明，信息难以共享已成为制约和困扰我国电子政务建设健康有序发展的“瓶颈”和隐忧。电子政务建设初期各部门各自为政进行系统建设带来的信息难以共享的弊端及其导致的“信息孤岛”众多、“数据烟囱”林立、“数字鸿沟”难平，使我国不得不一再品尝重复建设、资源浪费、协同难为的苦果，至今我们还在为此付出沉重代价，教训不可谓不深刻。在“摸着石头过河”交了多年学费之后，如果这种状况还不能从根本上彻底解决、依然持续下去的话，信息不共享的苦果就还得继续吞下，并可能随时引爆灾难性恶果，无疑地会给国家和人民带来难以估量的损失，所以，信息共享绝不能再迟疑拖延，必须从理想愿景落地生根，时时行进在路上。为此，政府非得在促进部门间信息共享上下猛药、施强策才行，这就需要采取硬性规定、刚性措施及至实行重大改革以促成强力推动。

理论上，深究“互联网+政务服务”与“信息共享”之间的逻辑关联，主要表现在两方面：一是前者是目标，后者是条件，只有条件满足，目标才能真正有效实现；二是两者之间存在互动关系，后者的实现程度决定前者的质量和绩效，而对前者优质高效的更高需求会倒逼后者加速进程，所以必须协调并利用好两者之间的互动关系以促进两者良性协同发展。

实践上，我们的意见是，既然“推进‘互联网+政务服务’”与“促进部门间信息共享”之间紧密相关，相辅相成，就应同等对待，更需同步推进，甚至对“促进部门间信息共享”要更加重视，应示范在前，因为只有“促进部门间信息共享”先行一步，才能为“推进‘互联网+政务服务’”提供整合的信息并促成良性的业务协同。而进一步的建议是，政府应该为同步推进“推进‘互联网+政务服务’”与“促进部门间信息共享”进行周全的顶层设计和细致的统筹安排，同时，配套的利益平衡机制和评估问责制度要快速跟进，对“互联网+政务服务”与“部门间信息共享”的质量、绩效和信用的评估也要实时进行。

其次，平衡好部门利益才能实现跨部门合作，实现跨部门合作才能做到业务流程整合，而业务协同需以信息共享和业务流程整合为本质要求。如果信息共享和业务流程整合这两个前提条件不能满足，协同办公乃至电子政务就无法彻底、有效实现。以往的实践经验和教训告诉我们，跨部门合作和业务协同的主要障碍是由政府机构条块分割导致彼此之间权力和利益博弈引致的，技术手段运用只能提供物理和程序（硬件和软件）方面的基础条件，可解决技术规制问题，也的确为攻克组织障碍和挣脱利益困局带来了契机，但它毕竟只是克服障碍和脱离困局的一个必要条件而非充分条件。业务协同的真正达成，有赖于基于部门利益平衡机制基础之上的跨部门合作、业务流程整体优化再造、行政操作行为的全程监控和追溯问责，以及组织结构的扁平化调整，等等，只有这些政府基础条件满足了，才有可能为业务协同创设有利条件。

最后，实践证明，简单地运行先进的技术和网络，机械地对流程和功能进行改造和建设，也许能在某种程度上满足一部分职能部门的工作需求，造就一部分电子政务的高效率，但并不能必然地达成“信息沟通双向互动”“组织结构趋于扁平”“服务流程‘一条龙’办理”“服务功能智能化实现”①，也难以实现“一站式”“一条龙”“全天候”、无缝隙提供政府电子公共服务等理想的服务模式或方式，只有本着“以人为本”理念推行电子政务，把信息共享、部门利益平衡、跨部门合作、流程整合和业务协同做到位，才有可能提高电子政务乃至所有政务活动的质量、绩效和信用，尽力满足公众需求，令公众满意，赢得公众信任，获得公众好评。

基于上述认知以及政府内外对电子政务建设和运行的现实需求，借鉴融合既有的研究成果和实践经验，我们认为可以把关涉电子政务建设和运行的

① 张锐昕、秦浩：《行政服务中心：发展愿景、路径选择与趋近策略》，《吉林大学社会科学学报》2010年第5期。

关键性、必要性条件归结在一起，把众所关注的必须由政府在行政层面准备和解决的基础性条件（即电子政府构建的政府基础）统合在一起，据以补充电子政府构建的保障体系的构成要件。

二、电子政务运行的保障体系的构成要件①

由于电子政务具有经济功能和政治功能，电子政务运行的保障体系必须是一个构造周密严谨的复杂的体系，不仅需要具有明确的保护对象和保护内容，还需要拥有明确的构建维度、构成要件以及各类支撑工具。

首先，现有的电子政务系统，基本上是遵循物理上集中、逻辑上统合的技术路线设计的。它以现实（物理）空间的网络设施为物质基础，自身作为在虚拟（网络）空间施用的逻辑载体和操作主体，将基本业务活动作为操作对象纳入其中运行，以“一门受理”方式和“一站式”“一条龙”形式提供服务。为此，电子政务运行的保障体系的构建，第一要考虑人的维度（包括人的观念、认识、理念、素质、能力、信用、责任等）；第二要兼顾空间维度，可继续划分为虚拟空间维度与现实空间维度；第三要考虑覆盖两个空间中各项业务办理的全流程甚至整个系统的生命周期，于是又拥有了时间维度。

其次，鉴于电子政务系统本质上是人—机信息系统，电子政务系统（包括系统中自动化的人）是操作主体，且自动化的人作为关键的操作主体承担决策、管控和监督之责，尤其是人机接口部分牵涉的人工处理环节更是完全由管理者和一线工作人员决策与操控，故而，作为电子政务系统，“影响其绩效水平发挥的关键因素在于其操作人员的绩效水平及操作人员与系统之间的协调配合能力，而不在于程序系统本身的效率”②。为此，实现电子政务

① 本部分内容由张锐昕和伏强撰写，见张锐昕、伏强：《电子行政审批运行保障体系：基本涵义与构成要件》，《电子政务》2017 年第 10 期。

② 张锐昕：《基于电子政务系统的政府绩效评估系统研究》，《理论探讨》2009 年第 4 期。

系统的高绩效主要取决于其根本性的、第一位的要素——自动化的人的操作的高绩效，而易管理、很可靠、讲信用、够安全等质量要求，则需要电子政务系统的所有组成要素都做到。因此，电子政务运行的保障体系的最主要的、根本性的构成要件首推自动化的人。

最后，还要研究还有哪些要素可以成为电子政务运行的保障体系的构成要件，能够满足电子政务运行的质量、绩效、信用和安全要求。我们可以从关涉信息系统、电子政务系统、行政审批系统的运行（维）保障体系和安全保障体系的现有研究成果和既往实务典范中寻求线索和答案。

其一，关于信息系统运行的保障体系或安全保障体系，迈克尔·惠特曼（Michael E. Whitman，2004）提出信息管理系统运行保障体系主要包括法律和道德层面、网络和系统安全层面、密码学和信息安全维护层面①。丹尼斯·特尔切克（Denis Trček，2006）提出应对信息系统安全和隐私管理的“一个聚焦保护的方法，涵盖技术、组织和法律相关领域”，还同时强调了安全政策②。陈玲（2006）认为信息系统安全保障体系包括安全保障系统和安全保障措施，而后者包括设置安全保障策略及部署安全技术和安全产品③。吕欣（2006）认为“信息保障能力的形成，是由技术、管理和人的共同作用所决定的”④。沈昌祥、张焕国等（2007）提出从信息的内容、硬件设备、工作人员的行为和网络环境四个方面构建信息管理系统的安全保障体系⑤。杨安莲（2011）认为信息安全保障体系的框架结构主要涉及法律法规、管理策

---

① Michael E. Whitman. “Principles of Information Security”, *Information Security Management & Policy*, Vol. 12, No. 3 (2004), pp. 429-437.

② Denis Trňek, *Managing Information Systems Security and Privacy*, Berlin: Springer, 2006, p. VII.

③ 陈玲：《金融信息系统安全保障体系构建研究》，《河北工业科技》2006 年第 6 期。

④ 吕欣：《信息系统安全保障理论与评价指标体系》，《微电子学与计算机》2006 年第 10 期。

⑤ 沈昌祥、张焕国、冯登国、曹珍富、黄继武：《信息安全综述》，《中国科学（E 辑：信息科学）》2007 年第 2 期。

略和技术措施①。田波、吴倩等（2011）认为安全管理保障主要涉及安全制度、安全管理理念、安全责任意识，技术保障则涉及访问权限设置、防火墙技术、加密技术、数字签名技术和数据抢救措施②。罗斯·安德森（Ross Anderson，2012）认为信息管理系统的安全性主要涉及工程技术基础、网络攻击类型和专用保护机制③。美国联邦贸易委员会（FTC）规章第16条要求金融机构（包括加入金融性贷款机构，如大专院校）制定安全规划，以保护个人消费者信息的机密性和完整性④。

其二，关于电子政务系统运行保障体系或安全保障体系，曲成义（2003）提出电子政务系统运行的保障体系主要由法律法规、组织管理、标准规范等部分组成⑤。陈振明（2003）认为“人员要素是维系电子政务良性运行的人力资源保证”⑥。秦天保（2006）认为电子政务信息安全体系是保证电子政务安全运行的措施、技术和体制的有机综合体⑦。张维华（2007）提出电子政务信息资源安全保障体系是包含安全管理、安全基础设施、安全支撑、应用支撑和基本安全防护等的综合性系统，“安全政策、法规和标准是保障安全的重要防线，是系统建设的必要条件”⑧。王政（2008）提出电子政务系统运行保障体系既涉及信息技术体系，还涉及数据安全相关的法律法规体系和组织机构体系⑨。张新红（2009）提出电子政务支撑体系是指对

---

① 杨莲安：《论电子文件信息安全保障体系的构建》，《档案学研究》2011年第5期。

② 田波、吴倩：《航空公司信息安全管理系统的构建与安全保障体系研究》，《情报科学》2011年第9期。

③ Ross Anderson, *Information Security Engineering*, Beijing: Tsinghua University Press, 2012, pp. 435-456.

④ “Stockton University Information Security Plan”, 2018, https://stockton.edu/information-technology/documents/acceptable-use/information-security-plan-updated.pdf.

⑤ 曲成义：《电子政务安全保障体系探索》，《信息安全与通信保密》2003年第6期。

⑥ 陈振明：《公共管理学》，中国人民大学出版社2003年版，第308页。

⑦ 秦天保：《电子政务信息安全体系结构研究》，《计算机系统应用》2006年第1期。

⑧ 张维华：《我国电子政务信息资源安全保障体系研究》，《图书情报工作》2007年第12期。

⑨ 王政：《电子政务安全保障体系结构研究》，《计算机应用》2008年第6期。

电子政务起支撑作用的关键要素——技术支撑、基础设施支撑、产品支撑、资金支撑、需求支撑及其活动所构成的有机整体①。“电子政务信息安全保障体系是一个能够保证电子政务安全运行的各种保障措施、技术和体制的有机综合体，是一个系统工程。”②

其三，关于电子政务系统安全体系，叶鑫、李怀明（2006）等认为，可分为网络安全、主机系统安全、信息安全和应用系统安全四大部分③。杨育红和胡彧（2010）提出“应根据系统的网络结构和应用模式的不同，针对可能存在的安全漏洞和安全需求，在不同层次上对系统提出安全级别要求，并提出相应的安全解决方案，制定相应的安全策略，编制安全规划，采用合理的、先进的技术实施安全工程，加强安全管理。”④ 张勇（2011）提出，电子政务网络系统安全体系应以安全技术为基础，主要包括四方面的内容：对系统和内网防火墙的整体部署；防火墙系统的配备；数字水印和数字签名的应用等⑤。赵旺、王紫阳等（2011）认为，电子政务信息系统安全措施和对策包括：加强自身安全技术能力；加强信息安全硬软件建设；加强信息安全管理工作⑥。周安民（2013）提出，不能“只关注数据安全，只保证数据传输和跨越的安全，而现在更多的是要关注人的安全，不仅仅是公职人员，更多的是面对社会公众的安全”⑦。

综上，良好的电子政务运行的保障体系至少应能保障电子政务运行的环境协调有序、功能实用完备、过程标准规范、办理高效优质、行为守法合

---

① 张新红：《电子政务支撑保障体系的内涵及其建设》，《电子政务》2009 年第 1 期。

② 王文新：《电子政务安全保障体系建设探析》，《内江科技》2012 年第 8 期。

③ 叶鑫、李怀明、王延章：《一站式行政审批系统研究与设计》，《计算机应用研究》2006 年第 4 期。

④ 杨育红、胡彧：《电子政务信息系统的安全防护体系》，《计算机安全》2010 年第 4 期。

⑤ 张勇：《电子政务网络系统安全体系的设计与实现》，《计算机光盘软件与应用》2011 年第 2 期。

⑥ 赵旺、王紫阳、田渝：《电子政务信息系统安全建设之我思》，《信息安全与通信保密》2011 第 10 期。

⑦ 周安民：《电子政务信息网络安全》，《信息安全与通讯保密》2013 年第 10 期。

规、结果完整有效、以及能做到良好可及的互动合作和及时有序的响应反馈，并要做到基本令用户①满意。这些需求除指向高绩效之外，更多地指向质量和信用保障要求。根据上述研究成果和既往实务典范的内容分析，电子政务运行的保障体系的建设不仅涉及技术手段和工具，也指向法制、管制和治理需求，涉及技术、组织、法律和道德等领域。其中的主要元素除了人以外还囊括了安全管理理念、安全责任意识、标准规范、法律法规、安全政策、管理制度、应急制度、评估制度、组织机构、组织管理、保护工作机制、信息内容、网络环境、基础设施、硬件设备，以及安全规划、管理策略、技术措施、应急响应措施等内容。我们将这些成果归纳聚类后进行系统整合，认为将观念认识、标准规范、法律法规、政策制度、规划措施、体制机制、技术手段和人的素质能力等归于电子政务运行的保障体系的构成要件，莫如直接将其作为电子政府构建的保障体系的构成要件来对待，寻求政治和行政支持加以解决。此外，鉴于电子政务运行的绩效（主要指自动化的人的绩效）和质量与部门、组织的文化以及行政人员的素质、能力和责任心高度相关，行政部门之间及其与行政人员之间彼此协作的状况以及中间文档和结果的生成和传递效率也是如此，我们认为，建构电子政府构建的保障体系也必须考虑行政文化、组织文化建设以及行政人员的素质、能力培养和责任心培育等问题。只有具备了上述构成要件，电子政府构建的保障体系的内容范围才算基本补充完整。

具体到电子政务运行的保障体系，构建主要面向三个维度——人、空间（包括虚拟空间与现实空间）、时间；施效的对象包括所有自动化的人或信息人（即所有利益相关者），施效的空间范围边界限定在政府互联网站上的政务前台和电子政务网络上的政务后台上运作的各项功能的运行情况以及负荷或支撑其运行的系统的其他组成要素或关键要素的运作或工作情况，覆盖两个空间中各项功能及其全部流程，而施效的时间序列区间始自电子政务系统

① 这里的用户是指信息人。

开发完成投入运行，终至电子政务系统生命周期终止。这实际上是在借助技术及其规制的力量对参与电子政务运行的信息人和时空范围实施限定。

考虑到“体系，是内部要素以及其关联性的总和”①，探讨电子政府构建和运行的保障体系的构成要件之后，接下来就该探讨其关联性的具象——路径策略问题了。在探究电子政府构建和运行的应然状态以及电子政务实践发展的现状和问题之后，由于既明确了努力的方向也有了针对的靶子，我们就可以继续追寻建构电子政府构建和运行的保障体系的路径和策略，进而尽可能地建构起全面、完整、科学、合理的电子政府构建和运行的保障体系。

---

① 莫洲瑾、曹震宇、徐雷：《论城市设计的运行保障体系》，《建筑》2005 年第 3 期。

第八章　从电子政府顶层设计到电子政务基础建设

从信息和服务视角看，无论是相对宏观的电子政府构建、相对中观的电子政务建设还是相对微观的电子政务运行，都需要基于总体国家安全观、全局观、整体观和科学发展观进行全方面、多层次、宽领域的系统性筹划和综合性建设。但在我国电子政府构建和电子政务建设过程中，由于统筹规划不足、基础条件欠缺和体制机制不顺等关键性问题一直无法解决，导致行业和地方间“条块矛盾”“烟囱林立”的现象①，信息共享和业务协同难以推进②，反而在一定程度上强化了部门利益，固化了行业和地方间条块分割的现象，造成信息难以整合和服务难以衔接等问题；导致政府信息共享与交换平台无法共建共享，完全统一，支持政府电子公共服务一体化的政务信息资源目录体系和人口、法人、空间地理、电子证照、社会信用等基础信息库与业务系统无法完全连通，造成政府电子公共服务系统信息共享与交换不畅，跨部门业务协同困难，真正意义上的部门联审、联办难以实现，推进一站式、一体化、彻底性的线上业务办理步履艰难，信息基础设施的综合业务承载能力、质量和效率都不尽如人意，服务广度与深度亟待推进；导致政出多

① 吴倚天、汪玉凯：《中国电子政务的十年回顾与发展展望（下）》，《行政管理改革》2009 年第 4 期。

② 《国家电子政务“十二五”规划（工信部规〔2011〕567 号）》，2011 年 12 月 12 日。

门、分散建设、低水平重复和投资浪费现象严重①。产生这些问题的根本原因在于我国电子政府顶层设计、电子政务基础建设乃至电子政府构建的政府基础准备严重不足。三者中，顶层设计的地位和作用尤为关键和重大，必须加大研究力度选择适当策略。此外，要保证电子政府构建和电子政务运行优质、高效、有信用、够安全，信息基础设施、电子政务应用系统和电子政务信息资源等基础性内容建设是必备的物质基础和资源条件，也必须有效提供。当然，电子政府构建的政府基础方面的建设也是重中之重，是绝对不容忽视的。

第一节　电子政府顶层设计②

为找到适合国情的、有利于电子政府顶层设计有序进行的方法，我们从电子政府顶层设计的概念和特点入手，在比较分析顶层设计与政府总体架构的异同以及构建政府总体架构比较框架的基础上，从理念、体制、机制和工具四个路径研究推进中国电子政府顶层设计的策略建议。

一、电子政府顶层设计的概念特点

（一）电子政府顶层设计的内涵

不同的专家学者对顶层设计的内涵有着不同的理解和界定，表 8-1 中列举了其中有代表性的几类观点③。

① 《国家电子政务“十二五”规划（工信部规〔2011〕567 号）》，2011 年 12 月 12 日。

② 该部分内容由郑天鹏和张锐昕共同完成。

③ 由于前述中国学者常常对电子政府与电子政务不加区分或将两者混同使用的原因，我们把学者们针对两者的顶层设计的观点都视为针对相对宏观的电子政府而言。

表 8-1　对顶层设计内涵的不同理解

作　者	主要观点
汪玉凯	是一个地方电子政务总体规划的具体化，是总体规划的一种实现手段，如果光有规划而缺乏具体的实现手段，则在总体规划之下很可能又造成各自为政的局面，造成资源难以共享，信息难以互联互通①。
谢力民	是围绕电子政务建设中业务和技术的种种问题，用系统规范的科学理论方法，描述业务和技术的状态，理清业务和技术的各种关系，确定建设目标，选择和制定实现目标的路径和战略战术，顶层的含义有三层：整体和全局、业务、政府绩效②。
宁家俊	是架构设计，包括政务层面的内容：行政管理体制、政府职能及具体业务类型之间的关系。也包括技术层面的内容：网络建设、安全管理、信息资源建设与绩效管理等③。
樊　博 孟庆国	是突破条、块和机构的限制，将整个大政府视为一个有机的整体，规划全局性的、集成化的电子政务信息体系架构。从而加强整个政府各部分之间的交互能力，使得政府转换为一个以服务对象为中心，而不是以政府职能部门为中心的电子政府架构④。
杨学山	是一个不定的概念，它随着设计问题的对象而发生变化，但是顶层设计有三个基本要素，第一个要素就是制定方法论；第二，在概念层级上是顶层，而不是底层和中间层；第三，是设计，设计最起码有两个基本的含义，第一个含义是清晰的，因为设计如果不清晰就说不上是设计，第二是可以实施的⑤。
肖能德 李恩敬	是利用系统论的方法，围绕着电子政务中的业务和技术，理解和分析影响电子政务的各种关系，从全局的视角出发，围绕着政务核心目标，对电子政务建设的基本需求进行总体的、全面的设计，确保理论一致、标准统一、功能协调、结构稳定、资源共享，从而建立政府信息化的总体架构⑥。

---

① 吴倚天：《顶层设计的当务之急——访中国电子政务示范工程专家组专家、国家行政学院教授汪玉凯》，《中国信息界》2005 年第 15 期。

② 谢力民：《顶层设计——电子政务向纵深发展的标志》，《数码世界》2005 年第 3 期。

③ 宁家骏：《顶层设计奏响电子政务的乐谱》，《中国计算机用户》2009 年第 9 期。

④ 樊博、孟庆国：《顶层设计视角下的政府信息资源共享研究》，《现代管理科学》2009 年第 1 期。

⑤ 杨学山：《电子政务的顶层设计》，《电子政务》，2010 年第 8 期。

⑥ 肖能德、李恩敬：《“顶层设计”在电子政务建设中的应用》，《福建建材》2010 年第 3 期。

续表

作　者	主要观点
于施洋等	是关于一个地区、行业或者部门电子政务发展规划或总体框架的详细设计及其内部各要素之间有效组合运行的动力机制、建设机制和发展机制的模型化设定，以保证电子政务系统功能相互协调、结构基本一致、资源互相共享、标准基本统一①。
杜链	原义是指从整体的、全局的、综合的视角观察分析系统。是指面向系统的设计方法和方法论。系统科学中的"顶层设计"是三个过程的有序结合：其一是识别系统的类型；其二是依据系统的性质选择设计方法论（不同类型的系统存在不同的方法和方法论分析）；其三是按照方法论所揭示的秩序和工具识别系统"顶层的内涵"②。
房毓菲 单志广	是系统工程学领域的一种有效的复杂应用系统的综合设计方法。……强调复杂工程的整体性，注重规划设计与实际需求的紧密结合，从全局视角出发，自上而下逐层分解、分别细化，统筹考虑各个层次、各个要素，在系统总体框架约束下实现总体目标。宏观政策领域（如电子政务、智慧城市、"互联网+"、大数据等政策规划）的顶层设计思想体现在，从总体上提出全面的框架性设计，体现理论思想一致、功能相互协同、结构直观清晰、资源交换共享、标准规范统一，起到指导性、统领性的作用③。
周志忍 徐艳晴	是"核心内涵"与"外在表征"的有机结合。其中，顶层设计的两点核心内涵：一是改革的整体性即全方位系统筹划；二是直面根本矛盾敢于碰硬和突破。……顶层设计应具有两个外在形式表征：一是主体视角的"相对顶层观"；二是时间维度的"共时性"和"事前"④。
王建民 狄增如	（深化"改革"即制度变迁中的"顶层设计"）是指在高层领导下，以基层建议和专业论证为基础，就目标模式、体制机制、重点领域、重大工程和关键项目等，作出战略性、系统性和实践性总体安排与部署⑤。

分析上述专家学者对顶层设计内涵的不同界定发现，虽然这些界定是从不同视角提出的，但彼此之间有一定的交叉度和相似性。通过对这些观点的总结和归纳，可以看出人们对于电子政府顶层设计的认识较为一致的方面，

① 于施洋、王璟璇等：《电子政务顶层设计：基本概念阐释》，《电子政务》2011 年第 8 期。
② 杜链：《顶层设计的思路与方法——城镇信息化战略研究》，《电子政务》2016 年第 6 期。
③ 房毓菲、单志广：《智慧城市顶层设计方法研究及启示》，《电子政务》2017 年第 2 期。
④ 周志忍、徐艳晴：《全面理解顶层设计：一个整合诠释框架》，《行政论坛》2017 年第 4 期。
⑤ 王建民、狄增如：《"顶层设计"的内涵、逻辑与方法》，《改革》2013 年第 8 期。

包括：

1. 设计应从整体和全局的角度进行，应该跳出行业、地域和部门的限制；

2. 设计必须具体、可行，不仅要设计蓝图，还应提出相应的实现路径；

3. 设计的内容至少应同时包含业务和技术两个方面，而不是单纯对技术系统进行设计；

4. 设计的直接目标是实现信息共享和业务协同，深层次目标是有效支撑政府职能的履行，向社会提供整合性、一体化的服务；

5. 设计的重点是建立电子政府各部分之间的良好关系，保证相互之间的协调；

6. 设计的工具是系统规范的科学理论和方法，必须从方法上保证设计的整体性和可实施性；

7. 设计不是以职能部门为中心，而应以服务对象为中心。

总结学者们的认知成果，我们将电子政府顶层设计的内涵界定为：是以服务对象为中心，围绕电子政府构建中面临的各种关键性和基础性问题，从总体国家安全观、整体和全局的角度，利用系统、规范、标准、科学的理论和方法，对电子政府的各部分的理想化状态及其相互间的良好关系进行全方位、顶层次、宽领域的系统性筹划和综合性安排，包括选择合适的路径和制定相应的策略，从而实现各部分间的信息共享、相互间的业务协同和更大范围的合作分工，有效支撑政府职能的履行，向社会公众提供优质、高效、讲信用、够安全的政务服务，以改善政府的内外部关系，推动电子政府健康、有序发展。

（二）电子政府顶层设计的外延

从设计主体的角度，到底电子政府顶层设计的主体是谁，亦即在何层次进行顶层设计，学界是存在争议的。虽然不同的专家学者都承认顶层设计在概念上的顶层性，但对于是否同时是行政层级上的顶层，仍然存在不同认识，主要有两类观点：

一类观点认为，顶层设计的顶层并非指行政层级的顶层，设计的主体可以是多元的，既可以是国家层面，也可以是地方层面、行业领域和政府部门。如汪玉凯（2005）认为，顶层设计是对“一个地方、一个单位”① 的总体规划进行具体化；杨学山（2010）认为“顶层设计的对象是不定的”，可以是“一个系统”“一个项目”或“一个部门”的顶层设计②；于施洋、王璟璇等（2011）认为，顶层设计“不仅限于国家层面，还包括对省、市、区县的电子政务建设进行顶层设计，不仅仅可以对面向某一行政区域的电子政务进行顶层设计，还可以对纵向行业和政府部门的电子政务进行顶层设计。”③

另一类观点认为，顶层设计首先应该是从国家层面作出的，“必须从国家战略的高度出发，做好电子政务的顶层设计，调整结构，整合资源”④。“顶层设计的首要视角是要站在全国互联和全网通用的整体高度和全局视野，去分析决定电子政务的具体决策。”⑤ 对电子政务如此，对电子政府更应如此。“要突破条、块和机构的限制，将整个大政府视为一个有机的整体。”⑥

2009 年的实践进展一度令人们的认知更易产生混淆。2009 年，工业和信息化部批准福建开展电子政务顶层设计试点，上海、北京、深圳等地随后跟进，金关、金质、金审、金保等工程也称正在开展行业领域内信息化建设的顶层设计，似乎有一种各地方、各行业、各部门纷纷开展电子政务顶层设

① 吴倚天：《顶层设计的当务之急——访中国电子政务示范工程专家组专家、国家行政学院教授汪玉凯》，《中国信息界》2005 年第 15 期。

② 杨学山：《电子政务的顶层设计》，《电子政务》2010 年第 8 期。

③ 于施洋、王璟璇、杨道玲、张勇进：《电子政务顶层设计：基本概念阐释》，《电子政务》2011 年第 8 期。

④ 宁家骏：《顶层设计奏响电子政务的乐谱》，《中国计算机用户》2009 第 9 期。

⑤ 谢力民：《顶层设计——电子政务向纵深发展的标志》，《数码世界》2005 年 3 期。

⑥ 樊博、孟庆国：《顶层设计视角下的政府信息资源共享研究》，《现代管理科学》2009 第 1 期。

计之势。而2012年发布的《国家电子政务“十二五”规划》中，又指出要“开展国家电子政务顶层设计，统筹电子政务发展中整体与局部、行业与地方、建设与应用、统一与分散、管理与服务的关系”①，似乎又要从国家的层面去解决这些问题。我们认为，这两类观点都有一定的可取之处。“顶层”本身是一个相对的概念，例如，单从行政机关来讲，省级政府便是某一省政府系统的顶层，全省的电子政府构建，需要在省级政府这一层次进行总体的、全面的设计。对于行业领域而言，也应由中央政府相对应的部门对该行业的信息化建设进行统筹考虑。但是，如果单从这一观点进行理解，则有悖于顶层设计“从顶层、全局的角度进行设计”② 的初衷。顶层设计针对的是信息共享和业务协同等基础性的、根本性的问题，要解决的是条块间、层级间和机构间电子政府构建和电子政务建设的利益矛盾，如果不从国家层面进行顶层设计和整体布局，仍从行业、地区和机构内部进行“顶层设计”，那么这些矛盾仍然不能得到根本性解决，整合性、一体化的公共服务也就难以实现。因此，如果以设计主体为标准，电子政府顶层设计可以分为国家层面的顶层设计、地方层面的顶层设计和行业领域的顶层设计，甚至一个系统、一个机构内部，也可以有自己的“顶层设计”。但是，承认多层次、多主体的顶层设计的前提，是地方层面和行业领域的电子政府顶层设计必须以国家层面的“顶层”设计为统领和指导，国家层面是电子政府顶层设计的首要视角和应有高度。

从设计内容的角度，较有争议的问题是电子政府顶层设计的内容该包含哪些。目前较易被学者们接受的说法是：顶层设计是围绕业务和技术进行的，如谢力民（2005）提出，“业务和技术是顶层设计的两大范畴，顶层设

---

① 《国家电子政务“十二五”规划》，2012年4月13日，见 http：//www. miit. gov. cn/n11293472/n11295327/n11297217/14562026. html。

② 王欢喜、王璟璇：《EA在电子政务顶层设计中的应用》，《图书情报工作》2012年第2期。

计的成功与否，80%与业务领域的事情有关”①。商维庆（2006）以及杨吉江和贺炜（2006）提出电子政务顶层设计的业务线战略，希望通过挖掘业务需求和梳理业务流程来推动电子政务总体框架的构建②。樊博（2013）提出顶层设计“可以突破部门之间信息系统的技术壁垒和业务壁垒，规划跨越各个机构的整合性系统平台，实现电子政务的协同理念。”③ 也有一些专家学者提出了不同的看法，如宁家骏（2009）认为，电子政务顶层设计的内容，既包括技术层面，也包括政务层面，如行政管理体制、政府职能及具体业务类型之间的关系等④，王欢喜和王璟璇（2012）将之进一步扩展，提出“不仅要考虑设计对象自身的构成要素和体系结构，还应考虑设计对象的外部环境影响”，进而提出其“基本框架结构应包含管理体制架构、绩效架构、业务架构、信息架构和技术架构”⑤，这比业务和技术的范围要更加广泛和深入。原国务院信息化工作办公室陈小筑（2004）最先提出，要通过顶层设计明确“建设宗旨、战略目标、指导原则、关键要素和切入点”，确定中央和地方在建设电子政务系统中的关系⑥。基于以上不同观点，我们认为，电子政府顶层设计的内容包括三个层次——战略层、政务层和技术层。在战略层次，要根据国家发展的方向和目标，明确电子政府和电子政务建设的宗旨、使命、战略目标和指导原则，确定体制机制和实施路径；在政务层次，要以政务流程梳理和再造为中心，同时推进行政管理体制改革和政府职能转变

---

① 谢力民：《顶层设计——电子政务向纵深发展的标志》，《数码世界》2005第3期。

② 见商维庆：《电子政务总体框架和顶层设计的突破口——业务线战略》，《电子政务》2006年第3期；杨吉江、贺炜：《加强顶层设计 推动电子政务深入发展》，《电子政务》2006年第1期。

③ 樊博：《电子政务顶层设计视角下的政府信息股份研究》，《情报学报》，2013年第5期。

④ 宁家骏：《顶层设计奏响电子政务的乐谱》，《中国计算机用户》2009年第9期。

⑤ 王欢喜、王璟璇：《EA在电子政务顶层设计中的应用》：《图书情报工作》2012年第2期。

⑥ 陈小筑：《在“2004年中国信息化推进大会”上的演讲》，2004年11月19日，见http://tech.sina.com.cn/other/2004-11-19/1439462115.shtml。

等；在技术层次，则应对支撑政府业务流程的信息资源、关键性基础设施、安全管理、信用体系等进行设计，以确定总体技术架构。

（三）电子政府顶层设计的定位

顶层设计是国家电子政府构建的总体规划蓝图，是电子政务信息共享交换的总体支撑模型①，其定位是在与规划的比较中得出的，是指顶层设计与规划相比所处的不同地位和所发挥的不同作用。

对于顶层设计与规划的关系，目前学界存在两种不同的看法。一些学者认为，规划是为实现发展目标而对未来一段时间内的工作作出的预先的统筹安排②。由于这种安排通常较为宏观，与具体实施之间缺乏有机联系，存在过大的自由空间③，而如果缺乏有效的实施手段，则很有可能造成各自为政的局面，资源难以共享，信息不能互联互通④，因此，需要依靠顶层设计对规划进行细化和可实施性设计，在规划与实施之间铺展“蓝图”，如于施洋、王璟璇等（2011）提出，电子政务顶层设计，就是关于一个地区、行业或者部门电子政务发展规划或总体框架的详细设计及其内部各要素之间有效组合运行的动力机制、建设机制和发展机制的模型化设定⑤；樊博提出“顶层设计是从顶向下的电子政务规划实施过程，以绩效参考模型为顶层驱动，重新规划业务参考模型，设计支撑业务的服务构件模型和技术参考模型，在最底

---

① 此外参考樊博：《电子政务顶层设计视角下的政府信息股份研究》，《情报学报》，2013年第5期，但对其顶层设计的论域做了层级上和范围上的扩充。

② 于施洋、王璟璇、杨道玲、张勇进：《电子政务顶层设计：基本概念阐释》，《电子政务》2011年第8期。

③ 于施洋、王璟璇、杨道玲、张勇进：《电子政务顶层设计：基本概念阐释》，《电子政务》2011年第8期。

④ 吴倚天：《顶层设计的当务之急——访中国电子政务示范工程专家组专家国家行政学院教授汪玉凯》，《中国信息界》2005第15期。

⑤ 于施洋、王璟璇、杨道玲、张勇进：《电子政务顶层设计：基本概念阐释》，《电子政务》2011年第8期。

层设计数据参考模型来支撑整个顶层设计系统。”① 另一些学者则持不同观点，他们从顶层设计的概念出发，认为顶层设计是先于规划的，是在最高层次对电子政府发展进行谋划和构想。这两类观点都难以全面地对顶层设计与规划之间的关系进行概括。的确，在一定程度上，顶层设计有对规划进行可实施性设计的功用，应用顶层设计科学规范的理论和方法，可以对电子政府规划所设定的目标进行逐步分解和落实，从而弥补规划与实践之间的空隙。但另一方面需要看到，提出顶层设计的目的并不只是为解决规划过于抽象的问题，还有解决统筹电子政府构建，实现信息共享和业务协同，消除纵强横弱和“信息孤岛”等问题的目的。此外，顶层设计的内容还包括战略层、业务层、技术层和对应的体制机制的设计，这些内容规划都难以全面涵盖。因此，顶层设计与规划并无绝对的上下层次关系，而是相对独立的。

（四）电子政府顶层设计的特点

关于电子政务的顶层设计的特点，王欢喜和王璟璇（2012）认为有三个：一是顶层决定性，二是整体关联性，三是实际可操作性②。我们归纳总结电子政府顶层设计的特色，认为它与过去的电子政务建设模式相比具有以下鲜明特点：

1. 以服务对象为中心

顶层设计要求政府转变过去“以职能部门为中心”“以项目为中心”③、

---

① 樊博：《电子政务顶层设计视角下的政府信息股份研究》，《情报学报》2013 年第 5 期。

② 所阐述的主要观点包括：“一是顶层决定性，顶层设计是自高端向低端展开的设计方法，核心理念与目标都源自顶层，因此顶层决定底层，高端决定低端 二是整体性，顶层设计强调设计，对象内部要素之间围绕核心理念和顶层目标所形成的关联、匹配与有机衔接 三是实际可操作性，设计的基本要求是表述简洁明确，设计成果具备切实可行性，因此顶层设计成果应是可实施、可操作的。”见王欢喜、王璟璇：《EA 在电子政务顶层设计中的应用》，《图书情报工作》2012 第 2 期。

③ 杨学山：《电子政务的顶层设计》，《电子政务》2010 年第 8 期。

“以部门为主体”[①] 的观念，更加注重公共服务效益，从服务对象的需求出发，积极寻求跨部门信息共享和业务协同，向社会公众提供整合性、一体化、一条龙的信息服务。

2. 采取顶层、全局性、整体化视角

电子政府顶层设计要求从顶层战略高度出发，从全局性、整体化视角，“跳出局部环境、局部利益的约束和限制”[②]，自高端向底端对各级政府的电子政府构建进行全局筹划和整体安排，即在根据改革需要和社会需求确定电子政府构建的战略目标后，围绕战略目标布局，通过科学的理论方法设计一整套详细的框架方案和机制模型，来综合解决各级政府和部门的信息、业务和流程的规范化、标准化问题，并通过协调与改善各要素之间的关系，更好地调动各方面的资源，有序、渐进地对框架方案和机制模型予以落实，最终达成预期的愿景目标。这也是为什么电子政府顶层设计必须以国家层面的设计为统领，各地区、各行业在国家电子政府顶层设计的指导之下，再通过本区域、本领域的整体设计和系统建设来实现国家电子政府构建的总体目标的根本原因。

3. 强调可实施、可操作以及科学方法的运用

许多学者在提及电子政府（务）顶层设计时，都不自觉地将其与电子政务规划进行比较。如汪玉凯认为顶层设计是总体规划的具体化[③]，于施洋等认为顶层设计是对发展规划或总体框架的详细设计，其意在于强调顶层设计要比规划更利于实施，与电子政务建设实践更为贴近[④]。此外，电子政府顶

---

① 樊博、孟庆国：《顶层设计视角下的政府信息资源共享研究》，《现代管理科学》2009年第1期。

② 王欢喜、王璟璇：《EA 在电子政务顶层设计中的应用》，《图书情报工作》2012 年第 2 期。

③ 见吴倚天：《顶层设计的当务之急——访中国电子政务示范工程专家组专家国家行政学院教授汪玉凯》，《中国信息界》2005 年第 15 期。

④ 见于施洋、王璟璇等：《电子政务顶层设计：基本概念阐释》，《电子政务》，2011 年第 8 期。

层设计作为一项庞大而系统的工程，还要求设计者必须具有系统的战略思维和敏锐的观察力，必须采用系统规范的科学理论和方法作支撑。否则，顶层设计将停留于“蓝图”阶段而无法实现。

4. 适时进行动态维护

电子政府顶层设计不能一蹴而就，原因至少有二：一是“政府改革是一个持续不断的过程，而且几乎可以肯定的是，只要政府存在，这一过程就永远不会停止。”① 二是社会公众对政府电子公共服务的数量需求在持续攀升、质量要求在不断提高。为此，电子政府的战略目标将随之不断变化，电子政府顶层设计也要在保持适度稳定性和可持续性的同时不断得到丰富和完善，以适应电子政务建设需求的动态发展。

二、电子政府顶层设计与政府总体架构的关联

虽然电子政府顶层设计和政府总体架构的概念、定位和特点有着高度的相似性，但二者并非一对完全等同的概念。

表 8-2　电子政府顶层设计与政府总体架构的比较

比较项	电子政府顶层设计	政府总体架构
针对问题	体制机制不顺、统筹规划不足、公共服务效益不明显	信息系统的复杂性、系统间的互操作和集成、缺乏标准化②
设计目标	实现信息共享和业务协同，向社会提供整体性、一体化的服务	实现互操作，消除冗余，实现构件重用，为公民提供无缝隙在线服务③

① ［美］B·盖伊·彼得斯：《政府未来的治理模式》，吴爱明等译，中国人民大学出版社 2001 年版，序言第 3 页。

② Mohamed M. A, Galal-Edeen G. H, Hassan H. A, et al, “An Evaluation of Enterprise Architecture Frameworks for E-Government”, Computer Engineering & Systems (ICCES), 2012 Seventh International Conference on IEEE, 2012, pp. 255-260.

③ Janssen Marijn, Hjort-Madsen Kristian, “Analyzing Enterprise Architecture in National Governments: The Cases of Denmark and the Netherlands”, System Sciences, 2007, 40th Annual Hawaii International Conference on IEEE, p. 218a.

续表

比较项	电子政府顶层设计	政府总体架构
设计内容	战略层、政务层和技术层	元素+关系+转变路径，受战略和制度影响
设计重点	建立电子政府各部分间的良好关系	建立政府信息系统各部分间的良好关系
功能定位	重要作用之一是弥补规划与实践之间的空隙	在战略目标和建设实践间架设桥梁
设计特征	以服务对象为中心； 整体主义战略； 强调可实施性； 更加注重科学方法，动态发展	服务于战略目标； 总体视角； 填补目标与实施之间的差距； 需要科学方法，持续改进

从表8-2中的比较结果可以看出，电子政府顶层设计与政府总体架构在设计目标、设计重点、定位和特征上有着明显的相似性或一致性，具体表现在以下方面：

第一，设计目标方面，二者均要实现系统间的信息共享和部门间的业务协同，消除冗余，达成一致，从而为服务对象提供整体性、一体化的无缝隙服务。

第二，设计重点方面，二者的设计重点均是建立各部分之间的良好关系。

第三，功能定位方面，政府总体架构定位在政府战略目标和信息化实践之间架设桥梁，而电子政府顶层设计的重要作用之一也是要弥补规划与实践之间的空隙。

第四，设计特征方面，“以服务对象为中心”是电子政府构建的战略取向，二者所采用的总体视角、对可实施性的强调、对科学方法的注重以及所进行的持续改进，均有着高度的一致性。

与此同时，二者也有着关键的不同之处，具体表现在：

第一，在所针对的问题方面，政府总体架构主要针对的是信息系统的复杂性、系统间的互操作和集成以及缺乏标准化等问题，电子政府顶层设计更多地是针对我国电子政务建设的统筹规划不足、基础条件欠缺和体制机制不顺等情况。虽然政府总体架构的运用能在一定程度上解决统筹规划不足问题，但基础条件和体制机制方面的问题并不是政府总体架构设计所能驾驭的。

第二，在设计内容方面，与所针对的问题相对应，电子政府顶层设计与政府总体架构在设计内容上也存在差异。政府总体架构关注业务与技术及二者之间关系的设计，旨在通过对二者关系的有效处理，构建具有一致性的信息系统。电子政府顶层设计内容则涵盖战略层、政务层和技术层三个层次，是对宏观战略和实施路径的全面设计。政府总体架构设计包括技术层的绝大部分和政务层中的业务部分，但对于政务层次的行政管理体制和政府职能等内容以及战略层次的内容则涉及和关注不足，因而从一定程度上说电子政府顶层设计的内容范围要广于政府总体架构设计，政府总体架构所涉及的是电子政府顶层设计的相对具体的层次。

第三，在功能定位方面。虽然电子政府顶层设计与政府总体架构均有弥补战略与实施间空隙的功能，但电子政府顶层设计的功能不只包括规划的具体化，它相对独立于规划，除了在规划的基础上设计蓝图，使规划具有可实施性之外，还在战略层次上设计建设宗旨、使命、目标、原则、体制和机制等内容，这些内容甚至被认为是“更为重要”的顶层设计。

从上述对电子政府顶层设计和政府总体架构的比较分析可以看出，二者并不是相对等的概念。相较于政府总体架构重点关注业务和技术而言，电子政府顶层设计涉及的内容更为全面，问题更加深入，因而不能简单地认为电子政府顶层设计就是政府总体架构设计。由于政府总体架构基本涵盖了顶层设计的技术层和政务层中的业务部分，而且二者在设计目标、重点、定位和特征方面相对一致，在电子政府顶层设计缺乏理论与方法支撑而现实又迫切需要开展电子政府顶层设计的情况下，借鉴国外相对成熟并已得到成功应用的政府总体架构的研究与实践成果不失为有利有益的方法。

三、政府总体架构比较框架的构建

构建政府总体架构比较框架的目的，是为了避免对政府总体架构建设实践某一部分的过度关注，跳出单纯研究参考模型的局部视野，从全局和整体的角度去分析他国政府总体架构建设实践，并为横向的比较提供指标和依据。

政府总体架构比较框架的设计思想源于现有的有关 EA 的文献，尤其是马里纳·詹森和克里斯蒂安·霍特-马德森（Marijn Janssen 和 Kristian Hjort-Madsen）构建的“中央政府总体架构分析框架”①。同时，受薛澜和刘冰《应急管理体系新挑战及其顶层设计》② 一文的启发，我们对“中央政府总体架构分析框架”又进行了适应性改造，形成了如图 8. 1 所示的基于理念、体制、机制和工具的政府总体架构比较框架。

（一）理念

理念是行动的先驱。不同国家推行政府总体架构的理念不同，决定其采取的行动不同。因此，理念部分主要解释不同国家推行政府总体架构面临的不同问题、所要解决的问题，以及针对问题所构建的不同愿景。

（二）体制

体制问题主要关注政府总体架构设计中不同的政治行动者。政府总体架构的战略目标由政治行动者提出，并受民主结构约束。政治行动者、民主结

① Marijn Janssen，Kristian Hjort-Madsen，“Analyzing Enterprise Architecture in National Governments：The Cases of Denmark and the Netherlands”，System Sciences，2007，40th Annual Hawaii International Conference on IEEE，pp. 218a-218a.

② 薛澜、刘冰：《应急管理体系新挑战及其顶层设计》，《国家行政学院学报》2013 年第 1 期。

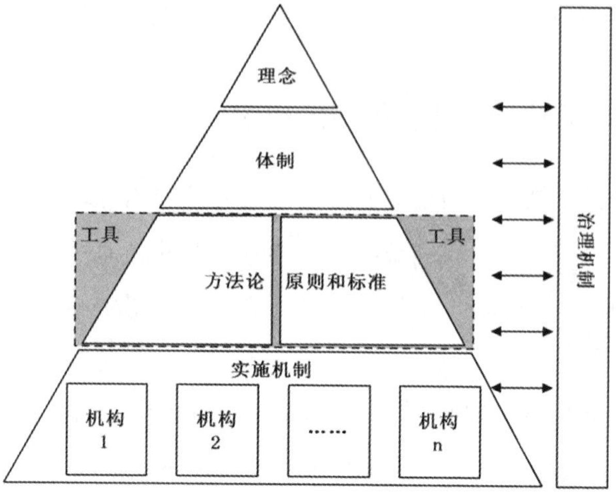

图 8.1　政府总体架构比较框架

构和政治愿景都将影响 EA 项目的形态，如 EA 的目标、涉及的部门、发起的层次、是否由 CIO 负责等。其中，民主结构还决定 EA 如何被设计、传播和采纳。

（三）机制

机制分为治理机制和实施机制两种。

1. 治理机制

政府总体架构设计的推进是一个动态发展的过程，因而需要适当的治理结构和机制来引导和鼓励所期望的技术和资源使用行为。组织的治理机制一般涉及三个方面：决策结构（decision - making structure）、校准过程（alignment processes）和正式沟通（formal communications）。

其一，决策结构由法规调节和决定。政府部门对政府总体架构的采用可能是基于自愿，也可能是由于法律强制规定。政府总体架构可能是自上而下推行的，也有可能是由地方政府创新并纳入到国家政府总体架构中的。

其二，校准通过协调实现价值创造。“校准过程应是周期性的，偏爱自上而下进行。”①校准过程旨在保证治理决策及其实施能被广泛接受和能够吸引有效参与。

其三，正式沟通是指组织基于规定的、正式的或预先约定的规则、政策和规定进行沟通②。正式沟通可以垂直或横向进行，旨在共享信息并在符合既定专业规则、标准和流程③的前提下进行双向沟通并建立良好合作关系，包括部门利益平衡机制。

2. 实施机制

政府总体架构可以是多样化的，其设计在某种程度上可视作信息化工作规划，而其实施则是将政府总体架构的模型和原则予以转换并应用到实际的政府机构中去，具体包括中枢设施和基础设施如何被开发并使用。中枢设施和基础设施最好由中央政府提供，并能方便地为地方政府所用，以利地方政府发展自己的系统架构。实施机制旨在解释政府总体架构或其中的某些部分是如何被采纳、使用并修改的。

（四）工具

工具包括方法、原则和标准。

1. 方法

基于资源的视角看待公共行政，政府总体架构方法主要有两种：一种是基于框架（frameworks）的方法，另一种是基于规划过程（planning process）的方法。“框架被用于描述和理解总体架构”④，基于框架的方法以一系列参

---

① Robert S. Kaplan & David P. Norton, “Norton. Managing Alignment as a Process”, April 24, 2006, https://hbswk.hbs.edu/item/managing-alignment-as-a-process.

② “What is Formal Communication? The Business Communication”, 2017, https://thebusinesscommunication.com/what-is-formal-communication/.

③ “Formal Communication Definition”, 2018, http://www.businessdictionary.com/definition/formal-communication.html.

④ Stephen H. Kaisler, Frank Armour, Michael Valivullah, “Valivullah M, Enterprise Architecting: Critical Problems”, HICSS ′05, Proceedings of the 38th Annual Hawaii International Conference on. IEEE, 2005, p. 224b-224b.

考模型为观察信息系统提供多重视角。参考模型的选择决定了政府总体架构哪些方面能被表现，以及在何种程度上被抽象。基于规划过程的方法是与框架相对的另一种实现路径。相比于基于框架的方法，基于规划过程的方法更加注重 EA 设计和实施的过程。

2. 原则和标准

政府总体架构需要原则和标准指导。原则用于描述组织所受到的约束，或为了支持业务目标实现而做出的决定。原则制约架构，并为其设定未来的方向。与原则的高层次相比，标准可存在于各个层面，比如业务流程标准，技术构建模块标准，以及接口和交互模式标准。

四、推进电子政府顶层设计的策略选择

在明确电子政府顶层设计与政府总体架构存在差异性的前提下，将美国、丹麦和荷兰三国的政府总体架构作为研究对象和借鉴参照，在研析三国在理念、体制、机制和工具方面采取的举措和取得的成果的基础上，提出适合中国国情的推进电子政府顶层设计的路径和策略。

（一）理念方面：理清面临问题和明确设计目标

分析《国家电子政务“十二五”规划》等文件内容，顶层设计的提出主要是针对电子政务应用水平不高和政务信息资源开发不足的现状，首要解决的是行业与地方条块矛盾突出、信息共享和业务协同难以推进等问题，说明中国电子政务顶层设计的主要目的就是要完善电子政务工作的体制机制，深化电子政务统筹协调发展，加强政务与技术融合，解决资源冗余和重复建设等问题，缓和条块矛盾，实现信息共享和业务协同，向社会提供整体性、一体化的服务，虽远未上升到电子政府构建的整体设计的高度，但为解决信息共享、业务协同问题提供了条件。藉此，我们的建议是，电子政府顶层设计应以服务对象为中心，紧密围绕电子政府构建和运行的理想愿景和总体安

全目标，在梳理业务和调研需求的基础上理清面临问题，对设计目标进行明确筹划，对政府应承担的角色和职责进行明确界定，以避免将目标过度泛化，导致顶层设计陷于抽象和空洞，达不到应有的效果。

（二）体制方面：建立专门机构和鼓励多方参与

电子政府顶层设计是一项事关国家信息化建设全局的重要工作。与美国、丹麦和荷兰推行政府总体架构所面对的中央与地方的松散关系相比，在中国，中央政府对地方政府具有很强的权威性，这为电子政府顶层设计在全国范围内的开展提供了有利条件。为充分实现电子政府顶层设计的目标，获得顶层设计所应带来的整体质量、绩效、信用和安全状况的提升，中央政府和地方政府应该在顶层设计中扮演更为积极、主动、重要的角色。

由于历史的原因，我国网络管理体制一直没有完全理顺，“九龙治水”的管理格局一直存在，“现行管理体制存在明显弊端，主要是多头管理、职能交叉、权责不一、效率不高”① 等问题一直没有得到有效解决，出台的各类规范、政策文件很难得到有效执行，很难真正达到理想预期，信息基础设施建设过程中的条块分割、各自为政、标准不一、互联困难、浪费严重等现象始终存在。为从根本上解决网络管理的问题，中共中央十八届三中全会通过的“关于全面深化改革若干重大问题的决定”（以下简称决定）中明确提出了“加快完善互联网管理领导体制，确保国家网络和信息安全”② 的战略性决定。为贯彻执行决定精神，2014 年 2 月 27 日中央网络安全和信息化领导小组（以下简称领导小组，现已改为中国共产党中央网络安全和信息化委员会）成立，在领导小组成立大会上，习近平强调，“网络安全和信息化是一体之两翼、驱动之双轮，必须统一谋划、统一部署、统一推进、统一实

---

① 习近平：《关于〈中共中央关于全面深化改革若干重大问题的决定〉的说明》（2013 年 11 月 9 日），见习近平：《习近平谈治国理政》，外文出版社 2014 年版，第 84 页。

② 《十八届三中全会中共中央关于全面深化改革若干重大问题的决定》，2013 年 11 月 12 日。

施。”领导小组的成立，从根本上解决了网络管理中最核心、最关键的问题——组织保障问题，为解决电子政府顶层设计的体制问题提供了契机。中央网络安全和信息化委员会作为跨党政军的重要机构，具有在各部委之上进行权威决策的能力，能够统揽全局，加强协调，统筹推进电子政府构建和电子政务建设，可以有效避免各部门各自为政。在这样权威机构的领导之下，如果把国家电子政府顶层设计纳入电子政务建设和行政管理改革的实践中来，则可以在中央网络安全和信息化委员会的全盘统筹和有力协调之下，建立起专门的推动机构，负责制定相关政策和改革措施，协调专业化的工作机构整体推进和落实。

《中央编办关于工业和信息化部有关职责和机构调整的通知》发布后，已将信息化推进、网络信息安全协调等职责①划给中央网络安全和信息化领导小组办公室（国家互联网信息办公室）。调整后，工业和信息化部负责网络强国建设相关工作，推动实施宽带发展；负责互联网行业管理（含移动互联网）；协调电信网、互联网、专用通信网的建设，促进网络资源共建共享；组织开展新技术新业务安全评估，加强信息通信业准入管理，拟订相关政策并组织实施；指导电信和互联网相关行业自律和相关行业组织发展。此外，负责电信网、互联网网络与信息安全技术平台的建设和使用管理；负责信息通信领域网络与信息安全保障体系建设；拟定电信网、互联网及工业控制系统网络与信息安全规划、政策、标准并组织实施，加强电信网、互联网及工业控制系统网络安全审查；拟订电信网、互联网数据安全管理政策、规范、

① 以往电子政务管理职责主要归于工业和信息化部，具体工作由下设的信息化推进司完成。虽然信息化推进司具有指导和协调电子政务发展的功能，但在推动电子政府顶层设计时却面临机构权威性的问题，因为工业和信息化部属于国务院组成部门，与其他部委处于平级地位，本身并没有针对其他部委的议事协调权，由于行政层级的限制，其下设的信息化推进司没有协调各部委推进电子政务建设的权威性。

标准并组织实施；负责网络安全防护、应急管理和处置①。

专门的管理机构和政策文件的推动为管理体制理顺提供了条件。但是，在地方层面，电子政务管理和协调机构的设置层级仍然偏低，地方政府电子政府构建和电子政务建设的职责仍然难以落实，因此，理顺地方层面的电子政府顶层设计的组织体制并使其具有统筹推进职能成为当务之急。此外，电子政府顶层设计所影响的主体也是广泛的，涉及到多方的实际利益。通过建立相关的委员会和交流论坛，将各级政府和各行业领域的专家纳入到电子政府顶层设计的决策过程之中也是十分必要的。

（三）机制方面：注重中央统筹和结合地方自主

电子政府顶层设计的推进机制，实际上涉及的是顶层设计的推进和采纳问题，以及中央和地方政府如何进行互动问题，因此，研究跨层级、跨部门协同项目的推进机制极为重要。推进机制是电子政府顶层设计得以落实的保障，究竟采取何种推进方式，取决于顶层设计涉及的范围、所处的政治环境和所欲达到的目标。

在我国，中央与地方的关联结构与美、丹等国存在较大差异，中国具有相对集中的政治体制，中央政府的政策决定对于地方政府有很强的权威性。对于在全国范围内开展的电子政府顶层设计，其推进机制也必然要异于美、丹等国。为此，中国电子政府顶层设计效益的发挥重在中央的统筹布局，以及通过对电子政府构建和电子政务建设的目标的界定和实施路径的指引，实现电子政府构建的整体安排和系统推进。因此，机制的效用应该具体体现在：对于电子政府构建的关键内容，中央政府如何合理利用其权威，通过正式文件的形式加以明确规定，以要求地方政府遵照执行。同时，也应该充分

① 《关于工业和信息化部有关职责和机构调整的通知（中央编办发〔2015〕17号）》，2015年4月20日，见 http://www.scio.gov.cn/ztk/xwfb/jjfyr/35081/jgjs35086/Document/1490727/1490727.htm。

尊重地方的独特性和创造力，建立地方与中央的双向沟通机制，鼓励地方在中央统筹下进行创新实践。对于地方政府取得的成功经验，可以适时纳入到国家电子政府构建的整体安排之中。

（四）工具方面：开发参考模型和制定实践指南

与电子政府顶层设计理念与原则的大力倡导相比，其实施路径还相当模糊。究其原因，与电子政府顶层设计的工具手段明显匮乏有关，以致很难解决中国电子政府构建和电子政务建设中的体制机制不顺、统筹规划不足、公共服务效益不明显等问题。

由于我国与美国、丹麦、荷兰等国之间理念、体制和机制相异的原因，我们并不赞同一些学者和地方政府试图将其政府总体架构经验直接移植到中国电子政府顶层设计实践中的做法。但是，在工具方面，我国可以在充分考虑自身政治环境和发展水平差异的情况下，以美国“参考模型+实践指南”的模式为蓝本，开发自己的电子政府顶层设计推进工具，以实现以参考模型为方向的地区和行业间的业务整合，并通过实践指南指引，以分析视角、改进过程、评估方法等管理工具的提供和使用来保障电子政府构建和运行的理想愿景的顺利实现。当然，参考模型和实践指南所能解决的只是业务和技术层面的问题，对于电子政府顶层设计在政务层和战略层的内容，仍需要各级政府的领导者在对现状进行分析的基础上，结合国家战略和行政管理改革要求，在利益的均衡与取舍间做出周全的考量。

第二节　电子政务基础建设[①]

针对政府电子公共服务供给所需具备的技术资源，李健、王紫薇等（2012）曾发表过《政府电子公共服务供给的实践技术基础解析》一文予以

① 该部分内容由李健和张锐昕共同撰写。

详述。其中，确立实践技术基础的初始依据，是缘于网络、系统和信息的重要支撑效用；而政策依据，则是基于 2006 年国家信息化领导小组颁布的《国家电子政务总体框架（国信〔2006〕2 号）》提出的构成要素——“服务与应用系统、信息资源、基础设施、法律法规与标准化体系、管理体制”①，由此得出了政府电子公共服务供给的实践技术基础至少要包括基础设施、应用系统和信息资源三个方面的结论②。这篇论文取得的研究成果只是初步的。时至今日，随着信息技术的迅猛发展，各种新技术、新产品、新工具、新应用的不断涌现，加之国家一系列电子政务战略工程项目的启动，要求电子政务建设必须在更高的起点上前行，信息基础设施、电子政务应用系统和电子政务信息资源也都有丰富和发展，为更多的电子政务项目付诸现实创设了可行的技术环境和先进的技术手段。有鉴于此，为用好、用足相关技术资源，应尽量析出相关技术层面中涉及电子政务建设的技术、设施、信息和应用方面的支撑性要素，同时，对电子政务的主要建设主体——政府所应提供的政府基础提出建议要求，这需要我们重新审视我国电子政务基础建设条件准备情况，以对电子政府构建和运行的理想愿景实现的可能性、可行性有更深刻的把握。

一、 信息基础设施

信息基础设施是支撑国家信息化的物质条件，也是保证电子政务系统正常运行的底层支撑系统，其基础性地位和共享性特质决定了国家信息基础设施的全局性和泛在性要求，必须坚持统筹规划、共建共享的原则建设，以避免重复建设、盲目冒进以致造成浪费和失误。为此，国家相关各部委陆续出台了大量相关法规和政策文件，以对信息基础设施建设、应用系统开发、信

---

① 《关于印发《国家电子政务总体框架》的通知（国信〔2006〕2 号）》，2006 年 3 月 19 日，见 http：//www. echinagov. com/policy/63724. htm。

② 李健、王紫薇、张锐昕：《政府电子公共服务供给的实践技术基础解析》，《电子政务》2012 第 12 期。

息资源开发利用等工作予以规范。2013 年 8 月 8 日，国务院下发了《关于促进信息消费扩大内需的若干意见》（以下简称“意见”），意见中进一步强调，要“加快信息基础设施演进升级，发布实施‘宽带中国’战略，统筹推进移动通信发展，全面推进三网融合。”①

电子政务系统并不是封闭的系统，与社会网络的高效互联是其有效提供信息和服务的基础和条件，因此，在信息基础设施规划和建设过程中，除关注政府电子政务自身的需求外，更应该关注相关联的社会基础设施的规划和建设，这也是我们在论述政府信息基础设施的同时也对社会信息化基础设施进行简要论述的原因。

《国家电子政务总体框架》（国信〔2006〕2 号）中明确提出，国家电子政务基础设施建设“包括国家电子政务网络、政务信息资源目录体系与交换体系、信息安全基础设施”② 等几部分内容，表明了基础网络、数据资源和信息安全在电子政府构建和电子政务建设中的作用和价值，同时，三者的基础性、支撑性和公共性也是毋庸置疑的。电子政务是开放的系统，它以电子的手段为社会提供公共服务，离不开社会信息化基础设施的支撑和保证。社会信息化基础设施的保障能力，决定了社会公众获得政府公共服务的能力和水平。因此，以公共服务目标为价值取向，从全社会的视角，从电子政务的整体来看，国家电子政务基础设施和社会信息化基础设施共同组成电子政务的基础设施条件基础。电子政务基础设施决定了电子政务的供给能力，而社会基础设施决定了电子政务的获得。

（一）国家电子政务网络基础设施

影响电子政务的技术性因素很多，但信息技术，尤其是互联网的发展，确是促成电子政务服务模式出现并迅速发展的重要因素。或者说，没有互联

① 《关于促进信息消费扩大内需的若干意见（国发〔2013〕32 号）》，2013 年 8 月 8 日。

② 《关于印发〈国家电子政务总体框架〉的通知（国信〔2006〕2 号）》，2006 年 3 月 19 日。

网，根本就不会有电子政务服务模式。

国家电子政务网络基础设施建设从金桥工程起步。从 20 世纪 90 年代开始，伴随互联网在世界范围内的迅速蔓延，全球经济一体化格局逐渐形成，世界各国对信息技术，尤其是互联网对经济建设和社会发展的支撑作用有了全新的认识。继美国于 1993 年实施“国家信息基础设施（NII）①”计划以后，欧盟各国以及加拿大、俄罗斯、日本等国相继提出本国信息高速公路建设计划，在追求全球互联与共享目标方面做出了很多努力。在这种国际大背景下，我国为满足经济建设、社会发展需求和顺应国际社会“信息高速公路”发展趋势，于 1993 年 3 月 12 日首次提出“三金”工程（主要指金桥、金关、金卡工程）计划，并于同年 12 月正式启动，目标是“建立一个覆盖全国并与国务院各部委专用网连接的国家共用经济信息网”②。整个网络采用光纤、微波、卫星等多种互联方式，形成天地一体化的，既互相连接，又互为备份，既具有强大扩展能力，又拥有较强冗余度的综合网络体系。

在“金桥网”的基础上，针对电子政务实际业务需要，国家电子政务网络基础设施初步确立了“内网、专网、外网”的网络规划格局。然而，随着电子政务的持续发展，原有网络规划格局的弊端逐渐显现，为有效遏制重复建设，建设和整合统一的网络平台，中共中央办公厅、国务院办公厅于 2002 年联合下发了《国家信息化领导小组关于我国电子政务建设指导意见》的通知（中办发〔2002〕17 号），即常被提及的“17 号文”，作为我国电子政务发展里程碑性的文件，该文明确了“国家电子政务网络由基于国家电子政务传输网的政务内网和政务外网组成”③，并且进一步明确了内外网物理隔离，外网与互联网逻辑隔离的网络建设原则。2006 年，中共中央办公厅、国务院

① NII：National Information Infrastructure 的简称，亦称国家信息高速公路计划。

② 360 度百科：《三金工程》，见 http：//baike. so. com/doc/6647792-6861609. html。

③ 《关于转发〈国家信息化领导小组关于我国电子政务建设指导意见〉的通知（中办发〔2002〕17 号）》，2002 年 8 月 5 日，见 http：//www. mnr. gov. cn/zt/ch/cwjsjyph_ 30673/ygwj/201807/t20180727_ 2153927. html。

办公厅联合发布了《国家信息化领导小组关于推进国家电子政务网络建设的意见》（中办发〔2006〕18号），该文提出了统一国家电子政务传输骨干网的战略举措，明确了“国家电子政务管理机构组织协调有关单位，利用国家公共通信资源，形成中央到省（自治区、直辖市）的电子政务传输骨干网，并负责协调各级电子政务传输骨干网的互联互通，形成统一的国家电子政务传输骨干网。”① 国家电子政务传输骨干网由连接中央机关的横向网络和连接至47个副省级以上城市的纵向网络共同组成，电子政务内网、电子政务外网、电子政务传输骨干网一起构成国家电子政务网络基础设施体系。国家电子政务传输骨干网包括电子政务内网传输骨干网和电子政务外网传输骨干网两部分，由中国联通和中国电信两大电信运营商负责建设并参与运营。

国家电子政务内网属涉密网，“是副省级以上政务部门的办公网，与副省级以下的办公网物理隔离。”②。电子政务内网除包括政府部门的内网之外，也包括党委、人大、政协、法院、检察院的业务网络，主要满足部门内部办公、管理、协调、监督以及决策需要，所涉及到网络设备、联网标准必须符合涉密系统的要求。

国家电子政务外网（以下简称“政务外网”）与电子政务内网物理隔离，与互联网逻辑隔离，是我国电子政务重要公共基础设施，从2010年10月开始，国家相关部门授权由国家信息中心全面负责政务外网的规划、建设、运维及外网的各方面服务和管理工作，并对地方政务外网的建设和管理进行指导。政务外网由广域骨干网和城域网共同组成，政务外网纵向连接中央、省、市、县四级网络。2012年，国家发改委针对电子政务网络基础设施规划、建设过程中仍然存在的“统筹不足、政出多门、分散建设、低水平重

① 《关于推进国家电子政务网络建设的意见（中办发〔2006〕18号）》，2006年5月18日，见 http：//www. mnr. gov. cn/zt/ch/cwjsjyph_ 30673/ygwj/201807/t20180727_ 2153927. html。

② 《关于转发〈国家信息化领导小组关于我国电子政务建设指导意见〉的通知（中办发〔2002〕17号）》，2002-08-05，见 http：//www. e-gov. org. cn/article-122761. html。

复、投资浪费等现象”①，在《“十二五”国家政务信息化工程建设规划》中提出了“基于国家电子政务传输骨干网，建好内网，扩展外网，整合优化已有业务专网，构建完整统一的国家电子政务网络”②的任务目标。政务外网“是服务于各级党委、人大、政府、政协、法院和检察院等政务部门，满足其经济调节、市场监管、社会管理和公共服务等方面需要的政务公用网络。”③由于政务外网承载各级政府机构绝大多数业务，数量远大于政务内网，除需要支持大量跨地区、跨部门业务应用之外，还需要面向整个社会提供大量在线、实时的信息服务，尤其是随着无线用户数量的飞速增长以及“互联网+公共服务”计划的启动，政务外网的信息访问量会呈几何级数增长。与此同时，社会公众对政府信息服务的质量和速度要求也会越来越高，所以政务外网的信息承载能力、信息服务能力的提升已经成为百姓评价政府执政能力的大事，成为政府必须积极面对并且需要马上着手解决的战略性问题。2016 年 8 月，政务外网二期改造工程已经开始，全面提升中心及网络的服务能力，以满足电子政务业务发展的需要。

至今，国家电子政务网络基础设施已经形成了良好的基础。绝大多数部委和副省级以上的政府和相关部门与国家电子政务内网实现了连通，国家电子政务外网“横向连接了 118 个中央单位和 14. 4 万个地方单位，纵向基本覆盖了中央、省、地、县四级，承载了 47 个全国性业务系统和 5000 余项地方业务系统。”④虽然取得了不错的战绩，但距离“到‘十二五’期末，形

---

① 《国家发展改革委 国家发展改革委关于印发“十二五”国家政务信息化工程建设规划的通知（发改高技〔2012〕1202 号）》，2012 年 5 月 5 日，见 http：//www. gov. cn/gongbao/content/2012/content_ 2210096. htm。

② 《关于印发“十二五”国家政务信息化工程建设规划的通知（发改高技〔2012〕1202 号）》，2012 年 5 月 5 日，见 http：//www. gov. cn/gongbao/content/2012/content_ 2210096. htm。

③ 百度百科：《国家电子政务外网》，2019 年 12 月 3 日，见 https：//baike. baidu. com/。

④ 《中国统一国家电子政务外网已初步建成》，2015 年 9 月 2 日，见 http：//news. sina. com. cn/c/nd/2015-09-25/doc-ifxieymu0859538. shtml。

成统一完整、安全可靠、管理规范、保障有力的国家电子政务网络”① 的目标还有相当的差距，为根治多年未解的“信息孤岛”难题，国家发改委于2013年发文（发改高技〔2013〕266号），明确了大力发展政务外网，严控部门内网的建设发展原则，进一步强调了“国家原则上不再审批新建部门专网”②，从源头解决“信息孤岛”难题，力争在“十三五”期间，达到电子政务外网“纵向到底、横向到边”全覆盖，真正实现建设统一电子政务网络的目标。

除电子政务网络基础设施的支撑作用外，电子政务的供给和获得也都离不开社会网络基础设施的支撑和保障。首先，国家电子政务网络就是利用电信运营商现有网络资源构建起来的，电信运营商的网络基础设施承载能力，运行、服务、管理和技术保障能力和水平不同程度上也决定了国家电子政务网络的能力和水平，也对政府提供电子政务产生直接的影响。其次，随着政府公共服务改革的逐渐深入，越来越多社会组织、团体、企业将会成为电子政务的提供者，社会网络基础设施是这类服务群体提供电子政务的核心基础，尤其是在社会信息化程度高度发展的今天，离开了网络基础设施的支撑，将严重影响这些社会组织、团体、企业公共服务供给的能力和质量，在难以达到社会公众服务预期的同时，政府委托公共服务的价值和意义也会大大降低。第三，在网络环境下，政府提供的电子政务不仅仅取决于服务的供给能力，更取决于社会公众、组织的网络信息获取能力，尤其是在“数字鸿沟”进一步扩大，“网络弱势”群体愈加明显的今天，提高网络的覆盖面、提升网络访问能力，已经成为解决政府公共服务公平、可达、普惠的关键。为此，2016年7月，两办联合印发了《国家信息化发展战略纲要》，对未来

① 《国家发改委 公安部 财政部 国家保密局 国家电子政务内网建设和管理协调小组办公室关于进一步加强国家电子政务网络建设和应用工作的通知（发改高技〔2012〕1986号）》，2012年7月6日，见 http://www.jsdjbh.gov.cn/hyzc2/606.htm。

② 《关于加强和完善国家电子政务工程建设管理的意见（发改高技〔2013〕266号）》，2013年2月16日，见 http://www.gov.cn/zwgk/2013-05/06/content_2396397.htm。

10年国家网络基础设施建设做了整体布局，第一次将覆盖城乡的网络基础设施建设、宽带接入的量化指标提升到战略目标的高度，尤其强调了“边远地区、林牧区、海岛等区域根据条件采用移动蜂窝、卫星通信等多种方式实现覆盖”①，并且提出了“完善电信普遍服务补偿机制，建立支持农村和中西部地区宽带网络发展长效机制，推进网络提速降费，为社会困难群体运用网络创造条件。”②

（二）政务信息资源目录体系与交换体系

政府掌握着大量的信息资源，信息资源在政府社会管理、市场监管、公共服务、宏观决策过程中具有明显的支撑性、基础性、系统性和公共性特征，具有明显的基础设施特征。早在2002年国家就下发了《国家信息化领导小组关于我国电子政务建设指导意见》（以下简称“意见”），意见中提出“国家要组织编制政务信息资源建设专项规划，设计电子政务信息资源目录体系与交换体系”③，其主要目标，“一是满足跨地区信息共享的需求；二是满足部门间特定信息横向交换和共享的需求。”④ 政务信息资源的共享、开发、利用既是政府各部门信息共享、业务协同的基础和关键，也是电子政务的重要内容。2004年中共中央办公厅、国务院办公厅联合发布了《关于加强信息资源开发利用工作的若干意见》，进一步强调加强“电子政务信息资源目录体系与交换体系”（以下简称“体系”）建设的重要性，提出应“充分发挥信息资源开发利用在信息化建设中的重要作用，推进经济结构调

---

① 《关于印发〈国家信息化发展战略纲要〉的通知（中办发〔2016〕48号）》，2016年7月27日，见http：//www.gov.cn/zhengce/2016-07/27/content_5095336.htm。

② 《关于印发〈国家信息化发展战略纲要〉的通知（中办发〔2016〕48号）》，2016年7月27日，见http：//www.gov.cn/zhengce/2016-07/27/content_5095336.htm。

③ 《关于转发〈国家信息化领导小组关于我国电子政务建设指导意见〉的通知（中办发〔2002〕17号）》，2002年8月5日，见http：//www.e-gov.org.cn/article-122761.html。

④ 张志明、刘铸：《浅议省级政务信息资源目录体系建设》，《信息系统工程》2013年第3期。

整和经济增长方式转变”①。为落实两办文件精神，2004 年年底，国家相关部门开始着手相关方面标准的准备工作。2005 年 9 月 27 日，体系标准工作组在北京正式成立，同年 12 月，形成了体系征求意见稿并征求各部门、各地区意见，经过两年多的实验、论证、修改，2007 年 9 月，通过国家质量技术监督检验检疫局和国家标准化管理委员会审定，以国家标准的形式发布了《政务信息资源目录体系》（GB/T 21063）和《政务信息资源交换体系》（GB/T 21062）。体系标准的发布，为信息资源的全面开发、利用、社会化服务奠定了坚实的基础。2006 年，《国家电子政务总体框架》进一步明确了建立国家电子政务“目录体系和交换体系”的时间表和路线图，确定了“到 2010 年形成覆盖全国的统一目录体系与交换体系”② 的目标。为进一步加强新形势下的政府信息资源最大限度的开放、共享与交换，充分发挥信息资源的战略作用，全面推进我国大数据的应用和发展，加快信息强国建设步伐，2015 年 9 月 5 日，国务院正式发布了《大数据发展行动纲要》，进一步明确“建立政府和社会互动的大数据采集形成机制，制定政府数据共享开放目录”③ 的要求，战略性地提出“通过政务数据公开共享，引导企业、行业协会、科研机构、社会组织等主动采集并开放数据”④，以此为基础，在政府信息共享、数据开放的引领之下，开始进行整个社会的资源整合，形成整个社会信息资源充分共享的新型的“信息生态”。

---

① 《关于加强信息资源开发利用工作的若干意见（中办发〔2004〕34 号）》，2004 年 12 月 12 日，见 https：//code. fabao365. com/law_ 21807. html。

② 《关于印发〈国家电子政务总体框架〉的通知（国信〔2006〕2 号）》，2006 年 3 月 19 日，见 http：//www. echinagov. com/policy/63724. htm。

③ 《国务院关于印发促进大数据发展行动纲要的通知（国发〔2015〕50 号）》，2015 年 8 月 31 日，见 http：//www. gov. cn/zhengce/content/2015-09/05/content_ 10137. htm。

④ 《国务院关于印发促进大数据发展行动纲要的通知（国发〔2015〕50 号）》，2015 年 8 月 31 日，见 http：//www. gov. cn/zhengce/content/2015-09/05/content_ 10137. htm。

（三）电子政务信息安全基础设施

电子政务信息安全基础设施是保证电子政务系统有序、高效、安全运行的重要保障。

关于信息安全基础设施，《国家电子政务总体框架》的“信息安全基础设施”中提及了很多与信息安全相关的内容，涉及到信息安全机制、信息安全责任、网络安全域的划分、信息安全等级保护、信息安全保障体系等，这些都是信息安全工程过程中，也是构建信息安全基础设施工程中非常重要、并且要认真对待并需要解决的问题。信息安全基础设施是一个复杂的系统，包括策略、技术、产品、人员、环境、标准、管理、法律等多方面内容，它应该具有明显的基础性、支撑性、公共性、整体性。目前被国际社会普遍接受的信息安全基础设施有两个，分别是“公钥基础设施（PKI①）”和“授权管理基础设施（PMI②）”，其核心是公开密钥体系。通过构建安全的基础设施，以满足信息安全身份鉴别、信息保密、信息可用、信息完整，以及信息的不可抵赖性需求。在整个基础设施中，核心是CA③认证体系的建立，通过CA认证体系的核心要素CA认证中心，来对数字证书的整个生命周期进行管理。数字证书的核心是管理主体（个人、机构、设备等）的公钥，将证书拥有主体与主体的公钥进行绑定，证明主体与公钥的所属关系，以数字证书的形式进行封装，通过证书签发机构的电子签名以保证证书的权威性和合法性。CA认证体系支持多级或多层的树状结构，各分支CA之间可以通过共同的根节点（根CA）或虚拟的桥接结点（桥CA）来实现互认证。在我国电子政务网络内外网中分别建立了内外网认证体系，内外网CA的根节点建在国家，内网的根节点由国家密码管理局负责建设、管理和运营，各省、

① PKI：Pubic Key Infrastructure，公钥基础设施。
② PMI：Privilege Management Infrastructure，授权管理基础设施。
③ CA：Certificate Authority，证书授权中心。

市、自治区按照国家统一的体系要求负责建设、管理向下的认证体系，与国家的根一起构成全国统一电子政务内网认证体系，形成面向电子政务内网的，为内网提供信息安全服务的电子政务内网信息安全基础设施。电子政务外网的认证体系统一由国家信息中心负责，负责整个体系的规划、指导和根节点的建设和运营，与内网类似，各省市、自治区按照国家统一的体系要求负责建设、管理向下的认证体系，与国家的根一起构成全国统一电子政务外网认证体系，形成面向电子政务外网的，为外网提供信息安全服务的电子政务外网信息安全基础设施。在电子政务过程中，社会主体（个人、机构、设备等）需要电子签名等认证服务时，按照《中华人民共和国电子签名法》的要求，“由依法设立的电子认证服务提供者提供认证服务。”① 我国电子认证服务实行许可制，由国家工业与信息化部负责电子认证服务的相关管理工作，并负责对许可机构颁发“电子认证服务许可”。授权管理基础设施是在公钥基础设施基础上建立起来的，公钥基础设施基础主要解决身份认证的问题，授权管理基础设施是在身份认证的基础上，侧重解决用户的访问控制权限问题，其目标是通过为用户签发属性证书，来解决统一和标准授权的问题。由于受到管理过程相对复杂，应用改造工作量较大等因素的影响，目前真正基于该体系进行统一权限管理的典型应用还不是很多。

二、电子政务应用系统

在国家相关部门积极推动下，各级政务部门在信息服务观念逐步增强的同时，网站信息服务的综合服务质量和能力同步提升，同时，网站内容建设一改以往简单、粗暴的模式，各具特色的应用服务内容纷纷显现，尤其是针对百姓关注的部门或业务，增加了多种多样的互动应用内容，表现百姓“主观意愿”、体现政府与百姓互动的动态页面开始增多，网上业务关联性的应

---

① 《中华人民共和国电子签名法（中华人民共和国主席令 第十八号）》，2004 年 8 月 28 日，见 http://www.gov.cn/gongbao/content/2004/content_62978.htm。

用开始出现。从2001年开始，北京等城市纷纷提出了网上审批的概念，并进行了有益的实践和探索。到2003年年底，以“金税”为代表的一系列金字工程取得突破进展，覆盖国税总局、省局、地（市）局、县（区）局的四级交叉稽核等多个应用系统上线运行，以单一部门为基础，基于政府内部业务系统为社会提供网上业务办理、服务的条件已经成熟，继国税企业网上纳税申报系统的启动，企业网上工商年检、社保缴存、组织机构代码证年检等一系列行业的网上在线服务应用项目纷纷上线，网上系统的大范围应用，大大节约了服务成本、大幅度提升了服务效率，节省了企业的时间、成本，简化了服务过程，与此同时，各地政府纷纷建立网上政府大厅，将政府提供的公共服务项目进行一站式整合，深圳、上海等地政府率先推出了电子化的政府公共服务、行政审批项目目录和流程导引，让百姓足不出户对各项公共服务和审批的内容、过程、要求了然于胸，极大地方便了群众，政府在群众中的服务形象得到明显改观，虽然政府公共服务还远没有达到公共服务的“一窗式”、全流程的程度，部门之间网上业务协同、信息交换能力还不强，但政府电子化公共服务的整体性特征已开始显现，在此阶段，某些行业、某些地区的政府信息资源目录体系和交换体系开始建立，并逐步面向社会进行有条件开放，政府信息资源整体性服务能力也在同步增强。目前，随着网上电子政务应用的增多，尤其是各级政府部门网上服务大厅的大范围开通，电子政务的数量迅速增加，应用的范围和广度迅速扩大，电子政务的总体供给能力较以往快速增强。2015年，在国务院发布的《国务院关于规范国务院部门行政审批行为改进行政审批有关工作的通知》（国发〔2015〕6号）中明确了“减少审批环节，简化审批程序，优化审批流程，依法限时办结，进一步缩短办理时间，加快审批进程，提高审批效率。”① 的便民高效总体目标要求的同时，进一步提出了“对于多部门共同审批事项，进行流程再造，

---

① 《国务院关于规范国务院部门行政审批行为改进行政审批有关工作的通知（国发〔2015〕6号）》，2015年1月19日，见 http://www.gov.cn/zhengce/content/2015-02/04/content_9454.htm。

明确一个牵头部门，实行‘一个窗口’受理、‘一站式’审批”① 等规范性要求。为彻底打破部门之间信息壁垒，全面推行行政审批全流程电子化，国家相关部门加大力度推进“部门应用向政务外网迁移”“推进信息资源标准化应用”“综合信息资源交换平台”等建设工作的同时，国务院相继出台了《国务院办公厅关于加快推进“三证合一”登记制度改革的意见》（国办发〔2015〕50号）、《国务院办公厅关于加快推进“五证合一、一照一码”登记制度改革的通知》（国办发〔2016〕53号）等文件，“强化相关部门间信息互联互通，实现企业基础信息的高效采集、有效归集和充分运用”②，在此基础上，福建等省率先启动统一电子证照库建设工程，全面实现各类证照电子化共享，形成整个网上全流程并联审批的业务过程电子化的闭环。与此同时，国务院办公厅于2015年8月10日发布了《国务院办公厅关于印发整合建立统一的公共资源交易平台工作方案的通知》（国办发〔2015〕63号），在全面整合政府公共资源交易责任机构和相关资源的基础上，全面推行“统一的公共资源交易平台”建设工作，确定了时间表和路线图，在强调“在统一的平台体系上实现信息和资源共享，依法推进公共资源交易高效规范运行”③ 的同时，“着力推进公共资源交易法制化、规范化、透明化，提高公共资源配置的效率和效益。”④ 在政府行政体制改革逐渐深入、政府行政资源进一步整合、部门之间信息共享与交换日益成熟的基础上，浙江、吉林等

---

① 《国务院关于规范国务院部门行政审批行为改进行政审批有关工作的通知（国发〔2015〕6号）》，2015年1月19日，见 http://www.gov.cn/zhengce/content/2015-02/04/content_9454.htm。

② 《国务院办公厅关于加快推进“五证合一、一照一码”登记制度改革的通知（国办发〔2016〕53号）》，2016年6月30日，见 http://www.gov.cn/zhengce/content/2016-07/05/content_5088351.htm。

③ 《国务院办公厅关于印发整合建立统一的公共资源交易平台工作方案的通知（国办发〔2015〕63号）》，2015年8月10日，见 http://www.gov.cn/zhengce/content/2015-08/14/content_10085.htm。

④ 《国务院办公厅关于印发整合建立统一的公共资源交易平台工作方案的通知（国办发〔2015〕63号）》，2015年8月10日，见 http://www.gov.cn/zhengce/content/2015-08/14/content_10085.htm。

省纷纷开始启动政府服务“一张网”建设工程，将政府各服务部门的信息资源统一整合到一个平台，通过建立统一的“身份认证”“全流程网上行政审批大厅”“便民服务”“政府信息资源服务”等体系和平台，着力打造社会法人单位、其他组织、公民个人全生命周期的服务体系，为构建全社会综合、一体化的公共服务平台奠定良好基础。为进一步规范政府服务网站的建设，2017 年 5 月 15 日，国务院办公厅发布了《国务院办公厅关于印发政府网站发展指引的通知》，对政府服务网站的建设目标、建设原则、职责分工、运行运维、网站功能定义、网站安全防护，以及技术性规范都给出了更加明确、更加标准、更具指向性的建议和要求①。

三、电子政务信息资源

从我国整个电子政务发展过程来看，“政务信息资源开发利用是推进电子政务建设的主线，是深化电子政务应用取得实效的关键。”② 电子政务服务的根本和目标是实现信息服务，通过信息的采集、分析、处理、存储、传递、交换、应用等过程，提高整个政府行政、政府服务等物化过程的高效、快速、无缝处理能力和水平。基于对信息资源的基础性和全局性定位提出，2002 年，《国家信息化领导小组关于我国电子政务建设指导意见》（中办发〔2002〕17 号）明确“规划和开发重要政务信息资源”任务，在设计电子政务信息资源目录体系与交换体系的同时，提出“启动人口基础信息库、法人单位基础信息库、自然资源和空间地理基础信息库、宏观经济数据库的建设。”③ 2004 年，中共中央办公厅、国务院办公厅在联合发布的《关于加强

① 《国务院办公厅关于印发政府网站发展指引的通知（国办发〔2017〕47 号）》，2017 年 5 月 15 日，见 http：//www. gov. cn/zhengce/content/2017-06/08/content_ 5200760. htm。

② 《关于印发〈国家电子政务总体框架〉的通知（国信〔2006〕2 号）》，2006 年 3 月 19 日，见 http：//www. echinagov. com/policy/63724. htm。

③ 《关于转发〈国家信息化领导小组关于我国电子政务建设指导意见〉的通知（中办发〔2002〕17 号）》，2002 年 8 月 5 日，见 http：//www. itsec. gov. cn/fgbz/xgfg/200507/t20050711_ 15267. html。

信息资源开发利用工作的若干意见》（中办发〔2004〕34号）中“明确信息采集工作的分工，加强协作，避免重复，降低成本，减轻社会负担。”①2006年1月27日，国务院信息化工作办公室发布了《关于加强信息资源开发利用工作任务分工的通知》（国信办〔2006〕10号），对信息资源建设工作进行了更加明确、详细的部署。按照国家部署，人口基础信息库建设于2004年启动，目标是建立容纳全国人口基本信息的国家库；建立各省（自治区、直辖市）、地市级人口基础信息库；逐步整合政府有关部门相关人口信息资源；人口信息管理系统的建设、升级、改造；建立相关标准规范体系；规范业务系统的数据接口标准。目前，人口基础信息资源库已经建立，在电子政务以及社会信息化服务过程中发挥了巨大的基础性信息作用。法人单位基础信息库启动时间是2007年1月，由国家质检总局作为牵头单位，配合单位包括工商总局、国税总局、统计局、中编办和民政部等部门，主要目标包括法人单位基础信息库及管理系统建设；数据标准和交换标准体系建设；逐步整合相关政府部门法人单位信息资源；建设面向国家电子政务和社会应用的统一应用平台等内容。法人单位基础信息资源库是各法人单位进行各类经营、活动的重要基础，所有基本的法人单位的基础信息库已经建立，但各相关政府部门之间法人单位信息资源整合的工作仍在继续。目前国务院推行企业“五证合一、一照一码”登记制度改革，进一步完善了法人单位信息资源建设，统一了政府部门之间数据共享与交换标准，保证了法人单位信息资源在电子政务和社会化服务过程中的充分共享。自然资源和空间地理基础信息库建设工作于2007年9月启动，主要目标是“整合分散在各个部门和地区的地理空间和自然资源信息，建立逻辑上统一、物理上分布的地理空间和自然资源信息库”②。宏观经济数据库建设工作于2006年4月启动，主

① 《关于加强信息资源开发利用工作的若干意见（中办发〔2004〕34号）》，2004年12月12日，见https://code.fabao365.com/law_21807.html。

② 《国家基础信息资源库建设情况》，2014年12月9日，见http://www.doc88.com/p-9069461479809.html。

要建设目标包括建立宏观经济数据库指标体系；建立宏观经济数据核心系统及交换系统；在各省及重点城市建立宏观经济数据库的运行和应用系统等方面的内容。目前，宏观经济数据基本体系已经初步建立，还在进一步完善之中。在国家四个重要政务信息资源建设的基础上，国家“十二五”国家政务信息化工程建设规划又增加了“文化信息资源库”建设，确定了“推动文化信息资源共享和开发利用，促进中华文化的传承和传播，提升国家文化软实力”① 的建设目标。

经过10多年的发展，五个“基础信息资源库”建设逐渐趋于完善，为更加有效利用政府丰富的信息资源，发挥其在社会发展、经济建设中的重要作用，2015年8月31日，国务院印发“促进大数据发展行动纲要的通知”（国发〔2015〕50号）强调，对“政府数据资源共享开放工程”“国家大数据资源统筹发展工程”“政府治理大数据工程”“公共服务大数据工程”等10大重点工程做出了充分部署。

综上，在整个电子政务的实践技术基础中，网络体系、信息资源目录与交换体系、安全体系共同构成了电子政务的基础和条件，应用系统为电子政务提供了载体，而信息资源服务是电子政务的核心和根本。除上述技术条件之外，对电子政务产生影响的技术性因素还很多，由于这些技术与本课题的研究方向相关度不高，在此不过多赘述。

① 《关于印发“十二五”国家政务信息化工程建设规划的通知（发改高技〔2012〕1202号）》，2012年5月5日，见 http://www.gov.cn/gongbao/content/2012/content_2210096.htm。

第三节　电子政府的政府基础建构*

如果将电子政府仅仅定位于提高政府效率或一种新的服务提供方式的话，政府基础问题则不具有必要性，但公共行政的信息技术应用决不能简约为既有行政活动的电子化实现，电子政府注定要承担更重要的使命，而且电子政府的政府治理是信息技术的本质特征、信息技术范式与先进的政府治理理念内嵌融合的治理模式，因此，针对于传统政府向电子政府转化的过程中遇到的“公共悖论”式的“行政难题”，政府自身要不断地实施适应性的和建构性的变革，对这一问题的理论分析和逻辑推演，必然指向电子政府构建的政府基础（简称电子政府的政府基础）。

一、电子政府的政府基础的概念属性

电子政府的政府基础的问题的提出始于对当前电子政府发展中面临的矛盾与问题的反思和追问，源于多学科研究领域（如技术哲学、网络政治学和公共管理理论等）有关信息技术应用与公共部门关系新的解析，是对政府应如何设计电子政府发展战略与策略的理论回应，也是对电子政务实践该如何实现理想愿景所做的理念设定。

首先，电子政府的政府基础是电子政府发展到特定阶段的结果和需求。“基于政治理念、公共管理艺术和信息通信技术技能等方面的综合，西方学术界特别是公共管理领域的学者认为，电子政务已经演化到了网页（web

* 该部分内容由杨国栋和张锐昕共同完成，主要基于已有的研究基础：张锐昕、杨国栋：《电子政府构建的政府基础：涵义、特征和构成》，《山东大学学报哲学社会科学版》2011 年第 5 期；张锐昕、杨国栋：《论电子政府的政府基础：起始条件与构建策略》，《求索》2012 年第 1 期；杨国栋：《论电子政府构建的政府基础》，博士学位论文，吉林大学电子政务系，2013 年。

page）背后的政府系统整合阶段”①。随着各国政府的全面上网和信息系统的日益完善，随着电子政务建设从中央到地方各级政府的全面展开及其功能内容开发的逐步深化，电子政府构建超越了技术导向的阶段，正在进入以深化应用和服务为主要特征的发展阶段，在这过程中，电子政府对政府管理变迁的依赖与日俱增，相应的需求也变得更趋复杂化和多样化。但与此同时，电子政府构建日益受到现有政府组织结构、利益格局和制度惯性的深刻束缚，已经呈现出碎片化和极不系统的发展趋势，缺乏清晰的远景和综合性战略。伴随着现有政府组织结构和制度对电子政府发展制约性的不断增强，电子政府本身的意义受到了挑战。“从技术本质上看，电子政府不会自发因其被实施而产生政府改革。这种技术仅仅是孕育着‘改革’的潜力，真正使得这种潜能转为现实的并非是技术本身固有的潜力，而在于社会对其改革能力的确认和重视”②。电子政府构建的实践发展一方面使得电子政府的政府问题日益凸显，另一方面也为之有效解决提供了有利条件。

其次，电子政府的政府基础的概念源于对电子政府发展中的政治因素作用的认识深化。现代科学技术自产生以来，政治意图就已经渗透其中。美国学者兰登·温纳（Langdon Winner）通过对技术的历史性回顾，发现“有充分的理由相信，技术本身的确具有重要的政治意义”英国学者安德鲁·查德威克（Andrew Chadwick）指出，“事实上，使用新传播技术来改变公共部门，取决于很多关键目标，这些目标牵涉到权力关系，既在行政机构内部，也在行政机构和其他政治体系的组成部分之间”③。电子政府的变革意味着改变现状，这就需要组织内部和外部的政治动力。从政府内部来说，一方

---

① 孙宇：《构建面向公共服务的电子政务体系：理论逻辑和实践指向》，《中国行政管理》2010 年第 11 期。

② Langdon Winner, “Do Artifacts Have Politics? ”, Journal of the American of Arts and Sciences, Vol. 109, No. 1 (1980), 参见吴国盛：《技术哲学经典读本》，上海交通大学出版社 2012 年版，第 186-191 页。

③ ［英］安德鲁·查德威克：《互联网政治学——国家、公民与新传播技术》，任孟山译，华夏出版社 2010 年版，第 250 页。

面，政府组织对于稳定性和确定性的要求，降低了对电子政府的认同，比起电子政府提高责任和促进民主的能力，政府官员对电子政府增进效率的能力更乐观①；另一方面，利益问题使政府官员倾向于对电子政府进行较低程度的应用，电子政府的前沿目标，如互动式民主或者参与的民主，已经挑战了主流社会的利益，政府官员不会追求一个对社会和政治现状产生威胁的图景，因此，他们遵循既得利益的主张，偏爱于强调给企业和普通公民提供服务的技术统治论的图景。就外部因素来看，电子政府的互动式民主或者参与的民主，几乎都不在服务提供领域之外获得外部支持，除了目前来看仍不被重视的公民认同，社会上并不存在一个迫使政府将互联网作为一个全面再造或者增进民主的工具加以利用的组织良好的公民团体。因此，对于电子政府的理想图景的实现，当前的政治因素并没有提供十分积极的作用，如达雷尔·M. 韦斯特（Darrell M. West）所说，“无论哪种政治体制，许多政府官员对于改革是很保守的。大部分政治和经济的利益群体会减缓技术创新的速度而不是迫不及待地接受新技术，直到这些人认定自己的切身利益受到了充分的保护。这种方式将技术的危险降到最低，并强迫技术适应当前的权力结构而不是另寻出路”②。

最后，电子政府的政府基础的概念还直接源于公共管理学界对于应如何建构一个促成电子政府未来图景的行动方案的思考。简·E. 芳汀（Jane E. Fountain）批判了电子政府理论和实践中的技术决定论倾向，提出了技术执行的概念，认为“制度影响了被执行的信息技术以及占主导地位的组织形式，同时也反过来被它们所影响。制度以认知上、文化上、规范上以及社会结构的内嵌等形式进入技术执行框架。技术执行的结果因此是多样的、不可

---

① ［美］达雷尔·韦斯特：《数字政府——技术与公共领域绩效》，郑钟扬译，科学出版社 2011 年版，第 34 页。

② ［美］达雷尔·韦斯特：《数字政府——技术与公共领域绩效》，郑钟扬译，科学出版社 2011 年版，第 69 页。

预知的和非决定性，源自技术的、理性的、社会的和政治的逻辑”①。北美数字政府学会主席莎伦·道斯（Sharon S. Dawes）通过对20年来美国州政府和地方政府电子治理的总结评估表明：在提升公共服务和改善政府运作方面的投资力度最大，进步最明显；政策制定也已在多个方面取得进步，但新的政策议题不断使问题愈趋复杂；进展最小是在提升民主，以及探索电子政府对行政和体制改革的启示这两个方面②。我国学者张锐昕认为，“在具体的行政实践中，特定的背景、政治情境、组织过程、专业化和社会化（包括其他社会、政治和制度因素）塑造着决策者和社会组织认知、实施和应用信息技术的具体方式”，而“我们所希望的或理想中的政务处理的‘电子化’和‘网络化’，决不能是简单的仿真或直接的平移，而应该是一连串的政治行为和行政干预促成的彻底的行政体系要素转变之后形成的结果”③。以上学者从不同角度审视了电子政府构建所涉及的广泛的政治性、社会性和文化性问题，对于电子政府与政府管理的关系也做出了新的论证，由此，在电子政府依托和表现出来的技术系统和技术形式与政府之间，以及在它所具有的复杂的技术系统的能力和现实的政府管理之间，应建立一个中间变量以使二者之间取得恰当的平衡，这就是政府基础问题提出的合理性与必要性。

（一）电子政府的政府基础的内涵

电子政府的政府基础在表述上由“电子政府”与“政府基础”两部分构成，它是在“电子政府”这一限定条件下对政府基础作为电子政府与政府改革和发展之间的一种中间因素和变量所做的概念界定。实际上，对于电子政府来说，虽然迄今为止少有成果以政府基础术语谓之，但许多研究却实实

① ［美］简·芳汀：《构建虚拟政府——信息技术与制度创新》，邵国松译，中国人民大学出版社2004年版，第121页。

② Sharon S. Dawes：《电子治理的演进及持续挑战》，郑磊、纪昌秀译，《电子政务》2009年第10期。

③ 张锐昕主编：《电子政府与电子政务》，中国人民大学出版社2011年版，第38页。

在在地给出了电子政府构建的确需要提供基础条件的结论。

第一，新西兰2001年电子政府战略报告提出领导和发展“电子政府环境的支持基础”，包括电子政府政策、标准、共享的基础设施等，将一般或者共同的电子政府基础理解为政策和标准；服务；信息技术；数据和信息等内容①。

第二，美国学者马克·斯特拉克（Mark Struck）提出“构建一个数字政府基础”取决于多方面的关键要素：行政赞助（拥有权力的组织高层必须提供积极的权威）；信息技术管理机构（使企业规划与信息技术结盟的一个管理部门）；主要负责人（必须有权力去执行标准和信息技术政策、有责任提供基础设施服务）；体系架构和标准（允许应用程序和系统实现整个机构）；IT投资管理（验证当前和计划的投资的关系）；风险评估；电子政府办公室；创新基金②。

第三，张玉盛（Chong Yoke Sin）提出了“有效的电子政府的基础”的观点，以及电子政府发展的“冰山”模型，即“使用冰山的谚语，可见的（电子化服务用户交互的接口）仅仅是一个尖端，更多的在于表面之下，需要加以整合，方能提供强有力的电子服务，成功的电子政府服务是在整合不同的系统内部和机构之间的多年努力的结果”③，认为当前电子政府的发展水平可以用“冰山”的尖端描述，即仍旧缺乏在组织中制造改变的“基础”，以保证电子政府项目长期可持续进行。为了达到这样的“基础”，政府需要有足够的信息技术应用的成熟度和整个政府的基础设施和政策的有效性，来促进跨机构合作和提供顾客导向的服务。在这里，基础条件包括充分成熟的技术支持流程、促进跨机构合作的政府各部门的基础设施和政策的有

---

① “New Zealand E-government Strategy-December 2001-Update”, 2001, http://archive.ict.govt.nz/plone/archive/about-egovt/programme/e-gov-strategy-dec-01/strategy-dec01.pdf.

② Mark Struckman, “Constructing the Foundation for Digital Government”, March 25, 2012, http://www.workforceatm.org/sections/pdf/2001/struckman.ppt.

③ Mark Struckman, “Constructing the Foundation for Digital Government”, March 25, 2012, http://www.workforceatm.org/sections/pdf/2001/struckman.ppt.

效性，以及以顾客为中心的服务提供方法①。

第四，杨凤春提出“实施电子政务的政府基础”，认为“政府基础”主要包括四个方面内容：一是适应基础。政府存在形式所造成的变化，意味着传统实体政府必须与虚拟的、信息化的政府实现平滑的对接，并逐渐增加虚拟政府在整个政府结构和事务中的分量。二是观念基础。要正确认识电子政务是信息时代政府的新形式；必须认识到政府的信息化、电子化是社会信息化、电子化的龙头和瓶颈；必须认识到电子政务的建设本质上不是一般的政府消费，而是具有根本性意义的政府革命②；三是体制基础。要建立政府信息公开化的法律和制度框架体系；确立电子政务发展的总体战略规划；实现政府职能从管理、治理模式向信息搜寻、分析和服务模式的转变；制定政府政务标准规范和流程规范，为政务的电子化准备内容；大力培育和发展企业、社会中介组织和公民个人的自治、治理能力，形成全社会政府信息生产和消费的微观基础；电子政务的实施必须以政务为内容、以需求为导向，实现多级、滚动、永续的电子政务发展模式。四是人力基础。要建设政府工作人员的“电子政务”文化，实现政务过程的非人格化和政务活动结果的人性化③。这一论述首次将“政府基础”一词引入到电子政务实施之中，提出了电子政务建设需要政府提供必要的条件的观点。第五，张锐昕指出，“电子政务的本质是政府的重大创新和改革，它的建设不仅需要技术基础、公众基础，更强调提供政府基础，即需要政府加大力度进行管理流程的梳理再造、组织结构的优化重组、职能的重新确定和体制的创新等一系列适应性变革，来创建一个无分界线的无缝隙组织，为推行电子政务提供前提条件。”④

依据前面所述，可以将电子政府的政府条件用“基础”的语义加以解

① Chong Yoke Sin, “Foundation of Effective E-Government-The Singapore”, March 11, 2013, http://citeseerx. ist. psu. edu/viewdoc/summary? doi=10. 1. 1. 374. 7262.

② 杨凤春：《实施电子政务的政府基础（一）》《信息化建设》2003年第3期。

③ 杨凤春：《实施电子政务的政府基础（二）》《信息化建设》2003年第4期。

④ 张锐昕：《建立电子政务评估制度的动因》，《社会科学战线》2005年第4期。

释。然而，这些条件是什么，它们将遵从怎样的价值原则或是规范，仍需要进一步的讨论。

首先，电子政府是基于信息网络环境构建的，这意味着在电子政府构建过程中首先要考虑的是如何有效利用信息技术营造的信息网络环境来改善政府治理的问题。有效地应用信息技术是电子政府的本质特征，其所有的理论与实践都是建立在信息技术的特性以及由此衍生的组织变革的可能性与应有逻辑基础之上的。信息网络环境的网络化、平等化、开放性、互动性、协同性和先进性就充分体现了信息技术的进步逻辑，与治理框架内的政府结构和管理模式以及政府与市场和社会之间的新的平衡关系有着内在的一致性，可以为政府治理提供统一、规范、标准、互动的信息平台，这种信息平台可以在政府治理的不同主体与客体之间建立起新的有效关联，有助于实现电子政府与政府治理的统一协同，这与现代政府的理念、方法、制度和文化的现代性要求相契合，与新一轮的行政管理改革趋向相融合，构成了一种新的政府治理的逻辑和技术基础。

其次，电子政府的目标追求是实现信息社会条件下有效的政府治理，“它的缘起既是信息技术进步的必然结果，更是政府再造的理性选择”①，以新公共管理、新公共服务和政府治理为代表的政府改革运动，以及改革过程中产生的理论和实践上的现代化取向：运用市场和市场机制；强调竞争和选择；超越职能、权力和组织结构；增强公民参与决策；扩大授权，实施主动性的管理，既成为电子政府构建的必要条件，又作为电子政府构建必须遵循的基本理念。认识电子政府的政府基础是一种新的政府治理，这不仅因为它建立在信息技术的技术基础之上，更主要的是在于它将现代政府治理理念嵌入到了它的价值导向和运作模式之中。

再次，电子政府是信息网络时代的社会环境变迁在公共管理领域的集中体现。信息技术具有改造人类生产生活方式的能力，信息文明的社会形态最

---

① 李永刚：《电子化政府的理念与现实》，《中国行政管理》1999 第 11 期。

终要体现在人类行为模式、社会结构和社会规范体系的变迁上。这是一个信息技术逐渐建立自己的规则，建立自己新的行为方式，并将这些逐渐制度化的复杂的互动过程。政府源于社会，不能脱离社会，信息技术革命引起的经济、社会环境的深刻变化，提升了公众对公共管理的期望，使得传统的政府管理看上去过时和反应迟钝。电子政府的政府基础作为政府通过电子政府构建推动政府治理变迁进而建构信息时代的理想政府管理模式的概念体系和实践条件，必然是与信息时代的社会环境和生产生活方式相适应的。

最后，在信息技术创造的新的信息网络环境和人类社会、经济和政治领域发生的重大变革的背景下，新的信息技术并没有缩小人们之间的差距，各国的电子政府构建也没有能创造出理想中的信息“乌托邦”。范·戴吉克（Jan Van. Dijk）发现，在政治系统中使用信息技术的目的非常不同。一些团体寻求维护现时的民主系统，信息技术可能用于强化既有的官僚政治①。韦伯（Weber）、卢马斯基（Loumakis）和伯格曼（Bergman）的一项实证研究发现，网络以及电子政务有可能加剧原先就已经存在的社会不平等现象，因为实际受益的往往是那些在政府使用网络之前就已经积极参与公共事务的利益团体和个人②。从历史的角度去观察，由于各国政治制度、社会历史、文化传统、价值观、经济和技术基础性资源等条件的不同，决定了各国为电子政府准备的起始条件的不同，而电子政府构建的绩效因此也大不相同。这引发了我们对研究电子政府构建的实践基础条件——“硬环境”③ 和“软环境”④ 的思考，以便作为成功实施的前提和基础。由于电子政府并非现实政

---

① 陶文昭：《信息时代的民主参与》，《社会科学研究》2006 年第 2 期。

② 丁元、颜海娜：《美国公共行政百年历史回顾及对中国公共行政学未来十年的启示》，载敬乂嘉：《公共管理的未来十年（复旦公共行政评论第九辑）》，上海人民出版社 2012 年版，第 80 页。

③ 硬环境包括国家信息基础设施建设、政府网络建设和信息通信设备建设等，主要涉及网络基础设施、应用系统和服务终端等技术方面，需要把信息技术、网络和社会应用集合起来。

④ 软环境包括政府方面所需提供的与现代政府的治理理念、信息系统的技术特征和信息社会的生产生活方式相适应的体制、机制、过程、技术和文化等在内的基础条件。

府的拷贝，涉及到组织变革和内外部关系转变，又特别需要解决政府的观念、认识和体制问题，所以，它必定是一项艰巨、复杂、长期的系统工程，主导着电子政府的健康有序发展，同时也最终决定着国家对硬环境建设的资源投入、对软环境准备的程度和状况，因此显得尤为关键和重要。

综上所述，从建构性的和前瞻性的意义上，政府应该为电子政府构建和电子政务建设提供与现代政府治理理念、信息技术应用和信息社会生产生活方式相适应的行政生态环境，其核心要素涉及政府职能转变、组织结构调整、政务流程再造、管理方式创新、行政体制改革等，这些要素之间彼此关联，相互作用，连同与之相应的政府理念、行政体制、组织模式、运行方式、管理技术和行政文化等，构成电子政府有序构建的实践基础和前提条件，称之为电子政府的政府基础。

这一概念的要点包括：

第一，主体是抽象的作为国家行政机关的政府或是具体践行电子政府的政府变革的行政机构和人员。

第二，内容是网络化的组织结构和分散化的权力结构、参与协作的组织管理方式、公民导向的政务流程设计、目标管理和过程控制相结合的绩效管理机制、广泛监督下的行政问责、全程可追踪式的信息管理制度、知识型的公务人员和崇尚科技领先与服务精神的行政价值导向，等等，实现这一变革的基本依据是遵循现代政府的治理理念，符合信息技术的进步逻辑，以及适应信息网络社会的环境特征。

第三，目的和作用是在信息技术变迁与政府治理变革的互动中为电子政府发展解决实质性难题。

到目前为止，世界上还没有哪一个国家真正完整、成功地构建电子政府，这意味着电子政府的政府基础迄今为止尚未有一个可以参照的现实原型，因此，对其内涵的界定主要依据逻辑的推演、实践的需求、环境的要求和愿景的预设得出，相应地，其外延也会随之不断丰富和发展。

（二）电子政府的政府基础的外延

行政网络环境下的政府管理将日益呈现出这样的特质：信息的传输和处理成为组织的核心能力；组织结构趋向扁平化和弹性化；权力结构从集中、等级式转化为分散、网络式；强调对话建立权威，实现权力的均等化；自上而下的控制转化为相互作用和组织成员的自我控制；组织的价值观从效率、稳定、规避风险转向效能、适应性和勇于创新；组织的地位结构更倾向于以专门技能和专门知识为基础；组织协调的手段将更倾向于建议和说服，而不是命令和控制①。电子政府的目标追求是构建更好的政府，要实现的主要内容是为公众提供公共信息、公共服务以及协商民主，具体实现形式是提供"一站式"办事、"一条龙"服务、"全天候"运作和无障碍沟通，这就必然要求政府机构内部以及政府机构之间实现"一体化"管理、无缝隙运作、法治化规范和民主化监控，而这些要求在现有的政府体制、结构、流程、条件下是难以做到的，这就要求政府适应电子政府构建的新的需求，为其提供健康、有序、协调发展所必需的前提条件，即建立与之相适应的政府基础。具体来说，电子政府的政府基础主要包括以下组成要素：

1. 网络化的组织结构和分散化的权力结构

电子政府的实现形式，是基于网络的信息服务和处理系统，具有网络化的结构特征。与之相对应，政府将对传统的金字塔形的科层组织结构进行再造，并积极创造新型的网络组织。网络化的政府组织具有这样的特点：形式松散化，大量职能下放给低层机构、私营部门或半私营部门来承担，从而缩小公共部门的规模，保持对环境的开放性和高度适应性；层级扁平化，信息技术能够部分地代替中间管理层的工作，信息系统促使行政系统内部的信息交流变得更加直接，并使远距离控制成为可能，管理层次和环节减少将成为

① 张成福、党秀云：《公共管理学》，中国人民大学出版社 2001 年版，第 201-202 页。

一种趋势；边界无缝隙化，政府组织间的关系趋向更多的沟通与合作，组织内纵向、横向以及组织间障碍逐渐消除；结构弹性化，公共部门所设置的机构不再是永久性的实体，而是主张在组织上建立临时性机构，放弃政府人员任用上的“永业”现象，必要时使用外部人员，同时在人事上采用短期或临时雇佣等。网络化的组织结构也要求权力的分散化，组织以信息流动为基础而不是以等级为基础，组织间横向的联系、沟通与协作进一步增强，权威逐渐合理化，权威结构进一步分离，同时由于知识和信息逐渐发展成为组织权威的基础，而知识和信息是分散的，决定了政府组织在权力结构上必须实行分权和下放，让下属和下级拥有更大的管理自主权。政府组织和外界组织的界限也呈现出相关性与依赖性。随着信息沟通能力的增长和合作关系的建立，政府与企业、第三部门或者社会团体之间合作治理网络，将实现政府部分权力向社会的让渡。在电子政府中，政府管理主要依赖于水平方向的交流与合作，而不是像在科层制中那样通过垂直方向的命令链实现执行，具体表现在三个方面：一是权力从中央政府向地方政府分散，从官僚体制的顶端和中枢向体制的下层与外围分散；二是从政治形态的权力体制向社会形态的组织体制分散，即权力从体制内向体制外分散；三是权力从个人权威型向体制权威型转变，权力不是集中在某一具体的人手中，而是集中在合法的体制中①。

2. 参与协作的组织管理方式

信息技术的广泛应用，使得信息交流与传递的成本大大降低，公众获取信息的渠道迅速增加，政府要想保持对信息的垄断控制变得越来越困难。正如20世纪60年代加拿大传播理论家马歇尔·麦克卢汉（Marshall McLuhan）所言，电子媒介可以把地球变成一个村落，“信息的即索即得能创造出更深层次的民主，未来的全球村落舒适而开放”②。

---

① 张锐昕主编：《电子政府概论》，中国人民大学出版社2004年版，第266页。

② ［英］查尔斯·泰勒：《公民与国家之间的距离》，李保宗译，《二十一世纪》1997年第4期。

信息技术丰富了政务公开的手段，为政府与公众提供了跨时空的实时交流的媒介；改变了组织成员的工作和沟通方式，使知识和技术成为权力的来源；影响了公民意识，营造了推进民主的外部环境。同时，由于组织的构建以信息流动为基础而不再以等级关系为基础，政府组织与公民之间的关系倾向于对话和协商，网络作为民主化的平台为公众经常性地参与公共政策的制定与执行提供了便利，也让信息共享在客观上促进了民主化的发展。此外，政府内部实施更多的自我管理、自我控制，建立责任感和使命感，被赋予了更多的自主性。

电子政府所展现的政府是一个完整统一的整体，是以整体的而不是各自为政的方式提供服务，这必然要求现实中的政府是一种突破职能壁垒的、与公民联系紧密的、整体连贯的组织形态。信息技术应用促成的网络化的组织结构为电子政府构建提供了组织基础，但由于机构之间的职能分立状况不可避免地存在，加强组织间的协同合作仍必不可少。政府组织之间需要建立稳定的合作伙伴关系，消除对抗性；需要互相听取意见建议，制定共同的规则；需要寻找解决分歧的创新办法，促进规范性协商。政府组织可以通过面向共同任务，建立临时性或永久性的职能交叉的团队，来增进相互之间的理解和协作，打破特殊利益团体的壁垒，共同完成联合事务的处理。政府组织之间、政府与私营部门之间也需要建立稳定的合作伙伴关系，消除彼此之间的不信任，促进共同目标的实现。

3. 公民导向的政务流程设计

传统行政模式的一大弊端就是过于强调职能的分立和过程的规制，由此带来了政务流程的职能分割和复杂冗长。随着科技的进步和经济的发展，政府与社会的关系模式和公民需求偏好已经发生了改变。公民导向是现代公共管理理论的重要理念，基本要求是公共服务的设计和安排要倾听公民的呼声与要求，它与电子政府的个性化、人性化和一体化社会规范相契合，因此公共行政不得不更注重公民意志，公共服务的价值取向已不再体现在经济价值的高低和技术含量的高低上，而是体现在公共服务对于公民需求特别是个性化需求的满足程度上。

政务流程再造是电子政府构建的重要内容。有学者认为，电子政务建设的重点集中在两方面：一是对产生于政府部门的公共信息进行电子传播，二是充分开发信息技术潜力，对政府流程进行再造。只有以公民为导向对传统政务流程进行再造，才能发挥信息技术在整合过度细化的工作任务，推动流程链条由垂直变为并行，实现跨功能、跨权限的信息资源共享等方面的巨大潜力，彻底改变政府本位的行政行为取向和行政思考方式，体现电子政府所具有的革命性特质和当代政府治理理念的变化。

4. 目标管理和过程控制相结合的绩效管理机制

公共部门的控制与协调问题一直是困扰组织效率和管理有效性的关键因素之一。传统政府管理的控制与协调主要通过严格的规章制度和事无巨细的监督来完成。在电子政府模式下，权力的分散化、指挥链条的简化、行政方式的透明化和知识管理者的出现，促使结果导向的非直接性的监控成为控制的主要手段。绩效管理是西方政府再造运动中对官僚制度的程序导向和过程控制的一种革新性策略，经过多年的发展，已经形成以“结果为本”理念为基础，以市场机制为依据，以下放权力为取向，以经济、效率、效益的三“E”为主要内容的比较成熟的体系。绩效管理以结果为导向，以满足公众需求作为衡量组织绩效的基准，同时注重运用市场机制等灵活的管理工具来保证对管理过程的有效控制，强调积极的目标、具体的结果与产出，强调工作的实际结果、预算和绩效并重，这与电子政府模式下灵活而有效的控制方式有着内在的一致性。在电子政府模式下，绩效管理将注入新的内容：绩效管理不仅成为一种管理工具，更成为推动公共部门负责任的有效机制，以公民满意为政府绩效的终极标准，来不断提升电子政府的公共服务能力；在绩效管理过程中，公民通过政务网络积极广泛地参与政府管理，民主政治将实实在在体现在民主行政之中；绩效管理趋向于明确的绩效标准，随着信息系统的广泛应用，评估内容、绩效数据审核、结果反馈和绩效信息利用将更为量化且不可随意变更。

5. 广泛监督下的行政问责制度

与传统政府相比，电子政府具有交互性、开放性、直接性和跨时空性等特点，它所提供的新的服务平台和沟通途径成为政府满足公众多元化需求的基本手段，并促使公民能够对政府的行为施加广泛的影响。电子政府模式下的绩效管理允许行政官僚专注于绩效并研究新的方法来解决问题，但同时也会为他们滥用职权提供另外的空间，从而导致腐败现象增多的现实。强调直接回应性的行政责任机制将是解决这一问题的重要途径，这主要涉及政府在行政执行过程中主动回应公民需求，对行政行为和行政结果进行解释，并据此接受失责惩罚方面的制度架构。首先，行政问责的主体将包括内部问责、独立机构问责和社会问责，在这其中，社会问责作为“一种依靠公民参与来加强行政问责的问责途径，通过普通的市民或公民社会组织，以直接或间接的方式来推进行政问责”①，将在改进行政问责的效果中发挥重要的作用。其次，关注直接回应性的社会问责在时间维度上囊括事前问责、事中即时问责、事后问责的全维度问责途径，公民将广泛参与行政管理和决策的全过程，通过基于网络的新型“政府—公民”交流界面，对政府行为进行实时监控和问责。最后，新的行政问责机制将同等看待制度问责和绩效问责，在二者之间进行有效契合，以形成最佳效果。

6. 全程可追踪式的信息管理制度

信息管理制度建设是为电子政府确立构建和运行的规则。与其他的管理制度一样，信息管理制度也是通过一系列的规定与措施使其具有可操作性并易于执行，这些规定和措施对电子政务系统的计划、组织、指挥、协调、控制进行规范，实现对与电子政府运行相关的各种资源的有效管理。信息管理制度包括四个方面的内容：一是面向资源的管理制度，包括组织管理制度，如人员培训与知识更新制度、一般性的信息化建设与应用工作纪律、考核与

---

①　世界银行专家组：《公共部门的社会问责——理念探讨及模式分析》，宋涛译，中国人民大学出版社 2007 年版，第 20 页。

奖惩制度等；资金管理制度，包括预算管理、IT资产管理制度；软硬件管理制度，包括计算机软硬件的使用和维护管理制度、网络资源使用和维护管理制度、信息资源的管理制度等。二是面向信息政务建设管理规范的制度制定，包括政务信息公开管理制度，规定信息公开的范围、程序及公众了解政务信息的权利；电子签章和电子文档的管理规范，明确电子签章和电子文档在电子政务运行中具有的法律效力；个人数据保护规范，对政府收集、储存和提取公民的个人信息的权限与途径作出严格的限定等。三是面向信息安全的制度规定，主要包括用户信息安全管理制度、专用网络的管理制度、病毒的安全防护制度等。四是信息系统的标准化体系，以电子政务系统之间具有信息交换功能的标准为主要对象，建立以国家标准为主，以行业标准、地方标准、企业标准为辅的完整的电子政务标准化体系①。

7. 知识型的公务人员

人是组织的核心要素，人力资源同样是电子政府的最重要资源之一，是信息与技术的有效载体和黏合剂。在电子政府条件下，政府工作环境逐渐由传统的政府形态转变到电子化的政府形态，行政行为将越来越依赖于信息系统的支持，这对公务人员的素质和能力提出了新的要求。政府领导人必须具有创新精神和创新意识，具备通过掌握信息知识和信息技术在信息社会中积极获取、利用、开发信息的修养与能力；同时还要转变领导方式，实现由制度权威向知识权威的转化。政府的一般工作人员必须在观念上认同电子政府，了解电子政府的工作特点，并具备熟练应用信息技术、设备的技能和综合业务处理的能力。随着组织结构的扁平化、中间层级权力的虚化，政府管理中的事务性工作将主要借助于以计算机为主体的现代办公系统，政府管理的主动性和创造性将大大增加，政府公务人员将更注重实施自主性的管理，以更加主动地参与到行政的决策与执行之中。在利用信息技术再造工作流程

① 张锐昕主编：《公务员电子政务必修教程》，清华大学出版社2008年版，第245-249页。

后，“集成化”“一体化”“无缝隙”的工作流程模式还要求管理人员必须具有综合业务处理能力。

8. 崇尚服务精神的行政价值导向

电子政府提供的服务具有可选择性、普遍性、公正性和跨时空性等特点，力图达成这样一种理想的服务形态：公众无须走进政府机关即可获取丰富的信息；公众只需在一个机关提交服务，即可获得全程服务；公众无须进入政府机关即可通过网络申办事项。电子政府所带来的公共服务空间的拓展和公共服务方式的改变，使提供更为优质的公共服务成为电子政府的最高行为准则，服务精神构成其核心价值。行政理念往往由一个国家的历史传统所决定，并受到现有制度环境的深刻影响。历史和现实都表明，制度具有一种惯性，它蕴涵的价值和行为方式能够潜移默化地渗透到组织之中，也就是说，政府可以通过对于主流媒体和内部文化的控制，来引导和树立不同的行政价值观。就目前来看，无论是在西方发达国家，还是在发展中国家，尽管在实施上还存在着不少的问题，但主流媒体对于服务精神的提倡已经成为公共行政的重要价值，这一观念导向与一些引导性的政策和制度，特别是与相应的教育培训机制以及绩效管理中以服务质量和公民满意程度为依据的选择性激励之间的有机结合，将能够更有效地发挥作用。

政府基础的诸要素之间不完全是平行对应的关系，而是具有特定的层次性和关联性。组织结构、权力结构和组织管理方式属于政府管理的核心结构，是政府管理最为明显的表征，处于政府基础的顶层；流程决定了组织的内在机理，是结构的基础，也影响着制度的设计，居于结构与制度之间；绩效管理机制、行政问责制度、信息管理制度是制度的内容，是电子政府对于制度建构最为直接的诉求，其特征是相对稳定的行为模式，用以支撑结构，固化流程；至于人的因素，其关键在于观念，个人的观念和组织的行政价值导向构成了行政文化，成为政府管理的结构、流程、制度以及其他一切行为的基础。电子政府的政府基础可以形成一个稳定性的一般结构，如图 8. 2 所示。

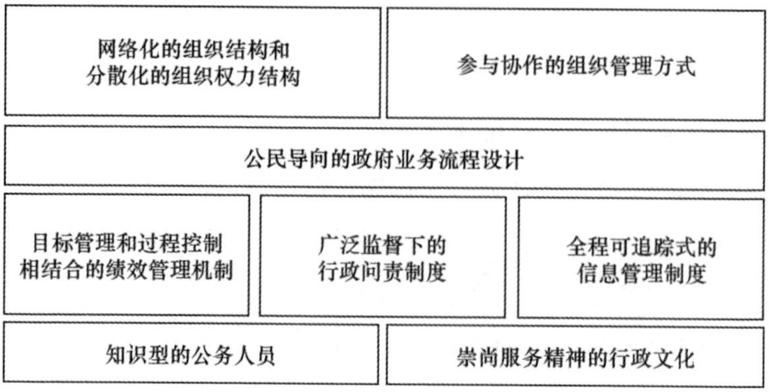

图 8. 2　电子政府的政府基础的一般结构

电子政府的政府基础是一个复杂的系统，其基本要素可以区分为结构、流程、制度和文化四个层次，其中任何两者之间都发生着真实的双向互动的关系，同时亦因为本质属性的差别，以及作用发挥途径的不同，相应地表现为直接或相对间接，在宏观上构成了一个多向互动的网络结构（如图 8. 3 所示）。

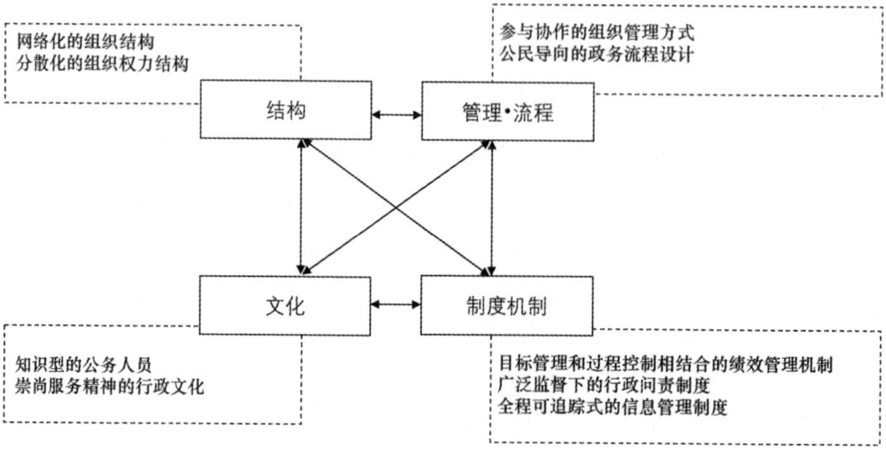

图 8. 3　政府基础的基本要素的互动关系

（三）电子政府的政府基础的属性

作为新公共管理运动之后又一次全球性的政府改革运动，电子政府既反映了信息化、网络化的发展逻辑在政府管理中的要求，也成为新的政府治理变迁的重要内容和有效途径。电子政府是一种面向信息时代的政府治理，它建基于信息技术的固有特征和信息网络环境之上，努力建立一种面向公民的、平等的、网络化的、实时共享的新的政府管理形态。实际上，在信息化、网络社会的宏观背景下，当前的公共管理变革都可以部分地融入到电子政府的构建之中。

电子政府与政府治理的逻辑的和实践的关联，决定了电子政府构建与政府治理变迁是一体的。由于无论是电子政府构建还是政府治理变迁都是一个复杂的、发展中的、高速变动的、不确定性的领域，作为两者之间的连接区域，电子政府的政府基础也呈现出多重属性。就本质而言，电子政府的政府基础是信息技术在政府管理中有效应用的原则需求，是信息技术范式影响和渗透下形成的一种新的政府治理模式。在基本形式上，电子政府的政府基础是先进的政府治理的理念、方法、结构、制度和文化等在行政网络环境下内嵌融合的结果。在理论建构的意义上，电子政府的政府基础是一个关于与电子政府的理想形态相对应的政府条件的理论描述。在变革性的意义上，电子政府的政府基础是政府应采取何种理念和方法推进电子政府构建与公共管理变迁融合互动以实现更好的政府治理的现实关怀，它反映的是信息技术的革命性特征和潜在能力，反映在实践层面上表现为政府管理的改革和创新。而全球化背景下公共行政的趋同性和各国为电子政府准备的起始条件的不同，又决定了各国为电子政府建构的政府基础体现出趋同性与多元性的统一。具体而言，电子政府的政府基础的属性可以概括为目的性与工具性的统一、现实性与未来性的统一、趋同性与多元性的统一。

1. 目的性与工具性的统一

电子政府的政府基础首先是在电子政府的理论框架内提出的一个概念，因此，它必然是建立在信息技术的进步逻辑基础之上，成为信息技术革命引发的一个新质的、与信息技术和信息网络社会相适应的行为模式在公共管理领域的重要体现。从这一角度去理解，如果说人类社会由工业文明向信息文明的演变是社会发展的重要目的，电子政府的政府基础就是公共行政发展的一个目的，这使其具有目的性价值的意义。在另一个方面，电子政府的政府基础以至电子政府本身所面向的都是政府治理的问题，是作为推动政府治理向着适应信息技术应用和信息网络社会需求的方向变迁的重要途径和方法手段，这使它具有重要的工具性价值的意义。电子政府的政府基础同时具有目的性价值与工具性价值，二者之间相互关联，体现为工具性与目的性的统一。

就目的性而言，电子政府的政府基础是信息技术范式影响和渗透下形成的一种新的政府治理模式。信息技术革命的兴起重构了世界的物质基础，信息处理与沟通技术的变化通过对生产力的作用形成了信息主义①和信息发展方式②，进而对生产关系产生影响，以致逐渐形成信息技术范式，即“信息成为生产力和竞争力的直接来源；网络化逻辑渗透到社会生活的各个角落；组织边界呈现出开放性；流动的元素日益增多；技术成为高度整合的系统；社会规范向个性化、人性化和一体化转向”③，“信息技术范式可以归纳成一种广义上的模型、一种框架、一种思维方式或是一种理解现实的体系”④，重塑了经济、社会和文化基础，使公共管理赖以生存和发展的行政生态环境发生了革命性转变，也使公共管理所面临的问题、机遇和约束条件等与其之

---

① 信息主义作为一个明确的概念最早在社会学意义上被使用，《网络社会的崛起》一书的作者曼纽尔. 卡斯特在 20 世纪 90 年代末所界定的意义：“在一个坐标轴上区分前工业主义、工业主义（indust rialism）与信息主义（informationalism，或后工业主义），而与将资本主义和国家主义（或以贝尔的用词，集体主义）对立起来的另一个坐标轴分开，这在后工业主义与信息主义的理论中，已经是广为接受的传统”。在他看来，信息主义就是后工业主义，是与工业社会相对应的概念：如果“资本主义”是描述“生产方式”的用语，那么“信息主义”就是描述“发展方式”的概念，见［西］曼纽尔·卡斯特：《网络社会的崛起》，夏铸九、王志弘等译，社会科学文献出版社 2001 年版，第 17 页。其他学者的相关论述为：加拿大学者戴维·莱昂将信息主义与后工业主义视为相似的理论，用来描述一种新的社会结构的出现，其特征是从物品转向服务，以及管理和专业职业的崛起、农业和制造业工作的让位，还有绝大多数工作中信息内容的增长。见［美］戴维·约翰·法默尔：《公共行政的语言——官僚制、现代性和后现代性》，吴琼译，中国人民大学出版社 2005 年版，第 6 页；肖峰认为信息主义是研究和关注信息技术在信息社会的主导作用的一种社会思潮和理论范式，是以信息为基点来阐释社会、人乃至整个世界的一种思想或学术倾向，见肖峰：《论作为一种理论范式的信息主义》，《中国社会科学》2007 年第 2 期；也有国内学者将信息主义界定为“是指以崇尚信息技术对社会的经济、政治、文化及其他各方面的功能和作用，把知识和信息视为社会的经济、政治、文化及其他各方面发展和变化的基础，把社会的信息化看作社会发展的主导趋势和基本动力的思想观念”，见谢俊贵：《当代社会变迁之技术逻辑——卡斯特网络社会理论述评》，《学术界》2002 年第 4 期。

② 学者曼纽尔·卡斯特认为，“在新的信息发展方式中，生产力的来源在于产生知识、信息处理和象征沟通的技术”，“信息发展方式的特殊之处在于：针对知识本身的知识行动，就是生产力的主要来源”，见［西］曼纽尔·卡斯特：《网络社会的崛起》，夏铸九、王志弘等译，社会科学文献出版社 2001 年版，第 20–21 页。

③ ［西］曼纽尔·卡斯特：《网络社会的崛起》，夏铸九、王志弘等译，社会科学文献出版社 2001 年版，第 82 页。

④ ［西］曼纽尔·卡斯特：《网络社会的崛起》，夏铸九、王志弘等译，社会科学文献出版社 2001 年版，第 82 页。

前相比有了质的区别。可以想象，既然经济和社会的组织已经或正在网络化，政府权力结构就不应再是金字塔式的；既然社会规范已经逐渐向更为人性化和一体化的方向发展，政府就要以公民为中心提供更好的服务；既然知识成为推动生产力发展的主要来源，权威就应“更多地依赖于知识和责任的恰当组合，而不是传统组织金字塔式的等级规则”①。信息技术是电子政府构建的第一推动力，电子政府与经济和社会也发生着直接而紧密的关系，信息技术范式对于经济社会基础的作用，必将对作为上层建筑核心的政府管理体制和运行机制产生持续且深刻的影响，也对政府如何应对信息技术范式实施改革和创新以适应经济社会发展提供更好的管理和服务提出了挑战。由此看来，电子政府的政府基础，既是信息技术范式在政府管理中渗透的结果，更是信息技术范式对于信息环境下政府管理的新要求。

就工具性而言，电子政府的政府基础是行政网络环境下政府治理变迁的重要途径和手段。电子政府的政府基础是信息技术范式在政府管理中推广应用的原则需求，因为如果欠缺这些基础条件的话，电子政府构建的健康有序将难以达成。但信息技术范式的影响是外在的和渗透性的，惟有政府在电子政府的政府基础建构中的作用才是主导性的。正如历史上任何一次变革，政府治理变迁固然有外界环境变化的因素促动，但正因为惟有政府才拥有垄断性的强制权力和暴力，对于一个具体而确定的年代而言，政府仍是最高意义上的决定力量，也是影响政府基础建构的主导因素。因此，认知电子政府的政府基础是一种新的政府治理模式，不仅是因为它建立在信息技术这一先进的技术基础之上，更主要的是在于它将现代政府治理的原则理念嵌入到了它的价值导向和运作模式之中。正是凭借把先进的政府治理理念、方法、结构、制度和文化等内嵌融合入行政网络环境，电子政府才能体现其管理上的先进性。

---

① ［美］唐·泰普斯科特、阿特·卡斯顿：《范式的转变——信息技术的前景》，米克斯译，东北财经大学出版社 1999 年版，第 2 页。

综合而论，由于“信息政体同样表现为政治妥协和政策不确定的竞技场”①，电子政府构建的成果将取决于多方政治、政策较量的结果。同时，由于行政网络环境的全球化、信息化态势会产生重压，对电子政府构建发挥效力，且公共管理对于自身价值和有效性的反思也会生成内在的动力，对电子政府构建施加影响，从而合力促使全球公共服务从过时的传统走向具有信息化和管理化特征的现代性，这种趋势不可逆转。这种理论和实践上的现代化，是行政管理改革和创新的依据和基础，也是电子政府的政府基础的理论前提和现实条件。考虑到未来电子政府环境下政府组织模式和运行方式既要体现信息技术范式的特征，也要反映现代政府治理的原则理念，政府应尽力将先进、成熟的政府治理的理论和实践成果作为电子政府理论与实践的原则依据，这也是政府基础的基本依据。

2. 现实性与未来性的统一

电子政府的政府基础，既是信息网络社会条件下对于未来“大”的电子政府对应的理想性政府条件的理论构想，也是政府在电子政府构建中进行适应性改革形成的，与特有的行政生态环境相结合的具体的行为模式，前者是一种面向未来的愿景，后者则成为一种解决现实问题的策略方法，体现了现实性与未来性的统一。

在终极的意义上，电子政府的政府基础是与电子政府的完整形态相一致的现实政府的基本模式，体现了信息时代行政网络环境下政府治理的革命性特质，如网络化、弹性化、平等化、民主化，实时互动、智能办公和服务导向，并具体体现为一些基本的表征性的政府组织结构、制度、方式和文化：组织形式松散、灵活，对环境具有开放性和高度适应性；扁平化，减少管理的层次和环节；边界无缝隙化，组织内纵向、横向以及组织间障碍逐渐消除；规则条例具有弹性，减少不必要的繁文缛节；网络状的沟通与联系机

① Bellamy Christine, John A. Taylor, *Governing In the Information Age*, *Buckingham*: Open University Press, 1998, p. 170.

制；建立跨部门和功能的组织；实行决策与执行的分离，强调战略管理。这种政府治理是与电子政府的完整形态相一致的政府基础条件。

在变革的意义上，电子政府的政府基础是与政府治理变迁和电子政府发展相对应的高度变动的不稳定形态，表现在实践中是政府管理的改革与创新。首先，电子政府构建所需的政府基础与现有政府条件之间存在着明显的差距，这种差距需要政府积极努力推动政府管理改革创新来弥合。虽然人们普遍承认信息技术具有革命性特征和潜在创新能力，信息技术也的确正在改变政府管理的图景，但是，指望信息技术应用能够自发地促成政府管理形态的变迁在本质上是一种误导，故而主动的改革与创新是必不可少的。正如简·E. 芳汀（Jane E. Fountain，2002）所指出的那样："将政府之间的计算机连接起来，我们可以轻易建立技术上的基础设施，但这并不等于我们同时也建立了制度上的基础设施。我们需要这样的制度设施，它能够向政府机构提供以下方面的支持，即机构之间协调的行动、组织文化、动力和办事程序以及一系列的组织、社会及政治规制系统。这些因素实际上引导着政府机构的运作，并影响着政府机构的构造"①。还有，由于改革与创新就意味着权力和利益的重新分配，金字塔结构的顶层和既得利益者与改革创新者之间的较力不可避免，政府基础建构必将经历一个长期、艰难的过程。其次，由于组织制度与网络化环境相互渗透和相互影响，并且会因改革创新者不同的理念取向和融合路径（即使使用相同的技术）而产生不同的结果，带来不同的组织模式和应用成果，所以，政府的不同努力会导致不同的后果，方使积极努力显示出其价值，这也从另一个侧面显示出政府基础建构的重要性。最后，电子政府的政府基础是一个涉及观念、过程、技术和制度的复杂系统，虽然就个体或局部而言，政府基础的部分内容已经在公共管理的实践或者改革过程中有所体现，但就整体或全局而言，政府基础建构至今还没有一个清晰的

① ［美］简·芳汀：《构建虚拟政府——信息技术与制度创新》，邵国松译，中国人民大学出版社 2004 年版，第 6 页。

轮廓或框架。鉴于电子政府的政府基础是信息技术范式与现代政府治理的理念、方法和制度的结合体，而信息技术和政府管理都处在不断发展和快速变化当中，所以，与之相应，无论是政府基础本身，还是政府基础的建构过程，亦或是与政府基础建构相关的政府改革的方式方法，都属于频繁变动、迅速变化和不断发展的范畴。

总体而言，尽管电子政府的政府基础包含了诸多理想化描述，但它更多是变迁中表现出的对于终极目标的趋近性和具体行政环境下的差异性，虽然未来我们无法预见，但政府却能够有选择地构建可行的行动方案，使之朝着正确的方向迈进。

3. 趋同性与多元性的统一

当今世界，几乎所有国家的政府都在加强信息技术应用和构建电子政府，也一直在推进以扩大政务公开、整合政府机构和提供“一站式”服务等为主要内容的政府改革，这些举措所涉及的内容都与电子政府构建密切相关。应该说，适应电子政府构建需求对政府进行相应改革是保证电子政府健康有序发展的前提条件，对于任何一个国家来说都是必要的，其中体现出的高度的趋同性，对各国电子政府构建和政府改革的引领和促进效果也是有目共睹的。当然，由于各国的电子政务发展程度、政府组织形式，经济社会基础以及历史文化传统多有不同，导致其在构建电子政府的基础条件的准备方面必然有所差别，其所需求的政治推动、行政支持、制度促进和社会运作的范围和程度也必定有所不同，相应的电子政府的政府基础的具体形式就表现为政府治理在向组织结构的网络化、权力结构的分权化、组织管理和服务方式的开放性和数字化，决策方式的民主化、行政文化的服务导向等整体趋向下，在不同的发展阶段，以及不同的国家和地区，具体的有差异的政府基础条件，因此它又兼具明显的多元性的特征。

趋同性与多元性同时存在，对立统一，相得益彰。各国的政府基础建构，特别是对于发展中国家和转轨国家而言，尽管存在许多“公共悖论”式的行政难题，它首先仍是全球趋同的，这种趋同是政府基础的基本模式和原则。但政府基础的最终归属又是多元性的，比较西方国家与东方国家、发达国家与发展中国家、市场经济国家与转轨国家的公共行政，并不曾存在且将来也不太可能会出现相同的政府管理模式，所以，未来在形成和维护地方行政文化的张力的作用下，各国准备的政府基础仍将继续保持多元性特色。这一形式和本质上的多元是政府基础建构的具体内容和表现形式，是各国政府在基本要素框架下立足于特有行政环境和行政文化以推进政府改革和电子政府构建协同并进的现实策略。

二、电子政府的政府基础的起始条件

政府基础是电子政府环境下所需求的现实政府的核心结构和必要条件构成的一个系统，可以看作是对未来政府管理的部分特征和基本形式的描述，虽然在目前看来它主要是作为一个理论上的模型，但其许多方面在现阶段的政府管理中都可以找到与之相对应的内容和存在的雏形。为此，对现有的政府管理进行审视是必要的。发达国家、发展中国家和不发达国家由于经济发展、社会状况，以及政治和行政体制等基本国情的不同，形成了各具特色的多元化的政府管理以及不同的政府改革与发展任务，进而构成了政府基础的起始条件的差异。

（一）发达国家

自19世纪末开始，西方国家普遍形成了以专业分工、文官制度、行政法治等为基础，以高效性、平等性、理性和专业性为标志的官僚制度。“官僚制把法律规则以严密、机械古板的方式应用于实际情境，有利于保证组织活动的客观性和官员行事时的非人格化，使官僚机构体现出准确、速度、知识、连续性、统一、少摩擦和低成本等优势”①。但是，由于20世纪60年代

① ［美］文森特·奥斯特罗姆：《美国公共行政的思想危机》，毛寿龙译，三联书店1999年版，第54页。

以来行政环境的剧烈变化和官僚制度过度发展，产生了组织僵化、过度规制以及利益部门化等诸多弊端，西方国家相继掀起了大规模的政府再造运动。在这场运动中，传统的公共行政范式受到了越来越多的质疑和批评，一些曾经被认为是永恒原理的公共行政的基本原则，如政治与行政分离、层级节制、规章控制等，受到了严重的挑战，工商管理的理论、方法、技术以及市场机制的工具理性被引入政府管理中，经济（economy）、效率（efficiency）与效能（effectiveness）成为公共行政的基本价值。这一运动被冠以不同的称号，如管理主义、新公共管理、以市场为基础的公共管理、企业型政府等。克里斯托弗·胡德（Christopher Hood）将其看作是一种以强调明确的责任制、产出导向和绩效评估，以准独立的行政单位为主的分权结构（分散化），采用私人部门管理、技术、工具，引入市场机制，以改善竞争为特征的公共部门管理新途径①。经合组织把它的内涵界定为企业管理技术的采用；服务以及顾客导向的强化；公共行政体系内的市场机制以及竞争功能的引入②。但正如澳大利亚学者欧文·E. 休斯（Owen E. Hughes）所说，尽管有多种多样的名称——新公共管理运动、管理主义、企业型政府——它们可能有所不同，但是它们说明了同样的现象，即传统的官僚制已经被一种以市场为基础的模式取而代之，改进公共管理、削减预算、公共事业民营化似乎已成为普遍现象"③。新公共管理运动或是政府再造运动深刻地冲击了西方国家的传统政府管理模式，多种可供选择的组织权力和权威模式开始出现，市场机能和参与式管理越来越明显地被认为可以和理性官僚制度的结构与运行相抗衡，市场导向、公民导向、结果导向成为新的行为准则，解除规制、超越规范、消除管理中间阶层、明确标准的绩效管理、公民决策中的公民参与成为

① C. Hood, "A Public Management for All Seasons", *Public Administration*, Vol. 69, No. 1 (1991), pp. 3-19.

② 张成福：《公共行政的管理主义——反思与批判》，《中国人民大学学报》2001 年第 1 期。

③ ［澳］欧文·E. 休斯：《公共管理导论（第三版）》，张成福、王学栋译，中国人民大学出版社 2007 年版，第 4 页。

流行的制度设计。于是，传统的理性官僚制度与后官僚范式初见端倪之间的混合，成为当代西方国家公共行政的基本特征。在这一背景下，西方国家电子政府构建中的政府基础问题面临的更多是对正在进行的行政改革做进一步的延伸，并在其中与信息技术的应用机制，如信息资源战略管理进行深入结合，主要表现为压缩组织层级、打破机构界限、完善社会问责机制、扩大公民参与公共决策，以及跨功能、跨部门、跨权限的政务流程再造。

（二）发展中国家

自20世纪初期开始，在资本主义的全球扩张和民族解放运动兴起的双重浪潮的推动下，许多传统社会急速地或缓慢地向现代社会转变。在这一转变过程中，一方面，这些社会已经从传统社会走了出来，另一方面，这些社会却又未能顺利地进入“现代”的范畴中去。随着冷战的结束，大部分发展中国家在经济上已经向现代市场经济转变，并加入世界贸易系统之中。另外，更多的国家也采用了民选的方法来选择政府。但是，许多发展中国家仍采取了经济上强化国家部门的做法，在政治上信奉威权主义，在社会结构上则表现出两极分化的明显态势。这种特殊的政治、经济、文化特征使得发展中国家的政府基础也表现出其自身的特质。与发达国家相比，发展中国家的政府管理表现出了更多的混合性和异质性，如：在行政理念上，发展中国家普遍信奉权威、领导和管制，政府相对于公民处于一种绝对的强势地位，统治思想相当严重；在权力结构与组织结构上，发展中国家在独立期间或在战后效仿传统的公共行政模式，严密的等级制度成为人们的日常准则，公务人员通过考试而得以终身录用，各种不同的阶层构成了行动迟缓的超重的官僚制组织。但是，与现代国家相比，发展中国家从未建立起真正意义上的以理性、程序化、法制化为特征的官僚制，政治中立和为政清廉并没有得到发扬，维持传统官僚制的外在形式和制度在很多情况下只是为特殊的精英、种族、宗教利益服务的，官僚的绩效很少通过系统的方法来加以评估，也不存在严格的责任问题。如休斯所说，“既然官僚制是最强权的政治势力，我们又怎么能指望公务员像模式中所假设的处身于政治之外呢？当法制很脆弱时，如何应用韦伯的理性——合法性权威模式呢”①？而且，自 20 世纪 90 年代以来，在西方新公共管理运动的影响下，很多发展中国家也不同程度地接受了公共部门中的市场机制，结果导向、顾客战略、解除规制开始在政府改革中逐渐体现，根深蒂固的人治传统，理性官僚制度的部分原则，以及政治再造的战略工具之间的混合，构成了发展中国家政府管理的典型特征。在这种情况下，发展中国家电子政府构建中的政府基础问题更为复杂，破除人治传统对于公共权力运行的伤害，批判地建立一个可被预测的、属于全民的、正直的韦伯式官僚政府与超越官僚制度、用信息技术和市场机制改进政府管理的制度与方法同样重要，这就需要采取更为理性的发展战略。第一，行政权力的法治优先，民主其次。在法治权威未能建立的前提下，不能过分奢求民主作用的发挥，首先需要解决的仍是法治权威对行政权力运行的约束。第二，组织结构可以适当灵活，但程序和规制仍然重要。政府官员缺乏对程序和规范的尊重与遵从，使得组织行为的公平性遭受普遍质疑并导致行政腐败的广泛存在。因此，弹性化的组织结构和结果导向的绩效管理需要与行政的程序化及专业化互动而为。第三，信息资源管理与电子政务组织领导亟须其他行政制度改革的配合。政府组织特别是中下级组织对信息技术存有一种固有的偏见，这与其组织体系的制度化水平较低共同构成了电子政府构建的强大障碍。从这方面来看，借助于行政改革的趋势，通过法律及行政制度对信息资源管理与电子政务建设做出的相应制度化安排，是一种便捷的解决途径。

---

① ［澳］欧文 · E. 休斯：《公共管理导论（第三版）》，张成福、王学栋译，中国人民大学出版社 2007 年版，第 252 页。

（三）不发达国家

尽管全球化进程在不断加快，但到目前为止，非洲、亚洲、南美洲仍存在许多不发达国家（主要集中于南部非洲）。这些国家也处在向工业社会、信息社会转变的过程中，但其政府管理却具有许多农业社会的典型特征，即虽然有了宪法、议会、政府机关、选举制度等，但是它们却不能正常地发挥作用，有的甚至成了一种徒有虚名的装饰品；官僚的职位重于行政政策，行政风范带有浓重的家族和亲族主义色彩；行政官僚在政治和经济上自成特殊的阶级，政府与公众之间很少沟通；行政活动以地域或土地为基础，行政的主要问题是维持行政的一致和统一。而且，不发达国家的政府管理还存在极为明显的两极分化态势，中央政府建立了专业化的机构并配备了现代化的管理设施，但在一些边远的地区，却没有专门的行政机构，在那里，宗教、家族、宗派决定着一切。于是，一个国家同时存在着许多不同的制度、行为，少数大城市与偏远地区在制度环境上存在很大的差异。从发展的阶段来看，传统国家还不具备构建电子政府的基本条件，当贫穷和饥饿仍在困扰着政府与大多数的人民，政治上的军事独裁普遍存在，且国内战争频繁发生时，信息主义的民主、公平与正义还只能是一句空话。但从长远来看，不发达国家也不能在这场影响人类历史进程的信息技术革命中置身事外。在发展策略上，不发达国家电子政府构建中的基础问题解决主要应涉及高层政府机关，特别是中央政府；在行政理念上，主要是突破统治思想、家族和亲族主义①，

① 美国学者弗雷德·W·里格斯认为社会组织可分为两大类：一类是以血缘关系为纽带结成的自然团体，如家庭、家族 另一类是以利益关系为纽带结成的人为团体，如教会、政党、工会、商会等，这些都被称为社团。在不同类型的社会中，家庭和社团对行政所产生的影响也不一样。在农业社会和过渡社会的行政模式中，家庭对行政行为影响很大，社团的作用微不足道，行政行为常为显赫家庭所左右，受其制约，家族利益优先于公共利益，这被称为行政中的家族和亲族主义。参见［美］弗雷德·W·里格斯：《行政生态学》，金耀基译，台湾商务印书馆 1978 年版，第 111 页。

推崇理性与合法的权威；在权力运行上，最重要的仍是推进行政法治，并探索在某些直接关系到公民利益的公共事务处理中扩大公民参与的途径；在组织结构上，首要任务是建立科层化、专业化的政府组织体系，实现权威的合法化；在公务员管理上，最重要的是打破世袭，开放政府职位的边界，建立现代性的公务员管理制度；在信息管理制度上，中央政府可以统一建立集中式的电子政务组织领导体制。

三、电子政府的政府基础的建构途径

电子政府构建可以看作是20世纪80年代以来西方管理主义取向的新公共管理运动和发展中国家向市场经济转型或者探索第三条道路过程中的政府改革运动发展的一个新阶段，构成了信息社会环境下政府现代化的基本途径。由于由政府基础的起始条件和电子政府构建的内在要求不相适应而产生的理想的管理变迁与现实中政府改革的相对滞后之间的明显差距，以及实施者与政府组织自身之间关于技术执行不同理解的紧张状态迫切需要解决，人们一直在寻求理想的建构途径。在这些探索当中，技术决定论者对于技术自发地促进组织、制度和文化变迁的观点潜存着高度的虚构，社会建构论者关于“政府治理制度具有将信息与通讯技术塑造成演化性现实的革命性潜力”① 的观点又高估了人们自我构建与变迁组织结构和制度的意志及能力，这告诉我们，只有从信息技术的内在逻辑出发，遵从现代公共管理的原则、理念和方法，以前瞻性的创新精神，对政府管理理念、管理方式、组织结构、体制机制等进行深层次的重组与再造，建立电子政府构建的基础条件，方能发掘信息技术的革命性潜力，实现技术、管理与价值之间的有效结合，建构适应信息社会条件的电子政府。由于各国政府基础的起始条件的差异，对于政府基础的建构事实上并不存在单一的模式和唯一的标准，在这里主要

---

① Bellamy Christine, John A. Taylor, *Governing in the Information Age*, *Buckingham*: Open University Press, 1998, p. 93.

探讨基本的原则与方法。

（一）政府职能结构的优化改造

政府职能通常被界定为国家行政机关在一定时期内，根据国家和社会的发展需要而承担的职责与功能①。它反映了政府活动的基本方向、根本任务和主要作用②，决定着政府的规模、结构、组织形态和管理方式。电子政府的构建，需要技术、经济、制度等多方面因素的相互作用和协调配合，从而要求政府对相关职能领域进行相应的扩展。同时，电子政府对政府运行模式变革的深层次要求，也促使政府重新建构与企业、公民的关系，分离出部分职能。这主要表现在三个方面：一是发挥中央政府的领导作用，为电子政府构建创造有利的政策环境。由中央政府率先推行电子政务，制定信息化和电子政务建设规划，为电子政府发展提供国家层面的宏观指导和政治推动。二是塑造政府与企业、社会中间组织的新型合作伙伴关系，实现新形式的公共服务市场化。积极推进电子政务项目外包，采取将政府部门电子政务软硬件系统的日常运行维护等工作部分或全部地委托给专门公司的形式，在政府、企业和社会中间组织之间进行合理分工，以充分发挥各自的优势。三是重视和强调社区作用的发挥，支持建设电子社区。形成以社区自治机构为主，联合政府部门、社区服务提供商、银行金融机构、社会保险机构等相关单位，以网络平台、语音平台为主要载体，以政务服务、商务服务等为内容，面向社区居民提供本地化服务的综合服务体系，使政府在分离一部分公共服务职能的同时，又保证了这些公共服务职能在新的形势下得到有效实现。

（二）组织分权的制度化建设

信息技术的重要特征是共享性、平等性和交互性，这反映在政府权力结

---

① 郭小聪：《论国家职能与政府职能》，《中山大学学报（社科版）》1997 年第 2 期。

② 金太军：《政府职能梳理与重构》，广东人民出版社 2002 年版，第 1 页。

构上就是权力的非集中化。许多实践证明：电子政务系统可以实现组织信息结构的散射性和交错性，加强跨层级、跨专业、跨部门的信息流动，增强组织底层独立处理事务的能力，从而促进权力的分散化。但也有些研究表明："官僚体制的行政管理按其倾向总是一种排斥公众的行政管理"①，也就是传统行政管理的核心并不鼓励民主化的管理方式。在一些情况下，政府可能将倾向于利用信息技术限制关键信息的披露与公开，进一步集中控制权，对员工实行更加严格的监管，以此作为全球化背景下保持其政治控制的一种手段；政府组织中的核心权力也不因为信息技术应用而发生改变，因为信息技术对政府决策的影响，愈到组织的上级则愈为减弱。也就是说，信息技术对组织权力结构非集中化或分散化的趋势，仍需政府通过制度化的手段加以引导和固化，即：改变中央与地方、上层与下层的权责关系，在执行和运作上赋予地方或者下层更多的自主权，使地方知识的优势最大化；重塑政府与社区和公民组织之间的关系，加强社区成员和社区组织的自我管理，在电子政府与电子社区之间建构有效的联通；增加对组织成员的授权，增强下属的工作积极性、主动性和适应性，提高参与决策的效能和行政执行的活力。

（三）以行政过程为基础进行组织设计

组织是一个开放系统，因而必须依靠组织设计来进行调整，以适应客观环境的变化。传统的政府部门结构缺乏中心，其职能组合方式损害了效率，存在着信息沟通不畅和利益上的内在冲突。信息技术增强了高级管理层对组织的控制权，并能代替原本属于中层管理者的程序式工作，压平等级金字塔的层级。信息技术也影响了官僚系统的信息流动、协调及其工作，使得在远距离范围内进行远程合作、协同解决问题，以及发展高凝聚力的组织成为可

① ［德］马克斯·韦伯：《经济与社会（下）》，林荣远译，商务印书馆 1998 年版，第 314 页。

能[1]。在电子政府模式下，组织以信息流动为基础而不是以等级为基础。政府的顾客或消费者无须知道机构工作之间的明确界限，尤其是在服务的提供方面，向顾客提供的服务可以组合在一起。但出于维护自身利益的考虑，政府部门缺乏理性利用信息技术的激励因素。政府机构以职能为依据从事管理活动，并不鼓励跨机构的活动，而电子政务系统通常会涉及不同层级、不同部门的政府组织以及私营组织之间的信息共享。在一些基本的问题上，如信息系统如何构建，各部门之间的权力与责任管理如何权衡，不同组织之间经常会发生分歧。因此，政府必须主动地适应信息技术的应用，以信息流动为核心，依据政府行政的过程而不是职能对组织进行再设计。首先，建立网站以提供信息，并使一些机构相互联系起来；其次，缩小组织规模，削减组织层级，以适应信息的流动；再次，打破职能壁垒，重新整合政府机构，实现决策、执行与监督之间的适当分离；最后，超越局部利益，消除职能壁垒，创建基于行政过程和任务的临时性的或永久性的职能交叉的团队，建立政府与企业、公众之间的合作伙伴关系，实现无界限的交往。

（四）运用灵活的控制和监督方式

电子政府是一种开放的、面向结果的、强调直接回应性的政府管理实践。为适应这一变化，政府将运用灵活的控制方式，将组织控制的形式从复杂的规章制度与等级命令转换为共同的使命和承担绩效责任的制度。信息技术简化了指挥链条，降低了组织控制的复杂程度；信息技术的运用，促进了工作的一体化，缩短了组织过程，提高了组织控制的有效程度。信息技术对组织控制方式、监督角色的积极性影响需要与相应的机制、工具相结合，在保持有效控制的同时，最大限度地发掘一线员工工作的自主性、创造性和适应性。首先，必要的规则仍不可少，并将日益内嵌于信息系统之中，成为其

---

① George P. Huber, "The Nature and Design of Post-Industrial Organizations", *Management Science*, Vol. 30, No. 8 (1984), pp. 928-951.

不可变更的程序和条件。其次，管理者仍需要高层的监督，但更主要体现为法律和绩效上的责任监督，而不再是专注过程的事无巨细的监督。电子化的绩效信息在高层与底层之间的顺畅传递，信息系统在筛选与分析绩效信息方面的准确度，绩效信息的权威和执行，以及评估组织和制度与政府机构之间利益机制的建立，将成为电子政府模式下基于绩效管理的控制机制有效运行的关键。再次，由于政府需要更主动地回应公众需求，公共参与和社会问责成为经常性的控制方式。最后，创建先进的知识管理系统，促使政府行为更加透明化，建构所有政府部门内部、部门与部门之间在同一个交互系统上进行协同工作、知识共享的管理信息系统，将有助于便利信息的获取，减少控制的环节，在不损害效率的前提下保持有效的监督。

（五）建立一体化的政务管理和运作模式

实践证明，利用信息技术模拟政府原有的业务流程，将工业社会政府迁移到数字平台上，将产生一个数字化的工业政府——这种管理形式将变得与经济和社会不断变化的现实越来越脱节。电子政府的最终目标是构造一个信息时代的新的政府管理模式。但是，这种对于原有的、工业时代的政府形态的改造是通过电子政务工程项目一个一个地实施来积累完成的，每一个电子政务应用项目的推进，都需要政务流程重组与再造的支持。电子政府的政务流程模式，意味着对传统政府部门的业务流程进行根本性的、彻底的重新思考和重新设计，集中体现了信息技术所具有的革命性的特质和当代政府治理理念的变化，主要表现在：以公民导向、一站式服务、决策权的分散、共享性的信息处理和跨组织边界的合作等为流程再造的基本理念；以政府服务的目标和自然流程为基准设计业务流程；整合过度细化的工作任务，围绕结果而不是职能进行组织；流程链条由垂直变为并行，几个过程并举代替按顺序操作；实现跨功能、跨权限的信息资源共享；尽可能地为政府和公众提供单独接触的机会，增强对公民的直接回应性；确保重要信息的一体化流动，首先再造，然后电子化。政府业务流程的重塑，更主要存在于政府管理的执行层面，较少触及核心的政治权力，它对操作人员和管理人员所造成的影响远远大于对决策人员的影响。从这个角度来说，在政治化的机构重组遭遇组织内部的强大阻力而在短期内难以取得突破性进展的情况下，流程的再造无疑具有更重要的现实意义。

（六）发展更为广泛的民主参与和合作

行政民主是电子政府蕴涵的施政理念。发展电子民主，扩大公民参与，一直是电子政务实施的重要目标。信息技术成为行政民主化的重要推动力量，信息的全球化扩散和政务信息的公开促进了开放式政府的形成，新兴的网上参与更是拓宽了公民参与的途径和渠道。不过，当前的电子民主主要停留在形式上或者操作的表层，许多政府网站上的网上监督、网上参与栏目更多的是一种形式，并不具备实际应用的效能。进一步拓展网络化的民主参与渠道，提升电子民主的效能，仍是各国政府创新的重要目标。首先，建立快捷、即时的政务信息公开体系是一项重要的现实任务。充分利用网络平台，构建电话、电视、广播、公告栏、新闻发布会与政府网站相结合的信息发布体系，将有利于提高政务行政的透明度。其次，政府仍须进一步拓宽公众监督的途径，大力发展网上举报、网上投诉、网上信访、网上评议服务，并依此建立完善的受理和反馈工作机制，对于公众的意见和要求作及时回应，使公众能够通过网络迅速、直接地进行监督活动。再次，制度建设是民主参与能否发挥效用的关键。在提供基本的技术手段和参与途径之后，要将信息网络应用与民主制度建设有机结合起来，建立相对应的行政问责制度、民意征集制度、民主监督制度。对电子民主进行必要的引导和控制也是一个突出的问题。政治发展的历史证明，当政治参与突破政治体系所能容纳的一定限度时，政治体系的有效性就会受到削弱，继而动摇政治体系的合法性。卡尔.波普尔清醒地指出，“被称为公众舆论的那个不可捉摸、含糊不清的实体有时表现出一种质朴的敏锐，或者更典型地，表现出一种超过掌权政府的道德敏感。然而，如果没有一个更为强大的自由主义传统加以节制，公众舆论对于自由会是一种危险。公众舆论作为趣味的仲裁者是危险的，作为真理的仲裁者则是不可接受的”①。政府必须对电子民主进行必要的引导和控制，加强对电子化民主参与的法律与责任的认定，避免无限制的网络自由对民主政治的伤害。最后，在信息社会，信息不仅是一种经济资源，更是一种权力资源，获取信息能力的两极分化会造成参与政治的不平等。政府需要致力于弥合数字鸿沟，实施信息技术教育计划，普及信息技术培训并建立电子终身教育系统，以提高国民的整体信息素养。

（七）实施信息资源的战略管理

世界主要国家的电子政务建设已经步入了一个新的发展阶段，在深度上，开始由基础建设期向应用期转变；在广度上，逐渐向跨部门化、跨领域化发展。与此相适应，信息化发展步入战略管理阶段。“知识和信息无疑是一切发展方式的关键因素，因为生产过程总是奠基于某个水准的知识，以及信息处理过程。然而，信息发展方式的特殊之处在于：针对知识本身的知识行动，就是生产力的主要来源”②。电子政府的重要特征就是信息资源成为政府组织发展的战略性资源。信息技术应用为信息资源战略管理提供了良好的技术和物质基础，但在以信息系统与电子政务系统改进政府对企业和公众的服务的同时，必须对政府的业务流程进行重新设计，对政府的结构进行重组。在实践中，许多政府领导并不真正理解电子政务的战略规划，具体的电子政务系统建设往往由信息部门承担，从而缺乏在项目建设过程中对原有政府管理方式进行变革的权威，且由于缺乏有力的监督和明确的绩效测量，许

① ［英］卡尔·波普尔：《猜想与反驳——科学知识的增长》，傅季重、纪树立等译，上海译文出版社1986年版，第505页。

② ［西］曼纽尔·卡斯特：《网络社会的崛起》，夏铸九、王志弘等译，社会科学文献出版社2001年版，第20–21页。

多工程建设的初衷与其实际效果相去甚远。信息资源开发中政府部门的各自为政和系统的信息资源管理制度的缺乏，也往往导致了“信息孤岛”的形成和信息资源利用的低效率。只有加强对电子政务的组织领导，才能完成这项工作。在这方面，美国率先建立了政府 CIO 制度，由政府 CIO 全面负责信息资源的管理、开发、利用和直接参与高层决策管理，实现了有效的信息资源开发与利用，完成了信息资源管理向战略管理阶段的跃升。但在世界上的大多数国家，政府部门 CIO 职位设立和相应制度的建立尚处于理论探讨与倡导呼吁阶段。应认识到，立足于电子政务的发展程度和各国特有的行政体制，设立具有本国特色的 CIO 职位并加强相关的制度建设，建立一体化、规范化、系统化的电子政务组织领导体制，提升信息资源管理的层次，是构建电子政府的重要基础。

（八）构建电子政务项目实施的制度规范和运行机制

每一项电子政务应用项目的推进都需要有法律、法规、制度和管理等各个方面的、综合的考虑和有机的组合来推动，这只有通过建立完善的制度规范和制度机制才能实现。当前，各国电子政务项目建设中所出现的进度延迟、资源浪费、质量低下或项目失败等现象，其中一个重要的原因就是缺乏科学的规划与系统的管理。信息技术项目本身就具有较大的风险性，而且，相比较企业信息化的工程而言，电子政务系统的效益更加难以评价，这为电子政务项目的审批与考核带来了一定的难度。这些问题的解决要求电子政务项目的规划与管理不仅要符合一般的标准和程序，而且要在某些方面适当地予以加强。通常情况下，一个电子政务项目建设应包括如下步骤：成立电子政务项目建设工作组——开展前期调研工作——进行项目的需求分析——公开征集技术方案——编制项目建设方案——提请专家进行论证——报批（立项）与落实建设资金——以建设方案为基础，形成招标文件——公开招标

——工程实施——工程验收——组织培训——加强项目的使用、管理和维护工作①。此外，对具体的电子政府项目要进行全面的可行性分析，对实施电子政务项目的政府机构以及建设企业要实行严格的“准入制”，除了要按照国家基本建设项目审批程序进行审批外，电子政务的建设规划中还必须增加体现电子政务系统效益的要求，例如，标准化、政府业务流程重组、机构调整等。在电子政务项目立项以后，要加强项目进度过程中的检查和评估，严格项目完成的验收工作以及运行期间的绩效评估工作。

（九）完善电子政府法律法规体系和信息安全保障体系

电子政府是通过网络进行的虚拟政务活动，顺利解决在信息安全、身份验证、隐私保护等方面遇到的问题是电子政府健康、稳定运行的必要保障，这有赖于政府通过建立健全的法律法规体系来为其提供保障。从目前来看，电子政务相关法律法规包括诸多方面的内容：①电子信息立法，如美国的《电子信息自由法》；②电子交易与认证立法，如我国 2004 年通过的《电子签名法》；③信息安全与计算机犯罪立法，如新加坡的《滥用计算机法》；④个人隐私保护立法，如美国的《个人隐私保护法》、《电子隐私条例法案》；⑤信息化标准立法，如加拿大通信标准顾问委员会确定的关于信息基础设施、应用和交易的各项标准；⑥电子政务专项立法，如美国 2002 年小布什总统签署的《电子政府法》。此外，由于电子政务实施与政府改革的一体性，一些基础性的行政法的颁布和实施，如“行政程序法”“信息公开法”也与电子政府密切相关，成为电子政府立法的重要组成部分。政府要分步骤、多方面地健全电子政府相关法律、法规，特别是加快“信息公开法”的立法和电子政务专项立法工作。

电子政府运行中会遇到各种物理的、人为的安全威胁，必须采取积极的

---

①　姜春超、张贺、袁静：《电子政务建设项目的组织与管理》，2004 年 2 月 17 日，见 http：//wwwVenet. com. cn/article/2004/0217/A20040217287114. shtml。

安全策略保证电子政府的健康稳定运行，构建先进的技术安全机制和严密的管理安全机制相结合的安全框架结构，建立由各政府部门、各级政府共同组成的职能分工、有机配合的安全管理组织体系。从目前来看，电子政务安全建设的主要任务有：①实行信息安全等级保护；②加强以密码技术为基础的信息保护和网络信任体系建设；③建设和完善信息安全监控体系；④重视信息安全应急处理工作；⑤加强信息安全技术的研究开发，推动信息安全产业的发展；⑥加强信息安全法制化、标准化建设；⑦加强信息安全人才的培养，增强全民信息安全意识；⑧保证信息安全资金；⑨加强对信息安全保障工作的领导，建立信息安全管理责任制。

（十）鼓励并培育科技领先和知识管理的行政文化

信息技术对于信息存储、结合、传播的历史性变革与基本教育的普及之间的结合，使得政府行政前所未有地依赖于信息的生产与传播。由于信息构成权力的来源，知识和技术成为最重要的能力，所以电子政府倡导科技领先，更强调以知识和人才为中心的管理，更强调发挥组织内专家、学者的智力作用。政府公务人员的能力结构从简单劳动向知识劳动、从专业人才向综合人才、从被动控制型向自主参与型的转变，也需要建立新的公务管理方式。资深知识管理专家、经济学博士马斯曲认为："知识管理是在日益加剧的不连续的环境变化情况下服务于组织适应、生存和能力等关键问题的活动。其实质在于信息技术处理数据与信息的能力以及创造和创新的能力有机配合的组织过程"①。行政人员知识管理是指个人有意识、有目的地通过对知识的不断学习、积累、创新、交流和分享，从而拓宽个人的视野，提高自身的能力，并最终提高个人的核心竞争力，其实质在于帮助个人提升工作效率，整合自己的信息资源，提高个人的竞争力②。目前来看，公共部门所执

① 转引自王丽平：《知识管理——政府管理的新资源》，《江西行政学院学报》，2007 年第 7 期。

② ［美］卡尔·弗莱保罗：《知识管理》，徐国强译，华夏出版社 2000 年版，第 223 页。

行的工作多数都不能通过使用计算机直接进行，很多人员通常在信息技术方面的经验和知识都比较肤浅，这种状况阻碍了他们对信息技术战略潜力的理解。对信息技术的经验和知识的缺乏经常会阻碍公务人员发现使用信息技术的好处。政府必须有意识地培育新的行政文化导向，建立终身学习和培训机制，创建学习型组织，在公务人员的考核选用、绩效衡量、功绩认定、职务晋升上，更重视信息素养、综合素质和创新能力。

第九章　从电子政务信息资源共享体系建设到电子政府信用体系构建

在前面阐述电子政务应该建设哪些信息资源以及信息资源共享重要性、必要性的基础上，本部分首先以最复杂、综合性最强的电子政务系统——电子行政审批系统为例，基于对十多个省市的相关部门的调研成果，针对性地分析目前行政审批存在的突出问题及其成因，并针对成因——信息难以共享，提出推进信息资源共享体系建设的对策建议。其次在重点解析如何理解电子政府信用及构建信用主体模型的基础上，研究了构建电子政府信用体系的相关策略，旨在保证电子政府构建自身良性秩序的前提下，推动政府信用建设，推进全社会信用体系建设，努力营造和谐、诚信的网络秩序和社会环境。

第一节 电子政务信息资源共享体系建设*

一、行政审批存在的突出问题

我国自 2001 年启动行政审批制度改革以来，中央政府先后出台了一系列政策办法以指导和规范行政审批，地方政府则主要通过采取建立行政服务中心的措施来推进集中审批、优化审批流程，二者皆取得明显成效，特别是在独立事项的审批中，审批时限得以大大压缩。但相比之下，在涉及多部门多层级的联合审批业务中，协同不畅、效率不高的现象仍然大量存在，企业和社会公众对审批整体效率的满意度不高。为提高联合审批的整体效率，我们接受中国行政管理学会的委托，就此问题曾先后对吉林、四川、广东、江苏、海南、天津、上海等十多个省市进行调研。调研结果显示，目前电子行政审批系统存在的突出问题是整体效率低下，且各地政府已经广泛关注到了解决这一困难问题的重要性，近年来各地政府已出台了多项政策文件，如《四川省投资项目并联审批试行方案》、《上海市并联审批试行办法》、《哈尔滨市行政审批服务并联审批工作制度等八项制度的通知》、《成都市企业登记并联审批办法》、《广州市建设工程项目优化审批流程试行方案的通知》等，从出台的政策办法来看，地方政府确实对该问题给予了高度重视，但从实际运行情况来看，收效并不明显，地区差异性很大。主要暴露出以下几个方面的问题：

第一，针对企业注册等简单业务进行优化的多，针对投资建设项目等复杂业务的少。上海、广州、成都等地都将工商、税务、公安、质监等在企业设立

* 该部分内容由张锐昕和代云平合作完成，2014 年 12 月中国行政管理学会将我们的调研报告“以信息资源共享提高行政审批整体效率的建议”上报国务院办公厅，受到国务院领导同志的重视，国务委员、中央书记处书记兼国务院秘书长某某同志批示，批转国务院审改办阅研。吉林省行政管理学会会刊《政府科学管理》2015 年 1 期全文转载并加编者按。

过程中所需要的必要部门进行优化整合，进行一次性办理，基本都实现了1个工作日内完成企业注册。但针对投资建设类的大型复杂业务，收效甚微。

第二，在一个政府层级下进行部门间协同的多，少有多层级、多部门的整体性协同。广州、成都、哈尔滨等都是对市一级的组成或直属部门进行整合，对于下属的区县和向上的省级部门缺乏联动机制，这导致只能解决部分层级问题，取得的效果有局限性。

第三，多采用人工协调机制，自动协同机制缺失。海南、上海、西安、哈尔滨等地都是通过主管部门召集联席会议来实现部门间的信息共享和工作协同。但这样做的弊端是决策的效率低、成本高，所以只能对特定的重点项目起到保障作用，不具备解决问题的普遍性。

我们经过分析认为，导致这些问题出现的根本原因在于：缺乏跨部门、跨层级的自动化的信息资源共享机制，各级政府只能基于自身职权范围、通过人工的低效手段来处理一些复杂程度较低的项目审批工作。

针对这一情况，我们将我国现行行政审批体系中最为复杂的投资建设项目作为重点研究对象和切入点，分析如何利用数据资源共享来快速提升其整体效率，以期形成对各级政府、各类项目普遍适用的高效率审批解决方案，并将之经验和成果推广至整个电子政务信息资源共享体系建设中。

通过审批过程分析，投资建设项目的核心问题是“两证一书”的审批，即规划和住建部门负责审批的规划许可证和施工许可证，发改部门负责审批的立项建议书。但为了取得这“两证一书”，项目单位需要申请建设用地、环境评价、水资源论证、消防设计、绿化配套、人防设计等多项审批，据四川省行政服务中心的数据整理，各类投资建设类项目最多可能会涉及到18个审批部门104个审批事项（见表9-1）。据吉林省行政审批电子监察平台的数据统计，平均每个投资建设项目约需完成50个审批事项，每个事项涉及3个审批层级，审批过程涉及4个左右审批环节，也就是说要完成一个建设项目审批约要盖150个章，需600个左右环节的负责人签字。比对其他类型的项目审批，也存在类似问题，严重制约了审批的整体效能。

表 9–1　投资建设项目涉及的部门和审批事项

投资建设项目涉及到的部门和审批事项	
1. 发展改革部门	企业基本建设投资项目许可
	政府类投资的基本建设项目建议书审批
	外商投资项目许可
	基本建设项目可行性研究报告审批
	必须招标项目的招标事项核准
	固定资产投资项目（新建、扩建）节能评估和审查
	政府类投资的项目初设、概算审查审批
	国家投资建设项目招标备案
	省重大建设项目招标文件审查
2. 经济和信息化部门	技术改造项目核准（备案）
	政府类投资的技术改造项目建议书审批
	外商投资项目核准
	技术改造项目可研报告审批
	技术改造项目节能评估和审查
3. 国土资源部门	建设项目用地预审
	地质环境影响评价报告审核
	建设项目临时用地审批
	农村集体土地建设用地许可
	国有土地使用权出让、划拨、租赁审批
	建设项目用地复核验收
4. 住房城乡建设（规划）部门	建设项目选址许可
	建设用地规划许可
	建筑工程设计方案审查
	规划设计条件通知
	建设工程规划许可
	建设工程规划放线复核
	建设工程规划验基复核
	建设工程竣工（规划）验收
5. 住房城乡建设部门	建设工程项目报建备案
	国家和省投资的重点建设项目和有特殊规定的建设项目的初步设计审查
	超限高层建筑工程抗震设防审批
	工程勘察设计采用国家标准以外的新技术、新工艺、新材料核准
	建设工程施工图设计文件审查备案
	民用建筑节能设计审查备案

续表

投资建设项目涉及到的部门和审批事项	
	建设工程招投标监督备案
	建设工程施工合同备案
	建设工程施工安全措施备案
	建设工程质量监督报监备案
	签订《建设工程竣工档案移交责任书》
	建设工程档案预验收
	押证施工管理
	文明施工管理
	建设工程施工许可
	建设项目竣工结算备案
	建设工程竣工（质量）验收备案
6. 交通运输部门	公路建设、水运工程建设设计审批
	国省道公路建设、专项工程重大设计变更审批
	国省道公路建设、专项工程施工图审批
	交通建设工程质量监督申请批准
	公路建设施工许可
	公路、水运工程建设项目竣工验收
7. 水利部门	水工程建设规划同意书审批
	水利工程建设项目建议书审批
	水利水电项目环评报告书（表）预审
	开发建设项目水土保持方案审批和设施验收
	建设项目水资源论证报告书审批
	河道管理范围内建设项目审批
	水利工程范围内建设项目审查
	水利工程建设项目申请报告审批
	水利工程项目可行性研究报告审批
	水利工程初步设计审批
	水利工程建设项目招投标备案
	水利工程开工审批
	开发建设项目水土保持设施验收
	水利工程（主体）竣工验收
8. 环境保护部门	建设项目环境影响评价审批
	建设项目环境保护设施竣工验收
9. 安全监管部门	非煤矿山建设项目安全预评价报告备案
	非煤矿山项目安全设施设计审查
	烟花爆竹项目安全设施设计审查

续表

投资建设项目涉及到的部门和审批事项	
	危化品项目安全设施设计审查
	煤矿项目安全设施设计审查
	非煤矿山项目安全设施验收
	烟花爆竹项目安全设施验收
	危险化学品建设项目安全设施验收
	煤矿项目安全设施验收
	建设项目职业病危害预评价报告审核（非医疗机构）
	建设项目职业危害控制评价报告审核（非医疗机构）
	建设项目职业病防护设施设计审查（非医疗机构）
	建设项目职业病防护设施竣工验收（非医疗机构）
10. 消防部门	建设工程消防设计审核
	建设工程消防竣工验收
11. 商务部门	中外合作企业合同和章程审批
	中外合资经营企业合同和章程审批
	外资企业章程审批
	外商投资企业境内投资（再投资）审批
12. 文化部门	在文物保护单位保护范围内或建设控制地带内进行建设工程或者爆破、钻探、挖掘作业审批
13. 卫生部门	建设项目职业病危害预防性卫生审查
	建设项目职业病防护设施设计审查
	建设项目职业病防护控制效果评价审核
14. 地震部门	危害地震观测监测环境项目审查
	工程建设场地地震安全性评价报告审批
15. 气象部门	建设工程避免危害气象探测环境审批
	防雷装置设计审核
	防雷装置竣工验收
16. 人防部门	修建防空地下室易地建设审批
	修建防空地下室建设审批
	修建防空地下室方案设计审批
	修建防空地下室施工图设计审查
	修建防空地下室设施竣工备案审查
17. 房管部门	城市房屋拆迁许可
18. 安全部门	国家安全事项选址审查
	国家安全事项方案设计审查
	国家安全事项竣工验收

从项目申报看，多部门多层级的联合审批项目需要申报单位与审批部门之间进行频繁的申报和受理，导致申报成本高效率低。一是各地虽普遍设立了行政服务中心，但只是做到了一个大厅就可以申报所有项目，而围绕项目建设应该申报哪些审批事项，哪些并行审批申报，哪些串行申报，哪些从县级开始申报、哪些直接向市、省申报，对于申报人来讲要想搞清这些问题需付出很大成本。二是对于县域企业投资建设类的多数审批事项，县（区）级政府部门只能做初审或实施部分审核，其他需要向市、省两级政府部门逐级提出申请，异地申报甚至需要多次往返。三是各审批部门要求的申报材料既有各自业务所需材料，也有大量雷同材料，内容、格式和规格各不相同，申报单位须按照不同要求逐一整理、装订和报送，费时又费力。

从项目审批看，成本高效率低的主要表现：一是由于各个审批部门间信息壁垒的客观存在，项目单位提供的证照信息主要靠材料审核人员的经验作出判断，在假冒印章、假冒证照极度泛滥的现状下，这类审核耗费成本高，且误判风险极大。二是行政服务中心存在着“前店后厂”的情况，一些审批窗口只是充当“收发室”的角色，具体审批还需原职能部门领导作出，申报信息在行政服务中心和职能部门之间传递，降低了审批效率。

导致上述问题的原因，在于独立审批事项办理只涉及单一层级、单个部门，难度较小，而联合审批事项办理要涉及多部门、多层级的业务协同，众多审批环节及其必需的衔接导致整体效率低下。尽管审批权限下放能够压缩审批层级，行政服务中心能够缩短审批部门之间的距离，但都不足以从根本上解决联合审批整体效率不高的问题。在这种情况下依托电子政务网络实现部门间、层级间高效的审批信息资源共享和业务协同，就成为提升整体效率的一种必然选择。

二、建立信息资源共享体系对提高电子行政审批整体效率具有明显作用

从信息处理的角度来讲，行政审批的业务过程是一个典型的信息流转和加工的过程。在这一过程中，审批相对人将申报材料信息提交审批机关，该信息在各层级、各部门、各环节间流转，相关审批人对申报信息进行审查、核准、辨识、合法性比对，做出是否同意审批的决定，并将结果反馈给审批相对人。

如果没有信息资源共享机制，申报人就需逐级、逐个部门提出审批申请，且在取得下级部门的审批同意后才能再向上级部门提出审批申请，取得前置部门同意后才能再向后置部门提出申请。整个审批过程中部门之间与层级之间的衔接活动都需要申报人进行，并且只能逐一串行，审批耗时上限为所有层级、所有部门的审批时限之和加上各部门、各层级之间所有衔接活动耗时之和。

通过信息资源共享提升电子行政审批整体效率的思路是，改变原来“1对1对1……”串行信息传递流程，建立以信息资源共享库为中心的“1对N”并行信息传递模型（如图9. 1所示），提升联合审批效率。

信息资源共享体系应用的价值在于：将原来申报人通过多次材料申报和频繁跑动来衔接各层级、各部门的低效业务模式，提升为申报人一次申报，各部门按需自取，所有业务按照预设流程和环节自动流转和无缝衔接，各审批部门互动和结果可视的高效业务模式，达成技术上联合审批和管理上透明运作的效果。该模式重点解决了三个关键问题：

第一，申报人无需逐个部门提出申请，只需一次性提供所有材料，各层级和各部门就可以利用信息系统共享这些资源。

第二，部门和层级间的业务衔接，不需由申报人往返奔波，而是利用信息系统根据预先定义好的审批流程实现自动流转。

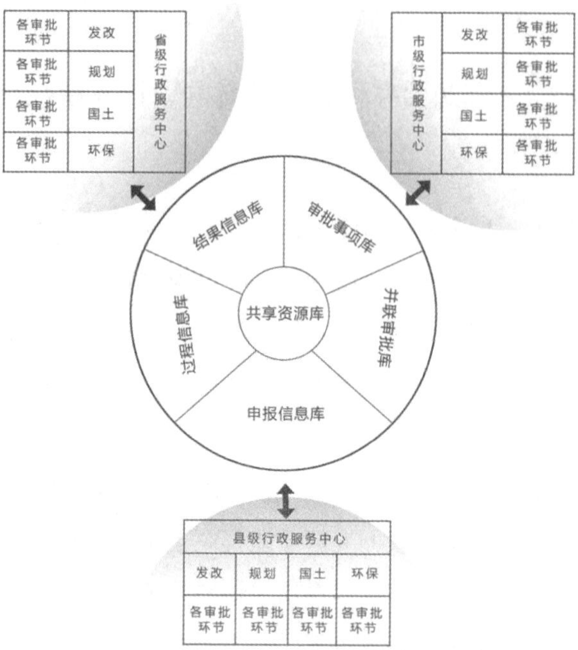

图 9. 1 以信息资源共享库为核心的审批示意图

第三，信息资源共享驱动之下的审批流程改造，才有可能真正应用并联审批，实质性压缩审批时限（将审批时限压缩到最长的审批链条涉及到的各部门的审批时限之和）。

以吉林省为例，在 2013 年开展了以信息资源共享为手段提升重大项目的审批效率的试点工作，取得了显著成效。具体的做法是：第一，实行一表一次性申报，降低申报成本。即申报人一次性提交所有申报材料，将材料存储到共享库，各审批部门按业务需要自动获取，避免了申报人逐个部门的多次申报。第二，将重大项目划分为选址立项、规划许可、施工许可和竣工验收四个阶段，其中选址立项阶段以发改委为核心，规划许可阶段以规划局为核心，施工许可和竣工验收阶段以住建局为核心。围绕核心部门整合各个阶段内的各部门的审批环节，实行审批结果互通、审批环节自动衔接和并联审批工作。通过以上举措，已将重大项目的审批时限由原来的 183 个工作日压缩为 38 个工作日，压缩幅度接近 80%，审批效率得到显著提升。

三、推进信息资源共享体系建设的对策建议

建立以信息资源共享库为中心的跨部门、多层级的信息资源共享体系需要做好以下工作：

一是向信息资源共享库存入可公开的所有审批事项的目录、审批流程、相关标准和申报材料，以防止审批部门或审批人运用审批权力违规寻租。

二是尽可能地将多部门联合审批的环节由串行变为并行，以缩短整体审批时限。

三是充分利用电子行政审批系统能进行异地存储、远程交互的优势，以降低审批相对人的申报成本、审批人的审批成本及二者之间的交互成本，提升审批信息流转的效率。

四是设计出“一表式”申报单，实现审批部门一次性告知、审批相对人一次性申报和审批部门按需自取材料，以避免无谓的多次采集信息、冗余存储信息和重复处理信息。

五是实现标准证照的机器自动识别，以避免人工审核产生的误差与人为因素干扰导致的风险。

为准备这些基本条件以提升联合行政审批整体效率，我们提出以下几点具体建议。

（一）对审批信息资源共享进行顶层设计

我国的审批信息资源呈现以部委为中心集聚的特征，要利用信息资源共享提升效率，最直接的方法就是打破各部委之间的“信息孤岛”，建立统一的信息资源库。应以法律的形式，破除原有体制中职能部门对其所辖数据的隐形所有权，明确政府职能部门的数据是其利用公共资源、围绕职权行使而产生的信息资源，其所有权属于全社会。在不涉及国家秘密、商业秘密和个

人隐私的前提下，职能部门所掌握的审批信息要尽可能向其他部门和社会公众开放，将各个部门信息共享和公开的程度，纳入到部门政务公开绩效考核中。在具体操作上有两种方式可供选择：

其一，可以由国务院行政审批领导小组办公室负责推进，主要是界定行政审批数据资源库的范围、数据元以及与各部委之间的双向交换标准，并向下与各省行政服务中心主管单位之间完成数据的汇集和下发，形成上下贯通、横向互动的动态数据资源共享机制。

其二，可以由国家的电子政务建设领导单位牵头，整合各类政府信息资源，形成总体共享库。在总体共享库的基础上，将各类审批的数据和信息进行集成汇总形成行政审批信息资源的主题库，再向全国各级行政服务中心或其他审批机构提供数据的下载、交换、核查等数据服务。

（二）制定行政审批信息资源库的数据标准

标准化是共享的基础。只有统一数据标准，信息资源库才能供各方通用。根据行政审批业务的实际开展情况，建议数据标准应覆盖以下几方面信息：

其一，行政审批事项信息，包括审批事项所需的申报材料、审批时限、收费标准等，包括但不限于《行政许可法》要求的公开信息。

其二，联合审批信息，是指打破部门的职能界限，从审批相对人的视角，以办事需求为着眼点，对涉及到的分布在不同层级的不同部门的审批事项进行预先编排而形成的、整合后的复合申报材料、办事流程等信息。

其三，审批相对人申报信息，包括审批相对人向审批人提交的个人或企业身份信息、项目信息及审批事项要求提供的材料信息。

其四，审批过程信息，包括审批窗口、业务处室、主管领导、主要领导等所有参与审批的人员在各个环节产生的一切信息。

其五，审批结果信息，包括各个行政审批事项是否通过审批、证照的发放机关、授予主体、证照类型、编号、范围限定等信息。

这些信息能以标准形式固定下来，才能使审批相关者达成共识并理解使用。

（三）制定行政审批信息资源库的应用标准

信息只有在应用中才能体现价值，行政审批信息资源库能否与具体的行政审批业务紧密结合，是其能否发挥作用的关键。根据业务需求，应用标准应包括两个方面：

其一，证照资质验证、前置审批结果核准、跨部门层级间的信息传递等业务环节的应用标准，这些应用功能需要通过与信息资源库的交互共享来实现。

其二，业务状态更新，必须随信息资源库数据更新同步进行，以确保信息资源库始终处于最新状态，各方得以共享全面、及时、准确、可靠的信息。

（四）出台电子证照的国家标准

电子证照是指在发放传统的纸质证照的同时，发放以 USB key、IC 芯片、RFID 芯片、二维码、条形码等为电子载体的数字化证照。通过电子证照的应用，可以在尚未实现证照信息联网共享的情况下自动识别证照真伪，降低审批相对人提交纸质证照的数量，有效提高审批效率。当前的电子证照标准大多由各个部门根据自身业务需要自行制定，直接导致部门间的电子证照格式不同、制式不一，存储载体和识别方式也各不相同，无法统一使用单一设备和标准进行识别，制约了电子证照的普及应用。国家标准化部门应出台电子证照国家标准，通过推进其标准化建设来实现证照标准化、格式标准化和识别标准化，逐步完善信息资源共享体系。

四、推进政府数据开放发展的进路

如今，在要求政府内部共享信息资源的同时，社会公众还要求政府进一步开放数据。随着我国民生保障、公共服务和市场监管等领域的政府数据陆续向社会开放，新兴的公共数据资源市场正在快速形成。为适合这一发展要求，课题组还在研究信息公开与数据开放的关系的基础上专门研究了推进政府数据开放发展的进路。

（一）信息公开与数据开放的关系①

1. 美、英政府数据开放政策是在《信息自由法》的法律框架下制定的。《信息自由法》在立法层面，开放数据则在行政层面，是《信息自由法》在行政上的延伸，数据集的开放无论从法律还是形式上都是信息公开（自由）的一部分。数据或信息开放（公开）的目的都包含政治诉求（公众知情权）和经济利益。同时开放性、可机读性等不仅是开放数据，也是现有技术条件下实现信息公开（自由）的基本要求。在基本概念上，美国将信息分为结构化数据和非结构化内容，英国将所有对事实的定量或定性陈述或数字都视为数据。虽然二者存在差别，但都认为信息是对数据分析和解读的产物。

2. 信息公开和数据开放是当前政府信息资源管理中的两大政策体系，二者之间的关系，不仅是一个政策问题，也是一个理论问题。

3. 数据开放无论从概念、法律、价值和管理上都是信息公开的一部分。辨析信息公开和数据开放的关键在于信息和数据的关系，这要求对信息和数据给出严格定义。对此，一则不能陷入概念“循环”，二则应与技术、权利、结构、政策目标等无关，三则应当适用于所有资源类型或格式。

① 该部分内容由黄璜、赵倩和张锐昕合作完成，节选自：黄璜、赵倩、张锐昕：《论政府数据开放与信息公开——对现有观点的反思与重构》，《中国行政管理》2016 年第 11 期。

4. 数据是按照一定的形式规则和意义规则对若干符号进行排列组合并且反映另一事物属性的产物或呈现物；信息是数据载荷或记录另一事物属性的内容或意义，符号是数据呈现的形式，二者分别构成数据的信息属性和物质属性；数据可以在不同符号体系之间转换，从而使信息得以传播。要理解数据和信息的本质，关键是处理好数据、信息、符号以及事物之间的关系。

5. 重构政府数据开放与信息公开的关系包括概念重构和关系重构两方面。其中，概念重构包括：数据不是符号，而是符号排列的产物或呈现物；信息不是数据，而是数据载荷或记录事物属性的内容或意义；信息和符号分别构成数据的信息属性和物质（形式）属性，信息借助于数据物质属性的变化实现传播。关系重构包括：在不否认理论渊源上的信息公开更强调知情权，数据开放政策更侧重资源利用的前提下，信息公开和数据开放是一致的；无论社会主体是在信息公开体系下，还是在数据开放体系下获取数据、分析信息，其价值目标都是为获取或维护某种私人或者公共的利益；数据开放是信息公开在大数据时代的新的发展阶段；数据开放范围不限于“原生”数据，而是政府数据（或信息）资源。

提出的理论假设是：实际的政策制定可以在保证政策逻辑基本自洽的前提下放松概念约束，在技术层面对信息和数据做出合理划分，但在制度上应致力构建统一的政府数据资源管理体系。

第一，在技术层面划分数据和信息的边界。首先，这是一个伪命题，因为二者不在同一层面，不存在边界问题，因此政策上应将数据开放和信息公开进行融合，提供统一的数据资源服务。当然这个思路必然对现有政策实践形成巨大挑战。其次，在保证政策逻辑基本自洽的前提下可以适当放松概念界定。如果同意数据既包括结构化，也包括非结构化，那么除数值型外，图片（尤其是照片、地图、规划图等）、音频、视频等非结构化资源也经由特定设备直接采集，可纳入数据范畴；文本资源中，无论短文本（诸如姓名等）或长文本（比如政策条文、新闻等），基于特定“元数据”标准后也可以实现结构化。按照英、美两国政策，法规、政策、决定、命令等虽然或多或少地依赖于某种分析过程，但是本身不是分析（过程）而是具有原创性的决定、规则或分析结果，也应划入数据范畴；其他展现分析、解读等加工过程的文本才可纳入信息范畴。

第二，在政策层面构建统一的政府数据资源管理体系。政府信息公开和数据开放都是政府数据（信息）资源管理政策的组成部分。任何政策的形成都有其特定技术基础、社会需求、政治发展等条件，因此形成各自不同的政策体系、行政机制、利益相关者等，或称之为政策子系统。按照政策科学理论，政策子系统中拥有相同的政策信念，并通过共同行动促进实现某种共享的价值目标；信念和价值目标决定了子系统的差别。信息公开和数据开放是在不同政策子系统的推动下发展的，虽然相互联系密切，但是按照不同路径倡导各自的政策创新。由于我国在政府信息资源管理方面缺少系统规划，政策子系统的活动加固了管理体系的分散状态。这种分散管理模式尚能够满足过去的治理需求，但随着信息技术的快速发展，政府如何因时而动，利用自身庞大的信息资源提供更有效的治理和服务就成为公共管理中的重要课题。

无论是数据开放、信息公开，还是电子政务、智慧城市等，信息资源管理必然涉及所有行政部门，因此需要由能够综合协调所有行政部门的部门来统管。应当注意到，与发改、财务、人力等综合部门职能侧重于资源分配所不同，信息或数据综合管理部门需要实现资源集中和再分配，因此信息或数据资源的统筹管理需要更加强有力的行政秩序。由此，本部分内容不仅是概念上的辨析，也为信息或数据资源在政府行政管理上的统筹提供理论基础。

（二）推进政府数据开放发展的进路①

根据发达国家相对成熟的数据市场的经验，数据开放、政务公开和信息安全之间仍然存在着紧张局面，其中的显著现象就是“通道冲突”，主要表

① 本部分内容主要由李鹏完成，节选自李鹏、张锐昕、西宝：《美国政府数据公开：经验及启示》，《中国社会科学报》，2016 年 7 月 11 日。

现为两种形式。一类是政务信息化、公私伙伴关系、信息公开政策三者间的不匹配关系，即政府通道和第三方通道在提供数据产品时的不匹配关系；另一类是数据资源开放和政府信息安全的冲突。为此，政府需要重新思考以政府门户网站、政务服务中心、业务平台为代表的电子政府战略目标和战术措施。为了更好地推动政府开放数据和实施大数据发展行动纲要，鼓励社会力量充分开发政府数据资源，我们认为有必要借鉴美国政府数据开放的多通道管理经验，以寻求本土化发展进路。

1. 通道替代型的数据开放项目运行模式

自 1986 年起，美国国税局一直颇为依赖中介机构向公众递送电子报税产品。以往，包括商业税务筹划服务、注册会计师和注册代理等税务代理机构或人员完成了超过 60%的个人纳税申报。电子纳税更是如此，大量的税务代理机构和个人仍依赖于私人部门提供的税务申报软件。其中第三方机构和在线报税都属于间接通道，即由国税局授权税务代理机构为纳税人电子报税，当然，欺诈行为始终是困扰项目执行的问题。

为了达成在 2007 年电子报税覆盖率 80%的立法目标，国税局意识到与重要的电子报税提供者的关系需要改变。美国国税局承担了电子报税产品和服务的提供者角色，私人部门成为经销商并接受其监管，这种传统的供应商-分销商关系模式并没有发挥太大的作用。考虑到联邦政府消除纸张的发展战略，以及当时大多数个人报税均由税务代理人、会计师和注册税务代理师共同完成，国税局决定侧重于发展间接通道的电子报税交易。其主要做法包括，一是为主要供应商分配账户管理人员；二是为分销商创造激励计划，以提高现存的电子报税组织的业务质量和覆盖比例；三是识别每年交易中的示范电子报税组织；四是简化应用程序以增加电子报税组织的数量；五是同电子报税组织共享营销材料并且允许它们使用国税局电子报税的品牌以在当地推广；六是赞助旨在合作的非货币协定的竞争，并且在国税局网站上列出电子报税清单。这种做法形成了新的目标驱动的供应商-经销商关系。

在 1998 年 10 月 27 日国税局发布了请求协定（RFA）后，国税局和电子报税行业的关系出现了极其明显的变化。为了增加出台法案的关注度，通过与利益相关者和分销商的非正式讨论，国税局确定几个已知的电子报税障碍。国税局寻求私人部门的建议，并提出解决方案，帮助其扫清障碍。随着新的政府数据开放的新的商业模式的呈现，国税局开始考虑有否可能使私营部门尽量少或者不给国税局增添附加成本，来增加电子报税项目产品。当新产品能够增加电子报税交易的数量，电子报税行业能够描述新产品的特点，那么非货币协定就成为电子报税行业在政府管理中要求特权和救济的强有力依据。

虽然许多纳税人使用电子报税的产品和服务，但是他们并不知道政府数据产品又具有了商业化的品牌。自从美国国税局开展了多通道管理项目以来，不论是国税局还是私营部门提供服务，用户数量都呈现出增长趋势，电子报税的交易额持续增长。国税局的案例也提出一个关键问题，即是否存在其他政府机构可以拥有支持电子政务应用的扩张的私营部门？美国人口普查局的商务部案例就提供了另一种数据开放的发展思路。

2. 通道拓展型的数据开放项目

美国人口普查局是美国最大的信息收集方，对它来说，人口普查数据产品的第三方通道至关重要，经过探索，除了政府印刷局这一政府信息通道之外，人口普查局也与非营利组织数据开放展开合作，基本形成了政府印刷局通道、企业通道、非营利组织通道及数据开放网站通道四类。大批私营部门重新包装人口普查数据，利用第三方通道获利丰厚。经过多通道建立，人口普查数据产品种类也快速丰富。

人口普查局建立了国家数据中心项目，通过州政府网站、市政府机构、大学和图书馆提供当地人口普查信息。人口普查局提供文件、培训、协助每个国家数据中心，为当地社区提供新的数据产品并帮助他们使用。另一个项目由人口普查局和非营利组织合作，其目标是为缺医少药的社区提供传统通道所获得不了的信息产品。在继续发展第三方通道的基础上，人口普查局也直接提供了更多数据产品。在互联网成为传播的主要渠道后，多数数据产品都是直接提供的。人口普查局在1994年建立了官方网站。公众可以从该网站上免费下载人口普查数据，十年一次的人口普查在汇编后的一年半也可以免费下载。人口普查局2004-2008年的战略规划提出要加强数据产品、服务、传播，以满足顾客未来的需求。人口普查局通过挑选合作伙伴发展政府通道或第三方通道，但它与私营部门通道所建立的合作关系却更为复杂。

人口普查局的所有数据产品都属于公共领域，美国也缺少相关协定对转售或分配人口普查数据的各方进行约束，任何人都可以重新包装贩卖数据，这就为市场研究机构提供了新的商机。最早将人口普查数据作商用的公司出现在30年前。每次人口普查，都有新的增值经销商出现来满足企业需求，以多种方式增加人口普查数据的附加值。虽然大量企业愿意购买此类重新包装过且成本低廉的数据，但人口普查局直接提供的新产品仍然更具有亲和力，私营部门通道的动力仍然是为结合外部数据集、定制或提供特定的服务功能发挥作用。

美国政府数据开放给予中国的启示是，我们可以在以下进路中做出选择。

一是业务类型驱动的运行模式。对于政府而言，电子政府和政府开放数据都是为了提供充分的数据产品和信息服务。在通道替代型的数据开放项目中，美国国税局承担了两种角色。第一，作为电子报税服务的提供者，它分配税收形式的电子版本，帮助纳税人履行纳税义务并承担连带责任；第二，作为第三方通道搭建的特许方，通过产品和服务的规范标准制订，建立遍布全国的营销窗口和电子终端。而在通道拓展型的数据开放项目中，人口普查局则属于服务价值链中的一部分，它与非营利组织、其他政府组织、企业构建了扁平化的合作关系，其合作的基础是人口普查局通过调查收集所形成的数据集和相关分析结果，不同合作方利用这些信息产品创新性地捆绑其他产品，或提供增值服务。

二是项目合作关系的差异化。通道替代型或是通道拓展型项目运行的本质差异来源于所属政府部门和合作方的权力影响关系。如美国国税局与各州政府进行合作时，零利润支持特定细分市场（如低收入或年长的报税人）的电子报税，又如，国税局与私营部门实现的伙伴关系以提供特定产品或服务作为合作依据，双方采用类似合同的协定来规避合作风险。私营部门合作者通过订立协议，来获得优惠待遇，以此实现双方的价值交换。而人口普查局同公共图书馆系统、国家数据中心的合作关系就呈现出扁平化趋势。此外，人口普查局不与私营部门经销商订立正式的伙伴关系，而使用传统的谅解备忘录，概述角色、责任、协定方、条件。为了调动各州政府的积极性，所增加的一项交换条件是“谁投资，谁受益”。谅解备忘录的数量或潜在的合作伙伴之间的竞争没有特别限制。

三是多通道的均衡管理。美国国税局平衡政府通道和第三方通道的战略意图非常鲜明，这也是出于国家安全的考虑。通过使用核心产品和订立合同这两个杠杆，国税局与第三方通道保持强势位置关系，以最大程度地降低欺诈等安全问题。然而，美国人口普查局则引入了更为鲜明的市场化运行机制，第三方通道的合作者通过正式或非正式方式知情和咨询，通过权利共享的方式控制安全隐患。例如，它一直避免与私营部门针对提供增值产品服务时形成竞争关系，这种差异化的多通道提供产品方式对满足不同信息需求而言更具有公平性。

四是制度建设的要点分析。对于通道替代型项目管理而言，面对政府通道时，行政权力是保障政府各部门间合作的依据；面对第三方通道时，签订合同或类似于合同的协定才是保障伙伴关系的基石。对于通道拓展型项目管理而言，面对政府通道时，“谁建设，谁受益”是合作依据；面对第三方通道时，虽然无法签订正式合同，但谅解备忘录等形式也是合作关系的有力保障。

第二节　电子政府信用体系构建①

随着全球大数据时代的来临，伴随“互联网+”国策的确立以及“互联网+政务”行动的开展，电子政府的施用已然从政府及其服务和监管对象范畴扩展至国家政治、经济和社会生活各领域各方面，在推动国家经济发展、社会进步以及帮助政府履职方面作用明显且难以替代，凸显出规范其言行、限制其权力以及监控其执行的必要和重要。鉴于电子政府信用已由电子政府构建的阻碍变成阻因，为保证政府在网络虚拟空间中同样保持权威地位与主导作用，面对“互联网+”新生态建设中多方竞合所带来的更为复杂环境和更多矛盾问题能有上佳表现，必须努力提升电子政府自身的信用度，并加强电子政府信用体系建设，以期带动政府信用体系、个人信用体系以至全社会信用体系建设取得突破式进展，为“互联网+各行各业”和“互联网+行政”创设安全可靠的信用环境，营造和谐、诚信的网络秩序和社会风气。有鉴于此，有必要研究电子政府信用的概念和特点，并从标准规范、法规政策、管理制度等多个维度构建电子政府信用体系，以保障各要素建设、运维和使用的信用化、法治化和制度化，并在上述策略实施中普遍采用信息技术手段作支撑，实现各要素建设、运维和使用的电子化和网络化。

一、电子政府信用的概念特点

（一）电子政府信用的内涵

电子政府的重要内涵是政府机构全面应用信息技术以及网络等信息服务

① 本部分内容由张锐昕和张贝尔合作完成，已发表的成果包括张锐昕、张贝尔：《电子政府信用及其构成要素解析》，《电子政务》2015 年第 11 期；张贝尔、张锐昕：《如何构建电子政府信用体系》，《上海行政学院学报》2016 年第 3 期。

设施，在进行组织变革和内外部关系转变的基础上，将其信息和管理服务职能移到网络中去运行[①]。由此概念出发，电子政府信用的涵义既可从不同方面来理解，又可从多种层面来解读。

首先，可以从技术、组织、关系等方面来理解电子政府信用，即把电子政府信用理解为以下多方面信用的集合，如信息技术及其产品、网络及其他信息基础设施的信用，政府的信用及其内外部关系的信用等。其中，信息技术及其产品、网络及其他信息基础设施的信用，包括计算机技术、通信技术、云计算技术、物联网技术、大数据技术、条形码技术、防火墙技术等各类技术的信用，计算机、服务器、通信站、家庭基站等硬件产品的信用，操作系统、底层支持系统、应用系统等软件产品的信用，信息网络、链路及其他网络设备的信用，还有信息交换平台、信息数据中心等服务设施的信用等。政府的信用涉及其提供信息和履行管理服务职能的信用。政府内外部关系的信用涉及在电子政府中工作的、与电子政府打交道的和享受电子政府服务的各类组织及个人的信用。电子政府信用的外延涵盖上述各方面内容。

其次，可以从伦理学、经济学、法学、人机工程学等层面来解读电子政府信用。从伦理层面，电子政府信用要求政府及其部门在其内网、外网和互联网上“诚实无妄、信守诺言、言行一致”[②] 履行职责，涉及道德、职业精神、工作态度、工作能力等，是政府处理内外部关系的一种道德规范和践约行为。从经济层面，电子政府信用是指政府在履行职责过程中守信践诺，在提供社会管理和公共服务过程中与社会公众之间建立起信赖关系，以更低成本、更高质量和绩效令公众满意。从法律层面，电子政府信用有两层含义，一是指在电子政府中工作的、与电子政府打交道的和享受电子政府服务的各当事人之间的一种关系，二是指各当事人按照“契约”规定享有的权利和肩负的义务。民法之所以要将诚实守信这一道德规范作为法律的基本原则，根

---

① 张锐昕：《电子政府内涵的演进及其界定》，《社会科学辑刊》2011 年第 5 期。
② 焦国成：《关于诚信的伦理学思考》，《中国人民大学学报》2002 年第 5 期。

本原因在于：一方面，它是最基本的商业道德，另一方面，它也是交易当事人为维持彼此之间的信用关系而完全可以做得到的商业道德①。因此，电子政府信用应要求电子政府持有诚信、善意、不欺诈的主观态度，没有伪装的客观事实，尊重他人应受保护的利益。从人机工程层面，电子政府信用包括技术、网络和设施的信用，电子政府系统的信用（包括平台、系统、信息的信用），以及政府本身的信用。总之，电子政府信用是社会公众对电子政府实施诚信行为的一种反馈或评价。

上述信用关系的承载者和信用活动的行为者遍及政府、其他公共组织、社会组织和私人组织。由于这些组织都是相对独立的经济法律关系的主体，承担着各自相应的权利和义务，在市场经济条件下具有追求利益的“经济人”的一般属性和基本特征，而“失信行为的泛滥必定表明现有的制度存在缺陷，从而使经济人发现选择机会主义的失信行为有利可图”②，可见，电子政府信用中涉及的众多信息行为主体相互作用形成的信用关系必然使电子政府信用受累于目前缺乏制度建设和规则约束的政府信用、企业信用和个人信用。尤其是在电子政府必须依靠信息技术及其产品，依赖网络及其他信息基础设施的情况下，我国在信息技术及其核心产品方面严重依赖国外的现实境况无疑令电子政府信用保障形势越发严峻。

（二）电子政府信用的外延

研究电子政府信用的外延，意在研究其构成要素。

考虑电子政府信用的量化和可操作，遵从集合的确定性、互异性、无序性原则，可以基于信息的观点将电子政府信用集合中的元素归类为信息基础信用（包括网络及其他硬件信息服务设施的信用、组织变革的信用）、信息平台信用（包括软件信息服务设施的信用）、信息系统信用（包括政府在网

---

① 王利明：《关于诚信的法学思考》，《中国人民大学学报》2002 年第 5 期。

② 杨瑞龙：《关于诚信的制度经济学思考》，《中国人民大学学报》2002 年第 5 期。

络中履行管制、管理和服务职能的信用)、信息信用、信息人信用（包括政府内外部关系的信用)，如图 9. 2 所示，可将它们作为电子政府信用构成的基本要素。当然，也可以基于技术和管理参数将电子政府信用构成要素归类为技术型要素和管理型要素。其中，技术性要素包括信息基础信用中的硬件环境基础信用、信息平台信用和信息系统信用；而管理型要素涵盖信息基础信用中的政府行政生态环境基础信用、信息信用和信息人信用。

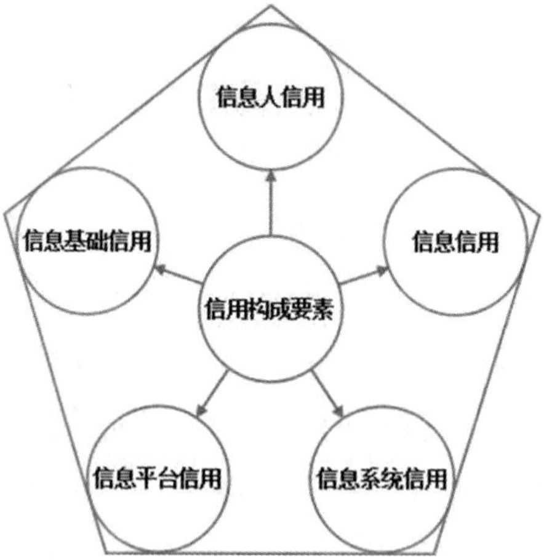

图 9. 2　电子政府信用构成要素模型

1. 信息基础信用

信息基础反映的是电子政府的硬件环境和政府行政生态环境基础，其信用包括信息基础设施的信用和组织变革的信用。其中，信息基础设施包括网络、链路、操作系统、底层支持系统及其他信息服务设施，其信用包括网络的信用、链路的信用、操作系统的信用、底层支持系统的信用及其他信息服务设施的信用等支撑性硬件基础设施的信用，也牵涉到网络运营商、通讯企业、和服务提供商的信用；而组织变革的信用则包括与电子政府的构建相适应的政府职能转变、组织结构调整、管理方式创新、行政体制改革等支持性软环境的信用，其关键性构成要素可以概括为：网络化的组织结构和分散化的权力结构、协作参与式的组织管理和决策方式、公民导向的政务流程再造、目标管理和过程控制相结合的绩效管理和崇尚服务精神的行政价值取向①。

2. 信息平台信用

信息平台依靠信息基础建设，是信息系统、信息的载体，也是信息人操作的工具和对象。狭义的信息平台仅包括网络平台、存储平台和应用平台，而广义的信息平台还包括硬件设备、程序系统和人。所以，信息平台信用可涵盖信息平台狭义范畴中各要素的信用，也可涵盖信息平台广义范畴中各要素的信用。此外，基于以下考虑，信息平台信用的外延还有扩展的必要：其一，电子政府构建旨在建设开放统一的信息平台，这就必然要求各级政府及其部门进行跨地区、跨层级、跨部门合作，共建共享，互联互通，业务协同，如此一来，信息平台信用就必然涉及参与其中的各级政府及其部门的信用，其中任何一方的信用缺失和行为失范都会影响到整体信用，需要建立工作标准和行为规则来约束，因此，平台的工作标准、行为规则以及整合在平台上的各级政府及其部门的信用也将成为信息平台信用的构成要素；其二，统一的信息平台需要以资源共享和业务协同作支撑，由此，各级政府部门提供的资源的信用以及业务协同中各部门的信用连同办事流程的信用也应成为信息平台信用的构成要素；其三，信息平台依靠 IT 企业建设和运维，也需要政府内部事业编制的技术部门支持，由此，企业和技术部门的信用将直接影响信息平台的质量和绩效。

3. 信息系统信用

信息系统信用主要指其功能的信用，其功能是政府管理和服务职能的电子化呈现形式，通常需要人机配合来完成。从信息系统建设主体来看，虽然我国的电子政府信息系统大多是由政府及其部门主导建设的，但建设主体却不仅指政府，还包括 IT 企业，而且信息系统的运维也大多依靠政府内部的

---

① 张锐昕、杨国栋：《电子政府构建的政府基础：涵义，特征和构成》，《山东大学学报哲学社会科学版》，2011 年第 5 期。

技术部门或IT企业，由此，信息系统信用必定牵涉到政府信用和企事业单位信用。从信息系统安全需求考虑，信息系统运作需要信息系统自身的良好质量，还要防病毒，防黑客攻击，保护数据，保障重要资源，由此，信息系统信用当然还要包括各种安全产品的信用。从信息系统组成部分来看，信息系统包括从应用接入架构到数据接口模型，到交换中心处理流程，再到数据传输等环节，每一环节都需要统一规划和设计，需要制定有关数据的类型、标准、格式、框架的技术标准和信用标准，这些都可作为信息系统的信用要素。

4. 信息信用

信息是信息系统和信息人处理的对象，它可以按着安全等级分类，也可按着用户权限分类，还可以按着使用用途分类。《中华人民共和国政府信息公开条例》规定了政府信息公开的范围，如行政机关对符合哪些基本要求之一的信息应当主动公开，县级以上各级人民政府及其部门在各自职责范围内确定主动公开的政府信息的具体内容并应重点公开的政府信息，设区的市级人民政府、县级人民政府及其部门重点公开的政府信息，乡（镇）人民政府在其职责范围内确定主动公开的政府信息的具体内容并应重点公开的政府信息，以及公民、法人或者其他组织还可以根据自身生产、生活、科研等特殊需要向国务院部门、地方各级人民政府及县级以上地方人民政府部门申请获取相关政府信息等。一般而言，对政府信息的基本要求是保证其权威性、准确性、及时性、全面性、可靠性，还有，应公开的必须公开，这些都构成电子政府信息信用的基本要素。此外，政府广泛收集社情民意及与社会公众互动获得的信息如何存储、处理、公开并使用，也牵涉到政府公信力以及公众对政府的满意度问题，也应纳入信息信用范畴。

5. 信息人信用

从信息的角度，所有在电子政府中工作的人、与电子政府打交道的人以及享受电子政府服务的人都可称为信息人。在打造电子政府信用的问题上，信息人无疑是建立电子政府信用的重要力量，而如其失信，当然也会构成影响电子政府信用的掣肘因素。根据以往经验，信息人失信案例并不鲜见，因信息人流动而导致机密信息泄露的情况也屡次发生，著名的英特尔公司的处理器 8080 案例就是例证。为此，科学理解信息人信用要素并为其建立统一的信用档案是保障电子政府信用的关键一环。此外，还应对每次执行过的信息处理任务进行信息风险评估和分类，承担较高风险的信息人则需进入更安全、更严密的防范状态中；还要合理合法地运用技术手段采集各方信息，要处理好信息公开和公民隐私权的关系问题，这牵扯到信息人信用，也牵涉到信息信用。

最后一个要素通常是最重要的要素，在大数据时代，政府可以获取大量有关自身、其他政府及其部门、企业和社会公众的信用状况记录，但这些记录并不一定是客观的，还混杂有主观的成分，需要政府在进行管理和决策过程中深入挖掘、辨识和使用，如何确定数据信用以及保证据此做出的管理和决策公平公正是政府的职责所在，但取决于政府的能力，所以，政府不得不依靠其他组织，与企业和社会公众建立良好的合作关系，表 3-4 中显示了电子政府信用关系的各个承载者。其中，社会公众虽不是信息基础、信息平台、信息系统的直接建设者和运维者，却因广泛渗透与频繁使用信息基础、信息平台和信息系统，而成为其不可或缺的信用主体。

通过对电子政府信用内涵的多方面、多层面阐释，以及对电子政府信用的构成要素的概要分析，可以在一定程度上解决以往电子政府信用概念模糊和难量化的问题，而对电子政府信用构成及其信用主体模型的研究，则可以为电子政府信用体系构建提供一种新的研究思路和技术路线，能助力电子政府自身良性秩序的建立，为推动政府信用建设和推进全社会信用体系建设以及营造和谐、诚信的网络秩序和社会环境做出贡献。

表 9-2 电子政府信用要素的信用主体模型

构成要素	政府及其部门（包括技术部门）	企业	社会公众
信息基础信用	√	√	×
信息平台信用	√	√	×
信息系统信用	√	√	×
信息信用	√	√	√
信息人信用	√	√	√

（三）电子政府信用的特点

电子政府信用是社会公众对电子政府实施诚信行为的一种反馈或评价。由其构成要素可知，电子政府信用涉及到电子政府的软硬件环境、平台、系统、信息、人等多方面信用，相应地，牵涉到其各个构成要素的构件、结构、关系、流程、权限、结果等各个层面或环节，因此其体系构建必定是一项复杂的社会化的系统工程，关涉社会公众对与之相关的所有信用主体的多方面、各层面、全流程的诚信行为实施的反馈或评价，由此要求电子政府信用必须兼具平台性和延展性、生态性和合作性、创新性和革命性、公共性和政治性等特征。

1. 平台性和延展性

电子政府的构建和运行是在互联网和电子政务网络中基于各种管理和服务平台进行的，因此，电子政府信用的施用空间主要是电子政务网络和互联网载体，主要是各级政府和部门内部的管理和服务平台以及正在谋求“互联网+”的各级政府的互联网站（平台）。要求电子政府信用具有平台性，其实就是要求电子政府信用体系的构建和运行必须建筑在其信息人广泛参与、具有统一的标准和规则的信用平台的基础之上，以充分利用平台的开放性、共享性、平等性和互动性的优势，保证电子政府信用信息资源内容的丰盛性、应用的权威性。之所以提出平台性要求，是基于三点考虑：一是平台运营核心在于整合各方资源。电子政府要健康、有序地发展下去，单靠政府自身规范言行、限制权力以及监控执行是不够的，还必须依靠其他信息人主动贡献其拥有的信用信息资源和积极参与广泛监督才是正途，因为只有这样，获得相对完整的反映政府及其信息人的遵约守信程度的历史性、系统性、整合性的信用信息以及对信息人言行、权力和运作等实施全方位监督才有望成为可能；二是平台的生存法则是合作伙伴合作共赢。电子政府的信用，既依赖政府讲信用，也依赖于其他所有信息人都讲信用，因为每个信息人的信用度直接关系到电子政府整体的信用度，但要做到这一点谈何容易。平台性要求的是，尽管每个信息人的信用度不一，各自拥有或能够贡献的信用信息在数量和质量上也有差别，但信用平台可以借助多方合作和共建共享，汇集信息人的集体智慧和力量，激励信息人积极主动投入信用信息资源建设并广泛参与信息资源质量监督，来达到有效保障自身信息基础、信息平台、信息系统、信息和信息人的信用以至整体信用的效果，保障电子政府信用平台能尽可能安全、可靠、完整地为各方信息人寻找合作伙伴提供所需的信用信息；三是平台的成长壮大依靠合作伙伴的自主互赖。其中，自主是前提，互赖是条件，合作是途径。有了良好的信用，自主才有坦途，互赖才有机会，合作才有空间。由此，合作伙伴在信用信息方面有良好记录，在信用信息资源建设方面有所贡献，才会赢得各方的合作和政府的支持，从而在赢得更多的信用资源和发展机遇的同时实现自身利益的最大化。而要求电子政府信用具有延展性，表现在其信息和信息人方面，是不能仅满足于现有信用信息资源存量，而应不断追求信用信息资源增量，不能只满足信息富人的信用信息资源需求，还应满足信息穷人和其他弱势群体的信用信息资源需求；表现在其信息平台和信息系统方面，是要求电子政府的平台和系统功能扩展有明确的服务取向和包容性产品，以不断满足信息人日益攀升的个性化信用信息应用需求，为其有效提供多元化的信用信息管理和服务功能。

2. 生态性和合作性

信息人是信用主体，它们在电子政府信用体系构建中是平等的合作关系。政府正是依靠电子政府的所有信用主体的平等参与和合作分工来追求共建共享信用体系的目标和效果的。要求电子政府信用的生态性，实质上就是要求电子政府的信用环境具有良好生态-----维持信用信息资源的丰盛和权威，以及信用主体之间信用关系的有序与和谐。这就要求各信用主体在享用电子政府信息自由权利的同时，还要承担主动贡献信用信息资源并自觉遵守信用共建规范的责任和义务，由此也成就了对合作性的要求。得益于互联网的互联互通和资源共享，各信用主体整合信用信息资源和建立信用合作关系才有了现实可能和可行，电子政府正应借此连通各信用主体并激励他们投身于信用共建，以成就其满足获取自身所需和贡献他人所要的意愿。政府激励信息人可通过建立公开、透明的监督机制并采取积分兑换、级别升阶和权利分享等信用激励或奖励方式来实现。这些机制的运行可助力电子政府信用秩序的建立和信用氛围的形成，也有利于信用平台应用功能建设的多样化、精细化发展。

3. 创新性和革命性

电子政府信用是由多种构成要素——信息基础信用、信息平台信用、信息系统信用、信息信用和信息人信用——构造的复杂的有机系统。而各种构成要素是物理世界中具体的客观对象经过抽象和重组之后异化的结果。客观对象与虚拟结果之间一一对应，互为映照，各有所长，相互协调，合理分工，多方配合，合作创造出前所未有的信用生态，无疑地具有创新性的特质。然而，在政府自身信用缺失、且政府对企业、个人乃至全社会信用体系建设的表率和导向作用较弱的现实情况下，政府能否在需要拥有科技素质和信息能力才能运筹帷幄的电子政府领域中塑造守信践诺形象，并对企业之间三角债务链久拖难解、个人消费信贷中的恶意欠债行为不断出现等一系列社会信用难点问题妥善应对解决，都直接指向政府行政生态环境基础信用，挑战的是政府是否有否信用实质性推动政府职能转变、组织结构调整、管理方式创新、行政体制改革等，以重塑政府的公信力和提高公众的满意度，因此，对电子政府信用的革命性要求是毋庸置疑的。

4. 公共性和政治性

电子政府信用的核心是政府的信用和政府内外部关系的信用，前者是在政治委托—代理关系中产生的代理人信用，涉及其提供公共信用信息以及履行管理和服务职能的信用；后者除涉及在电子政府中工作的政府部门及其工作人员的信用之外，还涉及与电子政府打交道的和享受电子政府服务的各类组织及个人的信用，决定了电子政府信用主体涵盖所有信息人。因此，电子政府信用具有行政性、公共性特征。此外，由于政府把自身对政权稳固的渴望、对社会和谐的向往和对腐败行为的零容忍等都通过电子政府信息平台反映出来，并借助信息平台的优势和信息人的力量合作共建信用生态，因此，电子政府信用生态是行政生态，也是公共生态，更是政治生态。当然，政府信用状况会影响政府内外部关系，如果政府的内外部关系的信用出了问题或政府根本处理不好电子政府的内外部关系，则不仅电子政府的信用受影响，政府的信用受拖累，更会给全社会信用带来灾难性政治后果，所以，无疑地，电子政府信用兼具政治性特质。

二、电子政府信用体系构建策略

“政府信用体现的是政府的德行，是政府的‘言’与政府的‘行’的有机统一，是政府的‘自利性’屈从于‘公共性’的必然要求”①，电子政府信用也应如此。只不过，由于政府部门的科技素质和信息能力有限以及电子政府构建工程浩大繁重之故，各国政府大多把电子政府构建和运行的大部分工作通过合同、协议或其他相互信任的合作方式外包给有信用的组织承担，以与其他组织合作分工的方式分担建设和运维等工作，如此一来，电子政府信用就不仅仅体现政府的德行了，电子政府信用的涵义、构成要素和特征决定了它还涵盖信息人信用、信息基础信用、信息平台信用、信息系统信用和

① 李缨、于新循：《司法考试答案异议实行听证制的思考》，《西南石油大学学报（社会科学版）》2011 年第 4 期。

信息信用，也体现这些构成要素的德行，要求它们也得“言”“行”一致，各自的“自利性”也得屈从于“公共性”。如此复杂的信用主体组成，又处于政府信用体系初创时期，本来制约政府自身的“言”与“行”统一和“自利性”屈从于“公共性”都有困难，更何况电子政府信用主体涉及如此众多的来自不同组织、具有不同身份、代表不同利益、具有强烈的“自利性”的信用人，其信息基础、信息平台、信息系统和信息的建设状况、运维质量、使用效益、信用度等又无不取决于或掣肘于相关信息人的信用，要保证电子政府信用的所有构成要素的“自利性”都屈从于“公共性”谈何容易?！难度自然加大。还有，由于与政府信用高度相关的缘故，约束电子政府的信息人诚信地履行自身在电子政府中的职责并保证其所负责建设、运维以及使用的信息基础、信息平台、信息系统、信息等都能实现安全可靠地运作本就是电子政府信用的公共性和政治性的必然要求，至于其平台性和延展性、生态性和合作性、创新性和革命性等特质，利用好了是优势，利用不好是阻碍，都有可能给电子政府信用带来风险，影响到电子政府的生命力。基于上述原因，政府通过提供统一的标准规范、系统的法规政策、严格的管理制度，再辅以先进的技术手段，来为各类组织合作构建电子政府信用体系创设资源条件，无疑是明智选择。

信用作为电子政府对其所有信息人的道德要求，即要求所有在电子政府中工作的、与电子政府合作或打交道的，以及享用电子政府服务的各当事人都必须讲信用——这一底线必须得到保障，方可奠定多方合作之基，有效降低合作成本，并最终保障电子政府信用。试想，如果信息人不讲信用，其所负责建设、运维或使用的信息基础、信息平台、信息系统、信息有何信用可言？进一步地，倘若电子政府信用的各个构成要素都难免信用风险，电子政府失信、政府信用受损自然接踵而至，最终的结果必定是电子政府信用危机、政府失信于民，行政环境秩序乃至社会环境秩序遭致破坏。如此推断，保障电子政府信用必须首先保证信息人信用。然而，在政府信用体系还处于初创阶段、个人信用体系和社会信用体系还未真正建立起来的现实境况下，要全面、准确、高效率地获得信息人的信用情况并在自由、开放、免费、虚拟的互联网上形成所有信息人都讲信用的局面谈何容易。政府应清醒地认识到，再靠过去那种简单的行政命令和刻板的宣传教育的做法已难以奏效，政府窘迫的财政支撑能量、有限的社会管理能力和社会秩序控制能力都不足以应付电子政府信用体系构建和保障。在巨大的挑战和考验面前，政府惟有脚踏实地地从信用信息资源建设入手，把对信息人的道德要求逐步转化为统一的可操作的技术标准规范、行之有效的法律法规政策和严格的可操控的管理制度，藉此利用先进的信息技术手段与各类组织通力合作，并辅以信用评估和奖惩机制应用，才能有效规避信息人不讲信用连带其他构成要素陷入失信风险的状况发生，达成保障所有构成要素信用的目的。当然，多方通力合作所维系和依靠的也必须是信用，政府应力促各要素建设、运维和使用信用化、法治化、制度化、电子化和网络化，使以信用立身处事上升成为电子政府信息人乃至全社会各类组织和个人生存发展的标准原则和行为准则。

（一）建立统一的标准规范，保障各要素建设、运维和使用信用化

首先，逐步建设和完善数据全面可靠、运行安全高效、具有权威性的、统一的电子政务信用信息资源库。这是保障各要素信用可靠的必要条件，同时也是规避信息人不是以“信用”而是以“关系”作为竞争与合作的“敲门砖”和“入门卡”的现象的有力工具。信用是以信任为前提和基础的，授信人对受信人的信任依赖于受信人的资信，也取决于授信人的判断。信用信息资源库所提供的各要素信用记录，是受信人的资历情况和以往履行承诺的历史记录即资信情况的事实积累，其信用程度是授信人—政府判断受信人—信息人是否有足够资信参与电子政府构建和运行的依据，且信用细节和事实积累越多，反映信息人信用情况就越全面和准确。为此，政府应想尽一切办法搜集和积累信用数据，建设具有权威性的信用信息资源库。待政府为信

用信息资源库建立好标准规范之后，其统一性目标才有可能达成，才能更好地服务于公平、公正地为信息人设定电子政府领域的准入门槛的目标，藉此，政府保障电子政府信用环境健康发展才拥有比较稳固的根基。

其次，开发建设综合的电子政务信用信息系统，引入数学模型与算法等手段，综合分析各要素历史性信用数据并动态提供各要素实时性信用细节，这样做的好处是：一方面，可以针对不同组织的不同信用需求完整、准确、高效地提供相应的要素集合及其信用资源的概貌，供需求方挑选，另一方面，一旦任何一个要素出现信用问题，系统可以自动发出警告并及时通告所有用户，以便及时规避信用风险，降减不良后果影响。

再次，建立制约信息人言行的信用标准规范，包括：在电子政府中工作的行政人的权力清单、责任清单、负面清单及其执行标准和规范，与政府合作的其他组织及其成员的权限清单及其任务执行标准和规则，与电子政府打交道的和享用电子政府服务的人的权利义务、操作权限的执行标准和规则，等等，其作用是为政府制约信息人守信践诺提供标准依据和规范支撑。当信息人信用有了标准化、规范化保证，其他要素运维监管的成本自然会下降。

最后，在国家已为除信息人之外的其他要素建立了相关技术标准和规范的基础上，研究和探索在相关技术标准和规范中增添适当的信用要求条目，可为保障各要素信用水平提供原则依据，同时也为督促各类组织逐渐订立自律性的行业规范和商业准则提供压力和动力，迫使其更主动地在提升自身信用度上下功夫。

在电子政府中，信息人之间既有密切的合作也有明确的分工，要保证他们在电子政府构建和运行当中始终言行诚信、合作有序并尽职尽责，实时评估与动态反映信息人的信用状况无疑是可行之策，同时也可起到对电子政府信息人合作构建电子政府和参与电子政府运维的绩效和质量实施管控的效果。这项策略的实施路径，是政府在明确所要监理的对象、目标和内容以及提供相关支撑的前提下，依据所建立的制约信息人言行的信用标准规范和保障其他要素信用水平的技术标准规范，委托信息系统工程监理单位据此代行信用监理之责，帮助政府及时发现和解决各要素信用中存在的问题，并将各要素的信用监理情况和评估结果即时记录、整理、加工、存档，并动态更新电子政务信用信息资源库，以制约每个信息人时时检点自己言行，重视自身信用积累，保障各要素建设、运维和使用信用化，也藉此保障电子政府自身信用。当然，达成信用化的最高境界是真正树立起信用观念，建立起信用文化，养成信用消费习惯，使各类组织在网上和网下都诚实守信成为常态和风尚。惟有信息人讲信用，电子政府才有可能实现安全、可靠、有序、良性运作的目标。惟有动员更多的社会力量参与信用资源建设与完善，并从多个方面堵塞信用漏洞，保障各要素信用水平不断提高，电子政府信用保障的目的才有可能达成。

（二）建立系统的法规政策，推进各要素建设、运维和使用合法化

从信用的角度看，政府与其他信息人之间以及信息人之间的关系是一种信用关系，他们之间的互动本质是信用交易。从法律的角度看，以卢梭为代表的社会契约论观点认为；“人们之间自愿签订一个社会契约，将自己的权利、财产交给一个共同体（主权国家），从而造就一个人为的人格—政府。”① 契约的本质是一种契约自由的理念，由契约关系连结起来的政府与公众是自由、平等的，也应是守信的，在契约之下承担各自的权利和义务。身处电子政府中的政府与公众也是如此，要使所有信息人的言行获得公众的认可和支持，也需以信用来作为。鉴于电子政府信用需要经过一定的时间去考察，如信息人对网络设施、信息系统或信息的质量和绩效的反应和反馈要有一定时间的延迟，具有非即时交割的特点，因此必然要求政府对提供网络设施服务、信息系统开发和信息资源建设等的信息人进行非常严格的信用审

---

① 于新循、付贤禹：《从自律走向他律：我国政府信用的法制化探径》，《社会科学研究》2011 年第 2 期。

查和筛选，以确保其具有可靠的信用资质参与电子政府构建和运行。

我国有关企业信用资质的规范性法律文件很少，在2014年刚刚修订后的《中华人民共和国政府采购法》中虽然规定了供应商参加政府采购活动应当“具有良好的商业信誉和健全的财务会计制度”，“具有履行合同所必需的设备和专业技术能力”，“有依法缴纳税收和社会保障资金的良好记录”，“参加政府采购活动前三年内，在经营活动中没有重大违法记录”；“采购人可以要求参加政府采购的供应商提供有关资质证明文件和业绩情况，并根据本法规定的供应商条件和采购项目对供应商的特定要求，对供应商的资格进行审查”，以及“政府采购监督管理部门应当对集中采购机构的采购价格、节约资金效果、服务质量、信誉状况、有无违法行为等事项进行考核，并定期如实公布考核结果”，但是却未对供应商信用记录的信源及其性质、信誉、专业技能等进行限定，也未见确立信用记录真实性的条款，信用记录的可靠性难以保障，同时，虽然条文中规定不允许“委托不具备政府采购业务代理资格的机构办理采购事务”，但却未对供应商有可能转包给其他机构的行为予以规定，而且对后续参与方的资质考核以及擅自转包给其他参与方的惩罚也未予明确，可见，推进各信用要素的建设、运维和使用还明显缺乏系统性的法律依据。

我国适用于电子政府信用的法律法规较少，相关条款散见于多部法典之中，比如，《民法通则》第四条规定“民事活动应当遵循自愿、公平、等价有偿、诚实信用的原则”；《合同法》第六条规定“当事人行使权利、履行义务应当遵循诚实信用原则”；《消费者权益保护法》第四条规定：“经营者与消费者进行交易，应当遵循自愿、平等、公平、诚实信用的原则。”这些法律法规虽然都不约而同地把信用作为衡量契约双方是否履约的标准，但是，标准究竟应如何贯彻执行却缺乏系统性的规定。2014年国务院印发了《社会信用体系建设规划纲要（2014-2020年）》，这部指导性意见积极地探索了信用管理办法，可是其参考性成份较大，法律效力较低。至此，我国目前还没有一部法典能够完整地指导政府信用体系建设，也未有对政府契约双方的信用资质进行审查的相关规定。

有鉴于此，有必要建立系统的法规政策，推进各要素建设、运维和使用的合法化，可采取的策略是：循序渐进地从制定地方性政策入手，如以信用信息资源库建设切入，以统一的地方信用信息资源库建设的标准规则制定为抓手，不仅实现对提供信源的各类组织的信用资质审查的标准化建设，也对如何对其提供的信用信息进行甄别制定标准化的程序，并要求在适用标准化的管理手段的同时运用标准化的技术手段，判断信用信息规定所应遵循的行动原则、任务目标、工作方式、步骤和具体措施以及失信后的追责惩戒等，从而以政策推动信用各要素自身的信用建设和权利保障；待形成一定基础后制定地方性法规；再成熟后逐渐形成适用全国的法典。

（三）建立严格的管理制度，保障各要素建设、运维和使用制度化

在电子政府构建和运行当中，政府工作人员和其他信息人之间既需密切合作，也要有序分工，它们之间的信用关系已经逐步深入到电子政府构建的各方面和运维的全过程，既相互促动，又互为支撑，同时，由于信用本身处于动态完善过程当中，人们对信用的认识以及信用的表现形式、活动规律和应用领域等时时都在变化，这决定了政府内部的上下级之间、同级之间以及政府与其他信息人之间，都存在着错综复杂而又互依互赖的信用关系，在信用标准规则不能一步到位、信用法规政策尚待建立完善、国家信用管理体制极不健全、信用管理制度还未能良性运行以及跨部门的政府信用数据还不能整合共享的境况下，政府寻求建立严格的管理制度无疑是有益的弥补，是必要和重要的策略选择。

首先，信用信息只有在政府有效的协调、指挥、控制、调节之下，才能达成广泛而深入的整合，保全其全面、准确、及时的优势。为此，应明确电子政府信用信息建设责任，严格规定信用信息的名称、标准、结构、内容、

来源、证据证析、操作主体、处理方式和方法等，通过建立有效的激励机制，鼓励信息人积极、主动地建设和贡献信用资源，并帮助政府收集、整理、加工和整合信用数据，增强信用数据全面性和准确度。整合性的信用信息关系到电子政府构建和运行的信用质量和绩效，也关系到电子政府的信用和生命力，政府必须重视并加大投入力度。

其次，特定用户对信用信息是有特定要求的，保障其信用信息享有权利并为其提供适当的信用信息是政府应尽职责。在为不同用户提供信用信息服务时，所要秉持的原则是，既要遵守政府信息公开条例的原则要求，又要保护信用记录所有者的隐私及商业机密等敏感信息，为此，需要建立信用信息使用制度，完善信用信息存取规则，严格规定哪类用户可以使用哪类信息、使用的范围和程度如何，以及提供信用信息服务的主体、对象、内容、范围、权限及操作和审核程序怎样，以确保信用信息安全、及时地使用并得到理想的使用价值。

再次，藉由标准规范的建立和法规政策的制订，可将信用由道德性准则转化为技术性规制，再将技术性规制转化为可操作的评估指标，吸引更多的信息人使用类似信息化水平测度方法的信用测试方法参与各要素信用评估，利用信用评估结果，并将失信与权利丧失联系起来。一方面，树立信用典范，进行信用奖励，并给予合作优先权，比如在行政许可发放时可以优先考虑信用较高的要素，在招标投标时给予信用较高的要素以适当的政策倾斜，在资金不足需要贷款时优先为信用较高的要素提供金融机构补贴和利息优惠等，以类似措施引导各要素积累信用。另一方面，对违反规制、失信的要素实行警告、处分直至做出退出处理等惩戒措施，连带地，对相关联的信息人的信用度进行减分、降等处理，对其责任进行认定并追究，并对其再次进入电子政府构建和运行领域设立高阶门槛。这样，即可通过守信优先权鼓励制度和失信惩戒制度来督导信息人将信用作为立身处世之本，逐步优化电子政府信用环境乃至社会信用环境，减少失信言行发生。可见，信用是对电子政府信息人合作构建电子政府和参与电子政府运维的基本要求，尤其是在所有信息人都假以政府之名发言行事的情况下就更应如此。建立严格的信用评估管理制度将在监控信息人言必信、行得端、合作顺、互赖稳方面起到应有作用。

电子政府信用将由政府及电子政府信用的构成要素的持续守信践诺逐渐累积起来而发挥巨大作用，甚至有提升政府信用、全社会信用和净化社会风气的效力潜力。考虑到信用难得易失，失去又很难恢复，且信用体系构成要素的任何一个出现问题，都会令电子政府信用减量、受损甚至失去，以致影响电子政府的健康发展和普及深化，为保证电子政府信用不因一时一事被破坏或毁掉，除了利用上述策略多角度、全方位、深层次地构建电子政府信用体系之外，要使电子政府信用长久地维持下去，还必须保证所有应用电子政府功能和使用电子政府服务的人和组织都能从中体验到电子政府言行的守信践诺，并分享到电子政府及其信用带来的经济和社会效益，为此，政府不但要借助与各类组织的合作持续完善电子政府信用体系，使其渐趋系统和完整，同时，进行经常性的诚信宣传教育，实行常态化的诚信激励和失信惩诫，以及加强个体乃至全社会的诚信管理和信用信息系统建设也是非常重要的，因为被管理者和被服务者在应用功能和使用服务中的言行同样非常关键，其主观反馈、应用体验、使用效益与客观评价都最终决定着电子政府信用度。可见，以电子政府信用体系引导建立和完善个人信用体系和社会信用体系是正途和根本，只有做到人人讲信用、所有组织都讲信用，诚信社会才有建立根基，诚信国家形象才有望树立。需要提请政府注意的是，电子政府信用所具有的平台性、延展性、生态性、合作性、创新性、革命性、公共性和政治性等特质，使其可以在国家信用体系建设中发挥正向引导作用和承担基础支撑之责是毋庸置疑的，其应负的职责也是必须要落实的，而这份重任要由政府担当。

第十章　从基本公共服务质量评价到电子政务绩效评估问责

提升基本公共服务质量和绩效是政府的基本职责。要改进基本公共服务质量，离不开评价。因为“没有科学的评价，就没有科学的管理；没有科学的评价，就没有科学的决策。”①既然政府电子政务建设要从基本公共服务建设与供给起步，并要以其为核心内容，要对电子政务服务质量做出科学评价，必须首先厘清基本公共服务质量的概念属性以及评价的本质要求和操作策略，以期为电子政务服务质量评价提供理论依据和实践指南。而要提高电子政务绩效，目前的相关研究成果难以提供有效帮助，因为所谓电子政务评估研究和实践还大多只局限于政府门户网站和政府网站，只能说是对政府（门户）网站绩效评估有效，并不是完全意义上的电子政务评估，实质原因就在于：它们并没有深及电子政务网络内部针对电子政务前后台系统的流程及其各环节和具体操作人员进行评估，即目前的电子化政府绩效评估系统的角色还仅停留在被用作存储载体和评估手段层次，功用也只局限于存储指标、数据，评估组织、部门绩效以及进行统计、排序方面。待各级政府和部门的电子政务网络和系统逐渐建设就绪之后，电子化政府绩效评估系统的角色和功用应重新定位和开发，逐渐拓展至担当评估主体，作为评估客体和替

① 邱均平：《评价学：理论·方法·实践》，科学出版社2010年版，前言。

代绩效管理体系，我们的研究将在此方面做出贡献。

第一节　基本公共服务质量评价*

基本公共服务质量评价是规范政府公共服务行为，有效控制政府公共部门依法履职，提升公众满意度和信任度的重要工具，也是逆向促进政府公共部门形成质量氛围和意识的有效手段。基于这样的认识，我们在研究基本公共服务质量的内涵的基础上，分析基本公共服务质量的特质属性以及基本公共服务质量评价的本质要求，据以提出基本公共服务质量评价的操作策略，旨在为解决电子政务服务质量评价问题提供理论和实践依据，以助力现阶段面临的基本公共服务质量水平难以满足日益增长的公共需求的问题的解决。

一、基本公共服务质量的概念属性

在20世纪末期，随着公共行政模式由公共权力向公共服务发展转变，构建公共服务型政府以提升政府服务的能力和水平已成为各国政府的共同追求。质量作为公共服务的第一要求，受到前所未有的重视。由此，商业领域的质量概念开始向公共领域拓展，“质量”一词也不再是一个简单的商业词汇，而已经成为一个时代的代名词。

（一）基本公共服务质量的概念

公共行政领域提出并使用“质量”一词始于西方国家公共部门质量管理运动的兴起，但它并不是一个新概念，实际上，“质量一直在公共行政领域

---

* 该部分内容由董丽和张锐昕共同撰写，已发表的成果见张锐昕、董丽：《公共服务质量：特质属性和评估策略》，《北京行政学院学报》2014年第6期；人大报刊复印资料《公共行政》2015年第4期全文转载。

发挥作用，至少是隐含的，其涵义随着时间在不断改变”①。在新的行政范式下有所不同的是，质量不再被视为隐含的辅助性要求，而是作为一个独立概念，并作为一种行政理念和价值追求被显性强调，其涵义在衍生中吸收了“守法、民主和透明”②。谈及公共部门质量的演变，贝尔特米（Beltrami）曾将其划归三个发展阶段，即遵守规范和程序意义上的质量；有效性（效益）意义上的质量；顾客满意意义上的质量③。根据这种划分，公共领域的质量最初意味着更少的随意性和确定意义上的准确性，强调的是公共部门内部工作的准确性、合规性，即工作是否符合行政规范和行政程序步骤。这种质量与制造业领域早期强调的符合规范和技术要求的产品质量的涵义相近；之后，随着公共需求的日益增长，有限的公共资源与日益增长的公共需求之间的矛盾不断扩大，经济、效率和效益成为公共行政的核心价值取向。在这类价值理念的引导下，公共服务质量不再单纯强调服务过程的准确无误，还与目标关联起来。只是这种目标并未聚焦服务对象，即未以公共部门的所有者——公民的需求为出发点，也未以满足公民的需求为归宿点，因此这种质量仍是片面的，受到质疑，原因在于服务质量应该面向服务对象来考量；再后来，在“顾客”导向的行政理念下，公共服务质量的涵义得到进一步充实和发展，形成了以“顾客”满意为导向的质量，并把“顾客”满意度视为公共服务质量实现程度的重要参照。这种“以顾客为中心”的服务质量对于公共部门调整行政理念和价值取向具有重要参考意义。只是公共部门不同于私营企业，后者具有极强的利益驱动性特征和相对简单的“生产者-顾客”线性关系，而前者具有公共性特质，无法以“生产者-顾客”关系完全概

① Elke Löffler，“Defining Quality in Public Administration，paper for the Session on Quality in Public Administration：Basic Concepts and Comparative Perspective”，Riga，Latvia：9th NISPAcee Annual Conference，May 10-12，2001.

② ［美］阿里·哈拉契米：《政府业绩与质量测评——问题与经验》，张梦中、丁煌等译，《中山大学出版社》2003 年版，第 191 页。

③ M Beltrami，“Quality E Pubblica Ammistrazione”，E-conomia E Diritto Del Terzatio，Vol. 3（1992），p. 770.

括，因为公共部门的“顾客”不是纯粹的“顾客”，而是“公共组织的所有者并且在传统的委托—代理关系中扮演着委托人的角色”① 的公民，所以公共服务质量评价不能简单地考量对“顾客”需求的满足程度以及公共部门满足需求的能力，因为公共服务质量有别于商业服务质量，它有更宽的涵义，至少应包括以下七个方面。

第一，遵守预先制定的程序和规范。优质公共服务的标志是公共部门严格按照预先设计的程序和步骤，遵守相关的规范和要求来提供公共服务，即公共服务质量首先是一种符合性质量，既要符合法律要求的“正当程序”，又要符合工程要求的流程规范。也就是说，公共部门的服务行为必须受到宪法、法律和规则等因素的制约，要具有法律层面上的正当性，即按照法律要求提供公共服务。特别是在信息技术发展引致电子政务系统日渐辅助公共服务提供者成为服务工具之后，这种基于规范意义上的服务工具越发强调提供服务产出的无差别，其优势是既能减少服务过程中的不公正性，又能保证服务结果的公平性，有助于实现法律面前人人平等。

第二，符合预先设定的结果或效果要求。公共服务质量强调公共服务产出结果或最终效果需符合其预先设定的质量要求。虽然对有些公共服务项目来说，其服务过程的质量比服务结果的质量要重要得多，但对大多数公共服务项目而言，其产出结果质量比服务过程质量更重要。鉴于公共服务产出结果质量通常由多种要素共同起作用来决定，并非单一要素所能决定，且各种要素并不一定在同一时间点或时间段内起作用，甚至有些服务产出结果或效果的质量如何要在服务活动结束时或结束很长时间后才能得到验证。因此，在重视过程质量的同时重视结果或效果的质量非常重要，而重视结果或效果的质量的具体体现就是要求公共服务符合预先设计的对结果或效果的具体要求。

---

① ［美］阿里·哈拉契米：《政府业绩与质量测评——问题与经验》，张梦中、丁煌等译，《中山大学出版社》2003 年版，第 68 页。

第三，满足预先规定的输入（投入）要求。公共服务提供不仅受到公共资源、行政成本等要素的限制，还受到政治、法律、道德等因素的约束。由此，要对公共服务质量进行全面评价，就需要基于多种要素作多维度考量。鉴于这类评价不仅视角多维、过程复杂而且耗费的资源和成本巨大，这使得评价公共服务系统的输入（投入）质量成为保证公共服务质量的一种现实选择，这种质量保证的背后逻辑是：高质量的过程和结果来自于高质量的投入，即没有优质的投入就没有高质量的结果。鉴于优质的投入并不一定能确保公共服务的质量，而只是保证公共服务质量的一个必要条件，是对它的“最低”要求，所以界定公共服务质量时选择满足预先规定的输入（投入）要求应是其基本意蕴，因为投入质量大多是可见的、可控的，而结果质量却是难控的、难评的，甚至是不可见的。

第四，实现服务功能最大化。公民是公共服务的消费者，要求公共部门在履行其公共服务职能过程中以最低的成本最大限度地提供服务功能以满足其服务期望和需求。鉴于每个公民对公共服务的期望和需求不尽相同，且即使是同一公民，其在不同的时空点对同一公共服务的期望和需求也有差异，这一点对公共服务提供的指导意义在于实现公共服务功能提供形式的多元化和价值效益的最大化。以功能最大化为尺度理解公共服务质量，将有助于公共部门选择更全面、更有效的方式提供公共服务，个性化需求集成之后呈现的多元化功能无疑是极佳的服务提供方式。

第五，以正确的方式做正确的事情，即公共部门能够经济、有效地实现其服务目标，它强调的是公共服务产出的效率和效能依赖于公共服务提供者满足公民需求的能力。这种基于能力的质量观对公共部门应对资源有限性和服务需求攀升性之间的博弈做出了有效回应，也是公共服务质量内涵的应有之义。

第六，满足一系列质量标准的程度。公共部门提供公共服务需要遵循一系列质量标准。我们可以通过判断公共服务是否满足了相关质量标准和质量要求来判断其质量如何。相关质量标准包括国际标准（如国际标准化组织的一系列质量认证标准）、专业组织设定的标准（如专业协会的质量标准、规范要求），以及服务对象与其利益相关者的服务期望和要求等。这些质量标准可能是显性的，也可能是隐性的，共同对公共服务产品的设计、生产、提供、管理、产出、影响等各个环节进行规范和要求，以此对公共服务过程进行规制，使公共服务质量达到满足相关质量标准的程度。

第七，具有公共精神。从某种程度上理解，服务是一种奉献，就是替他人着想。公共服务更应如此。它“远远不只是一个职业范畴，而是一种态度、一种责任感——乃至一种公共道德意识。”① 公共服务质量优劣很大程度上取决于公共服务提供者是否具有以及在多大程度上具有公共精神。因为即使是一个拥有充足资源的公共服务部门，若缺少忠诚和奉献精神，也难以保证公共服务质量。另外，从服务质量评价来看，由于服务的投入、过程、产出或后果等要素有时是无形的或难以描述的，例如医疗护理服务，既无法根据确定的服务投入评价其质量，也无法通过有形的产出对其准确评价，在此情况下，服务提供者的承诺和奉献应成为其服务质量评价的重要指标，即公共服务质量应具公共精神之义。

关于公共服务质量，有规范质量说、满意质量说、绩效质量说等多种观点，这些观点运用于公共服务质量的过程、结果和价值考量，形成了基本质量观。由此，公共服务质量应是一个集合的概念，任何仅从单一视角界定其涵义的观点都是片面的，即都只是反映了其某个侧面，而难能反映其全部。折衷的策略是对各有侧重的质量观进行整合。对公共服务质量涵义进行多视角、多层面的拓展理解非常重要，既符合多种多样的公民需求，也有助于公共部门改变对积极开展服务的保守态度。

提供公共服务满足人们的生存和发展需求是政府的基本职责。然而在现实生活中，人们的需求往往是多样的、无止境的，而政府的能力是有限的。

---

① 姜晓萍、郭金云：《基于价值取向的公共服务绩效评价体系研究》，《行政论坛》2013年第6期；转引自 STAATS E，“Public Service and the Public Interest”，Public? Administration Review，Vol. 42，No. 2（1988），pp. 601-605.

面对复杂的公众需求，任何政府都无力完全满足。事实上，也并不是所有的公共需求都需要由政府或公共权力机构来提供，有的需求可以适当选择社会组织或市场来提供。这就需要根据产品和服务的性质、需求的紧迫性和重要性以及政府的能力来确定政府公共服务的优先顺序。鉴于此，人们根据需求的公益性程度以及需求满足对政府的依赖程度，将公共服务分为“基本公共服务”和“非基本公共服务”两大类，认为基本公共服务是政府必须承担和满足的公共产品和服务，非基本公共服务是可以通过政府以外的社会组织或市场来提供的产品和服务。

（二）基本公共服务质量的属性

公共服务与私营部门的商业服务有着本质的不同。作为一种公共产出形式，其宗旨是为公民服务而非谋取商业利润，其具象是一类职能和一种理念，同时承载着公共使命和公共责任。基于此，本部分认为，基本公共服务质量的特质属性不仅具有交互、不可传递、模糊、依附等内在固有属性，同时也具有公平正义性、参与性、规范性、目标相容性等外界赋予它的价值属性。

1. 基本公共服务质量的固有属性

作为一类特殊的服务，基本公共服务必然具有服务的一般性属性，如无形性（无可感知性）、同时性（不可分割性）、异质性（易变性或差异性）、易逝性（不可储存性）等，这些属性决定了基本公共服务质量不像有形产品那样是客观的质量，而只能是基于主观感知的质量。基于服务质量具有互动性、序数性、无界性、依附性、锁定性、期权性等特性①，我们认为基本公共服务质量具有交互性、不可传递性、模糊性、依附性等固有属性。

（1）交互性。服务的无形性决定基本公共服务质量无法像有形产品质量那样可以完全固化于某个物质实体上，它只能通过公共服务提供者与其服务

① 徐远、张群：《服务质量的特性与功能分析》，《武汉理工大学学报》2007 年第 3 期。

对象之间的相互作用和影响来实现。基本公共服务质量形成于服务双方的交互过程之中。没有服务双方的接触与交互，就没有基本公共服务质量的形成。

（2）不可传递性。服务的同时性决定基本公共服务质量与其服务对象直接相关。不同的服务对象受其性别、年龄、性格、阅历、素质、受教育程度等自身因素的局限，会对公共服务质量有不同的感知，而且人们也不会因为公共部门对某一服务对象提供了高质量的服务，就认定它会对其他服务对象提供同样质量水平的服务，即基本公共服务质量是不可传递的。

（3）模糊性。服务的异质性决定基本公共服务质量在形成过程中会受到情绪、环境、偏好等多重主观因素的影响。而受这些主观因素影响的结果，就是公共服务质量具有一定的模糊性，表现在人们难于明确界定质量并建立质量标准。一方面，基本公共服务质量是对基本公共服务整体的主观反映，而不是对其某一质量要素的反映。另一方面，基本公共服务质量反映的是公共部门对公民基本生存和发展需求的满足程度，既然需求是有层次且可变的，必然要求公共部门不断调整和改进服务质量，以满足动态的、不断攀升的公民需求。由此，动态化需求会模糊公共服务质量的上限和下限，使人们无法规定一个绝对的质量标准。

（4）依附性。从表现形式看，基本公共服务质量通常表现为一种无形的产出，但实际上，它通常需要依附于有形的产品存在，绝对的无形产品和纯粹的服务都不多见。美国的詹姆斯 A. 菲茨西蒙斯等曾在 1988 年提出“服务包”理论，认为服务是一个由支持性设施内使用辅助物品实现的显性和隐性利益构成的“包”①。这个服务包一般由支持设施、辅助物品、显性服务和隐性服务四个方面组成。其中，支持设施是指在提供服务之前必须到位的物质资源；辅助物品是指顾客所购买或消费的，或服务提供者向顾客提供的实

① ［美］詹姆斯·A. 菲茨西蒙斯、莫娜·J. 菲茨西蒙斯：《服务管理：运作、战略和信息技术》，张金城、范秀成译，机械工业出版社 2002 年版，第 24 页。

体产品；显性服务是指那些可以用感官感知的和构成服务基本或本质特性的那些“利益”；隐性服务是指顾客在体验了服务过程之后所感知到的精神方面的享受。服务包的提出使我们更加明确了服务质量与有形产品质量之间的依存性，即服务质量依附于支持性设备设施、辅助性物品、显性服务和隐性服务等多个要素的质量。尽管人们习惯于将显性服务质量视作服务质量的核心，但不可否认的是，显性服务质量通常是依附于支持性设备设施质量、辅助性物品质量及某些隐性服务质量来实现的，故基本公共服务质量是以某些有形产品质量为依托而非孤立存在。

2. 基本公共服务质量的赋予属性

基本公共服务作为公共部门与公民接触最直接、广泛也最能展现其责任和信用的一种职能，其质量必定被赋予并负载多重目标和价值，这是由其不同的服务对象拥有不同的期望、需求，也会基于各自的价值判断标准对质量做出差异性理解等因素造成的。面对这些主观因素无法达成一致或难以统一的状况，集成其中共识性的目标和价值不失为一种有效方略，相关目标和价值可被赋予基本公共服务质量作为其特质属性。

（1）公平正义性。公平正义是全体社会成员的共同价值诉求和理想，是社会发展的基本价值目标，应作为对公共服务质量的基本要求。它要求公共部门要在公民之间合理、公平、公正地分配公共物品，主要体现在公共服务资源分配的公平（机会公平、结果公平）和对弱势群体服务需求的保护。保证这两个方面的公平性有助于满足不同群体的基本公共服务需求和促进社会的和谐发展。由此，基本公共服务质量就应具备公平正义的价值要义并将其作为重要标准，以此约束公共物品的合理分配以及公共服务职能的有效履行。

（2）参与性。公共服务的公共性决定了其与公民日常生活联系最密切，为公民提供的参与机会也最直接。公民不仅是公共服务的消费者，而且还是其所有者和委托人，对公共部门表达需求和参与监督是他们的基本权利和义务。当然，表达需求和参与监督是需以参与渠道畅通和信息公开为前提条件，所以要求公共部门主动公开有关服务部门、服务设施、服务人员、服务过程等相关信息，也要开辟更多的参与通道。这不仅有利于促进基本公共服务质量与公民需求相匹配，与社会发展需要相适应，而且有利于基本公共服务质量的价值要求得到满足。由此，参与性是人们赋予公共服务的重要质量属性，也是人们评价公共服务质量优劣的重要指标。此外，由于公民需求有所不同，参与程度也不一样，因此公共服务提供不能采取整齐划一的质量标准。

（3）合规性。公共服务的公共性特质决定公共部门在公共服务提供过程中必须履行其相关的制度和规范。没有相应的制度和规范作保障，不要提公共服务能否符合优质要求，就连让公民满意也难做到，因为缺乏监督和约束的公权力会变成某些人或利益集团的私权利。通常情况下，公众对公共服务的需求首先是对其功能的需求，而功能的实现是以相关的制度和规范为保障的。由此，基本公共服务的功能质量的实现是以基本公共服务的相关制度、规范的履行为前提的，或者说基本公共服务质量是以符合公共服务的相关制度、规范为前提的。基于此，合规性应是基本公共服务质量的本质要求。当然仅限于这一层面的要求是不足够的，这只是对基本公共服务的基准要求，仅限于其功能实现层面，属于质量的“保健因素”。

（4）目标相容性。对于一个部门而言，人们通常关心的是部门的具体运作，即投入了多少，产出了什么，很少关心产生的效果以及后果如何；而对于一项服务而言，人们更愿意强调其服务的结果及产生的效果，而不是具体的服务操作。由此，“要想说明项目或某些措施的质量，仅仅产出是不够的，因为衡量质量的关键在于项目或提供的服务是否达到了预期的效果。”（Rossi，Freeman & Lipsey，1999）① 实际上，一个公共服务项目或举措实施后所产生的效果可能是多方面的，既可能是近期的，也可能是远期的；既可

① ［德］赖因哈德·施托克曼：《非营利机构的评估与质量改进：效果导向质量管理之基础》，唐以志、景艳燕译，中国社会科学出版社 2008 年版，第 103 页。

能是直接的，也可能是间接的；既可能是计划的，也可能是非计划的；既可能是微观的，也可能是宏观的。这些效果都在不同程度上反映着公共服务质量，但利用所有效果来界定或判定某项公共服务质量实际上是做不到的，因为有些长期的、间接的、非计划的效果无法在短期显现，也难以做到事前预测。对此，目标效果对公共服务质量就显得尤为重要，因为它是一种可预测的、长期的效果。此外，由于效果通常是与社会、政治、生态等相关，所以基本公共服务产出效果的目标应当与社会的、政治的、生态的等目标要求具有相容性，以便促使基本公共服务产出的最终结果符合目标要求，适应社会发展需要。因此，目标相容性是基本公共服务质量的核心要求。

上述赋予特性可能是有形的，可以被公民所感知、体验和评价；也可能是无形的，无法直接被公民感知。但无论是有形的还是无形的，都是由公共服务的公共性本质决定的。当基本公共服务质量更多地被赋予公平正义性、参与、规范、目标相容等特质，就更能凸显公共部门的公共价值追求和公共责任担当。我们寄希望于将上述特质属性作为评价指标和标准运用于基本公共服务质量评价当中，由此增添质量评价的价值并积极影响公共部门的责任和公民的工作生活。

二、基本公共服务质量评价的本质要求

政府作为一个客观存在，由于其自身的复杂性和质量内涵的模糊性，决定了要想对它提供的基本公共服务质量进行客观评价几乎是不可能的。虽然基于不同的价值观或立场，用于评价服务质量的指标很多，但是，“任何组织里，如果大家对质量不能有相同的理解，说着共同的语言，就是使用最好的工具和系统也不会有‘质量’；相反，还会使组织加速解体”①。在没有形成一个统一的看法和明确的标识的情况下，采用任何单一的质量标准对这样

① 转引自杨钢：《质量无惑：世界质量宗师克劳士比省思录》，中国城市出版社2002年版，第62页。

一个复杂的评价对象进行评价都将遭到质疑、误解与指责。为此，通过分析基本公共服务质量评价的本质要求，促使各利益相关方对基本公共服务质量的理解和质量评价形成统一的认识，对于改进基本公共服务质量十分重要，也十分必要。

（一）以公共需求为评价基点

政府和公共部门履行基本公共服务职能是以满足社会公众的基本公共需求为目标。公共需求的满足程度决定了基本公共服务的质量和水平。由于这种公共需求作为社会公众的一种共同偏好，其具有无可比拟的公共属性，所以满足社会公众的基本公共服务需求通常是政府的基本职能。尽管在理论上，政府的行政目标与公共需求之间具有统一性、一致性，但在实际运作过程中，由于政府自利性的客观存在，政府在履行基本公共服务职能过程中很少考虑社会公众的公共需求，而是以上级的指令为核心，从彰显政府部门自身的政绩出发，使公共需求在向政府行政目标转化的过程中被曲解，从而导致公共需求与政府的服务目标不完全一致，有时会存在差距甚至相互矛盾、相互冲突。如果在基本公共服务质量评价过程中，单纯地根据政府的行政目标进行质量评价则容易产生问题，易于使政府的自利性凌驾于社会公众的公共利益之上，难以真实地反映出其提供的基本公共服务的质量和水平。因此，基本公共服务质量评价中只有以公众需求为起点，“在公众的差异性需求中采集普遍的‘公共需求’，以公众公开透明地参与‘公共需求’目录制定，形成一套严格的公共需求调查与测算方法”①，才能有利于促进政府提供真正满足公众需求的优质的公共服务。

---

①　张晓杰、王桂新：《基本公共服务供给的有限性与有效性研究》，《上海行政学院学报》2014 年第 1 期。

（二）以公共利益为评价主旨

提供公共服务的最终目的是为了维护公共利益，而不是一部分人的利益。公共利益是指在一定社会条件下，非特定多数人普遍享有的、不具有排他性、竞争性和营利性的共同利益。它着眼于所有社会主体的共同的整体利益，而非单一社会主体的私人利益。在现实生活中，体现公共利益的是公共服务，尤其是基本公共服务。所以，基本公共服务质量评价也应以维护公共利益而不是维护个体或群体的部分利益为宗旨。比如，在对具体的公共服务项目结果质量进行评价时，我们不能只追求实施该项目所产生的短期效果和轰动效应，或者部分人的一己私利，而是需要以公共利益为主旨评价其对社会公众的共同利益所产生的影响。此外，基本公共服务质量评价应以维护公共利益为目标。尤其面对我国现阶段地区发展不均衡、收入分配不均、贫富差距过大、社会矛盾凸显的关键时期，基本公共服务质量评价有利于促进社会地区、城乡间均衡发展，从而推进我国基本公共服务均衡发展和质量提升。

（三）以公民本位为价值准绳

基本公共服务作为满足社会公众基本公共需求的公共产品和服务，其提供主体是以政府为主的公共部门，其消费主体是社会公众。基本公共服务是社会公众生活的基本保障，解决的是基本的民生问题。这些基本的公共产品和服务提供质量直接关系到社会公众的生活质量。由此，基本公共服务的质量优劣，不是政府说了算，而是公民说了算。公民作为基本公共服务的直接消费者，最有发言权。这就要求从基本公共服务的评价指标的设计、评价方法的选择、评价主体的确定都应当坚持以公民为本的原则，鼓励和引导公民积极、正确参与到评价当中。坚持以公民为本位的基本公共服务质量评价就是指在基本公共服务质量评价过程中，要把公民放在根本和核心的位置上，把鼓励公民参与作为评价的首要原则，在评价指标体系的设计上，评价方法的选取上都坚持以公民为中心。只有以公民为本设计的评价指标体系，才能确保评价的内容是公众最关心、最需要解决的问题。只有公民作为评价主体参与到评价过程中，才能真正反映政府所提供的服务对公众的基本公共需求的满足程度，才能真正考量出这些公共服务的质量水平。反之，如果在基本公共服务质量评价指标设计上以政府为本、以服务提供者为本，则会导致政府提供什么，服务什么，评价指标中就设计什么，评价实施中就测评什么，这是一种“服务什么、评什么”而不是“需要什么、要求什么，需要和要求满足得怎么样”的评价准则，这样得出的评价结果既不利于社会公众公共需求的积极满足，也不利于基本公共服务质量水平和公众满意度的提高，更不利于推进我国的服务型政府建设。

（四）以公职履行为价值尺度

基本公共服务的公共性和基础性特质决定政府公共部门在服务提供过程中必须履行其相关的制度和规范。没有相应的制度和规范作保障，其提供的公共服务既难以保证符合其本应满足的规范和要求，更难以令社会公众满意。通常情况下，社会公众对基本公共服务的需求首先是对服务的功能需求，即社会公众希望通过获得这些基本公共服务产品来满足其某种基本的民生需求。这就决定了政府公共部门在履行其公共服务职能的过程中首先要确保社会公众所需要的基本公共服务的功能的实现。而服务功能的实现要以基本公共服务的制度和规范作保障。国家和地方政府从服务条件和服务过程等多个方面对基层公共服务部门制定了全面的规范标准来确保服务提供者能为社会公众提供符合其需求和要求的公共服务产品。以基本公共教育服务为例，我国涉及基本公共教育服务的相关法律、法规有《中华人民共和国宪法》、《中华人民共和国教育法》、《中华人民共和国教师法》、《中华人民共和国义务教育法》、《中国人民共和国义务教育法实施细则》、《国家中长期教育改革和发展规划纲要（2010-2020年）》等，以及相关的服务标准，如基本公共服务学习建设标准、教育管理信息化标准、中小学学生学籍信息化管理基本信息规范、现代远程教育技术标准体系、基本公共服务教育课程建设的相关标准、要求、内容，基本公共服务教师的教学能力标准、培养与培训标准、资格标准、经费投入标准、评价标准，等等。这些相关的法律、标准、规范和细则等刚性要求为我国基本公共服务的功能实现和基本质量提供了制度保障。因此，评价基本公共服务质量首先需要政府公共部门对这些基本公共服务的制度规范的履行情况予以符合性评价，它们是服务功能得以实现的前提基础。当然，仅有这一层面的质量评价并不够，因为这只是基本公共服务最基本层面的质量保障，是基本公共服务功能实现层面的基本服务要求，属于赫兹伯格双因素理论中的“保健因素”。这些因素只是基本公共服务质量通往公众满意的起点，要想使政府提供真正令社会公众满意的基本公共服务，还需要从公众的角度对政府提供的基本公共服务质量重新审视，促使政府公共部门对基本公共服务的“激励因素”予以适用性，以便提升基本公共服务的公众满意度。

（五）以公众满意为评价标准

公众满意是我国政府工作的目标和标准。邓小平曾提出“人民满意不满意、人民高兴不高兴、人民赞成不赞成、人民答应不答应”①是判断中国特色社会主义一切工作成败得失的重要依据。2004年7月，温家宝在全国政府系统秘书长办公厅主任会议上明确指出，各级政府要“大力推进依法行政，建设法治政府；坚持以人为本、执政为民，建设人民满意的政府。”以人为本的思想强调政府提供公共服务应当站在公众的立场而不是政府的角度主动了解公众的需求和期望，重视公众的满意程度。2007年3月在十届全国人大

① 转引自李文彬、邓艳利：《政府整体绩效评价的公众满意度调查问卷设计》，《华南理工大学学报（社会科学版）》2009年第4期。

五次会议上，温家宝再次重申："我们的目标是，建设一个行为规范、公正透明、勤政高效、清正廉洁的政府，建设一个人民群众满意的政府。"而基本公共服务是我国政府现阶段最核心、最根本的职能，其公共服务职能履行的好坏直接关系到社会公众对政府的满意程度。实际上，政府为社会公众提供的基本公共服务主要是由基层公共服务部门及公务员直接提供，基层公共服务部门和具体服务提供者对公共服务职能履行情况直接决定公众获得的公共服务质量和水平。因此，要求政府的基层公共部门和具体服务提供者"在履行其公共服务职能的过程中，一切活动都要紧紧围绕着公众而展开，一切从公众需求出发，一切以公众的需求为转移，并以公众满意作为其评价标准"①，从而使社会公众能够得到其真正需要的公共服务及其满意的质量。

三、基本公共服务质量的评价策略

公共服务质量评价能否采用商业服务质量评价主体选择策略和内容选择策略，我们的回答是须经甄别后谨慎使用。因为公共部门不像私营部门那样存有明晰的"企业-顾客"二元线性关系并具有明确的商业目的——利润最大化，而是不仅有着非常复杂的目标体系、组织关系，还有着最广泛的"多元化且彼此利益不同甚至可能相互矛盾的"② 服务对象——公民个体或公民群体甚至全体公民。所以，对公共服务质量评价到底由谁来评，以及应该评什么的问题，不能简单套用商业服务质量评价模式，而应进行深入分析和探讨。

（一）基本公共服务质量评价主体选择策略

随着质量观由传统的、单一的狭义质量向复合的、多样的广义质量发

---

① 李文彬、邓艳利：《政府整体绩效评价的公众满意度调查问卷设计》，《华南理工大学学报》2009 年第 4 期。

② ［美］阿里·哈拉契米：《政府业绩与质量测评——问题与经验》，张梦中、丁煌等译，中山大学出版社 2003 年版，第 191 页。

展，商业服务质量评价不应再由提供者或消费者单方决定，而应改由提供者、消费者双方共同决定，这一观点已基本达成共识。然将其移用于公共领域，以提供者（公共部门）和消费者（公民）双方作为公共服务质量评价主体是否恰当和足够，还需视具体情况具体分析。

先来分析把提供者作为评价主体是否合适。我们知道，在公共服务提供过程中，是公共部门在充当提供者，利用公共权力，使用公共资源，借助媒介，将公共服务提供给消费者。这里的媒介指的是提供公共服务所依附的产品和行为。提供者包括参与公共服务提供的公共部门的决策者和管理者。由于提供者在公共服务提供过程中基本处于主动地位，被要求对自己的行为负责，对行为过程、产出结果及其造成的后果和影响负责，加之他们对自身提供的服务是否符合相关质量标准和规范最为清楚，又了解组织结构、组织关系运作情况、服务资源供给情况、服务流程细节、运行过程和产出结果效益以及服务态度和能力要求等，还在与消费者交互过程中有深入了解消费者需求、自身需求、困境风险和服务改善方法的机会，将提供者作为重要评价主体无疑是明智的。

再来分析将消费者作为评价主体是否妥当。消费者是指公共服务的对象，兼具所有者和委托人的地位和权利，原则上他绝不允许公共部门拒绝提供其所需求的公共服务的情况发生。消费者在消费公共部门产品和服务时可能以公民个体形式出现，也可能以公民群体甚至全体公民形式出现。根据消费方式的不同，可将其分为直接消费者和间接消费者。直接消费者是指公共服务的直接服务对象，即目标群体。他们对服务是否经济和有效率有切身的体认，在主动消费状态下也基本清楚服务产出的价值、影响和效益，将其作为评价主体似乎是理所当然的事情。然而，面临的困境是，直接消费者有时需求很明确，有时需求颇模糊；有时需求很一致，有时需求有差异且变动；有时需求显主动，有时根本没需求甚至是被需求。由此势必导致直接消费者需求的个性化、多元化、模糊化、差异化、动态化或被动化事实存在，使公共部门既难于把握又难以满足，造成直接消费者对提供者的不满和差评就顺理成章了。尤其是当直接消费者被需求时，即被动受用他本不想或不愿享受的公共服务时就更是如此。阿里·哈拉契米在他的《政府业绩与质量测评——问题与经验》中分析的美国农业部动植物卫生检查局的植物保护与检疫官员及技术人员对从国际航班进入美国的旅客的行李进行检查的项目就属于这种情况。间接消费者是指公共服务的间接服务对象，即除直接消费者之外的其他所有公民。间接消费者是提供者所提供的公共服务的被动接受者，对公共服务产出处于被动接收地位，即即使他们没需求或不愿接受服务也得被迫接收后果和承受影响。在被消费的情况下，间接消费者对服务产出的价值、影响和效益的了解可能甚少或非常有限。但即便如此，考虑到公共服务的利害相关性及影响广泛度，将其作为评价主体也在情理之中。实际上，无论直接消费者还是间接消费者，他们之中都有可能存在需求各异、素质能力参差、接受程度不一以及彼此利益相异甚至相左的各色人等 。于是，在面对公共部门提供的各种不同种类的服务时，他们的非理性行为会间或上演，敌视甚至抗拒等突发情况也就在所难避。如果完全由消费者进行评价并任由其左右评价结果，对提供者来说是不公允的，对公共服务质量和绩效改进也会带来难以弥补的损失。因此，单独选择消费者作为评价主体在保证公共服务质量与其评价分数之间的一致性方面一定存在巨大风险，也难获公共部门认可。这些都决定了只将消费者作为评价主体是不负责任的，而让提供者和消费者双方都作为公共服务质量评价主体更为恰当。

需要继续探讨的问题是，提供者和消费者双方作为评价主体是否足够，即评价公共服务质量是否还需要其他的评价主体？答案是肯定需要。首先，在提供者利用公共权力和使用公共资源提供公共服务的过程中，虽然有相关标准、规范和纪律、制度等的严格约束，但失职、渎职、贪污、腐败等现象一直存在，有令不行、有禁不止、“上有政策，下有对策”的情况也时常发生。为减少提供者犯错机会，就需要真正“把权力关进制度的笼子里”，为此党的纪律检查机关和政府的监察部门要真正承担起纪检监察之责，这就要求其对提供者做到实时纪检监察，并使之成为工作常态。需要赋予党的纪律检查机关和政府的监察部门以足够的职责和权限，以便在公共服务过程中对提供者的执行质量标准和规范的情况，以及其行为表现和产出结果等进行实时监督检查，并对违纪的决策者和管理者进行及时查处直至对其上级领导和主管部门进行任用和失察的无限期问责。正在推行的电子行政审批系统中适用的电子监察系统有助于辅佐这项工作，公共媒体和其他的信息反馈渠道也可运用于这项工作。其次，考虑到公共服务提供广度和深度受制于财政预算、责任机制、激励制度等因素，为确保公共部门获得足够的财政资金、行动动力尤其是行政支持并对其做出的承诺负责，让上级领导和主管部门更多、更深入地参与到质量评价当中也是明智之举。总之，让这些人作为评价主体可有效促进提供者建立“权力—责任—作用”之间的关联意识和观念，促进提供者服务质量的提高。

综上，公共服务质量评价主体范畴已基本清晰。需要补充的是，公共服务质量评价主体应考虑尽可能纳入其各类利益相关者代表。多方评价主体的广泛、深度参与是保证质量评价结果客观性、公正性并得以有效应用的关键必要条件。只是，各类利益相关者代表的人数及其评价权重是需要进一步研究的问题，因其攸关评价结果，也非常重要。

（二）基本公共服务质量评价内容选择策略

首先，从公共服务的质量和绩效的异同来考虑。基于公共服务质量是指公共服务对公民需求的满足程度这一理解，以及绩效涵盖经济、效率、效能、效果、公平、满意度等前期研究成果，公共服务质量应属于公共服务绩效的组成部分。但本文界定的公共服务质量涵义要全面和复杂得多，并不能说本文界定的公共服务质量是公共服务绩效的组成部分。两者之间应该是有交叉，有不同。主要体现在：本文界定的公共服务质量不只强调效果（公民满意度），还强调对服务过程、服务结果、后果和影响的重视。有鉴于此，我们建议选择公共服务质量评价内容应首选本文界定的公共服务质量的七项涵义。

其次，基于前述，公共服务提供过程主要涉及三个要素——媒介、提供者和消费者，这三个要素之间的关系如模型图 10. 1 所示。根据这一公共服务质量要素关系模型可知，公共服务质量是提供者、媒介、消费者三要素共同作用的结果，而非其中某一要素单独作用的结果。这决定了公共服务质量评价不能局限于对公共服务产品本身的评价，还需将关系模型中的其他构成要素考虑在内，只是像公共服务行为这样的内容不是有形物，量化起来有一定难度。此外，除了公共服务提供的资源耗用、过程结果、产出结果、产出效益、需求满足程度和满足能力，以及社会影响和后果等应纳入评价内容范畴之外，公共服务的目标责任、标准规范、价值负荷等也应在考虑范围之内。

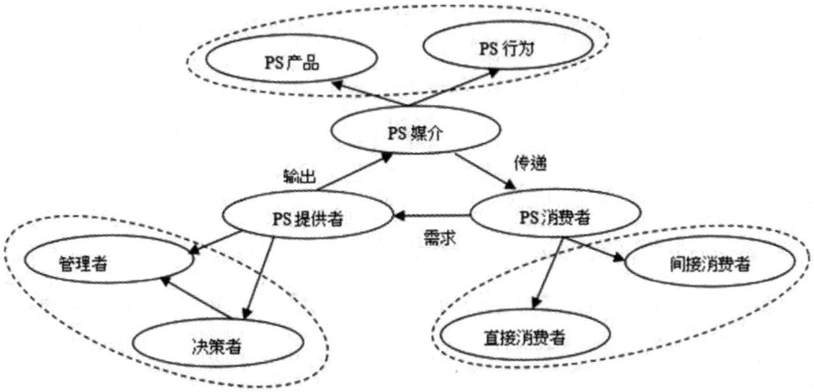

图 10. 1　公共服务（PS）三要素关系模型图

再次，由公共服务质量的三个质量维度——以内部过程为核心的质量、以消费者需求为核心的质量和以社会效果为核心的质量来考虑，这三个维度分别是由公共服务质量的内适性、个适性和外适性三种价值取向决定的。传统意义上，组织是内向性的，以内部有效性为质量目标要求。这种内部导向性要求公共部门的服务质量评价以过程质量为中心，以确保服务提供符合公共服务系统内部的质量规范和规定。不过规范性的质量很难满足消费者的个性化服务需求，这就要求公共部门调整服务重心，从内取向向外迁移，并把满足消费者的期望和需求作为公共部门的责任和义务，以超越通过法律、规则、结构或系统的变化来提高服务质量的策略，在提供者与消费者的沟通和互动中提升服务质量。当然，消费者导向的质量是以消费者眼前的、个人的利益为核心的，具有个适性特征，在服务提供过程中往往会为了追求短期的眼前利益而忽略长远的公共利益，易“导致公共部门的自愿奉献精神和社会共同体的认同等这些有效政府的基石一起失去”① 的后果，也就是说，消费者导向与公共服务的公共性特质存在矛盾。为此，需要反思消费者导向的质量维度的缺陷，增加对公共服务的社会维度的质量测量以作弥补。

综上，公共服务质量评价不能单纯地进行消费者满意度评价，更不能单纯地进行服务规范性评价，而需从内部、消费者、外部三个维度进行综合考量。其中，内部维度主要从管理的视角对公共服务部门提供服务的整个过程进行管理和控制，确保其产出符合或满足预先规定的质量要求或规范，实现公共服务的公平正义性、合规性的价值目标；消费者维度从消费者需求的角度对公共服务部门提供公共服务的结果进行评价，促使公共服务的满意度价值目标实现；外部维度则从公民视角评价公共部门提供的公共服务对服务的间接消费者产生的影响，实现公共服务的公平目标，促进公共服务的目标相容性。理论上，内部、消费者、外部三位一体的质量维度是公共服务整体质量得以保证的基础，但实践中，消费者的服务期望值通常是不确定的，很难通过某个质量要素进行公共服务质量评价。所以我们在评价公共服务质量时应尽量选择那些最能体现公共服务质量的要素和重要方面加以评价。既然公共服务的公平正义、合规、目标相容等公共性目标主要通过公共服务质量的内部维度和外部维度实现，我们就可以将公共服务质量的内部维度和外部维度作为公共服务质量评价内容选择的关键维度，在此基础上考虑消费者维度

① 刘洪深、汪涛、张辉：《从顾客参与行为到顾客公民行为——服务中顾客角色行为的转化研究》，《华东经济管理》2012 年第 4 期。

的质量评价内容。为此，公共服务质量评价内容选择的三维策略是从公共服务的内容、过程、产出和成效等方面进行评价，它未脱离公共部门运作的“投入-过程-产出-效果”这一内在逻辑。虽然质量看重的是更长远的目标，但并不是一味地追求不可控因素，对公共服务的要素、过程、产出、效果等方面进行质量管理有助于对服务行为进行控制并减少服务行为缺陷，从而满足直接消费者和间接消费者的双重质量要求。

需要说明的是，各类评价主体既各具优势，也各有劣势。要想让各类评价主体在评价中扬长避短，需要在了解各类评价主体的关注点的基础上科学筹划各类评价主体的评价内容并合理安排其评价范围，如：公共服务的决策者关心服务的社会影响（效果质量），公共服务的消费者（服务对象）关心服务的功能最大化（产出质量），公共服务的生产者（提供者）关心服务的经济性（输入质量），其他利益相关者还可能关心公共服务的管理质量。而要想让各项评价内容真正起到正确引导公共部门的行为并有效指导其优质产出的作用，需要建立使公职人员特别是纪检监察人员积极参与评价、推动结果应用及勇于问责负责的激励制度和管控机制，也需要找到能唤醒公民权利意识并激发公民主动争取应有权利和积极参与评价的方法和渠道。当然，艺术地运用评价主体的选择策略也是不容忽视的，一是因为评价结果有其应用价值负荷，公共部门如能妥善运用，必能改进服务绩效和质量并促进组织发展和提升；二是公共部门缺乏竞争和改进动力，评价本身无法触动其发生变革，但其作为评价主体后会因参与评价得以了解自身问题、症结、突破点，进而赢得借用评价结果达成服务创新和组织变革结果的机会。最后，是如何对待评价结果的问题，这涉及到公共部门的行政文化，也关涉公民对政府信用以及贪腐现象的体认，必须积极、慎重地应用。

第二节　电子政务绩效评估问责[1]

从办公自动化起步，追随或赶超全球政府上网、电子政府构建以及电子政务建设等一浪高过一浪的发展热潮，各国政府逐渐投身于网络化社会并置身于数字化空间。这种新的社会形态和生存状态在带给政府行政环境和管理方式（包括思维方式、行为方式）诸多变化的同时，亦带动行政体系要素发生相应转变，并在网络世界中建立起新的政府内外部关系。政府能否促成相关行政体系要素合理调适以及如何处理网络世界与现实世界中的政府内外部关系攸关政府的质量、绩效和信用。为全面促进政府质量的逐步提升和绩效的持续改进，有必要对政府内外部关系的运行状况和相关行政体系要素的匹配程度进行跟踪评估。为此，政府必须充分发挥电子化政府绩效评估系统的独特功用，其角色不能仅停留在被用作存储载体和评估手段层次，其功用也不能只限于存储指标、数据，评估组织、部门绩效以及进行统计、排序方面，而应待各级政府和部门的电子政务网络和系统逐渐建设就绪之后，进一步将其角色和功用拓展至担当评估主体，作为评估客体和替代绩效管理体系。鉴于替代绩效管理体系是其兼任存储载体、评估手段、评估主体和评估客体等多种角色的功用的集成，我们仅就电子化政府绩效评估系统作为评估主体和评估客体的角色及其功用作初步探讨。

一、担当评估主体——由系统来评估

电子化政府绩效评估系统是基于电子政务系统的政府绩效评估系统[2]，

---

① 张锐昕：《电子化政府绩效评估系统的角色和功用初探》，《江苏行政学院学报》2013 第 1 期；人大报刊复印资料《公共行政》2013 年第 4 期全文转载。

② 张锐昕：《基于电子政务系统的政府绩效评估系统研究》，《理论探讨》2009 年第 4 期。

是电子政务系统的一个子集。当初国家在规划电子政务服务领域时就已经把绩效评估系统的功用定位在依照设定的任务目标、工作标准和完成情况对政府各部门业务的绩效进行科学的测量和评估上。而我们考虑进一步拓展电子化政府绩效评估系统的角色和功用，一方面是因为政府绩效评估工作渐趋繁重、数据日积月累以及成本持续攀升亟需采用先进的技术手段和工具来改进绩效评估的方式、方法；另一方面是因为惟有作为电子政务系统子集的电子化政府绩效评估系统才有可能在政务内外网中施用并发挥其技术优势和行政效力，从而保证政府在任何时间、地点和情况下都能对其内部的管理和服务工作的绩效、政府部门利用电子政务系统处理日常业务的绩效、使用电子政务系统的管理人员和操作人员的绩效以及电子化政府绩效评估系统自身的绩效等进行实时、有效的跟踪评估和监控，从而帮助政府及时纠正工作偏差并持续改进工作绩效。可见，选择电子化政府绩效评估系统作评估主体和评估客体，是网络行政环境变迁和电子政务建设发展到一定阶段之后政府的一个应然选择。其中的针对电子化政府绩效评估系统自身绩效进行的评估，实际上是电子化政府绩效评估系统把自己作为评估对象，即自己既作评估主体又是评估客体。

（一）共担评估主体——在网络环境下与现实的评估主体分工合作

“‘网络环境下’不同于‘网络世界中’，但是包括‘网络世界中’”①。在网络环境下，与电子化政府绩效评估系统共担评估主体之责的，只能是与其所设计的各个虚拟的评估主体相对应的、现实世界中的相应的评估主体，谓之现实的评估主体。现实的评估主体和虚拟的评估主体具有同一性，具体表现在：二者有相同的本原，即其来源和存在的根据一致；二者相互依存，分工合作，以统一的、整体的角色示人和施用。

① 冯务中：《网络环境下的虚实和谐》，清华大学出版社 2008 年版，第 61 页。

首先，我们来看虚拟的评估主体的来源和存在的根据。所谓“‘虚拟’首先是指一种超越现实的创造性的思维活动。”①这种思维方法现时之所以被广加运用且有生命力，一是因其来源于现实，建立在现实基础之上，二是因其能够“超越现实，以便更好地适应环境。”②虚拟的评估主体是政府利用信息技术虚拟现实的评估主体的结果，具有虚拟性和现实性双重属性，即这种虚拟的评估主体虽然实实在在是信息技术设计的产物，离开硬件设施就无法存在，而且它设计的某些功能——如绩效指标库存储、绩效指标评分和存档、绩效结果合成和排序、历史数据纵向比对和分析、各组织部门间绩效结果横向比较等，在存储量、准确性、精确度以及运算速度方面有优于或超越现实的评估主体之处。但是，由于它的产生和发展是以人们对现实的评估主体的责权利的科学认识为前提的，是对现实的评估主体的认知和反映的成果，而“现实对于虚拟也有着重要的甚至是决定性的作用”③，故本质上它仍然是现实的评估主体的物化形式，不能脱离现实的评估主体而存在，亦需要依靠现实的评估主体的参与才能发挥效用。

其次，我们来探究虚拟的评估主体与现实的评估主体的分工与合作机制。我们知道，现实政府的绩效评估大多采取自我评估、上级评估、同级评估、下级评估、党的组织和权力机关评估、专业机构和业界专家评估以及社会公众评估等形式或是由这些形式组合而成的多元化评估模式，在网络环境下的政府的绩效评估也大抵如此。以政府机关为例，现实的评估主体的选择范围通常包括：上级领导、机关领导、分管领导、处室负责人、机关工作人员、下属单位、企事业单位和公众等，与之相对应，网络环境下的虚拟的评估主体的概念模型也同样包含与上述各个客观对象一一对应的各个要素，只不过后者已经经过抽象和重组发生了异化，变成了虚拟的上级领导、虚拟的机关领导、虚拟的分管领导等。由此，现实的评估主体和虚拟的评估主体成

① 殷正坤：《虚拟与现实》，《新华文摘》2000 年第 7 期。

② 殷正坤：《虚拟与现实》，《新华文摘》2000 年第 7 期。

③ 冯务中：《网络环境下的虚实和谐》，清华大学出版社 2008 年版，第 6 页。

为分处在两个不同的、相对独立的世界——现实世界与网络世界中的相互映照的评估主体。连通这两个世界的通道口是电子化政府绩效评估系统的人机界面。人们可经此穿越两个世界，连通现实的评估主体和虚拟的评估主体，使二者以统一的、整体的角色协同发挥效用。客观地讲，受人的认识和技术发展的局限，我们还无法做到让虚拟的评估主体——系统与客观存在的现实的评估主体——人完全相符，实际上我们绝对不想强求这一点，我们所要追求的是：根据人和系统的各自的条件和特点，合理分配人和系统各自承担的评估职责，并使人和系统相互协调、适应、配合，从而为政府营造出舒适和安全的绩效评估工作环境，使人和系统合作进行的评估的效用尽可能地达到令政府和社会公众满意。为此，我们设计虚拟的评估主体的原则是：建立在其现实的原型之上且要超越原型（不追求二者的一致，但要尽可能利用技术优势），功能与现实的原型的职责相配合或搭配（各有分工，各司其职），程序依靠现实的原型的选择与决策得以执行。这其实就是协调虚拟的评估主体与现实的评估主体的关系并使之发挥作用的运作方式——二者的分工与合作机制。

现实的评估主体和虚拟的评估主体“同时存在着差异性、同一性、对立性和统一性这四个方面的基本关系”①，二者既相互影响又相互依存。只是二者之间的相互影响既有积极的也有消极的，相互依存关系既有强性的也有弱性的。为规避现实的评估主体对虚拟的评估主体的强力干涉和非法控制，也为了避免赋予虚拟的评估主体过多的权责使其承担本该由现实的评估主体所做的工作或现实的评估主体可以做得更好的工作等问题，政府应立足于网络环境并从现实世界的政府的工作流程、组织结构、管理制度、行为模式、行政权力等变革的可行性、有效性着手，在认清人和信息系统各自的优势和劣势的前提下，科学安排和合理设计现实的评估主体的职责与虚拟的评估主体的功能，使二者在彼此独立的状态下相辅相成，共同承担起评估主体之

① 冯务中：《网络环境下的虚实和谐》，清华大学出版社 2008 年版，第 7 页。

责，从而将虚实冲突控制在一定的程度内，以技术规制规范和控制现实的评估主体的行为，实现虚实和谐与平衡发展。

（二）分担评估主体——在网络世界中独立承担评估主体职责

让电子化政府绩效评估系统分担评估主体职责，意在充分挖掘信息系统及设备的技术潜力，使其在网络世界中代替人担负人无力或无法承担的一部分评估任务——评估政府部门利用电子政务系统处理日常业务的绩效以及使用电子政务系统的管理人员和操作人员的绩效。为了叙述方便，也为了和上文论及的与现实的评估主体相对应的虚拟的评估主体相区别，本部分暂且将这种在网络世界中独立承担评估主体职责的电子化政府绩效评估系统称作智能的评估主体。需要说明的是，智能的评估主体当然也是虚拟的评估主体，只不过这个虚拟的评估主体可能没有现实的原型参照，而完全是人为虚构出来的一个自动化的评估主体。

首先，我们来说明智能的评估主体适用的网络空间和评估范围。我们知道，基于安全性、保密性考虑，各国政府普遍采取了政务内外网之间物理隔离、政务外网与互联网之间逻辑隔离的安全模式。以政府机关为例，限于目前政务内外网物理隔离的网络环境状况，在政务内网上进行自我评估时，评估主体的选择范围只能在机关内部，可包括机关领导、分管领导、处室负责人和机关工作人员，评估范围只涉及整个机关及其各组成部门；在政务外网或专网上进行评估时，评估主体的选择范围可拓展至上级领导和下属单位及其工作人员，评估范围涵盖联入政务外网或专网的所有政府机关及其组成部门。可见，选择社会公众作为电子政务网络中的评估主体是不现实的也是不安全的。针对电子政务系统而言，社会公众的作用空间仅限于互联网，评估范围仅涉及政府和部门的互联网站。鉴于基于电子政务系统建设的电子化政府绩效评估系统适用的网络空间只限于电子政务网络（包括政务内网、外网或专网），故智能的评估主体的评估范围只涉及联入电子政务网络的政府机关及其组成部门的电子政务系统以及使用系统进行工作的管理人员和操作人员。

其次，我们来探讨智能的评估主体的生成和效用。设计智能的评估主体的目的是尽可能地对其所在的电子政务网络上的电子政务系统及其管理人员和操作人员的绩效进行自动化评估。为此，智能的评估主体的生成可采取以下技术路线：第一，调查研究系统及其数据结构、业务流程、政策和管理规定。深入剖析所处网络上的电子政务系统的建设情况，完整掌握其业务流程的范围边界、控制目标、主要涉及部门、主要监控位置和涉及文件，深入了解其数据结构及相关政策和管理规定，探讨在其关键环节和关键节点植入代码的可行性，以及业务数据对业务行为运作的效率、过程、结果进行还原的有效性，为对其流程、环节和节点处的业务运行状况和人员操作情况进行评估提供实践基础。第二，建构资源库及相关数据关联模型。智能的评估主体的绩效评估指标体系要具有导向性、独立性、量化性和可操作性。为此，政府要在明确各机关和部门的职能划分和业务分工的基础上，分析能反映相关部门和人员职能履行程度的数据，在对以往的评估指标进行全面总结的基础上，整合评估内容，调整指标分值，建构框架相似、细节不同的绩效评估指标库，以此作为指标抽取的基础信息。同时，建构绩效评估相关信息资源库，通过量化评测方法或评测方法组合搭建各资源库中数据的逻辑关联，再根据系统类别、作用和数据时效要求等方面的差异性建构异步数据挖掘和同步数据采集等数据关联模型，并通过衔接业务工作、数据沉淀、绩效评估和行政问责建立信息关联。第三，设计绩效评估电子化解决方案。以绩效管理过程为主要业务流程，设计涉及指标数据采集、绩效评估、评估结果生成、行政问责等方面的电子化解决方案。第四，把智能的评估主体作为电子政务系统中的一个独立的子系统来建设，并根据评估和监测的需要把它安置在不同的电子政务平台上，前提是要对其赋予相应权限，以便其能够独立承担力所能及范围内的工作。由于业务流程实质上就是工作的做法或结构，包含了业务运行的始末以及其发展变化的整个过程。所以，依据业务流程设计的智能的评估主体将能够做到：通过实时监测业务流程中的核心业务链条、关键环节和关键节点并从中采集有用数据，实施对系统的运行状况及左右系统运行的相关部门及其工作人员的行为状况的跟踪评估，并依据不同状况作出相应处理。例如，如果发现工作有偏差和漏洞，即提前预警告知；如果发现操作有违约超时，即适时纠偏补就；而如果发现有违法违纪现象，即及时报警，责令停止，实施问责。这些正是智能的评估主体的特殊效用所在。

利用智能的评估主体进行评估，由于“评估的主体是系统，运用的工具是程序，操作的依据是流程，而关注的重心不只是结果，还有过程，甚至涵盖过程中的所有细节”①，所以，它具有严格按指令行动，按程序办事，按规则操作，全天候监测，能有效保证评估过程的透明性、监测数据的实时性和评估结果的客观性的技术优势。但是，毕竟技术有无法触及的环节和地方，也有无力掌控的过程和数据，要将评估客体工作过程中的每个环节、所有结点的中间结果、最终结果的数据都记录在案是不易做到的，要把公共价值贯彻并内嵌其中也是有相当难度的。所以，智能的评估主体的弱势也是十分明显的。基于此，尽管我们认为非常有必要推动电子化政府绩效评估系统渐次投入评估实践，但还是建议政府最好选择把电子化评估方式与人工评估方式有机结合的评估模式，采取以电子化评估方式为主、以人工评估方式为辅的评估方法，以实现二者的优势互补和弱势规避，尽力保障评估取得较理想的效果。

二、作为评估客体——让系统被评估

电子政务是技术与政务的结合体。作为电子政务的载体、工具手段和操作主体，电子政务系统的运行状况决定了电子政务的绩效也取决于其管理人员和操作人员的绩效以及支撑其运行的网络和设备的绩效。所以，从理论上

---

① 张锐昕：《基于电子政务系统的政府绩效评估系统研究》，《理论探讨》2009 年第 4 期。

讲，评估电子政务系统的绩效，既要评估系统自身的绩效，也要评估其管理人员和操作人员的绩效以及网络和设备的绩效。但是，前面提及的智能化的评估主体的评估范围，只涉及联入电子政务网络的政府机关及其组成部门的电子政务系统，以及使用系统进行工作的管理人员和操作人员，并没有涉及网络和设备在内。这样做的理由在于：在正常情况下，网络和设备一旦购置并安装到位，其绩效提升空间将极为有限。但在非正常情况下结果则大为不同，当网络和设备因为停电、病毒感染和遭受攻击等原因导致危机时，它对绩效的损害将是致命性的。有鉴于此，智能化的评估主体只需对电子政务系统的子集——电子化政府绩效评估系统及其管理人员和操作人员进行评估，即实际上只是把自己作为评估客体。由于它对自己进行评估的工作机理与前述的智能的评估主体的工作机理一致，我们不再对此赘述，而只把关注点放在其评估自己时应该重点考察和评估的其他方面——系统内相关的各种关系的运行状况以及系统运作赖以支撑的各种行政体系要素的匹配程度。毋庸置疑的是，这些方面恰恰是改进系统绩效需要依赖的核心内容，也是依靠人工评估难以客观反映和及时反馈的层面。

（一）评估相关的各种关系的运行状况

电子政府的核心任务之一是改善政府的内外部关系。在网络环境下，组织与组织、人与人、人与事物之间的各种新的关系正在逐步建立。这些新的关系因技术而缔结，基于网络得关联，虽友好性、平等性、柔韧性彰显，却无法摆脱是人为的建构的事实。人们在网络世界中反映了现实世界中的种种关系又超越了这些关系，在面对虚拟与现实的关系的同时又得面对“网络空间中虚拟性与现实性之间的关系”①，这使得网络环境下的政府要办好事情，一方面必须依靠这些关系的改善，另一方面又要努力改善这些关系，这就需要详细了解这些关系的关联和运行状况，而在网络环境下要想做到这一点显

① 冯务中：《网络环境下的虚实和谐》，清华大学出版社2008年版，第61页。

然要比在现实世界中还要复杂。以政府机关为例，在电子政务网络空间中，由于其各个组成部门内部的工作人员之间，其与其他机关以及服务对象、应用资源之间的沟通、交流和协作“越来越需要广泛地借助于数字化手段，越来越明显地依赖于信息这一中介”①，因此，他们之间的新的关系表现出表象上的直接性与本质上的间接性，使得评估他们在网上协同工作的绩效以及他们之间的关系的运行状况变得尤为困难。因为在很多情况下，关系都有“实”的一面和“虚”的一面，你很难判断一种关系呈常态或非常态，向好或变坏甚至恶化，作俑者是数字化手段——系统、设备、网络，信息还是人，好在电子政务网络上的行为主体只限于政府内部人员，关系相对简单，不似在互联网上与政府打交道的网民采取匿名性、面具化的方式，而更多地拥有固定的IP地址、合法的CA证书和明确的操作权限。所以，得益于自动化测量，评估组织及其部门和工作人员的协同工作的绩效及其责任归属相对容易实现。但即便如此，电子政务网络环境下的行为主体毕竟牵涉到各级政府和部门中的工作人员，牵涉到他们所使用的办公设施和行政资源，而这些客观对象在网下实际存在，在网上既“藏“又“虚”，单单只是评估它们各自的运行状况就已经相当复杂，偏偏很多设备、资源是共享的，业务流、信息流是动态变化的，许多工作又往往由多方承担。而共享的人越多，变化的节奏越快，协作的内容越广，各个环节和节点处的工作涉及的中介、渠道、边界就越复杂，相关的各种关系就越难理清，问责就越难落实。要解决这些难题，目前不错的选择恐怕还是基于业务流程进行评估。

借助信息技术，政府的确可以依据业务流程运行轨迹梳理和监视影响电子化政府绩效评估系统运行的各种关系。具体做法是：采取从业务流程的起点沿过程至终点的技术路线，在系统地梳理流程中各项工作牵涉的各个环节、节点处的负责部门、管理人员和工作人员及其工作关系的基础上，对各个环节、节点处产生的各类表格、规划、计划、方案、研究报告、调查报

① 吕耀怀：《信息伦理：数字化生存的道德新知》，《湖湘论坛》2000年第4期。

告、检查报告、总结等的编制部门与人员和提交部门与人员，以及中间结果与最终结果的接收部门与人员及其依赖关系进行全面梳理，依序建立起与业务流程各个环节和节点相对应的关系模型，依此对电子化政府绩效评估系统业务流程的各个环节和节点处的各种关系的运行状况进行评估。这种做法能为政府机关内外部关系的改善和重构提供操作指引。

（二）评估行政体系要素的匹配程度

行政体系要素包括行政职能、工作流程、组织结构、责权体系、人员构成等。理论上，电子化政府绩效评估系统相关的各种关系的运行状况反映着行政体系要素的匹配程度。实践上，在建设电子政务系统之初，政府就应该对实现哪些职能以及实现这些职能的条件和路径（包括与之相关的各种行政体系要素应如何基于治理过程进行变革和调适以适应新的环境和需求等内容）进行统筹兼顾的规划和细致周密的安排，即应该首先改变不适应网络行政环境和电子政务需求的诸行政体系要素，将适当的行政体系要素准备到位。然而，在具体实践中，由于政府的决策者们更多地把工作重点放在技术开发和设施建设上，对技术应用触及的体制问题采取尽力回避的态度，“很少考虑在网络背后，对政府的基本组成部分（即行政体系要素）进行整合或者重组”①，而“只要有可能，无论是否创新，决策者在使用信息技术的时候，决不触动那些更深层面的结构和程序，比如说权力关系、政治关系和监督程序。政府组织倾向以一种提高效率和能力同时维持现状的方式，将信息系统纳入现行的轨道”②，这种急功近利、本末倒置的做法不负责任地使电子政务系统模拟落后的组织结构、业务流程和权力行使机制变为现实，造成了电子政务应用先行、矛盾后移的不利局面。暗藏的危机后果是：一旦电子

① ［美］简·芳汀：《构建虚拟政府——信息技术与制度创新》，邵国松译，中国人民大学出版社 2004 年版，第 10 页。

② ［美］简·芳汀：《构建虚拟政府——信息技术与制度创新》，邵国松译，中国人民大学出版社 2004 年版，第 24 页。

政务系统投入实际运行，各个行政体系要素的缺陷以及其与网络环境不相匹配的深层次矛盾必将逐渐暴露出来，影响甚至干扰系统的有序运行，制约以致阻碍电子政务的可持续发展。在许多电子政务系统建设没有同行政管理变革相伴进行并实现有机结合的现实条件下，电子化政府绩效评估系统应担负的特殊使命是：利用电子化绩效评估时时在线、深及流程、详至细节的技术优势，通过对电子化政府绩效评估系统实施全方位、全程式、全天候的实时监控和评估，对因行政体系要素不匹配造成的诸多不适症状（如信息不畅、流程阻滞、业务拥堵、责权混乱等）进行梳理排查，以电子化的方式提醒并敦促政府尽早发现行政体系要素的缺陷，并采取积极、主动的政治推动和行政改革来供给适合的行政体系要素，将因行政体系要素缺陷可能导致的矛盾问题尽早解决，以达成系统与网络环境的新的平衡。当然，这类评估的最终结果的生成取决于人对相关数据、关系的分析评判。需要说明的是，即便作后期补就，即使经此获知了行政体系要素缺陷，假定政府也确实能后续供给理想的行政体系要素，但因为先期系统已然把落后的管理和服务模式固化嵌入，要在此境况下修正系统痼疾等同于颠覆重建，决策阻力很大，执行比较困难。何况信息技术的应用和电子政务建设的发展无时无刻不在对现有的行政体系要素施加着影响，使行政体系要素时时刻刻在发生着改变。可见，政府要想提高电子政务系统的绩效，惟有尽早实施行政变革并始终贯彻“技术—行政”的协同转变才是明智之举。

关于电子化政府绩效评估系统对政府的相关的各种关系和行政体系要素进行评估是否有效可靠以及能否客观、公正等问题，我们知道，系统是人设计的，其功能是人赋予的，其内容内嵌了人的观念、意识和价值追求。因此，系统的作为完全是人为的结果，是政府作为的结果。要想解决评估的有效性和可信度问题，政府只能从审视自身行为过程和“立足于治理过程的变革”① 入手以解决自身问题，不能推卸责任。

我们在解读《推进“互联网+政务服务”开展信息惠民试点实施方案》（以下简称《实施方案》）时提出，政府应该为同步推进“推进‘互联网+政务服务’”与“促进部门间信息共享”进行周全的顶层设计和细致的统筹安排，同时，对“互联网+政务服务”与“部门间信息共享”的绩效和质量的评估要实时进行，配套的评估问责制度也要快速跟进。

基于上述研究成果，政府就能知道这类评估该由谁来评，以及评什么，即评估主体的选择——除了政府和社会公众之外，还可以利用谁来实施评估；评估客体的选择——究竟评哪些内容能够客观公正地反映政务服务的绩效和质量，以促成直接地“推进‘互联网+政务服务’”和间接地“促进部门间信息共享”的效果。我们看到，《实施方案》中提到了一个非常重要的保障措施——“完善考核制度，接受群众监督”，而在第二个保障措施中还提到了“实现办事全过程公开透明、可溯源、可核查”，实际上这是在为评估操作创设条件。鉴于“建立健全效能评估和监督考核制度”只能由政府部门来做并且只有在政府内部施行才有有效性与可行性，而“接受群众监督”乃至“发挥社会监督和舆论监督作用”只有在开放的互联网中才有可行空间。故而，对在电子政务网络这样的封闭性网络中以电子政务系统为载体的政务服务来说，虽然政府可以在前台——互联网上“以惠民效果和群众反响来检验考核信息惠民工作”，社会公众也可以感知和体验政府在互联网上是否做到了“及时解决群众反映的问题，回应社会关切”，并据此对“互联网+政务服务”的绩效和质量作出评价，但这些毕竟都只能反映政务服务的外在表现和最终产出情况，对于在电子政务网络中封闭运作的政务服务的整体或局部的实际绩效和质量状况，社会公众根本无从知晓。就是处于电子政务网络空间中的政府工作人员，在其普遍缺乏科技素质和信息能力的现实条件

① 陈天祥：《基于治理过程变革的政府绩效管理框架——以福建省永定县为例》，《中国人民大学学报》2009 年第 5 期。

下，要实时判断或体察出政务服务链条连接起来的各部门之间的流程衔接绩效及业务协同质量也很难做到，更别说在政务服务电子化、网络化日益普及之后，随着服务需求的增多、质量要求的攀升、工作量的增加以及服务绩效和质量数据的日积月累，要实时地把业务流程中的各环节和节点的绩效和质量的情况测量准确并把问责的板子明确地打到某个部门或某个人的身上就更加勉为其难了。故此，基于成本和能量考量，要对电子政务网络中的政府内部管理（服务后台）和外部产出（服务前台）的绩效和质量进行全面评估，要对承载政务服务重任的电子政务系统、对使用它提供服务的人以及对它与人协同工作情况进行定向评估，仅靠“完善考核制度，接受群众监督”难以做到，借助电子化绩效评估系统才是极明智、最便利的选择，因为电子化绩效评估系统可以内嵌入电子政务系统而在政务内外网中联合施用且具有人工难以企及的独特优势，它对于监控电子政务系统运行的绩效质量及其中间和最终产出的合规守矩价值重大，难以替代。为此，政府应配套评估问责制度建设，而不是仅限于“首问负责”，同时在各网运作的电子政务系统中嵌入电子化绩效评估系统这一虚拟的评估工具，使之以评估问责制度为依据，担当评估主体执行评估，作为评估客体接受评估。惟有如此，政府才能切实实践对“互联网+政务服务”内容的全面评估以及对行政权力运作的全程监控，并以对其合规守矩状况的测量作为推进依法行政、规范政府行为和实施行政问责的抓手。可见，如果政府能把虚拟评估主体与其他评估主体结合起来，坚持内容评估与流程评估相结合，坚持监控行为与监控权力相结合，就不仅能为促进“互联网+政务服务”的局部乃至整体的绩效改进与质量提升提供有力保障，为“推进‘互联网+政务服务’，促进部门间信息共享”的工作目标的达成、主要任务的实现及保障措施的可行可量提供有效支持，还能因配套评估问责制度的有效跟进，实现对电子政务系统流程的运行情况以及其操作者的行为和权力运作情况的日常化监控和规范化管理，从而发挥电子政务系统反腐败的效力和潜力，催生“互联网+政务服务”在反腐倡廉方面的新功用。

“虚拟是‘指向不可能的可能’”①。我们有理由期待，假以时日，以技术理性和公共价值导引的电子化政府绩效评估系统将会在更多嵌入绩效管理体系的同时为政府分担更多的智能性工作，助力政府推动绩效改进。这有赖于指标体系效度和信度的保证。我们希望借助多学科专家力量进行跨领域合作攻关，使这一愿景在不久的将来变成现实。电子化政府绩效评估系统的实践发展和理论研究理应得到应有重视。

我们在前文多个保障体系的基本构件模块中论及公务员应具备相应的科技素质和信息能力以及公民需要拥有相应的信息素养的基础上，最后想进一步强调全民信息素养培育的重要性。

1974 年美国信息工业协会（IIA）主席保罗·祖科夫斯基（Paul Zurkowski）在呈交给全美图书馆学和信息学委员会（NCLIS）的一份报告中最早提出“信息素养”一词，之后通过 1989 年布雷维克（Breivik）博士代表美国图书馆协会（American Library Association）撰写的一篇报告和 1994 年贝伦斯（Behren）博士的论文被广泛传播。当时保罗·祖科夫斯基（Paul Zurkowski）提出，“信息素养”即一个人通过培训能把信息资源应用到其工作中的基本素质，而 Breivik 的定义是“一个具有信息素养的人必须能够认识到自己的信息需求并具有定位、评价及有效利用所需信息的能力。”虽然信息素养最初定位在个人层面，不过正如 Zurkowski 在其《信息素养助力行动素养》一书中所提出的，关键在于该由“谁控制信息的开关?”他认为，信息素养运动必须注重民众信息素养的运用，才能使那些企图扰乱公民进行政策选择的虚假信息失去效力（Zurkowski，2014）。因此信息素养不仅是一个技能问题，而是成为了一个促进科学和民主的重要议题。在实践上，以美、英、澳、新为代表的西方国家在 2000 年前后相继出台一系列国家标准（AASL&AECT，1998；AASL，2005；Bundy，2005）。在中国，学者们在 20 世纪 80 年代开始研究“信息能力”（卢泰宏，1983；虞志方，1986），当时

① 殷正坤：《虚拟与现实》，《新华文摘》2000 年第 7 期。

称之为“情报能力”，直至1992年10月国家科委将“科技情报”一词改为“科技信息”，国内学界随之用“信息”替代“情报”，并在90年代与出现在美国学界的“信息素养”（Information Literacy）（也有直接翻译为信息能力或者信息素质等）研究出现合流（徐仕敏，2002）。中国教育部在2000年颁布《中小学信息技术课程指导纲要（试行）》，对小学信息素养教育确定了明确目标，足见国家对信息能力培养应从娃娃抓起达成了一定的共识。

2012年，艾娃·齐恩巴（Ewa Ziemba）指出，“为了发展信息社会，需要建立公民，企业和公共行政的意识。在社会中塑造一个充分的信息文化，影响人们的行为和激励他们使用电子服务是信息社会发展的基础”①。西班牙的安东尼·奥布尼奥斯-卡尼亚瓦特等（Antonio Muňoz-Caňavate et al.）于2005至2008年设计了五项行动计划，第一是家庭和公民的参与——在家庭中增加信息通信技术的使用以及公民日常参与公共生活；第二是竞争和创新——使私营部门的信息通信技术更加强大；第三是数字时代的教育——将ICT纳入教育过程；第四是数字公共服务——改善公共行政服务；第五是数字环境——扩大宽带的使用②。就中国而言，从网络大国向网络强国迈进，既是信息时代提高国家实力和综合竞争力的必然要求，也是“让互联网更好造福人民”赋予政府的神圣职责。2016年4月19日，习近平总书记在北京主持召开网络安全和信息化工作座谈会并发表重要讲话，从“推动我国网信事业发展”，到“建设网络良好生态”，“尽快在核心技术上取得突破”，“正确处理安全和发展的关系”，“增强互联网企业使命感、责任感”，再到最后强调要“聚天下英才而用之，为网信事业发展提供有力人才支撑”，阐明了网络安全和信息化事业与网络生态、核心技术、网络安全、互联网企业、人

---

① Ziemba E, Olszak C M, “Building a Regional Structure of an Information Society on the Basis of e-Administration Ewa”, *Issues in Informing Science and Information Technology*, Vol. 9 (2012), pp. 277-295.

② Antonio Muňoz-Caňavate, Pedro Hípola, “Electronic administration in Spain: From its beginnings to the present”, *Government Information Quarterly*, Vol. 28, No. 1 (2011), pp. 74-90.

才的密切关联，以及后五个方面对前者的支撑作用。综合来看，各方面无一不指向人才的重要性和信息人才培育的紧迫性。分析近来发生的“魏则西事件”“雷洋事件”以及“江苏、湖北两省部分高考学生家长大规模聚集事件”，又突显出信息人才具备信息素养的重要性。为此，努力提高全社会对信息素养的认识，使政府、企业和公民在提高自身信息素养的同时为全民信息素养培育出良策、做贡献，对齐心协力共建网络强国意义重大，刻不容缓。

首先是政府信息素养的重要性①。习近平主席指出，网信（网络安全和信息化）事业要发展，必须贯彻以人民为中心的发展思想……要适应人民期待和需求，加快信息化服务普及，降低应用成本，为老百姓提供用得上、用得起、用得好的信息服务，让亿万人民在共享互联网发展成果上有更多获得感。政府要提供满足人民期待和需求的良好的信息服务，必须具备更有效地确认信息、检索及寻找信息、组织及整理信息、使用及创造信息，以及评估传统或网络信息资源的能力，即人们常说的信息素养。当然，政府不仅应该具备从不同媒体搜集信息的素养、利用计算机加工处理信息的素养、在不同媒体公开信息的素养，还应具备保证所搜集、加工处理和公开的信息的全面性、准确性、及时性、可靠性、安全性的能力。这是对政府素质的新要求，也是相对于企业、公民的信息素养对政府信息素养提出的更高要求。

“魏则西事件”充分暴露出政府信息素养的欠缺，突出表现在相关职能部门本身并没有提供过有关“肿瘤生物免疫疗法”（DC-CIK 疗法）的完整而有用的官方权威信息，对网络平台和医疗机构披露的相关信息也缺乏必要的监管。与之相对，美国和德国的政府职能部门都在官方网站上披露过有关 DC-CIK 疗法的科学、详尽而客观的信息，对不同病症采取的相应治疗手段、药物以及治疗手段和药物产生的潜在风险和不良后果也都有较为完整的信息

① 政府、企业和公民的信息素养的重要性部分由谢微和张锐昕合作撰写，见张锐昕、谢微：《培育全民信息素养，聚力共建网络强国》，《电子政务》2016 年第 6 期。

发布，说明我国政府与他国政府信息素养之间的差距。

“雷洋事件”发生后，北京昌平警方迅速确认并公布非常具体的刑侦细节，本意也许是想让公众了解案件过程，以免信谣传谣，但却由于“花费很多笔墨来证明雷某涉嫌嫖娼，似乎还要证明他很熟悉那种场所…把事情引向揭人隐私、道德审判的方向…并未对人们关心的如何死亡这些重点方面作更详实的说明”而引发公众对警方抓捕雷洋过程中是否行为不当的更多质疑，造成了不良的社会影响。

“江苏、湖北两省部分高考学生家长大规模聚集事件”起因是教育部、国家发展改革委下发了《2016 年部分地区跨省生源计划调控方案》，建议江苏、湖北、上海、浙江等 12 个省份向山西、江西、河南、湖南等 10 个中西部省份让出总计 16 万个高考招生名额，以平衡不同条件省份间的高等教育机会。由于高考对于考生家庭来说是头等大事，涉及到他们的切身利益，新政策虽然初衷很好，旨在改善国内高考名额分配中长期存在的地区差异问题，但由于将教育资源相对丰富地区的名额强制分配给稀缺地区本身就有违机会平等原则，加之事先并未在利益相关群体中进行广泛的调研和充分听取意见，就匆忙地在距高考仅剩二十几天的时候进行信息披露，变动录取名额，相关部委难道就没有预料到由此可能给考生和家长带来的冲击，以及可能会引发群众聚集和抗议事件吗？如今造成了广泛的社会影响，不能不说是政府部门信息素养缺失的又一例证。

类似事件一而再、再而三地发生，进一步突显了政府信息素养培育的重要性。如果政府具备了良好的信息素养，就会积极主动地通过权威渠道发布权威信息，并开放便利公众搜索、获取和使用的有用数据；就会在事件发生前预测到后果，在事件发生后了解清全局，并在掌握完整证据后再向社会发布权威信息，从而在让公众了解真相、形成公众和政府之间的良性互动的同时累积政府的信用并增强政府的权威；就能有意识地对其他主体发布的信息进行甄别、筛选和鉴定，积极主动地对其他主体（特别是互联网企业）进行有效的监管，形成责任分担、密切协作的合作关系。随着我国网络安全和信息化事业的快速发展，对政府信息素养的培育必须提上议事日程，以往电子政务培训措施不到位、效果有限的经验教训亟需汲取，信息素养知识框架亟需建立，各类有效的学习方法亟需探索推行。政府可通过加强管理、制定信息素养培养能力标准、授权专业机构承担培训教育任务等手段，引导全社会群策群力培育和提高信息素养。

其次，是企业信息素养的重要性。企业是市场经济的重要主体，其追求商业利润是重要目标，本无可厚非，对互联网企业逐利行为的态度也是如此。但是，在信息时代，企业是否具有社会责任感却是衡量其信誉的一把尺子，是企业赖以生存发展的最宝贵的资源。“魏则西事件”突出地反映了百度公司的社会责任感和信息素养的缺失。我们看到，受“魏则西事件”影响，百度股票价格两日合计大跌10. 46%，市值缩水近70亿美元（约合人民币453亿元）。在港股上市公司和美医、华夏医疗、万嘉集团单日蒸发市值共计将近3亿港元，说明企业信誉是和商业成败高度相关的。众所周知，百度上的大多数信息的排位都是通过竞价获得的，由此造成排名并不是靠真实的水平、技术和资质取胜而是以价格多少计量，这已是公开的秘密。百度不经筛选和妥善甄别就将利害信息发布，虽然有国家法制不健全的责任，有政府监管不到位的责任，不应将板子都打在企业身上，但百度的确由于自身的经营规则和商业行为而导致公众蒙受生命和财产损失。习近平总书记指出，企业要重视数据安全。如果企业在数据保护和安全上出了问题，对自己的信誉也会产生不利影响……一个企业既有经济责任、法律责任，也有社会责任、道德责任。企业做得越大，社会责任、道德责任就越大，公众对企业这方面的要求也就越高……办网站的不能一味追求点击率，开网店的要防范假冒伪劣，做社交平台的不能成为谣言扩散器，做搜索的不能仅以给钱的多少作为排位的标准。应将这些要求视为网络时代对企业信息素养的新要求。百度作为互联网企业的龙头，既是信息发布的前沿，也是信息筛选的第一道防线，对其发布的信息的信用和安全负有不可推卸的责任。它本应具备更好的信息素养，将为信息使用者提供全面、真实、准确和安全的信息作为自身安身立命的基础，但是它却将追求利润作为唯一目标，忽视社会责任，给国家和人民造成严重损失，这不能不说是一种遗憾，如果百度不能正视自身的毛病，将会失去客户信任，直至失去安身立命根基。为此，互联网企业应树立正确的义利观，增强道德意识和社会责任感，既自觉遵守相关法律、维护社会公德正义和保护公民隐私；具备基本的信息加工能力，能对收集的信息进行归纳、分类、存储、综合、抽象概括和表达，合理、合法地筛选和发布信息，又能掌握核心技术，通过加强信息甄别能力，前端感知各种类型网络风险和提出安全防范策略，帮助政府和公众了解网络安全风险在哪里，是什么样的风险，什么情况下会发生，如何规避，从而承担起维护网络安全职责，与全社会共筑网络安全防线。如果“魏则西事件”等能给企业以警醒，从而使其在自身和全民信息素养培育方面倾注力量，那就是把坏事变成了好事，国家网络安全和信息化事业发展就会大有希望。

最后，是公民信息素养的重要性。艾娃·齐恩巴和塞丽娜·奥尔沙克（Ewa Ziemba 和 Celina M. Olszak）认为各国采取的信息社会模式主要有三种，分别是硅谷、新加坡和芬兰模式。这三种模式的创制计划主要包括五个阶段，分别是：确保访问 ICT 基础设施；唤醒公民对潜在的 ICT 和互联网机会的认识；为公民提供各种数字技能的发展；确保信息基础设施开发和使用的法律和制度规定。让整个社区特别是当地社区参与有关信息系统发展的举措和项目①。其中三个阶段直接涉及公民，另两个阶段的基础设施及其开发和使用也是为公民消除获取信息和通信技术的障碍和鼓励公民、企业等创新创业，足见公民信息素养对信息社会建设的重要性。因为处于信息时代的人们每时每刻都得面对各种各样、海量的信息，其中鱼龙混杂、真假难辨，这就需要具备信息意识以及驾驭信息的基本能力，以便能够查找、获取到最全面、最准确、最具权威性的信息，能够自主、高效地学习与交流信息，能够

① Ziemba E，Olszak C M，“Building a Regional Structure of an Information Society on the Basis of e-Administration Ewa”，*Informing Science and Information Technology*，Vol. 9（2012），pp. 277-295.

运用信息解决问题、做出决策、创造知识、适应新变化，这凸显出培育公民信息素养的重要性。公民缺乏信息素养的后果，是不但不能充分利用互联网提供的各种丰富信息来增强自己的能力，反而会因为互联网上充斥的各种垃圾信息而动摇自己的道德判断、法律意识与社会责任，也会因为具体的小概率事件而改变自己的发展取向、行为准则甚至人生轨迹，以致给自身带来极其不利的后果。如魏则西，他作为西安电子科技大学计算机系的学生，是具备信息技术的基础知识的，也能利用互联网高效获取信息，如果他具备起码的信息素养的话，就应懂得对网上各种良莠不齐的信息应加以甄别、比对、辨识、评价甚至反思。但事实是，他的信息素养十分缺乏，盲目信任网站发布的不实信息，以致酿成人财物皆失的悲剧。虽然悲剧产生既有百度和武警北京市总队第二医院的责任，也有政府的责任，但其自身信息素养很低无疑是一大主因。由此，公民的信息素养并非与其知识水平成正比，信息素养培育亟待纳入国家战略抓紧施行。只有提升全民信息素养，形成社会、家庭、学校共同努力培育的大格局，才能聚力共建网络强国。

结　论

根据课题名称以及研究内容的预设，我们的主要论域是电子政府构建以及其中的电子政务（即政府电子政务）运行的保障体系。由于中国电子政务网络建设已将所有政务部门包纳其中，电子政务中国化有其独特的意涵，所以，我们在深入阐释电子政府和电子政务及其派生概念的基础上，将电子政务扩展到所有政务部门的电子政务，这与国家信息基础设施、电子政务应用系统和电子政务信息资源建设的实践范畴相一致。此外，考虑到国家正在大力推行“互联网+”战略、“大数据发展行动”，提出“信息惠民”号召，“构建职责明确、依法行政的政府治理体系”要求，以及电子政务在向电子治理延展的实践需求，我们的研究虽然重点聚焦在探讨政府电子政务方面，但关涉电子政务的探讨并不只局限于政府电子政务建设和运行方面，还扩展到其他政务部门的电子政务甚至电子村务、电子治理。下面阐述其中的主要观点，归纳本著的创新之处，并总结研究中存在的问题和不足之处，希望求教于方家，请大家批评指正。

一、主要观点

1. 关于电子政府及其派生概念的观点

电子政府已经存在，电子政府构建的目标还没有达成，这需要政府针对电子政府构建的目标和需求，逐一审视从最初的虚拟政府到现在的智慧政府以至“互联网+政府”建设中的问题和意义，既推进它们各自健康发展，又保证它们与电子政府有序协同。面对诸多关涉电子政府（electronic government）相关概念的意见上的分歧，我们主张把虚拟政府、信息政府、一站式政府、电视政府、移动政府、智慧政府以及“互联网+政府”视作电子政府在其不同发展阶段的关注重心和目标追求来解读，将虚拟政府、信息政府、一站式政府、电视政府、移动政府、智慧政府和“互联网+政府”等作为在电子政府不同发展阶段的主要工作和重点任务。无论是过去的以职能为中心还是现在的以公众或服务对象为中心，无论是从前的过多关注网络渠道还是现在寻求多种渠道并用，无论是以技术驱动还是以需求驱动，无论是追求智能实现还是探索智慧担当，需知电子政府重心有偏移是客观发展要求、现实环境和公众需求使然，电子政府追求公共利益、满足公共需求和提供公共服务的主旨一直未变，也不应改变。这些派生概念都在电子政府构建过程中施加了重要影响，发挥了巨大作用。今后，政府针对这些概念支撑的实践工程以及这些工程对电子政府构建的边界范围的扩展，还需继续检讨反思，以求电子政府有序构建，不断地促进电子政府跨上新台阶。

作为理论研究工作者，我们应该认识到当国家电子政府实践快速发展、各种观点精彩纷呈之时，能使人们以积极、客观和发展的眼光对待电子政府及其派生概念是多么重要，而建立起具有一致性的电子政府的话语体系，使人们能在较高的认知层面上协调和容纳与这一交叉学科领域相关的不同学科的相应术语体系，并使学科之间的交流与合作能够顺畅进行又是多么必要。

2. 关于电子政务中国化的意涵

对于电子政务的英文译法，我国学术论文在英文摘要中采用“electronic administration”译法的并不多，误用“electronic government”的却相当多。这种误解既有前期误译的历史因素，也有国外对电子政府和电子政务的认识本身一直存在分歧的现实原因。由于项目名称限定，我们所做研究虽然重点关注政府的电子政务或电子政府的政务，但这并不等同于我们认同这种狭义的译法。而且，比较而言，虽然从国人的视角这种译法似乎更符合国外的狭义的电子政务界定，但实际上英文文献中却极少看到 electronic government (al) affair (s) 这种译法。缺乏与国外学术界的共同话语体系，将会影响我国电子政府领域研究成果的推介以及中外学者间的沟通、交流与合作。

我们的观点是，电子政府与电子政务的交集是政府电子政务，与很多国家不同的是，中国的电子政务实践范畴除了包括政府电子政务建设之外，还包含了其他政务部门的电子政务建设。虽然国人常常将政府电子政务与电子政务混为一谈，但实际上后者的建设主体涉及到各级政务部门，包括前者的主要建设主体——各级政府和部门。中国电子政务的意涵会持续拓展下去，目前电子政务中国化的意涵是指各级政务部门以信息网络为平台，综合运用信息技术，在对传统政务进行持续不断的革新和改善的基础上，实现组织结构和工作流程的重组优化，将其管理和服务职能进行集成，超越时间、空间的界限，打破部门分隔的制约，全方位地向社会提供优质、规范、透明、符合国际标准的管理和服务，实现公务、政务、商务、事务的电子化、网络化和一体化管理与运行。

人们期望的或理想中的行政事务处理的“电子化”和“网络化”，绝不是简单地仿真或直接地平移，而应该是由一连串的政治行为和行政干预促发的彻底的行政体系要素转变之后与社会公众共建共享的结果，这种结果到底范围怎样和程度如何，取决于各级政务部门能否为电子政务建设创设必备的促发条件并进而使其合法化地发挥作用。如果适合的促发条件不能提供的话，非但组织变革不能发生，利益关系难以调整，而且会因技术实践达成的一定固化效应和路径依赖而增加对未来政务部门组织和管理进行变革与创新的难度。为此，需要政府先行，政务部门深刻理解和认识政务活动与信息技术结合的复杂性与困难度，积极主动地采取强有力的措施，提供两者结合的促发条件——电子政府构建的政府基础，简称电子政府的政府基础，并在不断积累经验提供样板之后推动其他组织建设电子政务，向实现服务性政务部门、服务型组织及信息惠民的目标努力。

3. 关于政府电子公共服务供给的理想愿景和策略选择

我们基于服务供给的基本要素，从服务对象和手段的包容性、服务功能和内容的彻底性、服务过程及其成果的可及性、服务产出及其形式的有效性四个维度描绘政府电子公共服务供给的愿景目标，并针对性地提出“以公平为基准建设信息基础设施，配以多样化手段，提供包容性服务”“以服务对象为中心配置功能内容，针对个性化需求，输出彻底性服务”“以流程为主线追溯数据运行轨迹，实施监督控制问责，保障过程及其成果可视可控”“以问题为导向创新服务产出形式，依靠体制机制模式创新，推送有效性服务”四项可行策略，用以应对复杂多变的信息环境和日益攀升的服务需求，从方法层面上解决政府公共服务与现代信息技术的结合问题，保障政府电子公共服务供给的绩效和质量。

4. 关于电子政府构建和运行的保障体系的基本涵义

电子政府构建和运行的保障体系不只局限于安全保障，还涵盖质量、绩效和信用保障，不只关涉电子政府构建，还涉及电子政务建设，既包括电子政府顶层设计和电子政务基础建设，电子政务信息资源共享体系建设和电子政府信用体系构建，也包括基本公共服务质量评价和电子政务绩效评估问责以及全民信息素养培育等内容。我们将电子政府构建的保障体系的基本涵义界定为：基于总体国家安全观，有利于保障电子政府构建的质量、绩效、信用和安全的愿景目标、战略措施以及信息基础设施建设、电子政务应用系统建设、各级政务部门信息资源建设、电子政务信息资源共享体系建设、电子政府信用体系构建、电子政务服务质量评价体系建设、电子政务绩效评估问责制度建设等各项要素构成的有机整体；将电子政务运行的保障体系的基本涵义界定为：是能够保障电子政务系统设置的各项功能以及支撑电子政务运行的信息基础设施、信息平台、关联/协作信息系统、信息、信息人等所有组成要素健康有序发展和协同有效运作，并具备积极防御、综合防范各种质量、绩效、信用和安全风险的知识和能力的各类主体、各种手段和各项措施构造的有机整体。

针对电子政府构建和电子政务运行的现状问题和理想愿景建构保障体系，旨在基于现实问题寻求通往未来理想目标的路径和策略，这些路径和策略基于总体国家安全观、大局观、整体观、科学发展观选择，朝向保障电子政府构建和运行的质量、绩效、信用和安全的目标，同时要借助电子政府（构建）的政府基础建设对电子政府构建和运行中的不作为、消极行为和对抗现象予以纠正，为电子政府构建和运行提供必要的、各层级的基础条件，以及时清除来自体制内外的各种阻碍，促进电子政府构建和电子政务建设健康、有序、协调、科学地发展。这一方面需要实践工作者学习有关电子政府构建和电子政务建设以及运行的知识并接受有关其价值、意义、目标、任务的宣传教育，加深对电子政府构建和运行的认识，另一方面需要理论工作者不断地总结实践、升华成果，在反复经历由实践到认识、再由认识到实践的历程中，吸取认识成果之精华，去除认识成果之糟粕，在求得各方共识、达成更多方合作的基础上，建构优质、高效、讲信用、够安全的电子政府构建和运行的保障体系。当然，也要鼓舞全社会共同参与，培育信息素养，做出积极努力，以实现电子政府构建的理想愿景和电子政务运行的阶段性目标。

相对而言，电子政府构建偏于宏观，着重于长远性整体建设，是为实现远期愿景目标、满足理想化需求作提前准备，构建的质量、绩效、信用和安全成果如何需要经历长期实践检验，效益难以快速显现，保障体系价值意义显得更为重大；而电子政务运行偏于微观，着眼于现时系统的质量、绩效和安全，是为满足目前或近期需求在做努力，因为有可能做到满足安全需求且能够对其质量进行评价并对其绩效进行实时评估和问责，所以其保障体系可以快速见效，因之意义显著。

5. 关于电子政务运行的保障体系的建构维度

电子政务运行的时间序列区间始自电子政务系统开发完成投入运行，止于电子政务系统生命周期终止；而空间范围边界限定在政府互联网站、政务大厅和电子政务网络上运作的各项功能的运行情况以及负荷或支撑其运行的系统的其他组成要素或关键要素的运作或工作情况，覆盖虚拟空间与现实空间中各项行政事务办理的全流程；说到运行中的人，无论是电子政务运行的保障体系还是电子政府构建的保障体系，在其构成要件中，最主要的、根本性的首推自动化的人。由于电子政务运行的质量、绩效、信用和安全与部门、组织的文化以及行政人员的思想认识、思维观念、素质能力和责任心高度相关，行政部门之间及其与行政人员之间彼此协作的状况以及中间文档和结果的生成和传递状态也是如此，故而，要构建健康、有序、协调、可靠的电子政务运行的保障体系，必须优先考虑行政文化、组织文化建设以及行政人员的思想认识提高、思维观念转变、素质能力培养和责任心培育等问题。

建构电子政务运行的保障体系要面向三个维度——人、空间（包括虚拟空间与现实空间）、时间；施效的对象包括所有自动化的人或信息人（即所有利益相关者），施效的空间范围边界限定在政府互联网站上的政务前台和电子政务网络上的政务后台上运作的各项功能的运行情况以及负荷或支撑其运行的系统的其他组成要素或关键要素的运作或工作情况，覆盖两个空间中各项业务办理的全流程，而施效的时间序列区间始自电子政务系统开发完成投入运行，终至电子政务系统生命周期终止。这实际上是借助技术及其规制的力量在对政务活动中的人和时空范围实施限定。

6. 关于电子政府（构建）的政府基础建构

如果将电子政府仅仅定位于提高政府效率或一种新的服务提供方式的话，政府基础问题则不具有必要性，但公共行政的信息技术应用决不能简约为既有行政活动的电子化实现，电子政府注定要承担更重要的使命，而且电子政府的政府治理是信息技术的本质特征、信息技术范式与先进的政府治理理念内嵌融合的治理模式，因此，针对于传统政府向电子政府转化的过程中遇到的“公共悖论”式的“行政难题”，政府自身要不断地实施适应性的和建构性的变革，对这一问题的理论分析和逻辑推演，必然指向电子政府构建的政府基础（简称电子政府的政府基础）。

电子政府是信息网络时代的社会环境变迁在公共管理领域的集中体现，电子政府的政府基础是电子政府发展到特定阶段的结果和需求，电子政府的政府基础的概念源于对电子政府发展中的政治因素作用的认识深化。

在信息技术创造的新的信息网络环境和人类社会、经济和政治领域发生的重大变革的背景下，我们发现，新的信息技术并没有缩小人们之间的差距，各国的电子政府构建也没有能创造理想中的信息“乌托邦”。从历史的角度去观察，各国政治制度、社会历史、文化传统、价值观、经济和技术基础性资源等条件的不同，决定了各国为电子政府准备的起始条件不同。由于电子政府并非现实政府的拷贝，要涉及到组织变革和内外部关系转变，又特别需要解决政府的观念、认识和体制等问题，所以，政府基础建设必定是一项艰巨、复杂、长期的系统工程，既主导着电子政府的健康有序发展，同时也最终决定着国家对硬环境建设的资源投入，决定着软环境准备的程度和状况，因此更显得尤为关键和重要。

从建构性的和前瞻性的意义上，政府应该为电子政府构建和电子政务建设提供与现代政府治理理念、信息技术应用和信息社会生产生活方式相适应的行政生态环境，其核心要素涉及政府职能转变、组织结构调整、政务流程再造、管理方式创新、行政体制改革等，这些要素之间彼此关联，相互作用，连同与之相应的政府理念、行政体制、组织模式、运行方式、管理技术和行政文化等，共同构成电子政府有序构建的实践基础和前提条件，我们称之为电子政府的政府基础。

电子政府的政府基础的建构途径至少包括：政府职能结构的优化改造，组织分权的制度化建设，以行政过程为基础进行组织设计，运用灵活的控制和监督方式，建立一体化的政务管理和运作模式，发展更为广泛的民主参与和合作，实施信息资源的战略管理，构建电子政务项目实施的制度规范和运行机制，完善电子政府法律法规体系和信息安全保障体系，鼓励并培育科技领先和知识管理的行政文化。

7. 关于以信息资源共享提高行政审批整体效率的建议

目前行政审批存在的突出问题是整体效率低下，而建立信息资源共享体系对提高审批整体效率具有明显作用。

通过信息资源共享提升审批整体效率的思路是，改变原来“1 对 1”串行信息传递流程，建立以信息资源共享库为中心的“1 对 N”并行信息传递模型，提升联合审批效率。信息资源共享体系应用的价值在于：将原来申报人通过多次材料申报和频繁跑动来衔接各层级、各部门的低效业务模式，提升为申报人一次申报，各部门按需自取，所有业务按照预设流程和环节自动流转和无缝衔接，各审批部门互动和结果可视的高效业务模式，达成技术上联合审批和管理上透明运作的效果。该模式重点解决了三个关键问题：第一，申报人无需逐个部门提出申请，只需一次性提供所有材料，各层级和各部门就可以利用信息系统共享这些资源。第二，部门和层级间的业务衔接，不需由申报人往返奔波，而是利用信息系统实现自动流转。第三，信息资源共享驱动之下的审批流程改造，才有可能真正应用并联审批，实质压缩审批时限。

建立以信息资源共享库为中心跨部门、多层级的信息资源共享体系需要做好以下工作：第一，向信息资源共享库存入可公开的所有审批事项的目录、审批流程、相关标准和申报材料，以防止审批部门或审批人运用审批权力违规寻租；第二，尽可能地将多部门联合审批的环节由串行变为并行，以缩短整体审批时限；第三，充分利用电子行政审批系统能进行异地存储、远程交互的优势，以降低审批相对人的申报成本、审批人的审批成本及两者之间的交互成本，提升审批信息流转的效率；第四，设计出“一表式”申报单，实现审批部门一次性告知、审批相对人一次性申报和审批部门按需自取材料，以避免无谓的多次采集信息、冗余存储信息和重复处理信息；第五，实现标准证照的机器自动识别，以避免人工审核产生的误差与人为因素干扰导致的风险。

基于上述分析，为准备基本条件以提升联合行政审批整体效率，我们向中央政府提出的具体建议是：对审批信息资源共享进行顶层设计；制定行政审批信息资源库的数据标准；制定行政审批信息资源库的应用标准；出台电子证照的国家标准。

8. 关于电子政府信用及其体系构建

电子政府信用中涉及的众多信息行为主体相互作用形成的信用关系必然使电子政府信用受累于目前缺乏制度建设和规则约束的政府信用、企业信用和个人信用。尤其是在电子政府必须依靠信息技术及其产品，依赖网络及其他信息基础设施的情况下，我国在信息技术及其核心产品方面严重依赖国外的现实境况无疑令电子政府信用保障形势越发严峻，电子政府信用已成为电子政府构建亟待突破的障碍因素之一。

电子政府信用是社会公众对电子政府实施诚信行为的一种反馈或评价，兼具平台性和延展性、生态性和合作性、创新性和革命性、公共性和政治性等特征。构建电子政府信用体系的策略涉及多个维度，包括建立统一的标准规范，保障各要素建设、运维和使用信用化；建立系统的法规政策，推进各要素建设、运维和使用法治化；建立严格的管理制度，保障各要素建设、运维和使用制度化；并在上述策略实施中普遍采用信息技术手段作支撑，实现各要素建设、运维和使用的电子化和网络化。

9. 关于基本公共服务质量的概念属性和评价策略

在新的行政范式下有所不同的是，质量不再被视为隐含的辅助性要求，而是作为一个独立概念，并作为一种行政理念和价值追求被显性强调。有别于商业服务质量，公共服务质量有更宽的涵义，至少应包括以下七个方面。第一，遵守预先制定的程序和规范。第二，符合预先设定的结果或效果要求。第三，满足预先规定的输入（投入）要求。第四，实现服务功能最大化。第五，以正确的方式做正确的事情。第六，满足一系列质量标准的程度。第七，具有公共精神。

基本公共服务质量不仅具有交互性、不可传递性、模糊性、依附性等内在固有属性，也具有公平正义性、参与性、规范性、目标相容性等外界赋予属性。这些固有属性和赋予属性是基本公共服务质量本质的具体体现，研究基本公共服务质量的这些属性是为了使评价主体在质量评价过程中能够根据基本公共服务质量的特质性要求选择适当的方法和策略实施评价。

基本公共服务质量评价操作策略主要包括：评估主体选择上，应构建一个由基本公共服务的消费者、提供者、上级部门和主管领导、纪检监察部门等利益相关者构成的多元质量评价主体体系；评估内容选择上，应从内部、消费者和外部三个维度来考虑。

10. 关于电子化政府绩效评估系统的角色和功用

在网络环境下，与电子化政府绩效评估系统共担评估主体之责的，只能是与其所设计的各个虚拟的评估主体相对应的、现实世界中的相应的评估主体，谓之现实的评估主体。现实的评估主体和虚拟的评估主体具有同一性，具体表现在：二者有相同的本原，即其来源和存在的根据一致；二者相互依存，分工合作，以统一的、整体的角色示人和施用。

受人的认识和技术发展的局限，我们还无法做到让虚拟的评估主体——系统与客观存在的现实的评估主体——人完全相符，实际上我们绝对不想强求这一点，我们所要追求的是：根据人和系统的各自的条件和特点，合理分配人和系统各自承担的评估职责，并使人和系统相互协调、适应、配合，从而为政府营造出舒适和安全的绩效评估工作环境，使人和系统合作进行的评估的效用尽可能地达到令政府和社会公众满意。为此，我们设计虚拟的评估主体的原则是：建立在其现实的原型之上且要超越原型（不追求二者的一致，但要尽可能利用技术优势），功能与现实的原型的职责相配合或搭配（各有分工，各司其职），程序依靠现实的原型的选择与决策得以执行。这其实就是协调虚拟的评估主体与现实的评估主体的关系并使之发挥作用的运作方式——二者的分工与合作机制。

设计智能的评估主体的目的是尽可能地对其所在的电子政务网络上的电子政务系统及其管理人员和操作人员的绩效进行自动化评估并实施环节、节点问责。为此，智能的评估主体的生成可采取以下技术路线：

第一，调查研究系统及其数据结构、业务流程、政策和管理规定。深入剖析所处网络上的电子政务系统的建设情况，完整掌握其业务流程的范围边界、控制目标、主要涉及部门、主要监控位置和涉及文件，深入了解其数据结构及相关政策和管理规定，探讨在其关键环节和关键节点植入代码的可行性，以及业务数据对业务行为运作的效率、过程、结果进行还原的有效性，为对其流程、环节和节点处的业务运行状况和人员操作情况进行评估提供实践基础。

第二，建构资源库及相关数据关联模型。智能的评估主体的绩效评估指标体系要具有导向性、独立性、量化性和可操作性，为此，政府要在明确各机关和部门的职能划分和业务分工的基础上，分析能反映相关部门和人员职能履行程度的数据，在对以往的评估指标进行全面总结的基础上，整合评估内容，调整指标分值，建构框架相似、细节不同的绩效评估指标库，以此作为指标抽取的基础信息。同时，建构绩效评估相关信息资源库，通过量化评测方法或评测方法组合搭建各资源库中数据的逻辑关联，再根据系统类别、作用和数据时效要求等方面的差异性建构异步数据挖掘和同步数据采集等数据关联模型，并通过衔接业务工作、数据沉淀、绩效评估和行政问责建立信息关联。

第三，设计绩效评估电子化解决方案。以绩效管理过程为主要业务流程，设计涉及指标数据采集、绩效评估、评估结果生成、行政问责等方面的电子化解决方案。

第四，把智能的评估主体作为电子政务系统中的一个独立的子系统来建设，并根据评估和监测的需要把它安置在不同的电子政务平台上，前提是要对其赋予相应权限，以便其能够独立承担力所能及范围内的工作。由于业务流程实质上就是工作的做法或结构，包含了业务运行的始末以及其发展变化的整个过程，所以，依据业务流程设计的智能的评估主体将能够做到：通过实时监测业务流程中的核心业务链条、关键环节和关键节点并从中采集有用数据，实施对系统的运行状况及左右系统运行的相关部门及其工作人员的行为状况的跟踪评估，并依据不同状况作出相应处理。例如，如果发现工作有偏差和漏洞，即提前预警告知；如果发现操作有违约超时，即适时纠偏补就；而如果发现有违法违纪现象，即及时报警，责令停止，实施问责。这些正是智能的评估主体的特殊效用所在。

二、创新点与不足之处

（一）创新点

1. 电子政府概念的演进：从虚拟政府到智慧政府

电子政府概念的演进催生了一些新的概念，这些新的概念从电子政府脱胎出去（因之谓之派生）后独立发展仍具旺盛的生命力，对电子政府的生存与发展施加作用和影响（因之谓之相关）后与之更趋互动融合。正是这些相关概念的应势应需应运产生、相对独立发展以及与电子政府的互动关联，将人们对电子政府概念自身的认知推进到更高层面和更深层次。跳出电子政府之外，从派生概念角度看电子政府，能理性、审慎地检讨电子政府遇到的生存矛盾、发展危机和问题，发现自身解决矛盾、危机和问题必须采用的方式、方法、路线和方案；回归电子政府本体，从电子政府的视角看派生概念，收集、整理其各种属性和规定的行为，能发现它们的存在对电子政府的生存和发展所具有的意义和价值，所以，电子政府应该对派生概念的发展予以关注并保持警觉，主动、有序、合理地收集有关它们的属性和规定的知识，并把收集到的知识进行整理、分析和处理，以不断发现新问题，修正和完善电子政府概念，在新的有所改进的认识意识指挥下，使认识行为更加合理和富有效率。基于上述原因，我们深挖电子政府发展过程的各个阶段的建设重点、价值偏好，大致沿着电子政府实践进展轨迹（实践的先后）及脱胎于它的相关概念的登场时序（提出的先后），即依循从虚拟政府、信息政府到一站式政府，从电视政府、移动政府到智慧政府的顺序，依次对这些概念轮番登场与间或在场的原因、偏重，以及引致的分歧、误解或误判，还有它们对电子政府概念演进施加的作用和影响等进行探讨。此外，还进一步对“互联网+政府”进行了专门研究。这些研究成果使中国电子政府概念体系研究取得新进展。

2. 政府电子公共服务供给的愿景目标和策略选择

从服务对象和手段的包容性、服务功能和内容的彻底性、服务过程及其成果的可及性、服务产出及其形式的有效性四个维度描绘政府电子公共服务供给的愿景目标，并针对性地提出“以公正为基准建设信息基础设施，配以多样化手段，提供包容性服务”，“以服务对象为中心配置功能内容，针对个性化需求，输出彻底性服务”，“以流程为主线追溯数据运行轨迹，实施监督控制问责，保障过程及其成果可视可控”，“以问题为导向创新服务产出形式，依靠体制机制模式创新，推送有效性服务”四项可行策略，用以应对复杂多变的信息环境和日益攀升的服务需求，从方法层面上解决政府公共服务与现代信息技术的结合问题，保障政府电子公共服务供给的绩效和质量。这是在对既有相关研究成果进行系统归纳和整合后取得的具有创新意义的研究成果。

3. 基本公共服务质量的特质属性和评价策略

全面解读了基本公共服务质量的涵义，拓展了现有的满意度的质量内涵，是对目前我国公共领域质量涵义理解的补充和完善；从基本公共服务的服务性和公共性特点出发分析了基本公共服务质量的特质属性，填补了目前我国学界对公共服务质量的属性特质研究的空缺；提出了基本公共服务质量评价的主体和内容选择策略，构建了基本公共服务要素关系模型。

4. 电子政府信用体系及其构建

电子政府信用是电子政府构建亟待突破的障碍因素之一，其涵义是社会公众对电子政府实施诚信行为的一种反馈或评价，兼具平台性和延展性、生态性和合作性、创新性和革命性、公共性和政治性等特征。构建电子政府信用体系的策略涉及多个维度，包括建立统一的标准规范，保障各要素建设、运维和使用信用化；建立系统的法规政策，推进各要素建设、运维和使用法治化；建立严格的管理制度，保障各要素建设、运维和使用制度化；并在上述策略实施中普遍采用信息技术手段作支撑，实现各要素建设、运维和使用的电子化和网络化。相关内容研究国内几近阙如，该部分研究成果具有创新性，填补了国内电子政府信用体系研究的空白。

5. 电子化政府绩效评估系统的角色和功用

电子化政府绩效评估系统在政务内外网中施用且具有人工难以企及的独特优势，故既可在网络环境下与现实的评估主体分工合作，可在网络世界中独立承担评估职责，也可作为评估客体——让系统评估系统成为可能。我们深入探讨了这一虚拟的评估主体的设计原则、生成原理、适用空间和评估范围，以及它与现实的评估主体的关系和两者的分工与合作机制，并将其考察和评估的重点拓展至电子政务系统内相关的各种关系的运行状况以及系统运作赖以支撑的各种行政体系要素的匹配程度，从而能有效挖掘虚拟的评估主体的技术和革新的潜力，促使政府审视自身行为过程和立足于治理过程的变革，在政府质量提升和绩效改进以及电子政务健康发展方面具有重要价值，尤其是对政务内外网中的电子政务系统的绩效评估和问责具有实用意义。该部分研究属于绩效管理电子化方面的创新性研究成果。

6. 以信息资源共享提高行政审批整体效率的建议

通过信息资源共享提升审批整体效率的思路是：改变原来“1 对 1”串行信息传递流程，建立以信息资源共享库为中心的“1 对 N”并行信息传递模型，提升联合审批效率。信息资源共享体系应用的价值在于：将原来申报人通过多次材料申报和频繁跑动来衔接各层级、各部门的低效业务模式，提升为申报人一次申报，各部门按需自取，所有业务按照预设流程和环节自动流转和无缝衔接，各审批部门互动和结果可视的高效业务模式，达成技术上联合审批和管理上透明运作的效果。该模式重点解决了三个关键问题：第一，申报人无需逐个部门提出申请，只需一次性提供所有材料，各层级和各部门就可以利用信息系统共享这些资源。第二，部门和层级间的业务衔接，不需由申报人往返奔波，而是利用信息系统实现自动流转。第三，信息资源共享驱动之下的审批流程改造，才有可能真正应用并联审批，实质压缩审批时限。我们基于实际调研和理论分析，向中央政府提出的具体建议（包括对审批信息资源共享进行顶层设计；制定行政审批信息资源库的数据标准；制定行政审批信息资源库的应用标准；出台电子证照的国家标准）经中国行政管理学会上报国务院办公厅，受到国务院领导同志的重视，国务委员、中央书记处书记兼国务院秘书长某某同志做了批示。

吉林省行政管理学会会刊《政府科学管理》2015 年 1 期全文转载并加编者按："近日，省行政管理学会常务理事某某某教授牵头研究并撰写的课题报告《以信息资源共享提高联合审批效率的建议》，受到国务院领导重视，已批转国家有关部门阅研。该课题以我国现行行政审批体系中最为复杂的投资建设项目审批作为研究对象，在广泛深入调研的基础上，分析了导致审批效率低下的原因，指出建立信息资源共享体系对提高审批效率具有明显作用，并从四个方面对推进共享体系建设提出对策建议。现予刊发，供学习参考。"

2015 年 2 月 4 日，国务院发布《国务院关于规范国务院部门行政审批行为改进行政审批有关工作的通知》（国发〔2015〕6 号），提出要探索构建国务院部门网上统一监控和查询平台，推进国务院部门间、中央与地方间信息资源共享，加快实现网上受理、审批、公示、查询、投诉等。《21 世纪经济报道》了解到文件出台的背景和原因，派记者对张锐昕教授进行了专访（见：王尔德专访吉林大学行政学院电子政务研究所所长张锐昕："如何以信息资源共享提高联合审批效率"［N］. 21 世纪经济报道，2015 年 2 月 6 日）。

（二）不足之处

1. 电子政府已经存在，电子政府构建的目标还没有达成，这需要政府针对电子政府构建的目标和需求，逐一审视从虚拟政府到智慧政府建设中的问题和意义，既推进它们各自健康发展，又保证它们与电子政府有序协同和各自之间协调运行，由于相关问题过于复杂，构建工程非常浩大，涉及的学科领域非常多，既是政府努力推进的重点和热点，也是理论工作者努力奋斗的目标和方向，我们的研究还只是初步的，偏重于社科视角和领域，但不强调技术不等于不重视和依赖技术，行政与技术的协同问题研究有待进一步发掘。

2. 我们尽力研究了其他政务部门电子政务运行相关内容，如电子政务向农村的拓展——电子村务，但限于时间、精力和知识局限，虽然进行了初步研究，但很有限，有待拓展。尤其是在国家推行“互联网+政务服务”之后，其他需要政府监督的行业、需要信息惠民重点扶持的地方都需要逐步纳入研究范畴。当然，我们研究的电子政府构建和运行保障体系的有效性与可行性也需要经受实践检验。

3. 虽然对政府治理乃至公共治理电子化的研究超出了课题预设的研究范围，但考虑到电子政务正在向电子治理方向发展，为了更好地借鉴和利用电子治理的前沿性研究成果，我们对整体性治理、电子治理进行了初步研究，也涉猎了中国区域公共治理电子化问题，取得的阶段性成果包括：《论电子治理的价值、逻辑与趋势》《电子治理的发展逻辑》《电子治理的概念特征、价值定位与发展趋向》《整体性治理的理论基础及其实现策略》，也初步涉猎了中国区域公共治理电子化问题，如《中国区域公共治理电子化：平台设计及其实现路径——基于 MPPS 模型分析》。虽然这些研究还很不够，但我们认为有必要在此方向上深入拓展下去。

参 考 文 献

一、中文文献

（一）图书文献

[1] 阿里研究院：《互联网+未来空间无限》，人民出版社 2015 年版。

[2] 阿里研究院：《互联网+：从 IT 到 DT》，机械工业出版社 2015 年版。

[3] 曹磊：《互联网+：跨界与融合》，机械工业出版社 2015 年版。

[4] 陈振明：《公共管理学》，中国人民大学出版社 2003 年版。

[5] 陈振明：《公共服务导论》，北京大学出版社 2011 年版。

[6] 杜治洲：《电子政务与政府管理模式的互动》，中国经济出版社 2006 年版。

[7] 冯务中：《网络环境下的虚实和谐》，清华大学出版社 2008 年版。

[8] 韩文报：《电子政务概论》，解放军出版社 2005 年版。

[9] 黄恒学、张勇：《政府基本公共服务标准化研究》，人民出版社 2011 年版。

[10] 金太军、赵晖、高红、张方华：《政府职能梳理与重构》，广东人民出版社 2002 年版。

[11] 李德毅：《中国电子学会云计算专家委员会 云计算技术发展报告》，科学出版社 2011 年版。

[12] 马化腾、张晓峰、杜军：《“互联网+”国家战略行动路线图》，中信出版社

2015 年版。

［13］邱均平：《评价学：理论 · 方法 · 实践》，科学出版社 2010 年版。

［14］上海社会科学院信息所：《信息安全辞典》，上海辞书出版社 2013 年版。

［15］世界银行专家组：《公共部门的社会问责——理念探讨及模式分析》，宋涛译，中国人民大学出版社 2007 年版。

［16］王立华：《电子政务概论》，西安交通大学出版社 2011 年版。

［17］魏长宽：《物联网：后互联网时代的信息革命》，中国经济出版社 2011 年版。

［18］吴国盛：《技术哲学经典读本》，上海交通大学出版社 2012 年版。

［19］习近平：《习近平谈治国理政》，外文出版社 2014 年版。

［20］谢俊贵：《信息的富有与贫乏——当代中国信息分化问题研究》，上海三联书店 2004 年版。

［21］涂之沛：《数据之巅：大数据革命、历史、现实与未来》，中信出版社 2015 年版。

［22］杨钢：《质量无惑：世界质量宗师克劳士比省思录》，中国城市出版社 2002 年版。

［23］叶响裙：《公共服务多元主体供给：理论与实践》，社会科学文献出版社 2014 年版。

［24］张国庆：《公共行政学》，北京大学出版社 2009 年版。

［25］张成福、党秀云：《公共管理学》，中国人民大学出版社 2001 年版。

［26］张锐昕、王郅强等：《电子政务研究》，吉林人民出版社 2006 年版。

［27］张锐昕主编：《公务员电子政务必修教程》，清华大学出版社 2008 年版

［28］张锐昕主编：《电子政府概论（第二版）》，中国人民大学出版社 2010 年版。

［29］张锐昕主编：《电子政府与电子政务》，中国人民大学出版社 2011 年版。

［30］郑毅：《证析——大数据与基于证据的决策》，华厦出版社 2012 年版。

［31］仲昭川：《互联网哲学》，电子工业出版社 2015 年版。

［32］［澳］欧文 · E. 休斯：《公共管理导论（第三版）》，张成福、王学栋译，

中国人民大学出版社 2007 年版。

[33] [德] 马克斯·韦伯:《经济与社会(下)》,林荣远译,商务印书馆 1998 年版。

[34] [德] 赖因哈德·施托克曼:《非营利机构的评估与质量改进:效果导向质量管理之基础》,唐以志、景艳燕译,中国社会科学出版社 2008 年版。

[35] [加] 加里斯·摩根:《驾御变革的浪潮:开发动荡时代的管理潜能》,孙晓莉译,中国人民大学出版社 2002 年版。

[36] [加] 文森特·莫斯可:《数字化崇拜:迷思、权力与赛博空间》,黄典林译,北京大学出版社 2010 年版。

[37] [美] 达雷尔·韦斯特:《数字政府——技术与公共领域绩效》,郑钟扬译,科学出版社 2011 年版。

[38] [美] 弗雷德·W·里格斯:《行政生态学》,金耀基译,台湾商务印书馆 1978 年版。

[39] [美] 文森特·奥斯特罗姆:《美国公共行政的思想危机》,毛寿龙译,三联书店 1999 年版。

[40] [美] B·盖伊·彼得斯:《政府未来的治理模式》,吴爱明、夏宏图译,中国人民大学出版社 2001 年版。

[41] [美] 弗朗西斯·福山:《大分裂:人类本性与社会秩序的重建》,刘榜离、王胜利 译,中国社会科学出版社 2002 年版。

[42] [美] 詹姆斯·A. 菲茨西蒙斯、莫娜·菲茨西蒙斯:《服务管理:运作、战略和信息技术》,张金成、范秀成译,机械工业出版社 2002 年版。

[43] [美] 阿里·哈拉契米:《政府业绩与质量测评——问题与经验》,张梦中、丁煌等译,中山大学出版社 2003 年版。

[44] [美] 简·E. 芳汀:《构建虚拟政府——信息技术与制度创新》,邵国松译,中国人民大学出版社 2010 年版。

[45] [美] 卡尔·弗莱保罗:《知识管理》,徐国强译,华夏出版社 2004 年版。

[46] [美] 戴维·约翰·法默尔:《公共行政的语言——官僚制、现代性和后现代性》,吴琼译,中国人民大学出版社 2005 年版。

［47］［美］斯蒂芬·戈德史密斯、威廉·D·埃格斯：《网络化治理：公共部门的新形态》，孙迎春译，北京大学出版社 2008 年版。

［48］［美］布鲁斯·宾伯：《信息与美国民主：技术在政治权力演化中的作用》，刘钢等译，科学出版社 2011 年版。

［49］［美］库罗斯：《计算机网络：自顶向下方法》，陈鸣译，机械工业出版社 2014 年版。

［50］［美］比尔·科瓦奇、汤姆·罗森斯蒂尔：《真相：信息超载时代如何知道该相信什么》，陆佳怡、孙志刚译，中国人民大学出版社 2014 年版。

［51］［西］曼纽尔·卡斯特：《网络社会的崛起》，夏铸九、王志弘等译，社会科学文献出版社 2001 年版。

［52］［英］卡尔·波普尔：《猜想与反驳——科学知识的增长》，傅季重、纪树立等译，上海译文出版社 1986 年版。

［53］［英］安德鲁·查德威克：《互联网政治学：国家、公民和新传播技术》，任孟山译，华夏出版社 2010 年版。

［54］［英］齐格蒙特·鲍曼：《全球化：人类的后果》，郭国良、徐建华译，商务图书馆 2013 年版。

［55］［英］维克托·迈尔-舍恩伯格、肯尼思·库克耶：《大数据时代：生活、工作与思维的大变革》，周涛译，浙江人民出版社 2013 年版。

（二）文章文献

［1］白翠芳、张毅：《台湾电子治理研究中心研究成果分析及其启示》，《电子政务》2014 年第 2 期。

［2］曹爱军：《论公共服务的行动逻辑——价值规范及其意义表达》，《甘肃社会科学》2016 年第 1 期。

［3］陈天祥：《基于治理过程变革的政府绩效管理框架——以福建省永定县为例》，《中国人民大学学报》2009 年第 5 期。

［4］陈晓华：《强质量之本 固安全之基 加快推进我国农产品质量安全信用体系建设》，《农产品质量与安全》2014 年第 5 期。

[5] 陈小筑：《在“2004 年中国信息化推进大会”上的演讲》，2004 年 11 月 19 日，http：//tech. sina. com. cn/other/2004-11-19/1439462115. shtml。

[6] 丁元、颜海娜：《美国公共行政百年历史回顾及对中国公共行政学未来十年的启示》，载敬乂嘉：《公共管理的未来十年（复旦公共行政评论第九辑）》，上海人民出版社 2012 年版。

[7] 董礼胜、雷婷：《国外电子政务最新发展及前景分析》，《中国社会科学院研究生院学报》2009 年第 6 期。

[8] 杜娟、王峰：《互联网的内涵、服务体系及对制造业的作用路径》，《电信科学》2016 年第 1 期。

[9] 段龙飞：《境外“一站式”行政服务机构建设实践及启示》，《信息化建设》2007 年第 5 期。

[10] 高飞：《中国的总体国家安全观浅析》，《科学社会主义》2015 年第 2 期。

[11] 高祖贵：《以总体国家安全观指引中国特色国家安全道路》，《当代中国史研究》2015 年第 4 期。

[12] 郭小聪：《论国家职能与政府职能》，《中山大学学报（社科版）》1997 年第 2 期。

[13] 郭明：《村务公开制度实施的困境与对策——基于广东省石村的调查与思考》，《南方农村》2011 年第 11 期。

[14] 樊博、孟庆国：《顶层设计视角下的政府信息资源共享研究》，《现代管理科学》2009 年第 1 期。

[15] 樊博：《电子政务顶层设计视角下的政府信息股份研究》，《情报学报》2013 年第 5 期。

[16] 胡广伟、仲伟俊、梅姝娥：《电子公共服务战略规划方法研究及实证》，《管理科学学报》2008 年第 6 期。

[17] 黄璜：《互联网+、国家治理与公共政策》，《电子政务》2015 年第 7 期。

[18] 黄盛：《电子政务建设中网上行政审批系统浅析》，《科技信息》2014 年第 1 期。

[19] 黄新平：《基于集体智慧的政府社交媒体文件档案化管理研究》，《北京档

案》2016 年第 11 期。

［20］焦国成：《关于诚信的伦理学思考》，《中国人民大学学报》2002 年第 5 期。

［21］姜春超、张贺、袁静：《电子政务建设项目的组织与管理》，2004 年 2 月 17 日，http：//wwwVenet. com. cn/article/2004/0217/A20040217287114. shtml。

［22］姜明安：《论政务公开》，《湖南社会科学》2016 年第 2 期。、

［23］姜奇平、汪向东：《行政环境与电子政务的策略选择》，《中国社会科学》2004 年第 2 期。

［24］姜晓萍、郭金云：《基于价值取向的公共服务绩效评价体系研究》，《行政论坛》2013 年第 6 期。

［25］金太军：《电子政务：实践错位及其化解》，《吉林大学社会科学学报》2010 年第 9 期。

［26］孔凡河：《基本公共服务均等化：实现包容性增长的战略抉择》，《上海行政学院学报》2013 年第 6 期。

［27］孔晓娟、邹静琴：《中国农村电子政务发展现状及模式研究综述》，《电子政务》2015 年第 1 期。

［28］黎宏：《论总体国家安全观的变革性特征》，《重庆大学学报》2015 年第 3 期。

［29］李广、王继新、袁方成：《村务公开制度与村务信息化》，《科技进步与对策》2006 年第 6 期。

［30］李健、王紫薇、张锐昕：《政府电子公共服务供给的实践技术基础解析》，《电子政务》2012 年第 12 期。

［31］李克强：《催生新的动能 实现发展升级》，《求是》2015 年第 20 期。

［32］李鹏：《美国电子政务技术演绎模型及本土化进路》，《电子政务》2012 年第 11 期。

［33］李文彬、邓艳利：《政府整体绩效评价的公众满意度调查问卷设计》，《华南理工大学学报（社会科学版）》2009 年第 4 期。

［34］李章程：《欧洲电子政府公共服务的测评及启示》，《北京档案》2011 年第

9 期。

[35] 李章程：《欧洲电子政府公共服务研究》，《图书情报工作》2011 年第 23 期。

[36] 林宏宇：《新国家安全观四大内核》，2014 年 6 月 3 日，http：//theory. rmlt. com. cn/2014/0603/274923. shtml。

[37] 刘红波：《一站式政府的演进轨迹与转型机理》，《电子政务》2012 年第 12 期。

[38] 刘红波：《一站式政府的概念解析与角色定位》，《电子政务》2012 年第 8 期。

[39] 刘洪深、汪涛、张辉：《从顾客参与行为到顾客公民行为——服务中顾客角色行为的转化研究》，《华东经济管理》2012 年第 4 期。

[40] 刘文富：《智慧政务：智慧城市建设的政府治理新范式》，《中共南京市委党校学报》2017 年第 1 期。

[41] 刘跃进：《非传统的总体国家安全观》，《国际安全研究》2014 年第 6 期。

[42] 娄成武、于东山：《西方国家电子政府发展理论研究综述》，《国家行政学院学报》2009 年第 3 期。

[43] 吕耀怀：《信息伦理：数字化生存的道德新知》，《湖湘论坛》2000 年第 4 期。

[44] 马化腾：《关于以“互联网+”为驱动推进我国经济社会创新发展的建议》，《中国科技产业》2016 年第 3 期。

[45] 马建光、姜巍：《大数据的概念、特征及其应用》，《国防科技》2013 年第 2 期。

[46] 马蕴：《比利时电子政务发展特点及启示》，《信息化建设》2004 年第 5 期。

[47] 马梅若：《以政务公开提高政府履职效能》，《金融时报》2016 年 1 月 13 日。

[48] 马占魁、孙存良：《坚持总体国家安全观》，《解放军报》2014 年 7 月 30 日。

［49］门洪华：《总体国家安全观与中国特色国家安全道路》，《攀登》2016 年第 1 期。

［50］孟庆国：《政府 2. 0——电子政务服务创新的趋势》，《电子政务》2012 年第 11 期。

［51］孟庆国、李晓方：《“互联网+”地方政府治理》，《中国党政干部论坛》2015 年第 6 期。

［52］宁家骏：《“互联网+”战略下的“信息惠民”顶层设计构想》，《电子政务》2016 年第 1 期。

［53］秦浩：《电子治理的概念界定》，《电子政务》2014 年第 8 期。

［54］秦天保：《电子政务信息安全体系结构研究》，《计算机系统应用》2006 年第 1 期。

［55］钱杨、代君、廖小艳：《面向信息资源管理的云计算性能分析》，《图书与情报》2009 年第 4 期。

［56］曲成义：《电子政务面临的挑战》，《信息化建设》2001 年第 11 期。

［57］曲成义：《电子政务安全保障体系探索》，《信息安全与通信保密》2003 年第 6 期。

［58］任陇婵：《关于三网融合 是时候该说说真话了》，2016 年 3 月 1 日，http：//digi. tech. qq. com/a/20160301/031604. htm。

［59］孙健：《网络化治理：公共事务管理的新模式》，《学术界》2011 年第 2 期。

［60］孙利天、孙祺：《生命体验与理论想象——孙正聿教授哲学理论研究和创新之路》，《吉林大学社会科学学报》2017 年第 2 期。

［61］孙鹏、沈祎岗：《基于智慧理念的城市公共安全评估体系建设》，《中兴通讯技术》2014 年第 4 期。

［62］孙宇：《构建面向公共服务的电子政务体系：理论逻辑和实践指向》，《中国行政管理》2010 年第 11 期。

［63］孙正聿：《本体论批判的辩证法——探索辩证法理论的一种思路》，《哲学研究》1990 年第 1 期。

［64］商维庆：《电子政务总体框架和顶层设计的突破口——业务线战略》，《电子政务》2006 年第 3 期。

［65］尚新建：《谈谈“智慧”》，《北京大学学报（哲学社会科学版）》2012 年第 5 期。

［66］沈昌祥、张焕国、冯登国、曹珍富、黄继武：《信息安全综述》，《中国科学（E 辑：信息科学）》2007 年第 2 期。

［67］陶文昭：《信息时代的民主参与》，《社会科学研究》2006 年第 2 期。

［68］唐任伍：《习近平改革战略思想特征》，《人民论坛》2013 年第 37 期。

［69］佟德志：《基于电子政务的服务型政府建设：模式与整合》，《中国行政管理》2008 年第 9 期。

［70］汪波、金太军：《从规制到治理：我国行政审批制度改革的理念变迁》，《上海行政学院学报》2003 年第 2 期。

［71］王朝晖、谭华、李颖：《智慧城市——信息基础设施上的智慧大集成》，《广东通信技术》2013 年第 2 期。

［72］王宏禹：《新农村电子村务的构建》，《中国信息界》2009 年第 2 期。

［73］王欢喜、王璟璇：《EA 在电子政务顶层设计中的应用》，《图书情报工作》2012 年第 2 期。

［74］王娟：《“互联网+”的多维模式研究与分析》，《无线互联科技》2015 年第 8 期。

［75］王利明：《关于诚信的法学思考》，《中国人民大学学报》2002 年第 5 期。

［76］王丽平：《知识管理——政府管理的新资源》，《江西行政学院学报》2007 年第 7 期。

［77］王建玲、邱广华：《公共部门电子服务质量评价研究》，《中国行政管理》2011 年第 7 期。

［78］王政：《电子政务安全保障体系结构研究》，《计算机应用》2008 年第 6 期。

［79］王义桅：《全球化时代的大国安全观——中国的安全文明及其对西方的超越》，《人民论坛》2014 年第 11 期。

[80] 吴倚天：《顶层设计的当务之急——访中国电子政务示范工程专家组专家国家行政学院教授汪玉凯》，《中国信息界》2005 年第 15 期。

[81] 吴倚天、汪玉凯：《中国电子政务的十年回顾与发展展望（下）》，《行政管理改革》2009 年第 4 期。

[82] 肖峰：《论作为一种理论范式的信息主义》，《中国社会科学》2007 年第 2 期。

[83] 谢力民：《顶层设计——电子政务向纵深发展的标志》，《数码世界》2005 年第 3 期。

[84] 谢卓芝、谢撼澜：《"总体国家安全观"研究综述》，《理论视野》2016 年第 5 期。

[85] 谢俊贵：《当代社会变迁之技术逻辑——卡斯特网络社会理论述评》，《学术界》2002 年第 4 期。

[86] 熊宇：《电子政务：多元化治理视角下行政管理的新模式》，《四川师范大学学报（社会科学版）》2013 年第 5 期。

[87] 徐琳瑜：《电子政务信息安全的保障体系》，《学习论坛》2006 年第 6 期。

[88] 徐远、张群：《服务质量的特性与功能分析》，《武汉理工大学学报》2007 年第 3 期。

[89] 徐守盛：《牢固树立和贯彻落实总体国家安全观——写在首个全民国家安全教育日》，《湖南日报》2016 年 4 月 15 日。

[90] 徐晓林、朱国伟：《智慧政务：信息社会电子治理的生活化路径》，《自然辩证法通讯》2012 年第 5 期。

[91] 徐晓林、李卫东：《论云计算对电子政务的革命性影响》，《电子政务》2012 年第 10 期。

[92] 徐晓林、李卫东：《智慧治理：国家治理能力现代化的重大变革》，《智慧城市》2016 年第 1 期。

[93] 徐光裕、王瑾：《热话题与冷思考——关于总体国家安全观与中国特色国家安全道路的对话》，《当代世界与社会主义》2014 年第 6 期。

[94] 徐赟：《"互联网+"：新融合、新机遇、新引擎》，《电信技术》2015 年第

4 期。

［95］许耀桐：《决策公开是高端的政务公开》，《中国行政管理》2015 年第 7 期。

［96］杨凤春：《实施电子政务的政府基础（一）》《信息化建设》2003 年第 3 期。

［97］杨凤春：《实施电子政务的政府基础（二）》《信息化建设》2003 年第 4 期。

［98］杨学山：《电子政务的顶层设计》，《电子政务》2010 年第 8 期。

［99］杨国栋：《论网络时代政府职能转变的十大取向》，《新疆社会科学》2010 年第 6 期。

［100］杨国荣：《论实践智慧》，《中国社会科学》2012 年第 4 期。

［101］杨弘、胡永保：《实现基本公共服务均等化的民主维度——以政府角色和地位为视角》，《吉林大学社会科学学报》2012 年第 4 期。

［102］杨莲安：《论电子文件信息安全保障体系的构建》，《档案学研究》2011 年第 5 期。

［103］杨吉江、贺炜：《加强顶层设计 推动电子政务深入发展》，《电子政务》2006 年第 1 期。

［104］杨瑞龙：《关于诚信的制度经济学思考》，《中国人民大学学报》2002 年第 5 期。

［105］叶国标、吕惠敏：《美国前副总统戈尔：电子政务面临四大障碍》，2002 年 6 月 14 日，见 http：//www. china. com. cn/economic/txt/2002 - 06/14/content_5159846. htm。

［106］叶战备、向良云：《电子治理：电子政府发展的必然选择》，《探索》2007 年第 3 期。

［107］叶鑫、李怀明、王延章：《一站式行政审批系统研究与设计》，《计算机应用研究》2006 年第 4 期。

［108］于建嵘：《村民自治：价值和困境——兼论〈中华人民共和国村民委员会组织法〉的修改》，《学习与探索》2010 年第 4 期。

[109] 于新循、付贤禹：《从自律走向他律：我国政府信用的法制化探径》，《社会科学研究》2011 年第 2 期。

[110] 喻国明：《用“互联网+”新常态构造传播新景观——兼论内容产品从“两要素模式”向“四要素模式”的转型升级》，《新闻与写作》2015 年第 6 期。

[111] 臧超、李婷：《互联网+背景下政府电子公共服务研究》，《科技资讯》2015 年第 32 期。

[112] 邹身城、邹小芃：《“总体安全观”是城市治理现代化的重要指针》，《周刊》2015 年第 7 期。

[113] 左亚文、张恒赫：《哲学智慧的智慧追问》，《湖北社会科学》2014 年第 1 期。

[114] 赵艳玲、李战宝：《云计算及其安全在美国的发展研究》，《信息网络安全》2011 年第 10 期。

[115] 张成福：《公共行政的管理主义——反思与批判》，《中国人民大学学报》2001 年第 1 期。

[116] 张楠、孟庆国、郭迅华：《电子政务研究回顾 1999-2009：基于 SSCI 文件的分析》，《公共管理评论》2010 年第 1 期。

[117] 张启春、山雪艳：《基本公共服务、均等化的内在逻辑及其实现——以基本公共文化服务为例》，《求索》2018 年第 1 期。

[118] 张锐昕：《建立电子政务评估制度的动因》，《社会科学战线》2005 年第 4 期。

[119] 张锐昕：《基于电子政务系统的政府绩效评估系统研究》，《理论探讨》2009 年第 4 期。

[120] 张锐昕、秦浩：《行政服务中心：发展愿景、路径选择与趋近策略》，《吉林大学社会科学学报》2010 年第 5 期。

[121] 张锐昕：《电子政府内涵的演进及其界定》，《社会科学辑刊》2011 年第 5 期。

[122] 张锐昕、刘红波：《一站式政府的逻辑框架与运行模式》，《电子政务》2011 年第 5 期。

［123］张锐昕、杨国栋：《电子政府构建的政府基础：涵义、特征和构成》，《山东大学学报（哲学社会科学版）》，2011 年第 5 期。

［124］张锐昕、杨国栋：《电子政务与政府职能转变的逻辑关联》，《甘肃社会科学》2012 年第 2 期。

［125］张锐昕、谢微：《培育全民信息素养，聚力共建网络强国》，《电子政务》2016 年第 6 期。

［126］张维华：《我国电子政务信息资源安全保障体系研究》，《图书情报工作》2007 年第 12 期。

［127］张晓杰、王桂新：《基本公共服务供给的有限性与有效性研究》，《上海行政学院学报》2014 年第 1 期。

［128］张贤明、高光辉：《公正、共享与尊严：基本公共服务均等化的价值定位》，《吉林大学社会科学学报》2012 年第 4 期。

［129］张新红：《电子政务支撑保障体系的内涵及其建设》，《电子政务》2009 年第 1 期。

［130］张艳：《美国政府云计算研究与应用对我们的启示》，《电子政务》2011 年第 2-3 期。

［131］张毅、陈友福、徐晓林：《我国智慧城市建设的社会风险因素分析》，《行政论坛》2015 年第 4 期。

［132］张志明、刘铸：《浅议省级政务信息资源目录体系建设》，《信息系统工程》2013 年第 3 期。

［133］周敏、靳朝晖、孙守相：《农民的城镇化意愿及利益表达——基于 D 县的调查研究》，《山西农业大学学报（社科版）》2015 年第 6 期。

［134］周其仁：《中国经济怎么才能好起来》，2015 年 9 月 18 日，http：//finance. sina. com. cn/ 360desktop/china/20150918/080023284347. shtml。

［135］周文：《2020 年全球数据总量将超 40ZB 大数据落地成焦点》，2013 年 8 月 29 日，http：//net. chinabyte. com/139/12703139. shtml。

［136］［美］Theresa A. Pardo：《共享研究与实践知识：对“电子治理的未来”国际研讨会及全球数字政府学术共同体建设的评论》，郑磊、包琳达等译，《电子政

务》2014年第1期。

［137］［英］安德鲁·卡卡贝兹、娜达·K·卡卡贝兹、亚历山大·库兹敏：《凭借信息技术重塑民主治理：一个日益值得商榷的议题》，官进胜译，《上海行政学院学报》2003年第4期。

（三）法律、政策和标准

［1］《中共中央办公厅 国务院办公厅关于转发〈国家信息化领导小组关于我国电子政务建设指导意见〉的通知（中办发〔2002〕17号）》，2002年8月5日。

［2］《中共中央办公厅 国务院办公厅 国家信息化领导小组关于加强信息安全保障工作的意见（中办发〔2003〕27号）》，2003年9月7日。

［3］《中华人民共和国电子签名法（中华人民共和国主席令 第十八号）》，2004年8月28日。

［4］《中共中央办公厅 国务院办公厅 中共中央办公厅 国务院办公厅关于加强信息资源开发利用工作的若干意见（中办发〔2004〕34号）》，2004年12月12日。《中共中央办公厅 国务院办公厅

［5］《中共中央办公厅，国务院办公厅关于印发〈2006—2020年国家信息化发展战略〉的通知（中办发〔2006〕11号）》，2006年3月19日。

［6］《国家信息化领导小组 国家信息化领导小组关于印发〈国家电子政务总体框架〉的通知（国信〔2006〕2号）》，2006年3月19日。

［7］《国家信息化领导小组关于推进国家电子政务网络建设的意见（中办发〔2006〕18号）》，2006年5月18日。

［8］《中华人民共和国政府信息公开条例（国务院令〔2007〕第492号）》，2007年4月5日。

［9］《政务信息资源目录体系 第1部分 总体框架（GB/T 21063 1-2007）》，2007年9月10日。

［10］《国家发展改革委 财政部 国家发展改革委 财政部关于加快推进国家电子政务外网建设工作的通知（发改高技〔2009〕988号）》，2009年4月14日。

［11］《软件产品管理办法（工业和信息化部令〔2009〕第9号）》，2009年3

月 1 日。

［12］《电子病历基本规范（试行）（卫医政发（2010）24 号）》，2010 年 2 月 22 日。

［13］《工业和信息化部 国家发展改革委 科技部 财政部 国土资源部 住房和城乡建设部 国家税务总局. 关于推进光纤宽带网络建设的意见（工信部联通〔2010〕105 号）》，2010 年 3 月 17 日。

［14］《国务院三网融合工作协调小组办公室关于三网融合试点工作有关问题的通知（国协办函〔2010〕3 号）》，2010 年 7 月 20 日。

［15］《中华人民共和国国民经济和社会发展第十二个五年规划纲要》，2011 年 3 月 16 日。

［16］《国务院办公厅关于进一步加强政府网站管理工作的通知（国办函〔2011〕40 号）》，2011 年 4 月 21 日。

［17］《工业和信息化部关于印发《国家电子政务“十二五”规划》的通知（工信部规〔2011〕567 号）》，2011 年 12 月 12 日。

［18］《国家发展改革委关于印发“十二五”国家政务信息化工程建设规划的通知（发改高技〔2012〕1202 号）》，2012 年 5 月 5 日。

［19］《国家发改委 公安部 财政部 国家保密局 国家电子政务内网建设和管理协调小组办公室关于进一步加强国家电子政务网络建设和应用的通知（发改高科〔2012〕1986 号）》，2012 年 7 月 6 日。

［20］《科技部关于印发中国云科技发展“十二五”专项规划的通知（国科发计〔2012〕907 号）》，2012 年 9 月 3 日。

［21］《国家发展改革委关于加强和完善国家电子政务工程建设管理的意见（发改高技〔2013〕266 号）》，2013 年 2 月 16 日。

［22］《国务院关于促进信息消费扩大内需的若干意见（国发〔2013〕32 号）》，2013 年 8 月 8 日。

［23］《国务院办公厅关于政府向社会力量购买服务的指导意见（国办发〔2013〕96 号）［Z］》，2013 年 9 月 26 日。

［24］《国务院办公厅关于进一步加强政府信息公开回应社会关切提升政府公信

力的意见（国办发〔2013〕100号）》，2013年10月18日。

［25］《中共中央十八届三中全会关于全面深化改革若干重大问题的决定》，2013年11月12日。

［26］《国务院办公厅关于加强政府网站信息内容建设的意见（国办发〔2014〕57号）》，2014年11月17日。

［27］《国务院关于规范国务院部门行政审批行为改进行政审批有关工作的通知（国发〔2015〕6号）》，2015年1月19日。

［28］《国家发改委办公厅关于做好制定“互联网+”行动计划有关工作的通知（发改办高技〔2015〕610号）》，2015年3月16日。

［29］《中华人民共和国电子签名法（2015年修正）》，2015年4月24日。

［30］《国务院办公厅转发财政部发展改革委人民银行关于在公共服务领域推广政府和社会资本合作模式指导意见的通知（国办发〔2015〕42号）》，2015年5月22日。

［31］《国务院关于积极推进“互联网+”行动的指导意见（国发〔2015〕40号）》，2015年7月4日。

［32］《国务院办公厅关于印发整合建立统一的公共资源交易平台工作方案的通知（国办发〔2015〕63号）》，2015年8月10日。

［33］《国务院关于印发促进大数据发展行动纲要的通知（国发〔2015〕50号）》，2015年8月31日。

［34］《国务院办公厅关于简化优化公共服务流程方便基层群众办事创业的通知（国办发〔2015〕86号）》，2015年11月30日。

［35］《工业和信息化部关于印发贯彻落实《国务院关于积极推进“互联网+”行动的指导意见》行动计划（2015－2018年）的通知（工信部信软〔2015〕440号）》，2015年12月14日。

［36］《国务院办公厅关于转发国家发展改革委等部门推进“互联网+政务服务”开展信息惠民试点实施方案的通知（国办发〔2016〕23号）》，2016年4月14日。

［37］《国务院关于印发2016年推进简政放权放管结合优化服务改革工作要点的通知（国发〔2016〕30号）》，2016年5月23日。

［38］《国务院办公厅 国务院办公厅关于加快推进“五证合一、一照一码”登记制度改革的通知（国办发〔2016〕53号）》，2016年6月30日。

［39］《国务院办公厅 国务院办公厅关于成立政府购买服务改革工作领导小组的通知（国办发〔2016〕48号）》，2016年6月21日。

［40］《中共中央办公厅 国务院办公厅 中共中央办公厅 国务院办公厅关于印发〈国家信息化发展战略纲要〉的通知（中办发〔2016〕48号）》，2016年7月27日。

［41］《农业部关于印发〈“十三五”全国农业农村信息化发展规划〉的通知（农市发〔2016〕5号）》，2016年8月29日。

［42］《中华人民共和国网络安全法》，2016年11月7日。

［43］《国务院办公厅 国务院办公厅印发〈关于全面推进政务公开工作的意见〉实施细则的通知（国办发〔2016〕80号）》，2016年11月15日。

［44］《国务院关于印发“十三五”国家战略性新兴产业发展规划的通知（国发〔2016〕67号）》，2016年11月29日。

［45］《国务院关于印发“十三五”国家信息化规划的通知（国发〔2016〕73号）》，2016年12月15日。

［46］《国家发展改革委办公厅关于组织实施2017年新一代信息基础设施建设工程和“互联网+”重大工程的通知（发改办高技〔2016〕2710号）》，2016年12月16日。

［47］《国务院办公厅关于印发“互联网+政务服务”技术体系建设指南的通知（国办函〔2016〕108号）》，2017年1月12日。

［48］《国务院办公厅关于进一步激发社会领域投资活力的意见（国办发〔2017〕21号）》，2017年3月7日。

［49］《国务院办公厅关于印发2017年政务公开工作要点的通知（国办发〔2017〕24号）》，2017年3月23日。

［50］《国务院办公厅关于印发政府网站发展指引的通知（国办发〔2017〕47号）》，2017年5月15日。

［51］《国家发展改革委关于印发“十三五”国家政务信息化工程建设规划的通知（发改高技〔2017〕1449号）》，2017年8月24日。

二、英文文献

（一）图书文献

［1］ Bellamy Christine, John A. Taylor, Governing *In the Information Age*, Buckingham: Open University Press, 1998.

［2］ Darrell M. West, Digital Government: Technology and Public Sector Performance. New Jersey: Princeton University Press, 2005.

［3］ Donald F. Norris, *Current Issues and Trends in E-government Research*, Hershey, PA: IGI Global, 2007.

［4］ Downey Ed, Jones Matt, *Public Service, Governance and Web2. 0 Technologies: Future Trends in Social Media*, Hershey, PA: Information Science Reference, 2012.

［5］ Giorgio Petroni, Fanic Cloete, *New Technologies in Public Administration*, Amsterdam: IOS Press, 2005.

［6］ Holmes D, *E-Gov: E-Business Strategies for Government*, London: Nicholas Brealey Publishing, 2001.

［7］ J. E. J. Prins, *Designing E-Government: On the Crossroads of Technological Innovation and Institutional Change*, Netherland: Kluwer Law International, 2001.

［8］ Kim Viborg Andersen, *E - government and Public Sector Process Rebuilding (PPR): Dilettantes, Wheel Barrows, and Diamonds*, Boston: Kluwer Academic Publishers, 2004.

［9］ Leon J. Osterweil, Lynette I. Millett, Winston D. Joan, *Social Security Administration Electronic Services Provision: A Strategic Assessment*, Washington, D. C.: The National Academies Press, 2007.

［10］ Marx Morstein Fritz, *Elements of Public Administration*, Englewood Cliffs, NJ: Prentice-Hall, 1963.

［11］ Mayer - Schönberger Victor, Lazer David, *Governance and Information*

Technology: *From Electronic Government to Information Government*, Boston: The MIT Press, 2007.

[12] OECD, *The e-Government Imperative*, Paris: OECD Publications, 2003.

[13] Pippa Norris, *The Worldwide Digital Divide*: *Information Poverty*, *The Internet and Development*, Byerly Hall: Harvard University Press, 2000.

[14] Ross Anderson, *Security Engineering*: *A Guide to Building Dependable Distributed Systems*, Hoboken: Wiley Publishing, 2008.

[15] Ross Anderson, *Information Security Engineering*, Beijing: Tsinghua University Press, 2012.

[16] Steven H. Spewak, Steven C. Hill, *Enterprise Architecture Planning*: *Developing a Blueprint for Data*, *Applications and Technology*, QED Information Sciences, Inc, 1993.

[17] Subhash Bhatnagar, *E-Government*: *From Vision to Implementation-A Practical Guide With Case Studies*, New Delhi: SAGE Publications, 2004.

[18] Subhash Bhatnagar, *Unlocking E - Government Potencial*: *Concept*, *Cases and Practical Insights*, New Delhi: SAGE Publications India Pvt Ltd, 2009.

[19] Trček Denis, *Managing Information Systems Security and Privacy*, Berlin: Springer, 2006.

[20] Viktor Mayer - Schönberger, *David Lazer*, *Governance and Information Technology*: *From Electronic Government to Information Government*, Boston: The MIT Press, 2007.

[21] West, Darrell, *Digital Government*: *Technology and Public Sector Performance*, New Jersey: Princeton University Press, 2005.

（二）文章文献

[1] Abdulmohsen Abanumy, Pam Mayhew, "M-government Implications For E-Government in Developing Countries: The Case Of Saudi Arabia", 2005, http: //workspace. unpan. org/sites/internet/Documents/ UNPAN033540. pdf.

[2] Alfakhri M O, Cropf R A, Kelly P, et al, "E-Government in Saudi Arabia: Be-

tween Promise and Reality", *International Journal of Electronic Government Research*, Vol. 4, No. 2 (2008).

[3] Asante Shafik, "What is Inclustion?", 2011, http: //inclusion. com/inclusion. html.

[4] Asgarkhani Mehdi, "The Effectiveness of e-Service in Local Government: A Case Study", *The Electronic Journal of e-Government*, Vol. 3, No. 4 (2005).

[5] Bernd W. Wirtz & Peter Daiser, "E-Government Strategy Process Instruments", 2017, http: //www. uni - speyer. de/files/de/Lehrst% C3% BChle/Wirtz/WirtzDaiser_ 2015_ E-Government. pdf.

[6] Bock Christian, "Electronic Administration of Industrial Property Rights at the Swiss Federal Institute of Intellectual Property", *World Parent Information*, Vol. 18, No. 3 (1996).

[7] Castelfranco Sabina, "Certification and Security in E - services: From E - government to E-business", E-Government Conference Opens in Palermo Naples, April 11, 2002.

[8] Cerrillo-I-Martínez, Agustí, "Tax Administration: A Guide for the Development of Electronic Tax Administration in Spain", *IDP Revista de Internet Derecho y Política*, No. 12 (2011).

[9] Chandler Stephen, Emanuels Sharon, "Transformation Not Automation", *Proceedings of 2nd European Conference on E-government*, St Catherine, College Oxford, UK, 2002.

[10] Chen Yu-Che, Lee Jooho, "Collaborative Data Networks for Public Service: Governance, Management and Performance", *Public Management Review*, Vol. 20, No. 5 (2017).

[11] Chen, Y. N, Chen H. M, Huang W. Ching, R. K. H, "E-Government Strategies in Developed and Developing Countries: An Implementation Framework and Case Study", *Journal of Global Information Management*, Vol. 14, No. 1 (2008).

[12] Chong Yoke Sin, "Foundation of Effective E-Government-The Singapore",

March 11, 2013, http: //citeseerx. ist. psu. edu/viewdoc/summary? doi = 10. 1. 1. 374. 7262.

[13] Chadwick. A, May. C, "Interaction between States and Citizens in the Age of the Internet: E-government in the United States, Britain and the European Union". *Governance*, Vol. 16, No. 2 (2003).

[14] C. Hood, "A Public Management for All Seasons", *Public Administration*, Vol. 69, No. 1 (1991)

[15] Cloete Fanie, "E - government Lessons from South Africa 2001 - 2011: Institutions, Satte of Progress and Measurement: Section Ⅱ: Country Perspectives on e-Government-Emergence", *The African Journal of Information and Communication*, Vol. 2012, No. 12 (2012).

[16] Cohn W A, "Outsourced Civics: Robbery, Rupture and Repair", *The Prague Journal of Central European Affairs*, No. 4 (2011).

[17] Cullen Rowena, "New Zealand E - government Strategy - December 2001 - Update", in *Executive Summary: E-government Strategy update December* 2001 *Available*, January 2001, http: //archive. ict. govt. nz/plone/archive/about-egovt/programme/e-gov-strategy-dec-01/strategy-dec01. pdf.

[18] David Brown, "Electronic Government and Public Administration", *International Review of Administrative Sciences*, Vol. 71, No. 2 (2005).

[19] El-Sofany Hosam. F, Altourki T, Alhowimel H, et al, "E-government in Saudi Arabia: Barriers, Challenges and its Role of Development", *International Journal of Computer Applications*, Vol. 28, No. 5 (2012).

[20] Elash C A. Celeste, Tiplady B, Turner-Bowker D M, Cline J, DeRosa M, Scanlon M, "Equivalence of Paper and Electronic Administration of Patient Reported Outcomes: A Comparison in Psoriatic Arthritis", *Value in Health*, Vol. 18, No. 7 (2015).

[21] European Commission, "The Role of eGovernment for Europe´s Future", *The Journal of E-Government Policy and Regulation*, Vol. 25, No. 1 (2005).

[22] Fang Z, "E-government in Digital Era: Concept, Practice, and Development",

International Journal of the Computer, the Internet and management, Vol. 10, No. 2 (2002).

[23] Faranak Omidian, Farzaneh Nedayeh Ali, "A Study on The Attitudes of Students, Instructors, and Educational Principals to Electronic Administration of Final Semester Examinations in Payame Noor University in Iran", *Turkish Online Journal of Distance Education*, Vol. 16, No. 3 (2015).

[24] Feaster Toddl, Miller David, Kott Alan, "The Impact of Electronic Administration of the ADAS-Cog on Clinical Trial Data Quality", *The Journal of the Alzheimer's Association*, Vol. 11, No. 7 (2015).

[25] García-Sánchez, I. M., Rodríguez-Domínguez, L. and Gallego-álvarez, I, "The Relation-ship between Political Factors and the Development of E-Participatory Government", *Infromation Society: An International Journal*, Vol. 27, No. 4 (2011).

[26] Glenn Hui, Mark Richard Hayllar, "Creating Public Value in E-Government: A Public-Private-Citizen Collaboration Frameworkin Web 2. 0", *The Australian Journal of Public Administration*, Vol. 69, No. S1 (2010).

[27] Gould David, "Virtual Organization?", 2019, http: //seanet. com/~daveg/Virtual%20Organizing. pdf.

[28] Hachigian Nina, "Roadmap for E-Government in the Developing World-10 Question E-Government Leaders Should Ask Themselves", December 31, 2001, http: //unpan1. un. org/intradoc/groups/public/ documents/apcity/unpan005030. pdf.

[29] Hodgkinson. S, "Managing An E-government Transformation Program", *Paper presented at the Working Towards Whole-of-Government Online Conference*, Canberra, September 2002.

[30] Hong Sheng, Silvana Trimi, "Mgovernment: Technologies, Applications and Challenges", *Electronic Government*, Vol. 5, No. 1 (2008).

[31] Huber P. George, "The Nature and Design of Post-Industrial Organizations", *Management Science*, *Vol.* 30, No. 8 (1984).

[32] Jane E. Fountain, "Building a Deeper Understanding of E-government, The

Future of e-Governance Workshop", September 10, 2002, https://www.belfercenter.org/sites/default/files/legacy/files/Building%20a%20Deeper%20Understanding.pdf.

[33] Jane E. Fountain, "What is e-Government, Digital Government (Digital state)?", 2015, http://www.digital-government.net/e-government.html.

[34] Jane E. Fountain, "The GPRA Modernization Act Of 2010: Examing Constraints to, and Providing Tools for, Cross-Agency Collaboration", *Administrative Conference of the United States Preliminary Draft*, September 20, 2013.

[35] John Clayton Thomas, Gregory Streib, "The New Face of Government: Citizen-Initiated Contacts in the Era of E-Government", *Journal of Public Administration Research and Theory*: *J-PART*, Vol. 13, No. 1 (2003).

[36] John F. Sowa, John A. Zachman, "Extending and Formalizing the Framework for Information Systems Architecture", *IBM Systems Journal*, Vol. 31, No. 3 (1992).

[37] John Zachman, "John Zachman's Concise Definition of the Zachman Framework", January 1, 2001, http://www.zachman.com/about-the-zachman-framework.

[38] José-Valeriano FRíAS-ACEITUNO, Isabel-María GARCíA-SáNCHEZ, Luis RODRíGUEZ-DOMíNGUEZ, "Electronic Administration Styles and Their Determinants: Evidence from Spanish Local Governments", *Transylvanian Review of Administrative Sciences*, Vol. 41 (2014).

[39] Kaisler S H, Armour F, "Valivullah M, Enterprise Architecting: Critical Problems", *HICSS'05*, *Proceedings of the 38th Annual Hawaii International Conference on. IEEE*, 2005.

[40] Karen Layne, Jungwoo Lee, "Developing Fully Functional E-government: A Four Stage Model", *Government Information Quarterly*, Vol. 18, No. 2 (2001).

[41] Katarina Giritli Nygren, "E-Governmentality: on Electronic Administration in Local Government", *Electronic Journal of eGovernment*, Vol. 7, No. 1 (2009).

[42] Kaynama SA, Black CI, "A Proposal to Assess the Service Quality of Online Travel Agencies: An Exploratory Study", *Journal of Professional Services Marketing*, Vol.

21, No. 2 (2000).

[43] Kelly T, "Unlocking the Iron Cage: Public Administration in the Deliberative Democratic Theory of Jurgen Habermas", *Administration and Society*, Vol. 36, No. 1 (2004).

[44] Klaus Lenk, "Electronic Service Delivery-A Driver of Public Sector Modernization", *Information Polity*, Vol. 7, No. 2-3 (2002).

[45] Kolsoom Abbasi Shahkooh, Ali Abdollahi, Mehdi Fasanghari, Mohammad Azadnia, "A Foresight based Framework for E-government Strategic Planning", *Journal of Software*, Vol. 4, No. 6 (2009).

[46] Lemuria Carter, France Bélanger, "The Utilization of e-Government Services: Citizen trust, Innovation and Acceptance Factors", *Information Systems Journal*, Vol. 15, No. 1 (2005).

[47] Li Jianshe, "*The Exploitation of Electronic Government Administration System Applied to Submission*", 2010 *First ACIS International Symposium on Cryptography, and Network Security, Data Mining and Knowledge Discovery, E-Commerce and Its Applications, and Embedded Systems*, October 2010.

[48] Maker O. Al-Fakhri, Robert A. Cropf, Gary Higgs, "E-Government in Saudi Arabia: Between Promise and Reality", *International Journal of Electronic Government Research*, Vol. 4, No. 2 (2008).

[49] Maria J. D′agostino, Richard Schwester, Tony Carrizales, James Melitski, "A Study of e-Government and e-Governance: An Empirical Examination of Municipal Websites", *Public Administration Quarterly*, Vol. 35, No. 1 (2011).

[50] Marios Chatzidimitriou, Adamantios Koumpis, "Marketing One-stop e-Government Solutions: the European OneStopGov Project", *IAENG International Journal of Computer Science*, Vol. 35, No. 1 (2008).

[51] Mark Struckman, "Constructing the Foundation for Digital Government", March 25, 2012, http://www.workforceatm.org/sections/pdf/2001/struckman.ppt.

[52] Mohamed M A, Galal-Edeen G H, Hassan H A, et al, "An Evaluation of En-

terprise Architecture Frameworks for E-government", 2012 *Seventh International Conference on Computer Engineering & Systems*, 2012.

[53] Montana Legislature, "Legislative Audit Division, Examination of the Delivery of E - Government Services", 2006, http: //freebooks. hoangphi. info/online/168554.

[54] Moon M. J, "The Evolution of E-Government Among Municipalities: Rhetoric or Reality?", *Public Administration Review*, Vol. 62, No. 4 (2001).

[55] Morten Meyerhoff Nielsen, "eGovernance Frameworks for Successful Citizen Use of Online Services: A Danish-Japanese", *JeDEM-eJournal of eDemocracy & Open Government*, Vol. 9, No. 2 (2017).

[56] Muñoz-Cañavate Antonio, Hípola Pedro, "Electronic Administration in Spain: From its beginnings to the present", *Government Information Quarterly*, Vol. 28, No. 1 (2011).

[57] Nirmaljeet Singh Kalsi, Ravi Kiran, "E-Governance Success Factors: An Analysis of E-Governance Initiatives of Ten Major States of India", *International Journal of Public Sector Management*, Vol. 26, No. 4 (2013).

[58] Norris D F, Moon M. J, "Advancing E-Government at the Grassroots: Tortoise or Hare? ", *Public Administration Review*, Vol. 65, No. 1 (2005).

[59] Office of Management and Budget, "The Common Approach to Federal Enterprise Architecture", August 5, 2013, http: //www. whitehouse. gov/sites/default/files/omb/assets/egov_ docs/common_ approach_ to_ federal_ ea. pdf.

[60] Parasuraman A, Zeithaml V A, Berry L L, "Servqual: A Multiple-Item Scale for Measuring Consumer Perceptions of Service Quality", Journal of Retailing, Vol. 64, No. 1 (1988).

[61] Patrick Dunleavy, Helen Margetts, Simon Bastow, Jane Tinkler, "New Public Management is Dead Long Live Digital-Era Governance", *Journal of Public Administration Research and Theory*, Vol. 16, No. 3 (2006).

[62] Patrizia Bertini, "Designing Accessibile T-government services", DTT: A Technological challenge to create an info-inclusive information society.

[63] Per Granath, Stefan Alariksson, Sverker Axelsson, "Creating a System for Public Information: the Swedish Aid Agency's Transformation to Electronic Administration", *Records Management Journal*, Vol. 14, No. 1 (2004).

[64] Pieter Verdegem, Gino Verleye, "User-centered E-Government in Practice: A Comprehensive Model for Measuring User Satisfaction", *Government Information Quarterly*, Vol. 26, No. 9 (2009).

[65] Prokopios Drogkaris, Costas Lambrinoudakis, Stefanos Gritzalis, "Introducing Federated Identities to One-Stop-Shop e-Government Environments: The Greek Case", *eChallenges e-2009 Conference Proceedings Paul Cunningham and Miriam Cunningham (Eds), IIMC International Information Management Corporation*, 2009, http://www.icsd.aegean.gr/publication_files/conference/886491186.pdf.

[66] Rameesh Kailasam, "m-Governance…Leveraging Mobile Technology to extend the Reach of e-Governance", 2005, https://xueshu.baidu.com/usercenter/paper/show?paperid=86289a1538b58f582f397b8d32882d1e.

[67] Richard Amaechi Onuigbo, Eme, Okechukwu Innocent, "Electronic Governance & Administration in Nigeria: Prospects & Challenges", *Arabian Journal of Business and Management Review (OMAN Chapter)*, Vol. 5, No. 3 (2015).

[68] Richard Heeks, "Information technology and Public Sector corruption", September 1998, http://unpan1.un.org/intradoc/groups/public/documents/NISPAcee/UNPAN015477.pdf.

[69] Robert. M, Davison Christian, Wagner and Louis, C. K. Ma, "From Government to E-Government: A Transition Model", *Information Technology & People*, Vol. 18, No. 3 (2005).

[70] Rodríguez J R, Council B C, "The 'Barcelona Model' of e-Government", 2006, http://www.bcn.cat/orom/pdf/Penteo_ModeloBarcelona_eng.pdf.

[71] Ros Híjar, Adela, "Electronic Public Administration and Immigration: A New Opportunity for An Inclusive Catalan Network Society", 2012, http://in3.uoc.edu/opencms_portalin3/opencms/en/recerca/projectes/administracio_publica_electronica.

[72] Salminen A. Lähdesmäki K, Ikola-Norrbacka R, "Decent Citizenship, Justice and Trust as Cornerstones of Legitimation: Tensions Between Generations in Finland", *International Review of Administrative Sciences*, Vol. 78, No. 3 (2012)

[73] Sami M Alhomod, Mohd Mudasir Shafi, "Best Practices in E Government: A Review of Some Innovative Models Proposed in Different Countries", *International Journal of Electrical & Computer Sciences*, Vol. 12, No. 1 (2012).

[74] Stockton University, "Stockton University Information Security Plan", 2018, https://stockton. edu/information - technology/documents/acceptable - use/information - security-plan-updated. pdf.

[75] The World Bank Group, "A Definition of E - Government", 2003, http://www1. worldbank. org/ publicsector/egov/definition. htm.

[76] Türkiye Bilişim Derneği, "What is E-Government, Digital Government (Digital State)?", 2008, http://www. digital-government. net/e-government. html.

[77] United Nations, *UN Global E-government Readiness Report* 2005: *From E-government to E-inclusion*, New York: United Nations, 2006.

[78] United Nations, *UN E-government Survey* 2010: *Leveraging E-Government at a Time of Financial and Economic Crisis*, New York: A United Nations Publication, 2010.

[79] Vasavi S, Kishore S, "Need for Semantic Interoperability of E-Government Web Services Within one Stop Web Portals: A Case Study", *International Journal of Computer Science and Technology*, Vol. 2, No. S1 (2011).

[80] Whitman M. E, "Principles of Information Security", *Information Security Management & Policy*, Vol. 12, No. 3 (2004).

[81] Wikipedia, "Virtual", 2019, https://en. wikipedia. org/wiki/Virtual.

[82] Zahir Irani, Peter E. D. Love, Ali Montazemi, "E - Government: Past, Present and Future", *European Journal of Information Systems*, Vol. 16, No. 2 (2007).

[83] Zeithaml V A, "Service Excellence in Electronic Channels", *Journal of Service Theory and Practice*, Vol. 12, No. 3 (2002).

[84] Ziemba E, Papaj T, Descours D, "Assessing the Quality of e-Government Por-

tals-the Polish Experience", *Computer Science and Information Systems. IEEE*, 2014.

[85] Ziemba E, Olszak C M., "Building a Regional Structure of an Information Society on the Basis of e-Administration Ewa", Informing Science and Information Technology, Vol. 9 (2012).

后　　记

本著是我主持的国家社科规划基金重点项目“电子政府构建和运行的保障体系研究”（13AZZ016）的结项成果。主要采用规范研究、实证研究和综合集成相结合的方法，使研究成果兼具前沿性、针对性、可操作性、交叉性和包容性，以客观、科学地反映电子政府构建和运行的发展脉络和保障体系全貌；采用定性、定量和多重调研相结合的方法，以及利用文献分析和案例研究的方法，分析他国和我国典型案例，结合各级政府和部门电子政务运行的实际情况和问题，对电子政府构建的影响因素进行价值判断，同时针对电子政务的服务标准和绩效评估等进行定性分析，旨在寻求脱离困境、克服障碍和实施问责的具体策略；采用系统科学和比较研究方法，以应对课题研究的多学科交叉性、综合性及应用性明显，在方法上采用了交叉科学研究方法，并采取学科交叉的方式，集合多领域专家，从多学科角度进行系统综合研究。研究中将电子政府构建看作一个具体的、综合的生态体式系统工程，并注意多样性与统一性的结合、历史分析与逻辑推理的结合，以及中外国情和相应特征的比较分析，在此基础上进行本土化解读，以有效克服电子政务中国化的各种障碍因素；采用理论与实际相结合的方法，借助先进的信息技术手段，开展理论界和实践界的广泛合作，突出政府和社会环境的互动，从国外已经发生的构建电子政府的基础条件和发展脉络出发，结合中国的现实国情，分析研究成果和实践经验在中国适用的条件、范围和应用图景，从而以理论指导实践，又以实践丰富理论，使研究成果兼具前沿性、创新性和实践性，使策略安排具有针对性和可行性。这些研究内容和方法的运用，使该课题结项成果成为运用多学科理论、知识和方法联合攻关的创新成果，丰富了电子政府理论体系。

课题主要参加人包括：大连海事大学公共管理与人文艺术学院杨国栋、东北大学文法学院于跃、吉林工程技术师范学院工商管理学院董丽、吉林建筑大学经济与管理学院李健、山东大学新闻传播学院周敏、大连理工大学公共管理学院李鹏、海南师范大学旅游学院张贝尔、长春大学行政学院谢微、吉林大公咨询有限公司总经理郑天鹏、长春吉大正元信息安全技术有限公司代云平、吉林大学行政学院王庆华、北京大学政府管理学院黄璜、中共吉林省委党校（吉林省行政学院）公共管理教研部张乔，他们的贡献之处在相应章节目做了具体标注，在此对他们表示衷心感谢。

著作中的很多内容已经在 CSSCI 来源期刊或扩展期刊上发表过，还有两项成果得到中央领导和副省级领导批示，对项目阶段性研究成果做出贡献的还包括：长春工业大学公共管理学院硕士生导师蔡晶波副教授、吉林财经大学公共管理学院硕士生导师阎宇教授、华南理工大学公共管理学院梅冬芳讲师、吉林森工集团纪委书记陈丹正高级经济师、吉林大学药学院副院长张昊博士、山东工商学院公共管理学院（公益慈善学院）王玉荣博士，以及北京大学和吉林大学的研究生李荣峰、李汝鹏、赵倩、伏强等同学，他们参与了一些论文的写作，在此对他们所做的贡献表示诚挚感谢！

著作的章节目中未有标注之处皆由我本人完成。

杨国栋和于跃博士对全文做了仔细的校对并对图表做出了修正，再次对他们的工作表示感谢！

最后，特别感谢华中科技大学管理学院徐晓林教授为本著作序；特别感谢人民出版社陈寒节编辑的大力支持，著作如期付梓面世，得益于他们的辛苦工作。

项目负责人　张锐昕

2022 年 4 月于大连理工大学文科楼